# 幼儿园课程图景

## 课程实施方案编制指南

上海市教育委员会教学研究室◎主编

华东师范大学出版社

· 上海 ·

图书在版编目（CIP）数据

幼儿园课程图景：课程实施方案编制指南/上海市
教育委员会教学研究室主编. —上海：华东师范大学出
版社，2013.4
（上海市"提升中小学(幼儿园)课程领导力行动研
究"项目成果丛书）
ISBN 978－7－5675－0594－0

Ⅰ.①幼… Ⅱ.①上… Ⅲ.①幼儿园－课程设计
Ⅳ.①G612

中国版本图书馆 CIP 数据核字(2013)第 075658 号

上海市提升中小学(幼儿园)课程领导力行动研究项目成果丛书

# 幼儿园课程图景
## 课程实施方案编制指南

主　　编　上海市教育委员会教学研究室
策划编辑　彭呈军
项目编辑　刘　佳
责任校对　时东明
装帧设计　卢晓红

出版发行　华东师范大学出版社
社　　址　上海市中山北路 3663 号　邮编 200062
网　　址　www.ecnupress.com.cn
电　　话　021－60821666　行政传真 021－62572105
客服电话　021－62865537　门市(邮购)电话 021－62869887
地　　址　上海市中山北路 3663 号华东师范大学校内先锋路口
网　　店　http://hdsdcbs.tmall.com/

印 刷 者　浙江临安曙光印务有限公司
开　　本　787 毫米×1092 毫米　　1/16
印　　张　19
字　　数　363 千字
版　　次　2013 年 6 月第 1 版
印　　次　2025 年 9 月第 24 次
书　　号　ISBN 978-7-5675 –0594-0 / G · 6397
定　　价　38.00 元

出 版 人　王　焰

# 《幼儿园课程图景：课程实施方案编制指南》
## 编委会

周洪飞　高　敬　王爱明　贺　蓉　张　婕

# 丛书总序

这是一次充满挑战和机遇的"教育旅程",

这是一次基层学校大规模的实践与研究,

这是一次凝聚上海全市之力深化课改的攻坚战役,

梦想,探索,发现,革新。

在这之前,一切悄悄萌动;

在这之后,一切已慢慢蜕变。

2007年,上海基础教育在"推进课程改革,加强教学工作会议"上首次鲜明地提出"提升课程领导力"。

2009年,上海基础教育改革进入内涵发展阶段,提高学校课程领导力成为进一步深化课程教学改革最有力的抓手。

2010年,上海市教委颁布《上海市提升中小学(幼儿园)课程领导力三年行动计划(2010—2012年)》,宣告了全市各区县全面开启提升课程领导力的行动。

同年4月,"上海市提升中小学(幼儿园)课程领导力行动研究"项目正式启动,51个子项目学校和1个整体实验区步入课改深水区,开始了为期三年的提升课程领导力的实践探索。

2011年,提升课程领导力的项目研究进入关键阶段,50余位专家组成的中期评估团队深入每所子项目学校进行现场评估、指导,引导学校聚焦研究目标和核心内容继续深化研究。

2012年,10月金秋,正是"上海市提升中小学(幼儿园)课程领导力行动研究"项目的"收官期":梳理、总结、提炼,这是一个课程与教学改革的丰收季节。

## 启航——扬起革新的风帆

1998年以来,上海市二期课改的成效有目共睹。但伴随课改进入深水区,许多难点和瓶颈问题逐步浮现。面对挑战,我们如何肩负时代赋予的责任? 我们没有选择,要选择的只是突破口。

课程领导力进入"教育视野",缘于问题解决的三个"需要":深化课程改革的需要、学校内涵发展的需要、提升课程建设者和实施者专业发展的需要,这是上海市提升中小学(幼儿园)课程领导力的初衷和"导火索"。

如果说,几年前中小学(幼)校长、教师对"课程领导力"这个词还感到陌生而又新鲜,那么如今却是熟悉而又亲切了。

什么是课程领导力? 简言之,就是规划和实施课程的能力。校长作为学校的"领跑人",是关键的课程领导者,校长要带领其团队因地制宜、与时俱进地规划学校课程"全景";在课程开发、决策、实施与评价具体事务中,更多地赋权予教师,激励教师自觉地创造性地投入到课程实施的活动之中,这就是"课程领导力"在校长和教师身上得以彰显的过程。正是基于这种认识,上海提出每一所学校、每一个校长都要提升课程领导力。

提升课程领导力,意义重大,势在必行。因为,课程领导力增一分,破解课改难点的能力就能长一寸。

### 入轨——迎接机遇与挑战

触及难点,课程突破;破解瓶颈,合力求方。这是上海市提升课程领导力的策略和"引燃器"。

犹记得 2010 年 4 月 12 日在上海大同中学,"上海市提升中小学(幼儿园)课程领导力行动研究"项目启动暨培训大会,正式拉开了这场行动研究的序幕。17 个区县的教育局长、教(科)研室主任、项目指导专家、市教研员以及 179 所课改研究基地学校校长近 400 人参加了大会。

如何提升课程领导力? 我们的实践证明:根植学校实际,以"项目"的方式开展课程与教学的行动研究是一条可行之路。

基于上海课改的实际状况,我们将提升课程领导力行动的重点放在探索学校课程计划、学科建设、课程评价和课程管理四个方面、9 类子项目上,共计在幼儿园、小学、初中、高中四个学段和 1 个整体实验区开展了 52 个子项目的行动研究。

9 类子项目是:

① 学校课程计划编制的研究;

② 学校课程计划评价与完善的研究;

③ 学科课程建设的研究;

④ 学科教学有效性的研究;

⑤ 教研团队建设的研究;

⑥ 课程资源开发与利用的研究;

⑦ 课堂教学评价的研究;

⑧ 作业设计与评价的研究;

⑨ 课程组织管理与制度建设的研究。

实践中,我们采取了行动研究的方法,通过"制定计划—行动实践—观察分析—反思评价—再行动—再改进"的循环上升的研究路径,"边学习、边研究、边实践","以研究引领实践,在实践中完善提升",并采取了"研究—开发—试点—推广"的工作思路,发挥这些项目学校的辐射示范作用,为面上学校提供鲜活案例和有效经验,带动了全市课改工作的扎实推进。

在研究、实践中,上海市教委还成立了"上海市提升中小学(幼儿园)学校课程领导力行动研究专家指导团",专家指导团定期走访学校,为项目研究提供了有效的理论和行动咨询指导。

**攻坚——演绎课程精彩**

课程领导力的提升是一项极具革新意义的工程。无论是总项目还是子项目,无论是顶层设计还是实施推进,都不是一次简单的行政与管理过程,而是充满了不确定性和复杂性。如何从行政领导走向专业领导?如何跨越理论与实践的鸿沟?需要一步一个脚印,扎扎实实地"摸着石头过河";需要在行动中持续地研究、思考解决问题的路径和策略;需要各方通力合作、共同应对。

把"项目"作为实践推进的抓手,把解决问题作为实践的目标与导向,这在客观上就要求"项目"本身要"务实求真",扎根于教育实践;在行动上要求我们在短时间内,集聚全市各方力量、各种资源,合力攻坚课改难点和瓶颈问题,探索出实践问题的解决方案。除了学校课程计划的编制与完善是所有项目学校均需探索的必选项目之外,各项目学校还基于本校实际,确定一个自选项目开展研究。

10 所幼儿园承担了"课程实施方案编制与完善"、"幼儿园课程实施有效性"、"幼儿园课程质量自评机制"、"课程管理的组织与制度建设""课程资源开发、利用"和"幼儿园教师教研团队与教师专业发展"6 个子项目的研究。

14 所小学重点聚焦于"基础型课程校本化实施、教学核心环节优化、教师及教研团队建设"三个方面。在教研团队建设、学科课程建设、学科教学有效性、课程资源开发与利用、作业设计与评价等具体问题上展开了研究。

14 所初中学校的研究具有涉及面广、视野开阔、实用性强的特点,覆盖了微观、中观、宏观多个层面的研究,并能用新视角、新方法来研究常态的问题。尤其是在学校课程计划的编制、课堂教学实施、课程资源开发利用、教研团队建设等方面做了深入探索。

13 所高中学校在以校长为核心的团队带动下,以课程建设、实施、评价、管理等为载体,尤其在学校课程设置、课程实施等方面作出了多样化的深入探索。

**收获——发展内生力量**

同舟共济,我们一起走过了三年。

2012 年,在 51 个子项目学校和黄浦整体实验区的共同努力下,"上海市提升中小学(幼儿园)课程领导力行动研究"项目取得令人欣喜的成果:

形成了学校课程计划编制、课程结构优化、课程资源开发和利用、教研团队建设等方面的校本化操作策略、途径和机制。

形成了一批凸显实践价值的物化研究成果,总项目出版了本套丛书:《基于问题解决——提升课程领导力的行动》《我们的课程领导故事》《学校课程计划编制实践指南》《幼儿园课程图景——课程实施方案编制指南》《小学快乐活动日方案的编制与实施》《为了学校的可持续发展——普通高中提升课程领导力的探索》;子项目出版了 30 余本子项目学校成果。

形成了由基层学校主导、教育科研引领、行政力量支持的合作变革机制,一批锐意改革,具有课程意识和课程领导力的校长和教师,犹如一粒粒种子,扎根并引领区域乃至全市的课改实践。

三年来,从项目申报动员到结题展示;三年来,从茫然困惑的摸索到坚定自信的前行;一批勇于"吃螃蟹"的敢死队员,在课程实践中,大胆行动、小心求证、历经挫折、持续探索。虽是一路挑战,却恰恰助推了学校内生变革力量的不断发展、壮大。

在课程发生的所有地方,都有课程领导力的发生。在理论与实践的结合中,整体地规划与实施学校课程,学校教育才能以崭新的姿态更丰富、更深远地发展。

**激励——绽放时代梦想**

到 2012 年底,上海市提升中小学(幼儿园)课程领导力第一轮三年行动研究渐近尾声。然而,课程领导力的提升没有结束,也不可能结束。我们始终认为,课程领导力,与教育相伴,与课程、教学相随,是课程规划、实施、管理和评价中的过程性"事件",只要学校教育存在一天,课程领导力就会随影相伴。

课程领导力的提升,不以项目研究的结束而中止,而是要把这种研究解决问题的策略、路径和方法带到日常工作中,使之成为一种"常态",扎根于学校,根植于校长、教师,成长于课堂,使课程领导力真正成为学校的"软实力"、校长的"真功夫"、教师的"好本领",最终让学生获得健康、快乐地成长。

迎着新一轮的改革要求和发展目标,将会有更多的学校和教育者汇集于此,共同完成这场全新的课改命题,这不仅仅是一个三年行动,而是一代人的事业。

这是所有教育工作者的激情与梦想,更是时代赋予的使命和责任。

凝聚正能量,众志成城。

这场教育旅程中的每一个片段,每一个场景,都点滴在目。虽然我们所做的努力不能在这里全然展现,但这并不妨碍改革续写传奇。教育发展,正是因为实践工作者的存在和付出,而享有进步和强大。

我们曾相持走过,现在将继续前行。

这是我们一生的事业,是我们的使命,更是我们的荣誉。

因为我们有着共同的理想和信念,为了每一个学生健康快乐地成长。

尹后庆

2013 年 5 月

# 目录

序言 / 1

## 第一章 幼儿园课程实施方案：综观性思考

**第一节 课程实施方案的涵义与内容框架 / 3**

一、课程实施方案的涵义 / 3

（一）幼儿园课程实施方案的定义 / 3

（二）幼儿园课程实施方案的特点 / 4

二、课程实施方案的基本要素以及相互关系 / 4

（一）基本要素及其内涵 / 4

（二）各要素之间相互关系 / 6

**第二节 幼儿园课程实施方案编制的意义价值与编制步骤 / 8**

一、课程实施方案编制的意义与价值 / 8

（一）课程园本化的重要载体 / 8

（二）提升课程领导力的重要途经 / 9

（三）幼儿园课程持续改善的必然选择 / 10

（四）幼儿园创建特色园所的重要抓手 / 10

二、课程实施方案编制的原则与编制步骤 / 11

（一）编制原则 / 11

（二）编制步骤 / 13

**第三节 幼儿园课程实施方案编制需考量的整体性问题 / 16**

一、课程理念落实的问题 / 16

二、逻辑一致性问题 / 16

三、操作性问题 / 17

四、方案表述的问题 / 17

五、园本特色的问题 / 18

## 第二章　幼儿园课程实施方案：基础性要素

**第一节　如何进行背景与条件的分析** / 21

一、现有的问题 / 21

二、改进策略 / 23

三、观点与提示 / 25

四、实践案例 / 26

　　案例 1　奉贤区解放路幼儿园　课程实施方案背景与分析 / 26

　　案例 2　闸北区安庆幼儿园　课程实施方案背景与条件分析中教师的情况分析
　　　／ 27

**第二节　如何制定幼儿园的课程目标** / 30

一、现有的问题 / 30

二、改进策略 / 33

三、观点与提示 / 36

四、实践案例 / 40

　　案例 3　奉贤区解放路幼儿园　基于目标制定与细化的实践研究 / 40

**第三节　如何架构与课程目标一致的课程结构** / 46

**整体型结构的设计** / 46

一、现有的问题 / 46

二、改进策略 / 48

三、观点与提示 / 50

四、实践案例 / 52

　　案例 4　静安区延安中路幼儿园　幼儿园课程实施方案中课程设置结构的研究
　　　／ 52

**幼儿园教育活动的安排** / 58

一、现有的问题 / 58

二、改进策略 / 60

三、观点与提示 / 63

四、实践案例 / 64

案例 5　徐汇区上海幼儿园　共同性运动与园本特色运动有机统整的课程结构与活动安排的研究 / 64

**第四节　如何选择与设计和目标相一致的课程内容 / 70**

**课程目标与内容间的匹配和架构 / 70**

一、现有的问题 / 70

二、改进策略 / 73

三、观点与提示 / 77

四、实践案例 / 78

案例 6　浦东新区冰厂田幼儿园　幼儿园课程内容选择与设计的行动研究 / 78

**教师参考用书(教材)的园本化 / 81**

一、现有的问题 / 82

二、改进策略 / 84

三、观点与提示 / 90

四、实践案例 / 91

案例 7　虹口区第三中心幼儿园　课程教材的园本化研究 / 91

案例 8　宝山区长征新村幼儿园　基于问题解决的《学习活动》教材园本化的实施策略 / 95

**第五节　如何规划与发展幼儿园的特色课程 / 99**

一、现有的问题 / 99

二、改进策略 / 102

三、观点与提示 / 105

四、实践案例 / 107

案例 9　黄浦区荷花池幼儿园　基于"幼儿自主"的小社团艺术活动特色课程的实施与管理 / 107

案例 10　杨浦区本溪路幼儿园　幼儿社团活动实践 / 112

## 第三章　幼儿园课程实施方案：实践性要素

**第一节　如何规定与落实幼儿园课程的实施 / 119**

**与基础性要素相匹配的课程实施方法 / 119**

一、现有的问题 / 119

二、改进策略 / 122

三、观点与提示 / 127

四、实践案例 / 128

案例 11　黄浦区紫霞路幼儿园　基于学情调研,优化结构游戏的实践研究 / 128

案例 12　徐汇区乌鲁木齐南路幼儿园　幼儿园课程调适与创生的实践研究 / 132

**以班为基点的课程实施的定位和管理** / 136

一、现有的问题 / 137

二、改进策略 / 139

三、观点与提示 / 143

四、实践案例 / 144

案例 13　闸北区芷江中路幼儿园　幼儿园课程实施方案及以班级为基点的课程内容选择与组合的研究 / 144

**第二节　如何运用管理机制保障幼儿园课程资源的有效开发与利用** / 151

一、现有的问题 / 151

二、改进策略 / 153

三、观点与提示 / 157

四、实践案例 / 158

案例 14　青浦区佳佳幼儿园　幼儿园课程资源环境创设与利用的实践研究 / 158

案例 15　黄浦区南京东路幼儿园　社会教育资源在幼儿园课程中有效开发与利用的研究 / 162

案例 16　嘉定区曹王幼儿园　运用农村本土资源,拓展主题活动内容 / 167

**第三节　如何通过课程管理形成幼儿园课程实施质量的保障机制** / 170

一、现有的问题 / 170

二、改进策略 / 174

三、观点与提示 / 180

四、实践案例 / 180

案例 17　闸北区芷江中路幼儿园　幼儿园教师在课程实施中质量监察与管理的研究 / 180

**第四节　如何制定合理的幼儿园课程评价方案** / 187

一、现有的问题 / 187

二、改进策略 / 191

三、观点与提示 / 193

四、实践案例 / 194

案例 18　闸北区安庆幼儿园　课程实施方案课程评价(部分节选) / 194

案例 19　松江区人乐幼儿园　家园合作开展小班幼儿生活课程实施评价的实践研究 / 196

## 第四章 幼儿园课程实施方案：更新与完善

**第一节 一份好的幼儿园课程实施方案的判断标准是什么** / 203

一、幼儿园课程实施方案评价的意义 / 203

二、课程实施方案评价的框架 / 204

三、对幼儿园课程实施方案评价标准研究的反思 / 207

**第二节 如何在课程实施的过程中收集分析用于方案修改与完善的信息** / 209

一、现有的问题 / 209

二、改进策略 / 211

三、观点与提示 / 213

四、实践案例 / 214

案例 20 闵行区莘庄幼儿园 幼儿园课程实施中的信息收集与分析机制的研究 / 214

案例 21 闸北区安庆幼儿园 设置典型观察点，开展课程实施信息收集与分析 / 219

**第三节 如何通过一定的机制保障课程实施方案不断更新** / 222

一、现有的问题 / 222

二、改进策略 / 224

三、观点与提示 / 226

四、实践案例 / 227

案例 22 长宁区长宁实验幼儿园 幼儿园课程实施方案自我完善的研究 / 227

案例 23 静安区南西幼儿园 游戏课程实施方案的自我完善研究——以"快乐十五分"活动行动研究为例 / 234

案例 24 浦东新区浦南幼儿园 发挥课程领导力，动态完善课程实施方案——以早期阅读特色课程为例 / 237

## 第五章　幼儿园课程实施方案：案例选析

基于"思优"价值观的课程实施方案

　　——黄浦区思南路幼儿园 / 243

让"思优"理念落地生根

　　——黄浦区思南路幼儿园课程实施方案点评 / 262

"游戏课程"实施方案

　　——静安区南西幼儿园 / 265

回归幼儿园本体的一种课程范式

　　——静安区南西幼儿园课程实施方案点评 / 277


**附件**

　　本书相关概念 / 280


　　后记 / 284

# 序言

上海市教育委员会教学研究室让我为新编的《幼儿园课程图景——课程实施方案编制指南》写个序言,该书是"上海市提升中小学(幼儿园)课程领导力行动研究项目"的一项研究成果,我曾经参与过该研究项目的研究活动,多少了解一些有关的内情,因此为这本书作个介绍和评论是件比较自然的事情。

"让课程烹饪童年的味道",这是一句我常从参与该项目研究的研究人员口中听到的话。我以为这是一句值得让人玩味的话。

记得我曾经写过两篇题为《俗话幼儿园课程》的文章,我将幼儿园课程比喻为饭菜,将编制幼儿园课程比作制定食谱,将实施幼儿园课程比作是根据食谱烹饪饭菜。由此推演,幼儿园园长就是领导教师们为幼儿"烹饪饭菜的厨师长"。

根据上海市中小学课程教材改革委员会 2002 年颁布的《上海市学前教育指南》编制的《学前教育教师参考用书》,为上海市幼儿园制定了"食谱",而如何实施课程,即根据这个"食谱"去"烹饪饭菜",这需要有个课程园本化的过程。在日常生活中,根据同样的食谱可能烹饪出全然不同味道的饭菜。在幼儿园课程运行中,根据同样的课程可以演绎出不同质量的课程实施方案和行动,而幼儿园园长的课程领导力是课程运行质量的决定性因素。

上海市教育委员会教学研究室将提升幼儿园园长的课程领导力看作当前二期课改深化阶段的重要举措,我认为这是抓住了问题的要害。上海市课程领导力行动研究项目组织了二十多所幼儿园,经历了三年的实践与研究,以"提升幼儿园园长课程领导力的理性认识与行动策略"为整体目标,以"必选项目"(幼儿园课程实施方案编制与完善的研究)与"自选项目"(幼儿园课程实施有效性的研究,幼儿园课程质量评价机制的研究,幼儿园课程资源开发、利用的研究和幼儿园教师教研团队与教师专业发展的研究)为支架,通过合作研究,共同勾画了一幅幼儿园课程实施的图景,使读者能从不同的角度,看到研究者编制和实施幼儿园课程的实践、经验和理性思考,我认为这对上海市二期课程改革的深化会起到积极的作用。

学前教育有不同于中小学教育的特点,这意味着为幼儿提供的"饭菜"不同于为中小学生提供的"饭菜"。"让课程烹饪童年的味道"就是要体现这样的意义。要"让课程烹饪童年的味道","编制"适合童年的"食谱"已属不易,"烹饪"适合童年味道的"饭菜"则更难,因为这其中会涉及诸多因素。我认为,这个项目启动了一个非常具有教育实践意义的研究,我相信在这个研究的指引下会有更多的实践性研究产生,并对高质量的幼儿园课程实施起良好的推进作用。

朱家雄

2013 年 4 月 10 日

# 第一章

## 幼儿园课程实施方案：
## 综观性思考

幼儿园课程的自主化、多元化是近年来幼儿园课程改革的一个方向。上海市学前教育二期课改充分体现了"原则规范、方向引领"的指导思想,赋予幼儿园更大的课程发展权,鼓励幼儿园在遵循国家课程、地方课程纲领文件、遵循课程设计基本理念的前提下,综合考虑本园实际及办园风格,编制切实可行的课程实施方案,创造性地、适宜地实施课程。在这一背景下,幼儿园一方面获得了较大的课程自主权,但另一方面也意味着在课程组织和实施上所肩负的责任更为重大,在编制和实施课程实施方案时对幼儿园园长的课程领导力、对园长和教师专业性需求也更为突出。从目前各幼儿园课程实施方案的现有情况看,各幼儿园的课程实施方案有很多值得肯定的地方,但也有不少值得进一步思考和改进的问题,而在凸显出来的这些问题当中,首当其中的就是对幼儿园课程实施方案的综观性思考还有待加强。因此,在第一部分,我们将首先对幼儿园课程实施方案的涵义、内容框架,编制意义与程序,以及需考量的整体性问题作一综观层次上的探讨。

本章节,"综观性思考"包括课程实施方案的涵义,基本要素以及内容框架;幼儿园课程实施方案编制的意义价值与编制步骤;同时指出了幼儿园课程实施方案编制过程存在的问题及努力方向。

# 第一节

## 课程实施方案的涵义与内容框架

对幼儿园课程实施方案涵义以及内容框架组成的界定，是幼儿园课程实施方案具体编制和实施工作的基础。对其涵义和内容框架认识的不清晰，正是导致幼儿园课程实施方案一些实质性问题的根本原因。

## 一、课程实施方案的涵义

### （一）幼儿园课程实施方案的定义

幼儿园课程实施方案是各幼儿园以统筹的思想为指导，按照国家和上海课程文件精神和方案，以幼儿园实际的课程基础与资源条件为基础，对幼儿园的课程目标、课程设置与内容、课程实施、课程管理与评价等进行整体、全面的规划和设计，逐步形成平衡、和谐、适宜、可操作的课程实施方案。幼儿园课程实施方案是幼儿园自身课程实施、管理与评价的基本依据。

如果说国家和地方规定了基本的、概括的幼儿园课程方案，那么幼儿园课程实施方案就是将国家、地方的幼儿园课程方案园本化所形成的结果。

但实际上，人们对于幼儿园课程实施方案还存在着认识上的误区，常常与三年发展规划，幼儿园作息时间安排以及班级计划（学期、月、周、日）相混淆。首先，课程实施方案不同于幼儿园三年发展规划，它主要是将幼儿园三年发展规划中的课程部分展开，通过课程方案对幼儿园课程的建设和实践过程进行规范、引导和帮助，以提升课程的成效，更好地促进幼儿的发展；其次，它不只是作息时间安排，它包含了作息时间安排，但其内涵远比作息时间安排丰富得多；第三，它也不是幼儿园各个班级的计划（学期、月、周、日）的简单概括或拼凑，而是基于系统化思考与架构的可操作方案。换句话说，一份理想的幼儿园课程实施方案应该是科学性、整体性、操作性非常强，各部分互相呼应的合乎逻辑的计划。

## （二）幼儿园课程实施方案的特点

1. 从构成要素上来讲,课程目标与内容的制订是课程实施方案的核心内容,但课程实施方案不限于课程目标与内容的制订,更在于保障这一课程方案得到有效落实的相关组织,在于制度的建立与落实,如课程实施和评价、课程管理机构和机制的运行、教师专业发展等。

2. 课程实施方案一定是具体可操作的,它是教师实施本园课程的指南。换言之,如果在方案内容上还停留在某些抽象、不可操作的理念层次上,那么它还不足以成为一个课程实施方案。

3. 课程实施方案具有幼儿园个性化的特点。课程实施方案一定是依据国家和地方课程的精神和规定来制订的,同时必须以幼儿园为本位,因此在制订课程实施方案时,应从幼儿园实际出发,既强调幼儿园的发展愿景,也重视幼儿园已有的课程传统,关注幼儿园已有的创新和改革。

4. 课程实施方案也可作为向社会或向家长宣传和呈现幼儿园自身课程的一种文本,可以使社会和家长了解幼儿园的课程情况、特点以及课程实施后关于幼儿发展的某些预期。

# 二、课程实施方案的基本要素以及相互关系

## （一）基本要素及其内涵

在幼儿园明晰的课程理念的统领下,一个完整的幼儿园课程实施方案可包括幼儿园课程背景与条件、幼儿园课程目标、幼儿园课程结构、幼儿园课程内容、幼儿园课程实施、幼儿园课程管理与保障、幼儿园课程评价等。各部分的内涵如下:

### 1. 课程背景与条件

对课程背景与条件进行分析是幼儿园课程实施方案编制的基础和起点。只有对幼儿园的实际情况有了明确、深入的分析,对与幼儿园课程相关的本园背景与条件进行深入、透彻的解读,才能切实把握本园课程规划、设计、管理、实施等方面的最主要特点,才能找准问题和方向,才能在课程理念上定位清晰,从而使本园课程实施方案更具有针对性和有效性。

幼儿园课程实施方案的背景与条件分析,一般可以从以下几个方面来展开:国家或地方对幼儿园课程实施的精神与要求,本园幼儿园课程发展的重要历史阶段以及工作重心（或特点）,本园幼儿园课程实施的各要素的主要特征,包括强项、弱点以及主要原因和影响因素等。

### 2. 课程目标

课程目标是指幼儿园力图通过课程促进幼儿的身心发展所要达到的预期结果。课程目标反映课程的价值取向,也即该课程所依据的教育哲学以及所反映的教育目的,这是幼儿园课程的价值取向之所在。但并不能仅仅从心理学上的幼儿发展水平及阶段的角度来考虑幼儿发展的目标,而是要同时考虑幼儿作为学习者的需要、当代社会生活的需要以及各个学习领域的内容。

幼儿园的课程目标应该在符合课程基本精神和要求的基础上,基于幼儿园背景和条件的分析而提出。

### 3. 课程结构

课程结构主要规定幼儿园选定的构成课程的各种活动类型以及这些活动的总体时间安排和时间配比。

一般可以从以下两个方面去考虑幼儿园的课程结构:(1) 共同性课程、选择性课程各自的组成和彼此之间的关系;(2) 生活活动、运动、学习活动、游戏活动的设置和四者之间的配比。要正确处理好各类活动关系,保证各类课程(活动)在不同年龄班的适切性,同时采用一定的形式将各种课程与活动组织起来,形成清晰的课程结构。

### 4. 课程内容

课程内容是根据特定的教育价值观及相应的幼儿园课程目标所选择的幼儿学习内容,简单地说,课程内容主要解决的是幼儿学什么和教师教什么的问题。课程内容是实现幼儿园课程目标的手段。内容选择要基于课程目标和幼儿的经验,要适合幼儿发展特征、贴近社会生活、顾及基础性和全面性,内容组织要体现连续性、顺序性、整合性、螺旋式上升等特点。幼儿园可以参照上海市学前教育参考用书的内容来设定和组织课程内容,但应结合幼儿园自身的情况进行恰当的园本化,同时还可以开设一些幼儿园自己的特色课程内容。

### 5. 课程实施

课程实施是根据课程目标具体落实课程内容的过程,幼儿园应在一定程度上具体明晰教师实施课程的各项要求和准则。不过,课程的组织与实施过程,是幼儿园及教师创造性地开展工作的过程,幼儿园及教师需要依据本社区、本园、本班的条件出发,结合幼儿的实际情况,灵活合理地开展各种有利于儿童发展的教育活动。

### 6. 课程管理与保障

课程管理是指对幼儿园课程编制、课程实施和课程评价等课程运行工作进行管理的过程,整个管理过程与幼儿园的课程直接相关。课程管理涉及的内容较多,包括课程编排、开发及审议,保教日常管理与指导,教师课程实施评价与质量监控,课程评价及各类课程资源管理等诸多内容。

课程管理是落实保教质量的主要途径,是园长管理工作的核心。课程管理是整个园务管理工作中的一项核心内容,但不等同于园务管理。园务管理是对幼儿园整个组织机构的架构、常规工作运行和组织发展进行管理的活动过程,它涉及的范围更为广泛。

**7. 课程评价**

课程评价是对课程的价值作出判断的过程。评价课程的价值,可以诊断课程、修正课程、预测教育的需求以及确定课程目标的达成度等。二期课程把课程评价当作课程连续不断发展的动态过程中一个必不可少的环节,通过评价为促进幼儿和教师的持续发展,为课程的不断调整改进,搜集提供可靠的依据。

课程评价的内容一般包含教师执行课程情况的评价、幼儿发展的评价以及对本"方案"的评价与调整三个方面。对教师执行课程情况的评价,主要是考察和评定课程实施过程中的诸多动态因素,如师生互动的质量、幼儿和教师在课程运行过程中的态度和行为、幼儿园环境的创设和利用,以及动态变化中的各种因素之间的关系等。对幼儿发展的评价,主要是对课程效果的考察和评定,有的是显性的,有的是隐性的;有的是长效的,有的是短效的;有的是预期的,有的是非预期的。这会涉及什么是效果以及如何去衡量效果的问题。对课程方案本身的评价,主要是考察和评定幼儿园课程所持有的基本理念以及所强调的主要价值取向与幼儿园所在的社会文化背景契合度,与幼儿园教育实际状况契合的程度;考察和评定幼儿园课程的目标、内容、方法和评价等课程的各种成分是否在课程理念的统合之下形成一个协调的整体,并发挥其总体的功能等等。评价的要素则包括评价的目的和作用、人员、方法、标准、步骤等方面。

## (二) 各要素之间相互关系

### 1. 课程理念是联系各个要素的纽带

在幼儿园课程形成和发展的过程中,幼儿园课程最为核心的要素是该课程所秉持的教育理念,这是幼儿园课程的价值取向所在。

课程理念主要是指幼儿园自己关于课程的价值取向,反映了课程所依据的教育思想以及教育目的。幼儿园的课程理念固然应与课程改革的精神和方向保持一致,但同时也应该具有幼儿园自己关于课程的个性化思考和理念。

幼儿园课程的整个体系构建都是基于课程理念的,幼儿园在编制与实施幼儿园课程方案时,首先需要对课程理念清晰定位。各幼儿园的课程理念首先一定要遵循国家和地方课程改革精神,但同时也应基于个性化发展、适宜性发展的需求,幼儿园背景与条件分析会在一定程度上帮助幼儿园进一步明确和细化自己的课程理念。也正因为如此,幼儿园背景和条件分析在课程实施方案编制过程中显得格外重要。

在明确幼儿园课程理念的基础上,课程目标、课程结构与内容、课程实施、课程管理和课程评价等其他要素都是围绕着课程理念形成和发展出来的,它们会在课程理念的统合之下形成一个协调的整体,并发挥其总体的功能。换言之,在编制幼儿园课程实施方案时,应明确并紧扣课程理念来编制和完善课程实施方案的各个要素。

**2. 各要素之间应保持一致性**

正是因为课程实施方案各要素都是围绕课程理念来发展和形成的,那么在编制课程实施方案时,就应该注意各个要素在理念上的一致性。同时,还应抓住各要素之间的如下关联:

- 课程目标决定了课程结构与内容,而课程结构与内容是对课程目标的反映。
- 课程结构与内容是课程实施的载体,课程实施是为实现课程目标服务的。
- 课程管理涵括对其他各要素相关方面的管理。
- 课程评价的目的是为了评价和改进以上其他要素。

掌握了如上关系,相信在编制和完善课程实施方案时,就可以具有一定的整体性思考的眼光了。

# 第二节

## 幼儿园课程实施方案编制的意义价值与编制步骤

幼儿园是实施课程的基本单位。课程实施方案是国家或地方课程方案园本化的结果,是在更微观、实践的层面界定某个具体的幼儿园如何"因地制宜"实施课程。

一份好的课程实施方案是幼儿园实施课程的行动指南,它对于引导幼儿园的课程实施与发展具有举足轻重的作用,直接决定着幼儿园课程建设的质量与实施的水准。因此,探索和推广幼儿园课程实施方案的整体编制,既有利于落实政府课程要求,也有利于提升园长和教师团队的课程领导力,优化幼儿园的课程品质,同时每个幼儿园在课程规划与实施中,不断地与园本资源、原有的课程经验融合,能进一步形成和彰显本园的个性化特色。

### 一、课程实施方案编制的意义与价值

在提升课程领导力行动研究项目中,幼儿园课程方案的编制与研究已使幼儿园尝到了甜头,在不同场合,园长和教师们都表达了同样朴素而真切的感受:

- 从园长角度,通过对课程方案的编制研究,课程方向、框架结构、线索更清楚了,不会遗漏和放大某些东西。
- 有了方案,教师该做与不该做的更明确了,教师挑选教材有了标准,在一定程度上解决了课程平衡问题。
- 每个幼儿园都在寻求自己的特色和资源,对办园方向和特色有个长期的规划,持续下去了、规范了,就逐渐形成了自己的特色,这方面进步比较快。
- 课程资源库的案例积累对青年教师很有指导意义,同时,也有利于养成青年教师好学的习惯。
- 课程的稳定性提升了,向家长宣传有了统一口径。

概括起来,幼儿园进行课程实施方案编制与完善研究,呈现出如下的意义与价值。

#### (一)课程园本化的重要载体

课程是幼儿园培养和促进幼儿发展的重要载体,一所幼儿园对幼儿的影响主要是由

教师通过课程来实现的。而幼儿园课程管理的自主性与多元化,是新课程改革的一个方向。《上海市学前教育课程指南(试行稿)》[①](以下简称《课程指南》)提出:"幼儿园在遵循课程基本设计思想的前提下,综合考虑本园实际及办园风格,设计个性化、切实可行的幼儿园课程计划,创造性地实施课程。"鉴于此,每一个幼儿园在"原则规范、方向引领"的新课程政策下,园本化地实施课程、发展课程,是新课程改革赋予的使命与责任。

课程园本化,既包括对国家课程的园本化实施,也包括自主开发具有幼儿园特色的课程的实施。而课程园本化实施与探索,首先强调的是国家政策在课改中的主导地位,课程园本化离不开各种政策的支持。课程政策对于园本课程的发展是一种大环境上的支撑,它通常决定着课程园本化的发展方向。对于课程政策的分析与把握,往往是课程园本化启动的前提与动力。因此,幼儿园要认真学习课程改革的相关文件,充分掌握课程政策的精神实质,这样才能确定课程发展的大方向,进而确定课程园本化的发展目标,调整或重建相关的组织与制度,建立与健全各种保障系统,确保国家课程政策落到实处。亦即保证将国家的"理想课程"转变成幼儿园"现实课程"时,依然不走样。其次,强调幼儿园对课程改革的主体参与,倡导因地制宜,建设与实施丰富多彩的课程。课程实施方案就是在幼儿园层面上研究国家课程政策如何落实的问题,课程实施方案编制过程是从幼儿园的实际情况出发,有效落实国家的各项课程政策的过程。科学合理地编制课程实施方案是课程园本化的重要载体与必然要求,也可以说是幼儿园课程规划与建设富有成效的首要环节。

### (二) 提升课程领导力的重要途径

幼儿园课程实施方案的编制,是对当前课程领导力提升的呼应,是幼儿园层面课程领导力提升的重要方面,具体表现为以园长为核心的团队对幼儿园课程的规划、实施、评价和更新的能力。

园长、教师是课程建设和实施的核心主体,其专业素养的高低直接决定了幼儿园教育教学的质量和水平。从现状而言,大多数幼儿园对课程系统思考和整体规划能力不足,课程建设与有效实施能力有待提升。而课程实施方案研制,在一定程度上,能引发园长和教师基于幼儿园课程问题的系统思考与解决。也就是说,以园长为首的课程领导团队依据地方、幼儿园和幼儿的发展需要,在具体园所情境中作出课程的选择决定、调整适应的过程,就能把关注点聚焦在幼儿园课程方案从编制、实施到完善的整体环节,敏锐地捕捉课程规划与实施中的关键核心问题,并加以解决,在解决问题过程中就能逐步增强课程意

---

① 上海市教育委员会.上海市学前教育课程指南(试行稿).上海:上海教育出版社,2004.

识,增强对课程的整体规划能力与实施推动力。因此,以课程实施方案的科学专业的研制与完善为途径,实现园长和教师的专业自觉与发展,不失为一条可为之路。

### (三) 幼儿园课程持续改善的必然选择

课程是幼儿园内涵发展的核心领域,而课程也是处在一个持续改善的过程中。课程领导力的强弱决定着幼儿园是否能够持续地提升课程品质,使幼儿园课程规范化、高质量、有特色地持续地发展。

毋庸置疑,目前幼儿园在课程规划、实施与管理方面值得改进方面还不少,课程的品质有待持续提升。幼儿园目前四类活动的开展比例不够恰当,学习类活动过于放大;课程内容随意,领域之间缺少统整;学与教关系不够协调,活动有效性有待提高。如何将幼儿园已有的课程活动加以归类、梳理,寻找并理顺各类活动之间的逻辑关系;如何将生成的零散性活动转变成有价值的系列课程,保证课程的丰富性、多样性、平衡性;如何促使教师从"活动视野"向"课程视野"转变,实现"具体活动"、"班级课程"与"园级课程"的有效联结与相互照应等问题,均需要在研究基础上不断得到解决。而要在幼儿园层面上解决这些问题,课程实施方案研制就成为一个必然的选择,可以说,课程实施方案编制是幼儿园突破课改"瓶颈"的必由之路。只有探索幼儿园课程规划与方案编制问题,逐渐形成比较完善的课程规划机制,保障课程推进过程中地持续改善,才能使幼儿园课程建设与实施焕发生机与活力。

### (四) 幼儿园创建特色园所的重要抓手

每一所幼儿园都有自己的优势和不利,都有自己的与众不同之处。好的幼儿园之所以好,课程规划和课程建设是一个重要方面。例如,黄浦区思南路幼儿园课程实施方案主要包括了确立了基于"思优"价值观引领的课程理念,系统规划了三年一贯的课程基础性要素,明确了有效实施过程的实施性要求乃至标准,架构了发展性课程评价与课程管理体系,思幼个性化特点显而易见;静安区南西幼儿园,从"快乐玩、有效学"理念出发,构建起了中国文化背景下的幼儿园游戏课程的实践模式,形成了富有园本特点的游戏课程的课程结构与设置,在教师预设和幼儿生成之间找到了平衡点。

幼儿园课程实施方案是对本园的课程进行全方位的思考,而课程设置和安排也是幼儿园办学特色的重要体现。因此,幼儿园在梳理、描述课程方案与推进方案的实施过程中,就能够进一步体现以园为本的思想,明晰幼儿园传统和办学思想,考虑幼儿园背景条件与特点,并逐步彰显出幼儿园个性化的特色。更何况幼儿园课程个性化发展不仅是新的生长点,也是实现教育本真的回归,这样的特色追求与彰显,很值得追求与发扬。

## 二、课程实施方案编制的原则与编制步骤

### (一) 编制原则

幼儿园课程实施方案的编制除了基于国家政策外，很重要的还要基于幼儿园实际。我们认为，幼儿园课程实施方案既不能完全沿用国家的课程计划或课程指南，也不能照搬其他幼儿园的课程方案。

在具体编制过程中应遵循以下原则。

**1. 基于问题解决**

每个幼儿园在课程建设与实施管理中，存在的问题不尽相同，因此，幼儿园在课程方案编制中，是否聚焦课程建设与实施中最亟待解决问题，是否基于问题解决的实践与探索的行动过程，显得格外重要。一所好的幼儿园，一定是善于聚焦真问题，又能妥善地找到化解问题的路径并加以解决，这是提升课程领导力行动研究项目给予我们的启示。比如，长宁区实验幼儿园基于问卷调研，发现幼儿园课程方案多被一线教师定义为"政策型文本"，而非"应用型指南"，教师们对课程方案使用度不高，于是开始了课程实施方案从"政策性文本"走向"操作性文本"的行动；城市花园幼儿园，基于"幼儿园观念层面的保教分离、实践层面的保教分离、管理层面的保教分离"等现状，以解决实践问题为重心，研制了《保教结合操作手册》，完善了保教结合的操作实施要点；南西幼儿园敏锐地捕捉到课程实施中音乐缺失问题，展开了以"快乐十五分"活动为载体的课程实施方案的自我完善的行动研究。很显然，幼儿园课程实施方案编制与完善，对于关键问题的把握以及引领性研究至关重要。只有基于问题的全面深入的研究，才能找到政策和幼儿园现实的结合点，才能实现幼儿园课程实施方案的自我完善。

**2. 基于真诚对话**

幼儿园课程实施方案编制是以广泛的真诚的对话为基础，而且其编制过程本身就是一个对话的过程，既包括与教师对话，也包括与家长与幼儿对话的过程。

首先，教师是课程实施方案付诸实施的主体，课程实施方案应该首先服务于教师，方案的文本呈现应能够让教师看懂并理解，能指导教师的操作。同样，课程实施方案编制与修改完善工作也必将以教师为主体来进行，教师参与数量和参与程度是决定课程方案质量和执行成效的重要因素。为此，在编制与完善阶段应该运用多种方式，来调动教师参与方案完善的积极性。比如，通过集体的教研讨论，来集中收集全体教师对课程实施方案编制的总体意见；利用园务公开栏、网络平台、园长信箱等途径，集思广益，给予每位教师提出疑问和建议的机会。由此，借助团队力量，通过充分对话，完成对课程方案的编制、补充

与完善,以切实提高课程方案的编制和实施质量,这是我们必须遵循的一个原则。

其次,园长不仅要促进与教师的真诚对话,还要广泛挖掘课程实施方案修改完善的参与人员。家长是幼儿的启蒙教师,具有构建课程和实施课程的优势资源,不同职业、不同阅历的家长,既可成为幼儿园丰富的课程资源,从内容上丰富课程实施方案,而且能参与课程的评价,审视课程实施方案的科学性。比如,通过组织家庭课程活动小组,在网络上与家长进行线上交流,对家长的课程实施意见和评价汇总分析,以获得最客观的评价来提升幼儿园课程的建设。因此,幼儿园要把家长视为幼儿教育的合作者,并使之成为课程与方案完善的重要补充资源。

第三,幼儿园课程实施方案的使用对象不仅仅是学校领导和教师还有幼儿。因此,还要将视线转向幼儿,注重基于幼儿需求与学情的调研,要给幼儿提供足够的选择机会和权利。因为满足幼儿需求的过程就是优化课程结构与实施的过程,经历这样的过程才能使课程真正为幼儿所欢迎。

### 3. 基于系统架构

幼儿园课程应该是整体的,幼儿园应从课程整体出发,对课程各方面进行系统思考与架构,使幼儿园课程凸显整体价值,以促进幼儿、教师与幼儿园的最佳发展。

基于系统架构,一要体现"全面规划",即对幼儿园全部课程和活动进行整体系统的定位与设计。既包括基础性活动如生活、运动、游戏、学习的设计,也包括特色课程(活动)架构,同时还要注意加强基础性课程与特色课程(活动)之间的统整。最终将各类课程与活动,从目标、内容、实施到评价有机地进行整合,系统地融入到课程方案之中。二要体现"全程规划",这是指幼儿园课程方案编制与完善,要涉及到文本规划、过程实施、管理评价以及反馈修正的全过程。既包括幼儿园课程理念、发展愿景、课程实施、课程评价、课程管理和教师专业发展等方方面面,更在于保障课程实施方案得到有效落实的相关组织及制度的建立与运行上。

### 4. 基于动态完善

研究告诉我们,幼儿园课程实施方案的编制与自我完善,从来就不是一步到位、一蹴而就的事情,而是一个持续性的活动。一份好的幼儿园课程实施方案应是能够自我完善的。幼儿园只有逐年研制、总结、评价、反思与改进,才有可能呈现出螺旋型上升的趋势,也才能更好地适应幼儿园的发展,指导幼儿园的课程实践。比如,长宁实验幼儿园建立了课程研发、课程评价、课程保障、课程信息化四个各司其职的课程管理组织,同时对应幼儿园发展规划,提出了每三年进行课程实施方案自我完善的流程;匹配学年园务计划,提出了日常的课程实施方案自我完善工作的流程。这些管理组织、流程及其运行,保证了长宁实验幼儿园的课程建设在循环中上升、在往复中前进。而事实上,很多幼儿园在课程方案自我完善方面既缺乏意识,更缺乏组织管理上的保障和自我完善流程的设计与梳理。

除了机制建设外,以园长为核心的教师团队,还要善于洞悉教育方针和政策法规的更新,与时俱进,及时将时代新要求融入到课程方案中,从而保证课程方案连续性与持续完善。同时面对课程实施过程中出现的新问题、新挑战,也要善于作出诊断与分析。课程评价会对课程方案的不断完善提供有效的实践性依据。因此,幼儿园要利用课程本身的评价和课程实施程度进行评价,以评促改,并把评价结果反馈到改进课程方案的工作中,使课程方案的评价作为第一轮课程方案的结尾,第二轮方案的开始。

### (二) 编制步骤

幼儿园课程实施方案的研制是一个严谨的复杂的过程,它必须按照一定的程序进行,方能有效整合各方力量,协调各方关系,以制定出科学的具有逻辑思考的幼儿园课程实施方案。课程实施方案在编制过程中不仅要尽可能地做到客观和充分分析背景,还应该在课程目标、内容、实施、管理与评价上凸显园本的思考以及逻辑的"一致性"要求,体现出园情的真实性、方案的可操作性以及目标的可达成度。具体的编制步骤可参见图1-2-1。

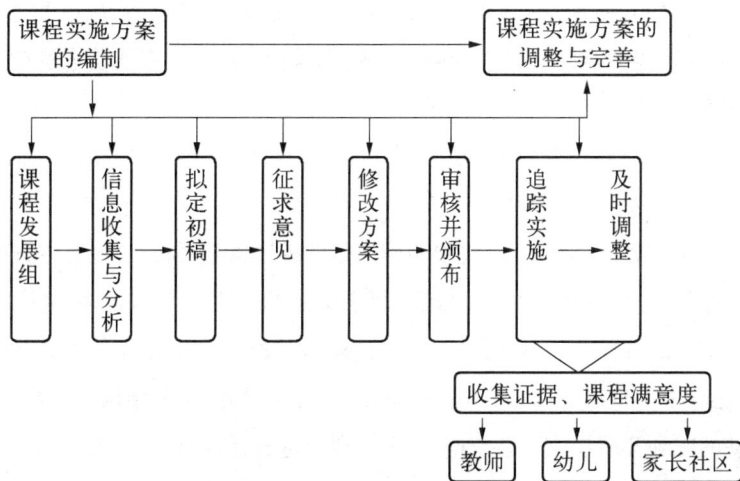

**图1-2-1　课程实施方案的编制**

### 1. 课程发展组

完善的组织是制定幼儿园课程方案的基本保证,它不仅是制定幼儿园课程方案的各项工作的组织者,也是一个交流和对话的平台。幼儿园应成立课程发展组,负责幼儿园课程方案的制定、课程方案的实施、课程方案的评价与反馈、课程方案的修改与完善等工作,统领幼儿园课程活动的开展。比如,规划幼儿园总体课程、决定各类型活动之间的时间以及比例、制定和调整不同季节的作息安排、负责课程与教学评价,组织有关课程调整和发展的会议,落实课程的配套措施,负责组建幼儿园课程资源库……

课程发展组的成员应具有代表性,要包括幼儿园行政人员、骨干教师、家长代表、社区代表和教育专家为主体的幼儿园课程规划团队。课程发展组必须制定相应的规章制度,规定课程发展组开展工作的形式、程序、时间、内容等,建立管理制度,明确职能,确保课程发展组作用的真正发挥。

**2. 信息收集与分析**

为了制定出既符合国家与社会发展方向,又适应本园实际情况的幼儿园课程方案,必须广泛地搜集课程方案编制所需要信息与各种资料,如课程政策、课程资料(课程传统、已有的课程基础、本园教师和幼儿、家长等的课程需求)、学情资料、教师资料、社区资料等,并对信息进行分类整理,科学地分析,为幼儿园课程方案的制定提供参考依据。

课程实施方案编制信息分析的常用方法之一就是 SWOT 分析法。通过系统地分析幼儿园所面临的优势(Strength)、劣势(Weakness)、机会(Opportunity)、威胁(Threat),为幼儿园组织的发展提供对策与建议。幼儿园软信息分析既可作自身的纵向比较,也可以与其他幼儿园进行横向比较,使幼儿园对自己的发展能有合理的定位。

此外,由于课程实施方案需要调整完善,因此还要有对背景与条件分析进行动态调整的意识和行为。一般开始编制方案时,信息收集与分析应注重全面、规范和整体;方案修改完善阶段,可以适当体现"动态"中的侧重,侧重于集中、深入的专题信息的收集与分析。

**3. 拟定初稿**

在全面、充分搜集信息并进行科学分析的基础上,幼儿园要拟定框架性的方案草案,对幼儿园课程的发展提出初步设想。

值得注意的是,课程方案草案首先要明确的是课程愿景与目标,这些在方案的编制中处于核心位置。课程愿景与目标既是幼儿园立足于本园的课程背景与条件,将国家或地方课程目标进行园本化的过程,也是将幼儿园办园目标和课程理念在课程实践中进行具体化的过程。此外,还应进一步围绕目标从整体上规划和设计适切的课程结构与内容,既为幼儿园课程实施活动的顺利开展提供科学依据,也更有利于达成课程目标,实现课程的育人价值。

方案草案的拟定可由幼儿园课程发展组独立完成,或者由各教研组先拟定本年龄段的实施草案,再由课程发展组整合各教研组的课程方案,拟定幼儿园初步的课程实施方案。

**4. 征求意见**

幼儿园课程方案初稿拟定后,即可进行广泛的意见征集。可以采取征求口头意见和征求书面意见相结合的方法。对象可包括本园管理人员、教师等,也可包括园外的课程专家、教育行政部门人员、幼儿家长以及与幼儿园有关的人员。同时,也可以委托第三方专业团队参与调研与意见的诊断。

**5. 修改方案**

幼儿园要对所征求到的意见进行汇总,梳理并进行筛选。幼儿园要从国家的课程政策及幼儿园实际出发,对所有的意见进行判断,从中选择出有利于改善幼儿园课程方案的合理意见,对课程方案进行修改,以提高课程方案的科学性、合理性与可操作性。征求意见与修改方案并不是一次性完成的,可以根据幼儿园实际情况多次反复进行,直到课程方案修改基本满意为止。

**6. 审核并颁布**

先将课程方案交给全园教职员工进行讨论,同时根据需要,也可将课程实施方案报送上级教育行政部门进行备案或审核。根据审议结果提出修改意见,对方案进行修改后颁布,作为幼儿园课程实施与管理的行动指南。

**7. 追踪实施并及时调整**

课程实施方案编制后,幼儿园一方面要创设条件,推动已规划的课程方案进入试行。同时,课程方案"静态"是相对的,因为即使再具体的方案,也不可能考虑到动态实施过程中的所有问题,因此,只有通过对实施情况的追踪,收集证据,发现问题,并及时进行调整,才能不断地促进课程方案的完善。

以上是幼儿园课程方案研制的基本步骤,但又不是一个固定的程序,在具体研制过程中幼儿园应根据实际情况适当调整、灵活应用,比如放大某一环节,或进行部分环节的整合等。课程方案从编制——实施——评价——改进,再到新一轮的调整与完善,是一个循环往复、螺旋上升的过程,只有经历了这样完整的过程,才能使课程方案成为具有实际操作意义的指导性文本。

# 第三节

## 幼儿园课程实施方案编制需考量的整体性问题

从整体上看,目前幼儿园园长思想上高度重视课程实施方案的编制工作,在观念上能意识到幼儿园课程实施方案编制中的民主性,课程实施方案编制的价值取向比较正确,各幼儿园已有课程实施方案的框架结构基本还是比较完整和清晰的,但在整体性上还有如下问题有待进一步思考。

### 一、课程理念落实的问题

目前幼儿园课程实施方案中一个比较常见的问题就是,课程理念单独陈述,不与方案各个要素相关联,即方案各要素的具体内容并没有与课程理念相挂钩,也没有体现出课程理念在课程各个要素中的具体落实,甚至导致有些课程要素中所描述的原则、方法等与课程理念的描述是不一致的。

如前所述,课程理念是联系课程各要素的纽带,那么在具体思考课程实施方案各要素的时候,应注意首先从课程理念出发去思考这一要素应该对应的原则、方法、内容等,并清晰地将这种关联性表述出来。

### 二、逻辑一致性问题

幼儿园课程实施方案编制中,还存在逻辑性不够严密的问题。具体表现为:

课程实施背景和课程诸要素之间的相关性不强。尽管在方案中每所幼儿园对课程实施背景的分析十分到位、详细,但还有一些幼儿园没有将优势方面和不足的问题透彻分析,顺延到后文课程诸要素的表述中,背景分析和课程各要素建构之间的逻辑关系不强,相关性程度较低。

课程结构与课程目标之间缺乏逻辑性。由于可供参考的国家及地方幼儿园课程目标的法规和文件较多,各方案对课程目标的表述十分丰富,相比之下,方案中的课程设置和结构的描述却显得相对散乱，无法很好地为规划的课程目标服务，课程目标与课程结构设置的对应性还不够，如课程目标关注幼儿的艺术修养能力，而课程结构中对应的是"视听欣赏——古诗诵读"。

课程结构内部的逻辑关系不强。从内部课程结构来看，大部分幼儿园方案中选择性课程与基础性课程之间的关系处理欠恰当，表现为割裂两部分课程，如将民间文化资源的利用仅限在选择性课程的建设中，在共同性课程的建设和实施中则没有同步考虑；或者两部分内容简单叠加，如共同性课程设置科学领域的课程，选择性课程也涉及科学领域，但方案没有将两类课程涉及的科学领域内容进行梳理，而是将共同性课程与选择性课程并列平行设置，彼此不发生联系和互动作用，如此简单化的叠加处理造成课程内容领域间不必要的重复和超载。

在编制各要素的时候，应该使各个要素之间达到相互支撑、相互关联、内容协调一致的状态，不能将各个要素割裂开来，单一地孤立地去展开。

## 三、操作性问题

幼儿园课程实施方案中还有宽泛空洞、操作性不强的现象。例如，对课程实施背景的分析，没有紧密围绕与课程实施紧密相关的要素，如课程需求、课程基础等，而多分析办园经验、办园背景等，背景要素分析过于宽泛。还有对课程实施方面的表述，也普遍较空，如"激励原则、认同原则、放权原则、平衡原则"和"让温馨有序伴随孩子的生活，让合作交往伴随孩子的游戏"等原则性的规定，对幼儿园课程实施的具体指向不够明确，无法保障课程目标与课程结构的具体落实，也无以发挥对教师课程实践的指导作用。同样，在课程评价和课程管理方面都存在这样的现象，比较多地用空洞的原则来表述各要素的内容，没有太强的可操作性。

实际上，倘若操作性不强、过于空洞，一方面会对教师没有太多的指导意义，使其只能成为一种束之高阁的文本；另一方面，可能幼儿园的课程容易出现不同人有不同理解的现象，会导致课程在延续性和实施的一致性上出现一定的问题。

既然幼儿园课程实施方案是对教师具体课程实施的指南，那么幼儿园课程实施方案应该做到具有一定的可操作性，避免用空洞、抽象的原则来表述各要素的具体内容。

## 四、方案表述的问题

在课程实施方案的具体表述上，除了操作性不强的问题外，还有详略程度表述的问题。有的课程实施方案内容表述得过于细化，很多内容杂糅在一起，显得比较繁琐零散。

相反,有的课程实施方案的内容又表述得过于简单,很多需要呈现的内容,包括幼儿园教师在操作和实施中已经在实践的内容和要求没有被放置到课程实施方案中来表述。

在完善课程实施方案时,应首先对各要素进行系统化的思考,在现有的、实际操作和运用的课程资源和做法中筛选和提炼出比较重要和关键的内容,并将之表述成文本。然后把形成的各种课程文件整理归类到课程实施方案各要素的具体内容中。

在完成第一步之后,需要有一个去繁成简、强调逻辑性的过程。即形成一个清晰的课程实施方案框架结构,将各要素的基本内容在主体框架结构中表述清楚,相关的一些非常细化的内容可用附件的形式附在方案主体部分的后面。

这样整个课程实施方案的表述就清楚明了且具体可行。

## 五、园本特色的问题

各个幼儿园的课程实施方案都基本做到了有自己的个性,仅从文本出发,我们一般都能清晰地了解到该幼儿园的园本特色和课程特色。但同时我们也发现了在方案编制中有特色放大的问题,表现为幼儿园过分强调和注重选择性课程的编制,对特色部分的课程考虑更多,撰写的篇幅也更长。相比之下,共同性课程的园本化实施的考虑则显得十分单薄,用"参见二期课改教材"来简单地一带而过的现象很常见。

因此,我们建议,一方面共同性课程要体现园本化实施的过程,而不是完全复制《课程指南》的条文,要考虑体现园本化实施的特色,即幼儿园根据课程理念及独特的师资配备、课程资源和地域条件等资源,在课程实施过程中逐步形成能反映自身特点的一些做法。同时,特色课程的篇幅和在整个课程中所占的比例应恰当,不能用特色课程去占据整个课程的大部分内容。

综上所述,幼儿园只有在内化上海市课程改革精神、课程改革方案框架结构的基础上,把握价值取向,立足本园,逐步形成课程开发、建设、实施、评估的动态工作机制,才能创造性地、个性化地编制本园的课程实施方案,也才能在动态完善课程建设与实施过程中,保证着幼儿园课程的持续发展,走出一条适合自己的发展之路。

(周洪飞　张婕)

# 第二章

## 幼儿园课程实施方案：
## 基础性要素

幼儿园的课程实施方案是在更微观、实践的层面界定某个具体的幼儿园如何"因地制宜"地实施课程的计划。背景与条件分析是幼儿园课程实施方案编制的重要环节,是课程实施方案编制的基础工作。

　　幼儿园课程目标是幼儿园课程总体上力图促进幼儿的身心发展所要达到的预期结果。幼儿园课程目标的制定是幼儿园立足于本幼儿园的课程实施背景与条件分析的基础上,将国家或地方课程目标进行园本化的过程。

　　幼儿园课程结构是指幼儿园在国家、地方课程方案的指导下,根据自身的课程理念和课程目标,整合幼儿园资源优势,将课程组织在一起所构建的一套适合本园实际的有机统一的课程体系形态。从整体上规划和设计适合幼儿园自身的课程结构是幼儿园课程实施方案编制的重要内容之一。

　　幼儿园课程内容是根据特定的幼儿教育价值观及相应的幼儿园课程目标为幼儿所提供的学习经验的总和。应该说,幼儿园可选择的课程内容有很多,如何形成本幼儿园相对稳定而科学的课程内容体系,就成了课程实施方案编制以及教材园本化中必须考虑的问题。

　　在当今课程改革背景下,如何科学地规划和有序地发展特色课程,彰显幼儿园的个性特色,也成为幼儿园课程建设的重要的内容。

　　本章节,围绕幼儿园课程方案编制的"基础性要素",介绍了以上五个方面的问题,包括如何进行背景与条件的分析,如何制定幼儿园的课程目标,如何架构与课程目标一致的课程结构,如何选择与设计和目标相一致的课程内容,如何规划与发展幼儿园的特色课程等。

# 第一节
## 如何进行背景与条件的分析

世界上没有两片完全相同的树叶,世界上也不存在两所完全相同的幼儿园。哪怕是同一所幼儿园的不同园区,也会因为所在社区、课程资源等方面的差异而在课程设计与实施上各不相同。上海市的学前教育相关政策鼓励幼儿园进行地方课程的园本化,办出个性和特色,这就需要对幼儿园自身的特点具有清醒的认识。因此,背景与条件的分析要能引导幼儿园全面认识并尊重本园特点。

只有这样,才能找到本园发展的机遇和挑战,并有效地确定幼儿园自身的课程发展方向。只有对幼儿园的实际情况有了全面的、深入的分析,才能找准优势与问题,针对性地、个性化地在课程实施方案中确定课程目标、内容与策略,以使课程实施方案能够在幼儿园的课程实施中起到应有的作用。同时,也可使国家或地方统一的课程方案,真正成为可以在本园得到贯彻落实的指导性、操作性的文本。

能否对本园的课程实施的背景和条件进行切实、深入的分析,体现园长、教师在课程管理中的专业能力,也反映出幼儿园能否站在一定高度审视自身的课程领导力与管理水平,并最终影响幼儿园课程实施方案编制的科学性、指导性和针对性。

## 一、现有的问题

通过了解目前幼儿园课程实施方案编制的过程,分析不同幼儿园课程实施方案的文本,我们发现,幼儿园已经初步知晓了本园课程实施方案的框架,条件与背景分析作为其中不可或缺的部分出现在课程实施方案文本中,并进行了专门的设计与描述。幼儿园一般都从本园的办学硬件、办学历史、师资、幼儿发展、对本园办学有重要意义的专题研究、家长与社区条件,优势与发展方向等方面进行描述与分析。但是,这一部分也存在以下问题:

### 问题 1
**忽视背景与条件分析,随意简单地描述,缺乏本园个性。**

目前,从许多幼儿园的课程实施方案文本来看,它们似乎是上海市学前教育课程方案的压缩简略版,背景与条件分析部分更是一笔带过。这种情况的产生可能有两方面的原因。一是部分幼儿园在一定程度上并不认为"背景与条件分析"有多重要,因而认为它并不是必须的,只是将这一部分作为必须的"过程或内容"来完成任务,这说明方案制定者并没有真正领会这部分内容存在的价值,以及它与课程实施方案之间的密切关系。二是因为在分析时缺乏针对本园实际情况的具体、深入的分析,仅限于表面的描述,缺乏幼儿园个性特点,因此,显得空洞、雷同。例如:

> 自二期课改实施以来,幼儿园积极投入课程改革实践研究,教师们积极遵循"以幼儿发展为本"的课程理念时,能考虑目标、内容等因素,考虑课程的组织实施方式、环境的教育功能和互动形态,考虑教师如何理解儿童的发展。

像以上文字这样空泛、表面的描述语言,虽然看似包含了很多的理念、思考,但并未显示出该幼儿园具体的特点,因此在后续的课程实施方案的整体设计中,也就难以形成针对性的策略和措施。

### 问题 2
**等同于一般的办学情况分析,缺乏与课程直接的、本质的联系。**

这种现象比较普遍。它在一定程度上反映了幼儿园不能很好地界定背景与条件分析中究竟应该写哪些内容,写到何种程度,也不明确它的写法与一般的办园规划、园务计划等前部分的"概况"或"条件分析"之间的区别,将其等同于一般意义上的办学情况分析。因此,没有根据本园课程发展和实施的特点,围绕与课程设计与管理的直接要素展开,未从课程建设与管理的角度提出问题、看待问题,因此,幼儿园并未找到这些条件与背景和本园课程实施之间的实质联系,背景与条件分析没有做足"本园"文章。例如:

> 1. 幼儿园作为一期和二期课改的实验基地,经过了多年对新课程的实践和探索,通过专家引领、名师指导、教师内省相结合,融园本教研、教师进修、教科研结合为一体,为教师的专业化发展提供了有力的支持,逐步形成一支梯队设置相对合理、专业化水平相对较好的教师队伍。
>
> 2. 幼儿园倡导"崇尚学习,追求卓越"的精神,形成了一支爱学习、善反思、乐合作、肯钻研的教师队伍,相继被评为上海和全国的学习型组织,这为推进学校特色课程和新课程改革提供了有力保证。

以上的分析,虽然逐条对教师情况进行了描述,但是这种描述并未将幼儿园课程实施方案中的背景与条件分析与"办园规划"等文本的基本情况分析加以区分，因此不具有针对性，没有体现该方面因素与"课程实施"实质性的关系。又如：一些幼儿园尝试着模仿采用 SWORTS 等方法来梳理幼儿园课程方面的背景与条件的特点，但是其分析仍然与本园的课程实施没有建立直接的关系，有"简单化模仿和套用"的倾向。

### 问题3
**背景与条件分析缺乏方法，限于经验概括，分析的科学性、实证性不足。**

这种情况主要表现在幼儿园比较偏向用"感性经验"来代替深入的分析、客观的事实特点呈现，因此，语言描述比较模糊，或者出现"似是而非"的现象，不容易呈现和解释真实、本质的特征。主要原因可能是因为幼儿园缺乏利用科学、客观信息来呈现与进行分析的习惯，另一个原因可能是因为缺乏相应的方法，如数据统计与分析等方法的合理运用。因此，背景与条件分析难以挖掘深层次的特点。有时候即使采用了一些看似客观的数据，但统计与分析的途径方法不正确，其解释并不能体现本园各课程要素的本质特点，更不能体现关键要素与本园的课程管理、课程实施的对应。

例如：很多幼儿园在分析师资队伍情况时，往往罗列出教师教龄、学历层次、职称情况的真实数据与百分比。但是仅仅罗列这些数据是不够的，数据收集的意图和方法，数据之间的关系、数据背后代表的实际含义才是更重要的。

### 问题4
**注重呈现表面状况，但缺乏分析与挖掘。**

这种情况主要表现是满足于堆砌关于课程要素的语言描述，但是忽视提炼出最关键、最核心、最有价值的内涵与特征。除了采用一定的方法来呈现状况与特点以外，幼儿园还需要加强"思考"，进一步挖掘出现象与数据等信息反映的本质内涵，进行一些针对性的原因分析、影响因素的探讨。有时虽然有了一些结论性的推断与总结，但是在本园课程实施方案编制的过程中，却没有把这些特点考虑进去，建立分析与课程实施方案的主体部分互为呼应的关系。因此，不能充分发挥出"背景与条件分析"部分的真实价值，真正发挥出它对于编制与更新幼儿园课程实施方案的作用。

## 二、改进策略

基于对本部分相关问题的概述，以及部分幼儿园的研究成果，我们提供以下一些背景与条件分析的措施或策略。

**1. 挖掘园长与教师对背景与条件分析的真实需求,认识背景与条件分析的价值。**

在幼儿园课程实施方案的编制过程中,加强对于背景与条件分析部分作用的认识——即幼儿园要思考:既然上海市有了《学前教育课程指南》,有了课程结构与实施内容甚至评价框架,为什么还需要编制本园的课程实施方案?在实施方案中,根据本园的特点,我们需要进行哪些方面的具体设计与规定,为什么要这么做?只有通过这个"呈现与分析"的过程,本幼儿园对于课程实施的真实、具体的需求才会浮出水面,进一步形成本园课程实施方案的发展目标,并指导编制和更新课程实施方案的过程。

例如,幼儿园要设法解答以下问题:我们是一所怎样的幼儿园?我们希望提供的教育服务的特点、课程目标或幼儿发展目标是什么?我们有怎样的管理与实施课程的教师?她们与课程实施相对应的专业能力水平如何?发展趋势怎样?她们的工作方式与人际氛围的特点,对课程的影响有哪些?幼儿园的园舍、班级环境、设备等基础硬件的特点是什么?幼儿园内在的课程运行机制的特点:规划设计、实施安排、监督调控、信息传递与反馈等,各是什么?

**2. 学会抓住并分析最主要的问题与重要的影响因素。**

幼儿园课程实施涉及很多因素,我们要尝试按照前面所提到的框架或内容范围的角度去对比,学习呈现最迫切、最本质的与本园课程实施相关的重要方面,而不要面面俱到地"报流水账",或者"拿到篮里都是菜"。否则,如果单纯为了完成该部分的撰写任务而没有侧重地罗列现象,反而会混淆本质与表象,使自己不得要领。背景与条件分析要直接切入课程实施方案的主要因素。幼儿园要深入探寻课程实施方案关键问题的实质与影响因素,避免走过场。

例如,分析围绕上海市幼儿园课程的实施,教师相应的课程能力——课程解释能力,活动设计能力,各类型活动的组织与指导能力,多样化教育环境的创设能力。又如分析课程实施中教师之间的协作关系,教师与家庭共同实施课程的能力等。

**3. 学习与运用一些基本的呈现与分析背景与条件相关信息的方法。**

在进行背景与条件分析时,要根据信息采集对象的特点、信息类型等进行方法的设计,确保获得的"背景与条件"的信息是完整、真实的,并且具有针对性的说明。有时,还可以采用图表、图示、数据等与文字组合的不同方式来呈现,增强清晰度和说服力。另外,设计一些专题的调查,进行一些实证性的数据分析,寻找或修订使用一些已有的量表等工具也是可以参考的方法。总之,进行背景与条件分析时,不仅要找到有哪些因素需要分析,并确定分析的方法,以体现本园最本质的特点,这样才能准确定位幼儿园课程实施的背景与条件,并在课程实施方案中,确立对应的策略。

**4. 清晰呈现并充分利用背景与条件分析的结果,并反映在课程实施方案中。**

幼儿园要将背景与条件分析的结果,用简洁明了的语言概括出来,作为本幼儿园课程实施方案编制中的基础要素得以体现,比如可以着力发挥的优势,需要着重解决的问题等。并且,幼儿园要根据背景与条件分析的结果,对比基础与个性化发展要求,寻找幼儿园课程实施的主要困难与改进措施,并提出在课程实施方案中落实与细化操作的措施,以充分体现和利用"分析结果"的重要价值。

## 三、观点与提示

一般而言,幼儿园课程实施方案的背景与条件分析,可以从以下几个方面来进行。本幼儿园的性质和特点;本幼儿园课程基础,包括课程发展的重要历史阶段以及课程研究重心(或特点);本园幼儿园课程实施各要素的主要特征,包括教师和幼儿的课程需求,教师课程实施的专业水平能力,幼儿园的园舍、班级环境、设备等基础课程硬件的特点,幼儿园在课程与资源等方面的优势与不足;幼儿园课程运行机制的特点,包括规划设计、实施安排、监督调控、信息传递与反馈等。背景与条件分析还需要适当包括以上方面的主要原因与影响因素的说明等。

从以上分析框架出发,幼儿园在具体进行课程实施背景与条件的分析时,要注意以下的问题。

**1. 在开展背景与条件分析时,要抓住核心内容。**

构成幼儿园课程实施背景与条件的因素是复杂多样的,具体分析时,要根据本园课程发展的需要和幼儿园的实际情况,抓住核心内容,不求面面俱到,否则似蜻蜓点水,影响分析的深入性,也影响幼儿园对自身背景与条件的清晰把握。一般来说,课程实施背景与条件的核心内容是影响幼儿园课程实施的直接因素,可包括:本幼儿园的课程传统,已有的课程基础,本园教师和幼儿、家长等的课程需求,幼儿园在课程、教师和资源方面的优势与局限。

**2. 在开展背景与条件分析时,要注重信息的多样性、科学性和实质性。**

背景与条件分析是否准确到位,结论是否有说服力,很大程度上取决于分析时所收集的信息是否多样,信息采集的方法是否科学合理,信息呈现的方式是否清晰且把握了实质。

因此,背景与条件分析的信息类型,要力求多样,尽量做到主观信息与客观信息相结合,以增强说服力和科学性。除了主观描述外,可借助适当的科学方法来获取有关背景与条件的实证性数据;同时,分析前要尽量事先确定好信息获取后的呈现方式,尤其是要明确哪些类型的信息用实证数据的方式呈现,还要注意在课程发展不同阶段信息呈现的连续性,以表现出对发展趋势的分析。

**3. 在开展背景与条件分析时,要做到信息来源主体的多元性。**

背景与条件分析的准确到位,除了要把握以上信息本身的特点外,还要做到信息来源主体的多元性,比如信息来源的主体可包括不同类型的教师、家长、幼儿,甚至后勤职工等,并关注这些信息之间的联系。这样,才能使信息更客观真实,使背景与条件分析更准确。

**4. 要结合幼儿园实际变化,动态调整背景与条件分析的侧重点。**

世界万事万物都在发展变化中,幼儿园课程实施的背景与条件也非静止不变,由此,我们还要具有对背景与条件分析进行动态调整的意识和行为,使背景与条件分析的重点和角度,随着本园课程实施方案的不同层次的调整而有所变动。比如,第一次编制幼儿园的课程实施方案,与后续对课程实施方案进行调整与更新,这其中背景与条件分析部分的侧重点可以有所不同。第一次编制方案时,背景与条件分析更注重全面、规范与整体性,而后续的方案调整与更新,则可以适当体现"全面"中的侧重,即重点分析幼儿园有特色和优势的条件,或有困难和薄弱的部分,对其进行集中的、深入的分析。

当然,任何做法非一成不变,如果幼儿园自身及幼儿的发展变化较大时,不排斥后续的方案调整中,幼儿园进行背景与条件的全面分析。

(贺 蓉)

## 四、实践案例

**案例1**     **课程实施方案背景与分析**[①]

表 2-1-1 优势与不足分析

|  | 优 势 | 不 足 |
|---|---|---|
| 园情 | 幼儿园目前有三个校园区,健康部、快乐部两个园区建园早,位于老城区,周边有区教师进修学院、小学、中学、少年活动中心等;阳光部在新城区,园所宽敞,设施设备先进,设有多个专用活动室,功能各异,周边建有商业街、大型超市、广场等,教育资源比较丰富。幼儿园三个校园区每班均有电脑、多媒体视频软件等教学设备,配有幼儿电脑室;幼儿园建立了网上资源库,实现了优质资源的共享和共建;建立了独立的网站,开拓了包括班级网页、专题论坛、园长信箱等社区、家长参与幼儿教育的虚拟社区幼儿园。 | 健康部和快乐部建园时间长,校舍旧,需要不断修缮,活动场地面积小,未达到幼儿园实施设备"88"标准;盥洗室配备不足,两班合用一个盥洗室,缺少幼儿相对独立的生活空间,给保育员规范操作带来了诸多困难。 |
| 生情 | 南桥城区幼儿,家庭生活水平比较高,相对于乡镇孩子而言,我园幼儿的学习兴趣和能力基础较好,在情感、社会性发展方面也有较好的条件,普遍具有"好奇、好问、好动手"等特点。 | 幼儿体质差异很大,体质特殊儿童(特别是不同程度的肥胖幼儿)占有一定的比例;由于家长过渡宠爱,部分幼儿注意力分散,专注性不够。 |

---

① 案例1由奉贤区解放路幼儿园尤丽娜执笔。

| | 优　势 | 不　足 |
|---|---|---|
| 师情 | 幼儿园有一支具有爱心、责任心、敬业精神的教师队伍，初步形成了市级、区级、园级骨干教师的梯队；在良好园风的熏陶下，教师们积极探索、勇于创新，逐步成长为具有"研究型、示范型"特征的骨干教师队伍，这些教师专业成长的期望值很高，在幼儿园的二期课改过程中，能积极学习和研究现代社会条件下的幼儿学习方式与特点、教育方法、课程建设等教育理论，全园开展教育教学研究氛围浓，教师参与各类课题研究达到100％。 | 随着办园规模的扩大，教师队伍的不断调整，教师的专业发展不平衡，教师的专业素养与整体课程理念还需进一步提升，要不断提高教师对教育手段与方法、教学内容的把握程度，尤其是占教师总数40％以上的职初教师的专业水平与课堂教学能力还有待提高。 |
| 家长 | 家长普遍文化程度较高、知识面也比较广，重视孩子的教育；部分家长对教育理论有一定的了解，也积累了一定的家庭教育经验，关心教育改革。 | 幼儿园隔代教养比较普遍，祖辈与父母辈教育要求、方式的不协同现象明显。祖辈家长对孩子过多保护，从而束缚或影响孩子的全面发展。家长之间的教育理念、教养方式存在较大差异。 |
| 社区资源 | 幼儿园与社区单位建立了合作关系，成立了24个社区教育资源基地，能借助社区丰富的教育资源开展各项活动，社区成为了幼儿主动学习探究与社会实践的重要场所；课题研究成果《主题学习中社区教育资源的开发与利用》获市二等奖；作为0—3岁早教指导基地，幼儿园向社区散居婴幼儿开放幼儿园资源，对家长开展各种形式的早教指导。 | 幼儿园健康部、快乐部处在老城区，周边常住居民老龄化程度比较高，在主动支持或与幼儿园交流方面较欠缺，共建渠道不畅通；阳光部是新型社区，社区组织网络还不够健全，与幼儿园配合还不够。 |
| 课程特色 | 幼儿园确立了"以美为切入口，以美育德，以美健美，以美益智，全面提高幼儿的素质"的特色教育目标，充分彰显"以美来启迪幼儿的智慧，陶冶幼儿性情，丰富幼儿的想象力，发展幼儿的创造力，提高幼儿的审美能力"的艺术教育价值；积极开展主题情境中幼儿园艺术教育的实践研究，形成了在《情境中学音乐》、《在情境中学美术》的园本教参，幼儿园成为了奉贤区艺术教育特色校、示范校，"幼儿美术"、"幼儿音乐"为区艺术教育特色项目。<br>幼儿园以幼儿自身发展和社会发展的需要为出发点，结合幼儿园教育教学特色，确立了"情境教育"课程理念，建构"在体验、观察和模拟生活的过程中建构知识、获得有意义经验"的幼儿园情境性课程特色。在实践研究的基础上，梳理出版了《在情境中学习》、《优质课例集》等园本教参，使幼儿在真实的生活情境中、在模拟情境中自主体验学习。 | 幼儿园特色课程的监督、评价机制还不够完善，还没有形成较为完善的艺术教育课程体系和多样化教学方法；职初教师缺少艺术教育素养和能力，在特色课程实施中碰到的诸多困难有待解决。<br>在课程实施过程中，存在部分教师课程目标整体意识不强，关注点多集中在具体单一活动目标上，且活动目标制定较为随意和无序；活动内容窄化为学习活动或是幼儿相关的学习经验，不同年龄段的生活活动内容基本趋同；学习活动较注重集体活动，对个别化学习活动的研究与把握不够。 |

**案例 2**　　**课程实施方案背景与条件分析中教师的情况分析**[①]

　　我园共有专职教师39人，其中工作三年以内的入职期教师16人，占41％。教师的年龄结构和职称结构总体上比较符合发展中幼儿园的需要，但最近几年存在比较大的师资队伍培养压力。

　　在编制课程实施方案过程中，我园对本园39名教师，从情感投入、工作满意度、专业

_____

　　① 案例2由闸北区安庆幼儿园贺蓉执笔。

认同感、职业倦怠感、参与权、创造性、合作、工具性反思、价值性反思、教学效能感、教育机智、专业自主权、自主发展的观念、自主发展的规划，自主发展的行动等 16 个方面，进行了问卷调查。每项指标得分最高 5 分，我园教师的整体情况呈现如下图 2-1-1。

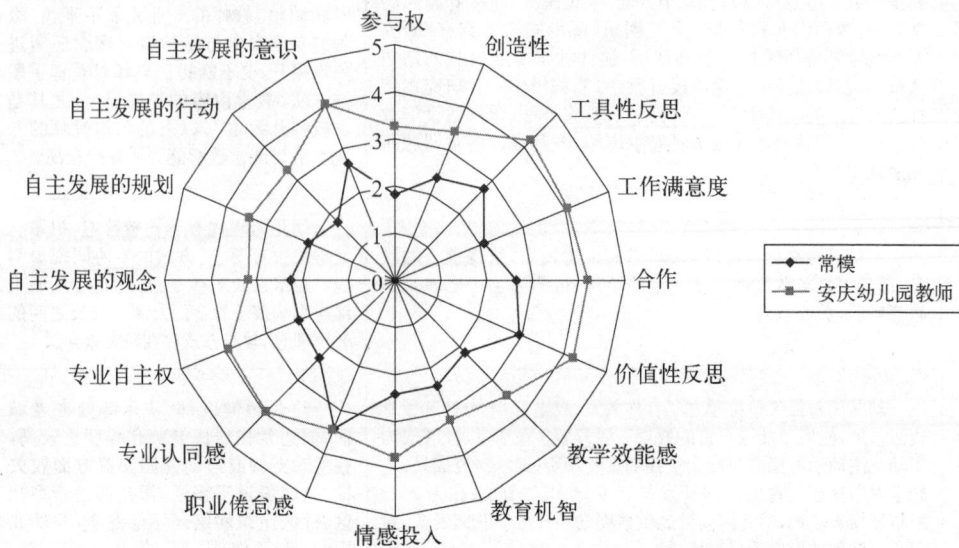

图 2-1-1 安庆幼儿园教师专业发展与常模对比雷达图

另外，我们针对课程实施方案的理解与实施情况，设计了"实施本园课程实施方案主体感受问卷"，调查了全园 39 名教师。结合两项调查的数据，以及现场观察、查阅幼儿园已有课程实施过程资料等，我们对本园教师情况形成了以下分析：

1. 我园所有教师在专业认同感、情感投入、合作等方面的得分均高于常模水平，说明他们对工作环境与人际氛围很满意，并对自身工作的态度给予积极的评价。由于我园是上海市示范幼儿园，也是课程改革研究基地幼儿园，教师们对本专业、对幼教职业、对幼儿园工作氛围、日常工作方式等认同度较高。与此形成对比的是，我园教师的职业倦怠感与常模水平相当，表现出教师总体在精神与体力上的疲惫。经过访谈，我们发现，这与本园园长长期坚持研究与改革，对教师提出不断提升的自身专业要求，并且教师经常需要面临"探索性、发展性"工作所带来的"不确定性"有关。我们认为，在保持幼儿园探索、发展的基础上，采取措施消解职业倦怠，增强教师工作的确定性，及时提供与"改革"相关的技能培训，全面提升教师在工作中的"被支持感"。

2. 通过"实施本园课程实施方案主体感受问卷"的调查，我们也发现，经过参与编制方案过程与培训，我园 100% 的教师对课程实施方案的内容与要求有比较明确的理解。例如"明确了我园课程设置与版块的结构，明确了我园对课程的各类活动(生活、游戏、运动、学习)的具体规定"，认为"本园的课程实施方案，能明确指导教师有效地安排班级课程、实施课程"。课程实施方案在很大程度上得到了理解、落实。但是，结合教师访谈，我们也发现,教师认为本园动态课程实施流程以及操作细节不断进行局部优化,尤其是一些新的任务在探索一定阶段后,需要"定型"。例如,如何科学地引导幼儿家庭对课程的参与,如何客观地了解自己班级幼儿活动状态等方面,进行有重点地梳理、呈现,并及时充实到课程实施方案当中,供教师工作参照。这表明,我园教师对课程实施方案的实践指导作用有不断与时俱进的优化需求。

3. 问卷中教师的"参与权、创造性、教学效能感、教育机智"等几项指标,直接指向课程实施能力。调查数据表明,我园教师在这些方面得分高于常模。经分析,我们认为,我园大部分教师多年承担示范、课改实践研究等任务,在课程理念的理解,课程实施等多方面得到历练,具有一定的针对新课程四类活动的设计与执行能力,课程解释能力,各类型活动的把控能力,多样化环境设计能力等。但是,访谈中也收集到一些值得关注的信息,例如,近年大量引进教师,40%的教师对于教学活动怎样在遵循大原则的基础上,做到有园本化特色的实施,仍然存在困惑;又如,需要承担本园专门的、特殊的课程内容(针对中班、大班幼儿分别引进的"LASY"和"LEGO"活动)的教师,需要有针对性的培训、指导。

4. 教师"工具性反思"和"价值性反思"指标,在很大程度上反映了教师对自身的课程实施过程与成效的评价水平。我园教师在这两项上的得分水平远远高于常模水平,分别达到 4.19 和 4.20 分。这使得这两项成为所有 16 项的指标中得分最高的两项,成为我园教师的"长项"。我们经分析认为,这与近年来我园在课程实施中强化教师的保教质量监控意识,积极探索、鼓励教师开展自评为主的课程实施评价密切相关。幼儿园不仅通过制度建立了帮助教师"端详"自身课程实施状态的途径、方法和工具,而且在关注教师个人反思的深度与广度的同时,还非常重视客观的团队合作的评价与反思。教师的反思能力较强,是保证课程设计、实施的方向性、有效性的极有利的因素。我们可以在保持此发展趋势的基础上,在课程实施和评价方面给予教师更大的自主空间。

# 第二节

## 如何制定幼儿园的课程目标

　　幼儿园课程目标是幼儿园课程实施方案构成的主要成分,幼儿园课程目标的制定相对其他课程要素而言,在幼儿园课程实施方案的编制中处于核心的位置。因为目标是行动的指南,课程目标一旦确定,就可明确本园课程设计及课程实施最终要达到的预期效果,提供教师课程有效的指导和努力的方向。同时,课程目标制定后,可直接为幼儿园课程内容的选择和确定提供参考依据,使幼儿园课程内容的选择和组合更有针对性,成为实现幼儿园课程目标的重要载体。此外,课程目标的制定,也可为幼儿园课程评价工作提供基本准则,影响和决定幼儿园课程评价标准和指标的内容建构。

### 一、现有的问题

　　目前,幼儿园课程目标的制定在方案编制中日益得到重视。为此,幼儿园在努力理解和领会国家、地方有关课程目标精神和理念的基础上,结合幼儿园的办园目标和课程理念,纷纷开展了本园课程目标的研究和制定,借助课程目标的描述勾勒出经课程实施后本园幼儿发展的最终水平和状态。同时,幼儿园也期望通过课程目标的制定,能一定程度上反映出本园在人才培养方面的价值取向和个性特点。总体而言,在幼儿园课程目标的制定中,文字表述准确严密,表现出幼儿本位的课程目标价值观,以促进幼儿在情感态度、社会性、认知等方面的和谐发展为取向。

　　但是,在幼儿园课程目标的制定中,我们还发现以下的一些问题亟待重视。

**问题 1**
**课程总目标的表述与幼儿园的课程理念、课程愿景之间缺乏一定的相关性。**

　　在编制课程目标前,许多幼儿园往往先确立本园的课程理念,有的幼儿园还会展望本园的课程愿景,然后再表述幼儿园的课程总目标。但是,幼儿园对课程总目标与课程理念和课程愿景之间的关系把握还不够清晰,表现为在方案文本中,幼儿园将课程总目标简单孤立地描述一番,前后对照起来比较,课程总目标描述的内容与课程理念或课程愿景之间没有直接的内在逻辑联系,课程理念、课程愿景与课程总目标之间没有一定的相关性。造成这一现象的主要原因一是幼儿园对课程实施方案编制中的逻辑一致性不够重视,对方案要素之间的内在联系关注度不高。另一原因则是幼儿园管理者课程理论与知识的缺乏,对课程愿景、理念及目标等关联性概念之间的区别与联系的把握不够清晰。例如:

> 幼儿园课程愿景是营造分享的幼儿园文化氛围,创设富于变化的、支持性的环境,为幼儿提供充实的、多样化的材料,以丰富的形式开展多元指向的教育,从而使幼儿获得更和谐更全面的发展。
>
> 幼儿园的课程总目标以《课程指南》为基础,课程的具体目标也同《课程指南》。

以上案例中的幼儿园展望了自己的课程愿景,但在课程总目标制定中直接引用了《课程指南》中的目标表述,普适性的、统一性的地方课程总目标无法很好地体现幼儿园自身追求的独特课程愿景,课程愿景没有具体实在的、与之相匹配的课程总目标,最终导致愿景失去明确的目标支持,愿景的实现就如同空中楼阁。

### 问题 2
**课程总目标表述涉及的目标种类较多,常常与办园目标、培养目标、教师发展目标等概念相混淆。**

在幼儿园课程实施方案编制时,幼儿园在课程总目标的表述中,涉及到幼儿教育目标体系中多种类别的目标,包括办园目标、幼儿园发展目标、幼儿培养目标、教师发展目标、课程建设目标等。由于指向的目标种类过多,幼儿园常常将这些目标与课程总目标相混淆,使课程总目标的制定工作和呈现方式显得过于繁杂,影响和削弱了课程实施方案文本应重点考虑和制定的目标种类——课程总目标。该问题产生主要是由于幼儿园对课程目标的内涵和本质的认识不够清晰,对幼儿园教育体系中相关目标的区分不够重视。例如:

> 幼儿园课程目标:
>
> 1. 幼儿培养目标:
>
> 尊重、支持、帮助孩子自主、自信、自助地成长,培养幼儿好奇活泼之心性,乐群、参与之欲望,共同生活、探索表达之能力,身心健康,和谐发展,使每个孩子都有良好的生活习惯,生命充满活力。
>
> 2. 教师发展目标:教师在走近、了解、研读、支持儿童的过程中,形成一批乐于追求、善于思考、勇于创新、甘于奉献、自主发展的学习型教师。

3. 课程建设目标：规范化、有特色、高质量，形成平等、自主、创新、和谐的课程文化。

4. 幼儿园发展目标：成为规范化、有特色、高质量的市级示范幼儿园。

以上案例中的幼儿园课程总目标制定中，描述了幼儿培养目标、教师发展目标、课程发展目标和幼儿园发展目标，唯独没有明确表述出课程实施方案中最需要考虑和规划的目标种类——幼儿园课程目标。而且，由于目标种类涉及过多，使课程实施方案对课程总目标自身的表述不够突出、清晰和准确，甚至被忽视，从而影响了课程目标在课程实施中的作用。

### 问题 3
**课程总目标和课程具体目标、课程阶段目标之间缺乏紧密的内在联系，分解后的具体目标和阶段目标与总目标的呼应不够。**

幼儿园课程实施方案编制时，幼儿园除了制定课程总目标外，为促进目标的贯彻落实，还会将总目标进一步分解为幼儿园课程具体目标和阶段目标。但如果由上至下、由总到分串起来看，方案中的课程具体目标、阶段目标与课程总目标之间的内在联系性还不够紧密。具体而言，幼儿园制定课程总目标时，往往能够结合本园独特的课程理念和幼儿园实际，将国家、地方的课程总目标进行一定程度的园本化，从而使课程总目标反映出本园课程理念与价值取向的个性特点，但总目标分解后的课程具体目标和课程阶段目标，则没有同步考虑进一步园本化的问题，完全照搬《课程指南》中具有普遍性的具体目标和年龄阶段目标，从而从方案文本的表述内容来看，幼儿园课程具体目标和阶段目标没有与课程总目标很好的呼应，使幼儿园课程总目标的精神和价值追求，难以在课程具体目标和各年龄阶段目标中同样得到体现。这一问题的产生主要是由于幼儿园对方案文本编制中的逻辑性要求关注不够，同时，也对不同层面目标之间的关系不尽了解；也可能是方案文本与实践层面的脱节现象所造成的，课程一般目标、阶段目标没有及时将实践做法反映出来。不管原因是出于哪一方面，这一问题的存在在方案编制中值得重视，因为这不仅影响课程方案内在的逻辑性、严密性，影响课程相关目标之间的一致性程度，也影响了幼儿园课程总目标的层层贯彻落实和实现，影响了课程目标对实践的指导性程度。例如：

幼儿园课程总目标为：通过课程实施，促进幼儿健康水平以及情感、态度、认知能力等各方面的发展，培养"健康、乐群、自信、爱阅读、能表现、有责任感"的儿童。课程具体目标和阶段目标同《课程指南》。

由以上幼儿园课程总目标的表述可见，幼儿"爱阅读"成为该园课程总目标园本化后突出的一条内容,是幼儿发展预期结果中的一大"亮点"。然而在课程具体目标和阶段目标表述中,幼儿园则直接沿用了《课程指南》中的相关目标,由此,课程总目标追求和重点突出的内容在课程目标的分解中被埋没了,幼儿"爱阅读"的目标较难在各年龄段的课程实施中得到落实。

## 二、改进策略

**1. 根据国家及地方课程总目标的核心思想,结合幼儿园课程理念和课程愿景,制定出符合本园实际的课程总目标。**

幼儿园首先要准确分析和理解国家及地方课程文件中关于课程总目标的核心思想,把握课程总目标的精神,如凸显幼儿个性、习惯、自主性、责任感等品质的发展。同时,目标制定时,更要注意考虑和紧密结合本幼儿园的课程理念与课程愿景,在描述幼儿园课程总目标的内容时,将课程理念和课程愿景的核心思想,反映在课程总目标中。因为课程目标与课程理念、课程愿景等概念之间具有密切的相关性,彼此之间有内在的逻辑关系:课程理念反映了课程的价值取向,特别是课程目标的价值取向;愿景是人们心中或脑海中所持有的意象,课程目标是课程愿景的要素之一,作为工作导向能够把愿景变得更具体实在。

课程总目标具体制定的路线图可参见图2-2-1。

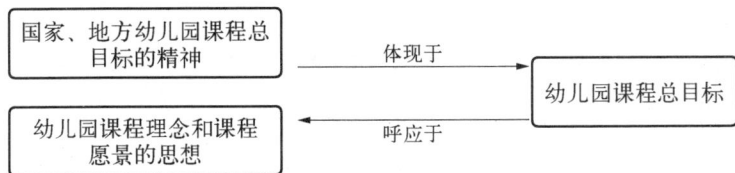

**图2-2-1 幼儿园课程总目标制定的路线图**

以上幼儿园课程总目标的制定路线,使幼儿园课程总目标既符合时代、法规的基本理念,保持与国家、地方课程总目标的精神一致,同时也结合了幼儿园自身的特色,反映出幼儿园区别于他园的个性化的课程理念和课程愿景,课程总目标能表现出与课程理念和课程愿景相一致的内在逻辑性。例如:

> "为每个幼儿的健康幸福实施快乐的启蒙教育"是本园课程的基本指导思想,"教育,从辨别儿童需要开始"是核心理念。我园课程目标:贯彻《课程指南》,确立以"关注幼儿发展需要,培育幼儿幸福生活根基"为取向,培养具有"充实的早期生活经验,良好的行为习惯,学习潜能展露,身心健康快乐"的儿童。
>
> ——思南路幼儿园

思南路幼儿园课程总目标的制定首先遵循了《课程指南》中课程总目标的精神,如培养幼儿良好的行为习惯,身心健康快乐等品质,在价值取向和表述内容上与国家、地方课程总目标的精神和方向总体保持一致。同时,该幼儿园还从自身的课程理念出发——"教育,从辨别儿童需要开始",在落实国家、地方课程目标精神的基础上,预期了本园课程及课程实施后幼儿发展的最终水平和状态,使课程总目标努力凸显幼儿园"关注幼儿发展需要"的课程理念。总体而言,课程总目标的制定路径与国家、地方课程总目标相符,又与该园课程理念相一致。

**2. 把握课程目标的内涵,关注幼儿的预期发展结果,发挥出课程总目标对幼儿园课程实施在促进幼儿和谐发展方面的导向作用。**

幼儿园课程目标的含义是"幼儿园课程力图促进幼儿身心发展所要达到的预期结果",幼儿园课程实施方案编制中进行课程目标的制定时,要注意准确把握课程目标的内涵,表述时聚焦课程,关注幼儿,重点从幼儿发展的角度出发,描述出本园课程建构和课程实施后幼儿身心发展水平的预期结果。只有明确了课程目标的内涵和性质,才会制定出清晰的、指向幼儿发展结果的课程总目标。这样的课程总目标的表述,才能有效地引导幼儿园课程及课程实施在促进幼儿发展方面的既定方向,也才能有效地引导幼儿教师正确的和科学的教育行为,以最终实现课程促进幼儿和谐发展方面的价值和功能。例如:

> 通过幼儿园课程实施,旨在促进幼儿健康及认知发展、社会性与情绪发展、语言发展和身体发展,培养出愉快、健康、文明、爱学的幼儿。
>
> ——长宁实验幼儿园

长宁实验幼儿园课程总目标的表述角度清晰,直接指向幼儿的预期发展结果,明确指明了该园课程实施后幼儿身心发展的最终状态和水平,使教师明确了课程实施在促进幼儿发展方面的方向,即促进幼儿"愉快、健康、文明和爱学"。该目标的内容也会指引教师在课程中实施,同时相关教育行为以紧密围绕促进幼儿"愉快、健康、文明和爱学"为中心,努力做出与目标相符合的科学的课程实施行为。

**3. 课程总目标要与课程具体、阶段目标保持内在一致性,使课程具体目标和阶段目标反映出课程总目标的价值取向。**

一般来说,在课程目标体系中,国家、地方幼儿园课程总目标属于宏观层面的目标,幼儿园制定的课程总目标属于中观层面的目标。由此,幼儿园制定的课程总目标其表述还是较为笼统、抽象,需要层层落实为反映幼儿发展各领域和各年龄段课程实施的具体方向和要求,这样才能保证课程总目标的最终实现。为便于理解、落实和实现课程总目标,幼儿园需要对课程总目标进行一定的具体化和细化的工作，在这一过程中形成课程具体目标和阶段目标。由此，课程总目标的转化和分解工作是必要的，课程实施方案编制中课程具体目标与阶段目标的制定也是必不可少的工作。

但在分解中，幼儿园要明确课程具体目标和阶段目标的形成依据是来自课程总目标，其产生源于对课程总目标的分解和细化，由笼统到具体的转化过程还要具有内在逻辑性的要求，即制定的课程具体目标和阶段目标，在性质上要与总目标相吻合，在内容的价值追求上应与幼儿园课程总目标的价值取向保持充分的一致性。这样，才能使制定的课程具体目标和阶段目标与课程总目标相呼应，在方向和内容上与课程总目标保持一致，确保课程总目标的精神和理念落实和体现在课程的具体目标和阶段目标中，并指导幼儿园课程在幼儿发展各领域及各年龄段班级层面上的具体实施要求是与总目标相符合，否则教师的课程实施会偏离既定的轨道，无法朝向预设的目标。有必要的话，幼儿园可对《课程指南》中的课程具体目标和阶段目标进行一定程度的园本化，即根据本园的课程总目标性质和内容，对《课程指南》的课程具体目标和阶段目标作适当的调整、补充和拓展，形成与课程总目标相一致的、符合幼儿园实际的课程细化目标。例如：

> 幼儿园课程总目标为：培养具有"好奇、好问、好动手、善于表达"的新时代儿童，通过幼儿园"在情境中学习"课程的实施，使幼儿成为身心健康、热爱艺术、具有探究精神和合作品质的儿童。
>
> 课程的具体目标为：
>
> 幼儿在与环境的互动中，初步了解并遵守共同生活所必需的规则，体验并认识人与人相互关爱与协作的重要性和快乐感。
>
> 在情境的建构与互动中，初步了解人与环境的依存关系，有初步的环保意识，有认识和探究身边世界的兴趣，以积极的情感投身到与周围环境的共同创新活动中。
>
> ……
>
> ——解放路幼儿园

解放路幼儿园的课程具体目标，根据在"情境中学习"的课程理念和"好奇、好问、好动手、善于表达"的幼儿培养目标，对《课程指南》中的课程具体目标进行了一定的园本化。如具体目标的表述突出了"与环境的互动"、"情境的建构及与情境的互动"等目标达成的途径和方法，彰显出该幼儿园课程理念及课程目标追求的教育价值和独特性。总体，解放路幼儿园课程总目标与课程具体目标有较清晰的内在逻辑一致性，课程总目标的价值追求——体现幼儿学习和发展离不开与环境相互作用的特点和性质，能够在课程具体目标中得以进一步落实。

幼儿园课程目标分解的具体操作可参见图2－2－2。

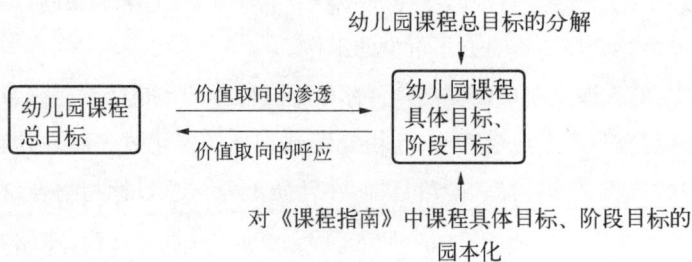

图2－2－2　幼儿园课程具体目标和阶段目标制定图解

## 三、观点与提示

课程目标是幼儿园课程实施方案涉及的首要基础性要素,课程目标的制定在课程实施方案编制中是核心工作,是对本园课程实施把控方向的关键环节。在制定课程目标时,幼儿园要全面考虑以下几点。

**1. 把握幼儿园课程目标的内涵。**

在目标的制定过程中,对课程目标一词要科学和透彻地理解,这是制订幼儿园课程总目标时必不可少的基础性前提工作。幼儿园在课程总目标的制定过程中,需要分清不同种类的目标,包括办园目标、幼儿园发展目标、幼儿园培养目标、教师发展目标等,以便更准确地把握课程目标的涵义并在方案中进行清晰表述。

不同的幼儿园文本需要制定相对应的教育目标。从类别来看,办园目标又称幼儿园发展目标,是指幼儿园的在办园理念指导下,一定阶段内幼儿园发展的理想的预期状态和幼儿园未来要达到的质量水平标准。办园目标是对幼儿园发展定位的思考与确定,必然包含幼儿园的发展方向,即准备办成一所何种等级和水平的幼儿园。培养目标核心问题是培养什么样的人,指向培养人才的规格与标准。幼儿园培养目标是指通过幼儿园教育最终培养出的幼儿在身心发展水平方面的具体规格和标准,涉及整个幼儿园教育的范畴。而课程目标主要表现为幼儿园教育系统的核心组成部分——课程的所作所为,是指通过幼儿园课程的规划、建构和实施,幼儿最终能达到的发展结果。课程目标是培养目标得以实现的重要载体,但又不是全部。因此,幼儿园课程目标是从培养目标转化而来的,是培养目标的下位概念,直接指向和服务于幼儿园培养目标的实现。由于目前对幼儿园课程的理解是宏观的、广义的,即幼儿园课程是幼儿园对幼儿实施的、影响幼儿经验的所有教育活动的总和,同时,课程又是幼儿园教育的核心,幼儿园培养目标实现的重要载体是幼儿园课程,所以,幼儿园培养目标有时可等同于幼儿园课程目标。教师发展目标则是从教师的角度表述的目标,是指通过幼儿园课程实施可促进教师专业发展的预期结果。

幼儿园课程目标及相关概念介绍可参见表2-2-1。

表2-2-1：幼儿园课程目标及相关概念介绍

| 幼儿园课程目标 | 办园目标<br>（幼儿园发展目标） | 幼儿园培养目标 | 教师发展目标 |
|---|---|---|---|
| 幼儿园课程力图促进幼儿身心发展所要达到的预期结果。 | 幼儿园在办园理念指导下，一定阶段内幼儿园发展的理想的预期状态和幼儿园未来要达到的质量水平标准。 | 通过幼儿园教育最终培养出的幼儿在身心发展水平方面的具体规格和标准。 | 通过幼儿园课程实施可促进教师专业发展的预期结果。 |

**2. 了解幼儿园课程目标的层次。**

一般而言，完整的课程目标应该包括宏观、中观和微观三个层次的目标。宏观目标是国家、地方对基础教育课程内部运行系统的整体要求，对课程改革与发展具有明确的指导性和规定性，反映国家对学生成长的总体要求。中观目标是学校层面根据国家、地方课程改革的精神和学校的实际，将观念层面的课程目标具体化，使之具有较强的针对性和评价性。微观目标就是学校班级层面课程实施各时间单元的目标，包括学年目标（年龄阶段目标）、学期目标、月目标、一日教育活动目标和具体教育活动目标等。

由此，幼儿园课程目标的层次从纵向角度而言，一般分为五个层次：第一层次为国家、地方幼儿园课程总目标，第二层次为幼儿园课程总目标（课程具体目标），第三层次为年龄阶段目标（学年目标），第四层次为单元目标（学期目标、月目标和周目标等）。第五层次为具体教育活动目标。幼儿园课程目标体系的层次见图2-2-3所示。

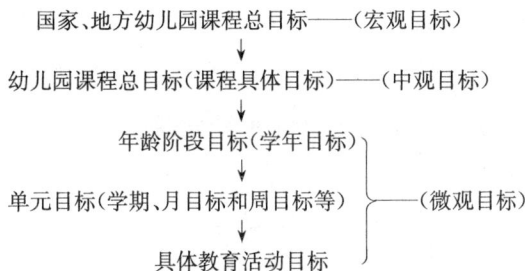

国家、地方幼儿园课程总目标——（宏观目标）
↓
幼儿园课程总目标（课程具体目标）——（中观目标）
↓
年龄阶段目标（学年目标）
↓
单元目标（学期、月目标和周目标等）——（微观目标）
↓
具体教育活动目标

**图2-2-3 幼儿园课程目标体系的层次**

以上幼儿园课程目标体系，自上而下来看，在时限上，幼儿园课程目标从中长期到短期；在表述特点上，幼儿园课程目标从概括走向具体。由上图可知，幼儿园课程实施方案中的课程总目标是一种中观层面的课程目标，其表述特点相对概括。而课程阶段目标则直接涉及课程实施层面，是微观层面的。把握了课程目标的层次，制定各层面课程目标时才会表述得更准确、到位。

从以上的关注点出发，具体制定幼儿园课程目标时，我们提供以下的操作建议。

**1. 在幼儿园课程总目标的制定中,首先要确保方向性,与国家及地方课程总目标保持一致。**

幼儿园要将国家、地方的课程文件精神及课程目标价值取向作为本园课程理念及课程总目标制定的最主要依据,把握国家或地方课程文件的精神,在目标表述上尽量能体现出该理念的核心思想。

具体制定时,幼儿园首先要认真研究国家及地方的幼儿园课程总目标,解读表述中的关键词,如健康、活泼、文明、自主性、责任感等,以正确理解国家、地方幼儿园课程目标的理念,把握其中的精髓和实质,使之成为制定幼儿园层面课程目标的重要依据。同时,幼儿园还要分析和理解国家、地方幼儿园课程总目标的价值取向,如"和谐发展"取向、"情感态度"取向等,使课程总目标符合国家人才培养的正确方向。如此,才能使幼儿园制定的课程总目标与国家或地方课程总目标保持一致,体现出启蒙教育促进幼儿可持续发展的价值。

**2. 在幼儿园课程总目标的制定中,要确保个性化,与幼儿园的实际相符合。**

幼儿园课程总目标的制定还要结合本园自身的课程理念和课程愿景,对普适性的课程总目标进行适当的诠释、补充和拓展,在确立与幼儿园办园宗旨和办园条件相符的课程愿景和课程价值取向的基础上,制定出真正适合本园的、具有个性化的和适宜性的幼儿园课程总目标。

课程总目标制定中的园本化,需要幼儿园在课程总目标制定中,梳理好与课程目标相关的一些概念要素的关系,包括课程理念、课程愿景与课程目标之间的内在联系,使课程总目标与本幼儿园的课程理念、课程愿景相符合。

**3. 幼儿园课程总目标细化为课程具体目标和阶段目标时,要确保逻辑一致性。**

幼儿园课程总目标总体表述较概括,为帮助教师理解课程总目标,促进课程总目标的层层落实,发挥其在课程实施中的导向作用,幼儿园可进行总目标进一步的分解细化工作,成为课程具体目标和课程阶段目标。但在课程具体目标和阶段目标的制定中,需要注意总目标分解工作中的逻辑性,使课程具体和阶段目标的价值取向和理念与课程总目标相一致。

将课程总目标转化为课程具体目标和阶段目标的分解过程,可使相对概括的幼儿园课程理念、幼儿园课程总目标得以具体化和逐层落实,体现在不同年龄段课程实施的目标中。这样,就可通过具有内在连续性和递进性的各级课程目标,来确保幼儿园课程实施在幼儿发展的不同领域及不同年龄阶段,都能保持与总目标指向相一致的正确方向,也充分体现出幼儿园课程总目标制定的价值所在——对幼儿园课程的实施及幼儿发展的方向具有引导作用。

幼儿园课程目标的制定可参见图2-2-4。

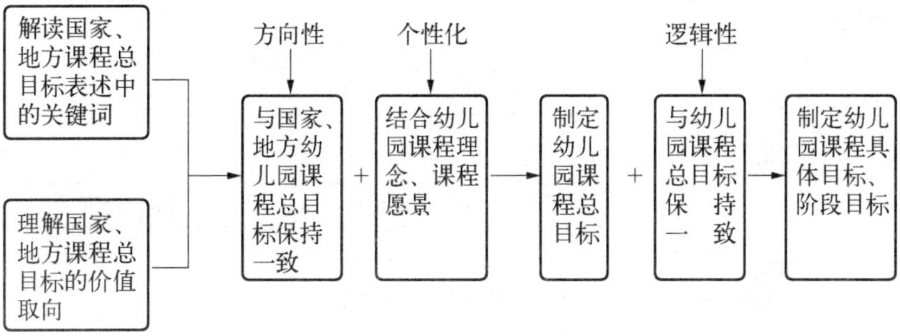

图 2-2-4　幼儿园课程目标总体制定图解

**4. 幼儿园课程阶段目标的制定，要努力做到在横向上全面，在纵向上有序。**

课程总目标具体化为课程阶段目标时，要处理好分解中的横向维度和纵向维度关系，既考虑幼儿的年龄特点因素，也要考虑目标所指向的幼儿发展领域，使分解后的阶段目标在横向上全面关联，共同指向幼儿整体发展的领域，涵盖实现目标的载体——幼儿园课程的全部内容。同时，分解后的课程阶段目标在纵向的年龄段上又有一定的序列，将幼儿发展领域的内容在各个年龄段层面上进行不同程度发展结果和状态的描述。这样，既较好地处理了目标分解中的横向和纵向关系，使课程阶段目标在横向上全面、在纵向上有序，从而使课程总目标得到分解和落实，并最终得到实现。

为此，幼儿园可采用纵向分解的方法，从课程总目标（含课程具体目标）出发，进行由长期到中期、由概括到较具体的目标细化工作。具体而言，在幼儿园课程总目标的引领下，根据幼儿的年龄特点，制定出每一年龄阶段的课程目标，一般包括托班、小班、中班及大班四个年龄阶段。年龄阶段目标是幼儿园层面的课程总目标（包括课程具体目标）在幼儿园四个不同年龄段的具体分解和落实。为便于课程总目标的实现及发挥课程目标对各年龄段班级课程实施的具体引领作用，年龄阶段目标一般以学年或学期为单位进行表述，又可称各学年或各学期幼儿发展目标。

纵向分解是一个"自上而下"的过程，即从上位的课程总目标和课程具体目标出发进行具体化形成下位的课程阶段目标的过程。这种"自上而下"的分解过程，可较好地处理课程目标分解中的纵向序列问题，使课程阶段目标与课程总目标（包括课程具体目标）的价值取向及内容相一致。同时，纵向分解的方法有助于在课程阶段目标内部，形成一年龄段目标的纵向连续体，保持年龄段目标的科学有序性。

此外，为更好地解决制定中的全面性问题，幼儿园可采用横向分解的方法，使课程目标涵盖幼儿发展的各个领域，如《课程指南》中所提及的共同生活、探索世界、表达表现等维度，当然也可指向幼儿健康、语言、科学、社会、艺术等经验范畴。

关于幼儿园课程阶段目标制定的具体操作可参见图 2-2-5。

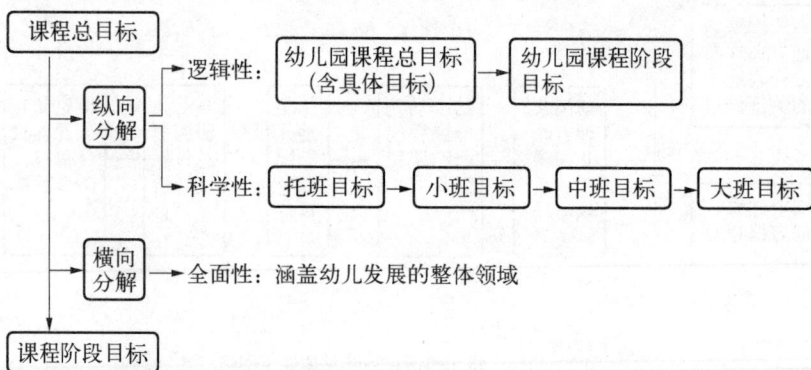

图 2-2-5 幼儿园课程阶段目标制定图解

（高 敬）

## 四、实践案例

### 案例 3 　基于目标制定与细化的实践研究①

#### 一、梳理问题

通过资料收集和调查工作,我们梳理出方案编制中幼儿园课程目标制定中存在的一些问题。

（一）课程目标的制定思路尚不够清晰

制定方案中的课程总目标时,较多引用《指南》中的表述,课程目标所勾勒的本园幼儿预期发展结果,还没有较好地反映幼儿园的办园特色和课程理念。

（二）课程目标的描述比较抽象,在实践中难以操作与执行

方案文本中对幼儿园课程目标的描述总体比较抽象、笼统,给目标的落实和执行带来一定的困难,尤其对于缺乏教学经验的青年教师来说,这种困难更加明显,89%的 5 年以下青年教师感觉对方案中的课程目标很难把握,对目标如何反映在课程实践中并加以落实无法拿捏,从而影响了目标指导课程实践的导向作用。

（三）课程目标意识不强,与日常实践中的教育活动目标设计有落差

在对教师关于"课程实施方案中课程目标对教育实践所起作用"的访谈中,教师们表示"有一定的作用",但在保教工作实践中,总体还是感觉课程目标与日常教育教学活动中的目标设计存在很大的距离。具体表现为教师的整体课程目标意识不强,关注点多集中

---

① 案例 3 由奉贤区解放路幼儿园朱赛红执笔。

在具体单一的活动目标上,导致教育活动目标的设计较为随意和无序,从而影响了课程目标促进幼儿全面和谐发展的导向作用。

经过以上问题的梳理,我们认为要将课程目标为教师所理解,将课程目标深入教师心目中,并落实在课程实践中,其关键就是要突出本园课程目标的特色,同时,还需要对方案中的课程目标进行一定的细化和分解工作,从而更好地指导教师的日常课程实施。

## 二、研究探索

### (一)厘清幼儿园课程目标的层次

针对方案中总体课程目标过于笼统和上位的问题,我们开展了幼儿园课程目标细化的基础工作,即对幼儿园课程目标的层次进行学习和研讨,理解幼儿园课程目标的性质。经过学习研讨,我们明确了幼儿园课程目标是一内涵丰富的概念,从纵向的角度而言,可包括课程总目标、分领域具体目标、年龄段目标和教育活动目标。从表述的角度看,其表述特点从概括到逐渐具体;从时间的角度看,其目标指向是从远期目标、近期目标到当前目标。具体幼儿园课程目标的层次可参见图 2-2-6。

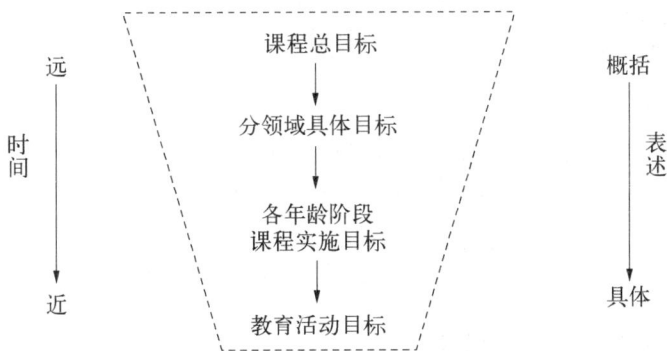

图 2-2-6 幼儿园课程目标层次

### (二)内化幼儿园课程理念和培养目标,制定幼儿园课程总目标和具体目标,确保课程目标制定和分解中的逻辑一致性

幼儿园课程领导小组以园长为核心,研读《上海市学前教育纲要》(以下简称《纲要》)、《课程指南》等纲领性文件,明确国家、地方幼儿园课程总目标的精神;学习考察其他优质园的办园经验,全面分析本园教育的现状,总结 30 年来本园课程建设与实施的经验;同时,更注重从本园培养目标和课程理念出发,对幼儿园课程目标进行顶层设计,使幼儿园课程目标能反映本园的个性和特点。

我园的课程理念是:实施"在情境中学习"的课程,为幼儿当前学习、生活、游戏、运动等提供与人、与环境的多方互动,促进幼儿在体验、观察和模拟生活的过程中获得有意义的经验、发展认知能力、丰富情感。我园的培养目标是:培养具有"好奇、好问、好动手、善于表达"特点的新时代儿童。

第二章 幼儿园课程实施方案:基础性要素

41

在内化以上幼儿园课程理念和培养目标的基础上,我们凸显幼儿园"在情境中学习"、"获得丰富的有意义经验"的课程理念,以及在情境中学习所应具有的"好奇、好问、好动手、善于表达"能力与素质的培养目标,制定出幼儿园课程总目标:根据幼儿园提出的培养具有"好奇、好问、好动手、善于表达"的新时代儿童的培养目标,通过幼儿园"在情境中学习"课程的实施,使幼儿成为身心健康,热爱艺术,具有探究精神和合作品质的健美儿童。

为使课程总目标不过于笼统并能为教师所理解和加以落实,我们依据《课程指南》,结合"在情境中学习"的课程理念,将本园的课程总目标具体化。具体做法是将《课程指南》中的课程具体目标根据本园的课程理念进行园本化,梳理出与课程总目标价值理念相一致的课程具体目标,形成幼儿发展领域目标,主要包括共同生活、探索世界和表达表现三大领域。

共同生活:

1. 在与环境的互动中,初步了解并遵守共同生活所必需的规则,体验并认识人与人相互关爱与协作的重要和快乐。

2. 初步形成文明卫生的生活态度和习惯,有基本的生活自理能力,独立自信地做力所能及的事,有初步的责任感。

探索世界:

3. 积极活动,增强体质,提高运动能力和行为的安全性。

4. 亲近自然,接触社会,在情境的建构与互动中,初步了解人与环境的依存关系,有初步的环保意识,有认识和探究身边世界的兴趣,积极投身于周围环境的共同创新活动中。

表达表现:

5. 初步接触多元文化,能发现和感受生活中的美,萌发审美情趣。

6. 积极地尝试运用语言以及其他非语言方式表达和表现生活,具有一定的想象力和创造性。

7. 积极参与各种艺术活动,综合运用多种美术工具与材料进行创作,愿意用歌声、韵律、动作、节奏等表达对音乐作品的理解和感受,体验表达表现的乐趣。

在课程领导小组的带领下,全园教师深入解读课程总目标和七条课程具体目标,明确课程总目标、具体目标与幼儿园的培养目标和课程理念有密切的关系,具有本园的个性特点,使教师更容易把握。通过解读,全园教师也明确了课程目标的内涵是指幼儿通过幼儿园课程及课程实施可预期获得的发展水平,表述的主体和对象是幼儿,体现了以幼儿发展为本、关注幼儿全面发展的课程理念;也体现了课程目标引导幼儿园课程实施及在促进幼儿发展上的既定方向,以最终实现课程促进幼儿和谐发展方面的价值。

(三)明确课程目标的三个维度,横向分解和纵向分解相结合,形成科学的年龄阶段目标

为使课程总目标具体落实在课程实施层面,指导教师的教育活动设计与实施,引领幼

儿的发展方向,我们在整体把握课程总目标及具体目标的基础上,进行了目标的细化工作,将课程总目标和具体目标分解为年龄阶段目标,形成不同年龄段课程实施的目标,并开展了方案中原有年龄阶段目标的调整研究。

通过吸收相关理论和实践经验,明确了课程目标细化分解为年龄阶段目标中可考虑的三个维度:一是幼儿年龄(2—3岁、3—4岁、4—5岁、5—6岁);二是幼儿发展领域(共同生活、探索世界、表达表现);三是幼儿的心理结构(知识、能力、情感态度)。根据这三个维度,我们采取了以下的目标分解做法。

首先,从幼儿年龄的维度出发,学期前年级教研组在研读本年龄段幼儿年龄特点的基础上,设计"幼儿发展"问卷调查表,开展家园两个层面的问卷调查,对该年龄段幼儿发展现状进行分析,了解幼儿现有发展水平,从而确保课程年龄段目标是在幼儿原有水平上身心发展所要达到的预期结果。

其次,从幼儿发展领域的维度出发,在分解年龄段目标时,我们从共同生活、探索世界、表达表现这三大领域来细化年龄阶段目标。在每个教研组制定好本年龄段课程目标后,幼儿园打破年龄教研组的形式,组建幼儿发展领域的年龄段课程目标的纵向调整组。例如幼儿园组织了幼儿"共同生活"领域课程目标调整组,把年级教研组细化的小班、中班、大班"共同生活"领域的课程目标进行整体纵向研读,遵循目标设计的连续性原则,对"共同生活"领域的年龄段目标进行调整,使该领域的年龄段目标相互联系、逐步递进。其他领域也以此类推,研究调整了三大领域幼儿发展年龄阶段目标。最后,从幼儿的心理结构出发,要求年龄阶段的目标兼顾幼儿在三大领域发展中的知识、能力和情感态度多方面整体发展的预期。在原有细化分解的基础上,每个年级教研组进一步完善每一年龄阶段的各领域发展目标,使目标内容涵盖幼儿知识、能力和情感多方面的发展。

在年级教研组细化本年龄段的课程目标后,课程领导小组对三个年龄阶段的目标进行了全局调整和修改,使课程总目标细化分解后的年龄阶段目标,在横向上全面,在纵向有序,构成一科学完整的课程阶段目标体系。以上做法可参见图2-2-7。

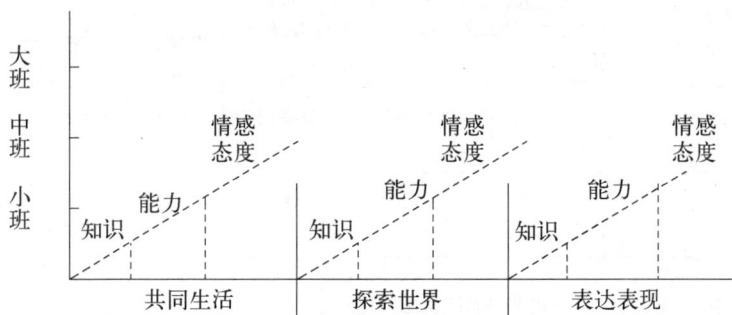

图2-2-7 年龄段课程目标结构图

（四）初步落实课程目标以主题学习活动为例

为更好的做到课程目标到教育活动目标的层层落实并指导教师的课程实践,我们以案例的形式,就学习活动中如何将课程总目标、课程具体目标(领域目标)、年龄阶段目标细化落实到教育活动目标的做法开展了研讨。

1. 解读细化后的年龄阶段目标,把握各年龄段目标关注的重点。

我们使用横向和纵向相结合的方式解读年龄阶段目标,既注意把握幼儿发展各领域目标的性质,同时,注意把握幼儿发展领域下的各年龄段目标的重点内容和发展序列,为各年龄段教师有的放矢制定教育活动目标,如主题活动目标作铺垫。

如探索世界领域目标:亲近大自然,接触社会,初步了解人与环境的依存关系,有认识和探索的兴趣。

探索世界领域年龄阶段目标:小班——亲近自然,用各种感官感知自然物,感知环境与人的关系;中班——亲近自然,能够用简单的观察方法,有目的地感知周围自然物和自然现象,初步发现自然事物对人类的影响;大班——探究、操作、实验,对事物变化感兴趣,了解环境与人们生活的依存关系,具有热爱自然、珍惜资源、关心和保护环境的意识。通过解读,教师把握了探索世界领域目标在各年龄段关注的侧重点。

2. 根据各领域年龄阶段目标的重点,确立主题活动目标。

在解读各领域年龄阶段目标的基础上,在幼儿园课程实践中,注意把握目标重点,并选择适宜的主题,制定出与课程目标重点对应的主题活动目标。

如根据各年龄段探索世界领域的年龄阶段目标突出的重点,我们制定出关于水的主题活动目标,小班重在对水的感知和游戏,中班重在尝试运用一定的方法有目的地感知和积累水的经验,大班重在主动运用各种方法探究水的特征并体验水与人类的关系。具体制定的主题活动目标见表2-2-2。

表2-2-2　关于水的主题活动目标

| 小班：好玩的水 | 中班：有用的水 | 大班：有趣的水 |
|---|---|---|
| 1. 初步感知水会流动,水是透明的等特性。 | 1. 在玩水的过程中,积累有关水的特征(无色、无味、有浮力、有渗透性等)的感性经验。 | 1. 观察大自然中的水,探究和发现水的不同来源和特征。 |
| 2. 喜欢用水玩各种游戏。 | 2. 尝试用水做小实验,养成观察记录的习惯。 | 2. 通过各种关于水的实验,养成仔细观察与探究的科学态度。 |
| 3. 感受玩水的快乐。 | 3. 体验人们的生活离不开水,懂得爱惜水的道理。 | 3. 了解水与人类的关系,增强节约用水、保护水资源的意识。 |

（五）编制具体教育活动目标制定的操作提示

在多个案例研究的基础上,我们编制了具体教育活动目标制定的操作提示表,以进一步将主题活动目标落实在具体的教育活动目标中,体现目标指导幼儿园教育活动设计与实施的导向作用。具体操作提示见表2-2-3。

**表2-2-3 具体教育活动目标操作提示表**

| 要　　素 | 操　作　提　示 |
|---|---|
| 目标来源 | ＊ 以课程年龄段领域目标为指导<br>＊ 分析本班幼儿已有经验、发展水平和需要<br>＊ 挖掘教材对幼儿发展的最大价值(挖掘教材潜在的教育价值) |
| 目标纬度 | ＊ 应包含认知、能力、情感和态度三个纬度 |
| 目标表述 | ＊ 从幼儿的角度来表述活动目标<br>＊ 使用"体验、感受、探索"等词汇关注活动过程和过程中幼儿个性化的表现 |

### 三、研究成效

通过课程目标制定与细化的研究,我园课程实施方案得到了进一步的完善,课程目标对教师的实践工作有了很强的指导意义。更为重要的是在项目研究的过程中,园长、教师对课程目标的认识有了很大的提高,园长带领课程领导小组阅读大量的书籍,全面了解课程目标的相关理论,对幼儿园课程实践工作及课程方案实施中目标的细化工作进行理性的审视与反思,找到目标制定和目标细化工作中存在的问题及原因,使问题的解决成为可能。同时,教师们边实践边研究,积极参加到课程实施方案目标制定及细化的研究中,提高了课程的目标意识及课程管理的能力。

# 第三节

## 如何架构与课程目标一致的课程结构

整体型结构的设计

　　基于幼儿园课程理念和课程目标,从整体上规划和设计适合幼儿园自身的课程结构是幼儿园课程实施方案编制的重要内容之一。因为国家、地方所规定的课程具有普适性,很难照顾到各级各类幼儿园的具体情况,也很难满足幼儿个体的多样化发展需求。这就要求幼儿园根据自己独特的教育价值观和课程理念及课程目标,对国家或地方规定的课程进行选择、重组甚至改造,以形成符合幼儿园自身发展状况和本园幼儿发展目标的课程体系。

　　幼儿园课程目标制定后,课程目标的最终实现需要课程编制者进一步围绕目标选择适切的课程类型和内容,合理组织这些内容,使它们纵向衔接、横向贯通,以此帮助幼儿园达成课程总目标,实现幼儿园课程的育人价值。同时,幼儿园整体课程结构的设计还可达到不断优化本园课程体系的效果,为幼儿园课程实施活动的顺利和有效开展提供科学的依据。

## 一、现有的问题

　　在课程实施方案编制中,幼儿园能够重视整体课程结构的架构,运用文字、图表等多种形式,尝试梳理本园的课程类型和课程内容,建构起适合本园的科学适宜的课程体系。但由于大课程观的影响,幼儿园的课程类型多样,课程内容广泛,课程结构的架构是一件相对复杂棘手的工作,涉及和考虑的因素、处理和决策的关系颇多,因此,幼儿园整体课程结构设计这项技术工作还难免存在一些问题。

### 问题 1
**幼儿园整体课程结构没有从实现课程目标的功能角度出发去设置和组织课程,课程结构在横向关系上还不够清晰。**

课程实施方案中幼儿园对课程结构的图表绘制及文字描述虽然有呈现,但显得还相对散乱。从横向角度看,课程结构分类的逻辑线索不够清晰,表现为课程或有交叉,或有重复,对各类型的课程在指向目标实现上的不同功能和作用还不够清晰。这其中有课程类型决定中的随意性、盲目性和从众性,但最主要是因为幼儿园没有从实现课程目标的功能角度出发去确定本园的课程类型。例如:

> 幼儿园课程结构包含了三大项目的内容:一是基础课程,即共同性课程,主要是新教材实施相关的课程内容;二是特色课程,即注重幼儿创意表达表现的课程内容;三是亲子情感课程,即注重家庭、社会、幼儿园三位一体的课程内容。

以上幼儿园课程整体结构中的三大课程类型,有从《课程指南》课程功能的角度进行的分类,如共同性课程与特色课程;有从教育资源利用角度进行的分类,如家园社区一体化实施的课程。由于课程分类的角度不尽一致和统一,课程结构显得不够清晰,因为亲子情感课程作为资源开发利用而形成和建构的课程内容,可同时并存于共同性课程及特色课程中。

### 问题 2
**幼儿园整体课程结构不够平衡,缺乏对《课程指南》中的共同性课程与选择性课程之间组合方式和有机联系的考虑。**

从幼儿园课程整体结构的架构中,特别是从图表的绘制中,我们发现还存在不平衡的现象,即轻基础性课程,重特色课程的结构设计,造成幼儿园课程结构中两类课程关系处理的经验性问题或随意性问题,影响了幼儿经验的多样性和幼儿发展的和谐性。同时,课程整体结构框架中,对《课程指南》中的两大类课程——共同性课程与选择性课程或特色课程之间的关系还不够清晰,对两类课程的组合方式和有机联系的考虑尚不够。表现为幼儿园未系统地、整体地看待两类课程之间的关系,未清晰地认识两类课程在实现课程目标上的各自功能和定位,将共同性课程内容与选择性课程、特色课程,或简单并列呈现,或简单叠加堆砌,甚至有特色课程放大的现象。如共同性课程中设置科学领域的课程,选择性课程也涉及科学领域,但方案没有将两类课程涉及的科学领域课程内容进行梳理,使两者互补协调,而是将共同性课程与选择性课程的科学领域课程内容并列平行设置。

### 问题 3
**课程整体结构架构中,幼儿园多从横向的角度设计,对课程的纵向结构考虑较少。**

在整体课程结构的设计中,幼儿园往往较多地从横向的角度来细致划分课程的类别及各类别下相应的课程内容,多将课程进行横向角度的分类,但没有考虑每一类课程的纵向结构,即对各类课程在年龄段设置上的差别及各类课程在年龄段之间的衔接考虑较少,没有描绘或表述出各类课程纵向安排的内容在年龄段表现出的差异。造成这种现象的原因主要是没有全面地看待课程结构的架构问题,只习惯于照搬《课程指南》中的横向角度的课程分类,而对于课程园本化架构中的纵向结构或观念不够重视,或直接交给各年级教研组解决,园级层面没有进行"顶层"的设计和规划。

## 二、改进策略

**1. 全方位考虑幼儿园的整体课程结构,做到横向结构的清晰平衡和纵向结构的有序衔接。**

其实,一所幼儿园课程整体结构的设计,一般包括横向结构的设计和纵向结构的设计两个维度,在课程结构的文字表述或图表绘制中,都需要考虑并表现。

(1) 横向结构的设计

设计横向课程结构时,幼儿园可借鉴参考《课程指南》中的两种主要课程类型。一是共同性课程,这类课程的设置立足于提供幼儿终身发展所需的基本经验,促进幼儿的基本发展。二是选择性课程,这类课程的设置是为发展幼儿的兴趣、爱好和个性特长,体现幼儿园课程的个性化,提高幼儿园课程的适应性和适切性。共同性课程从幼儿园的角度而言也可称为基础性课程,其课程内容以《课程指南》的要求为参考,幼儿园可结合实际进行适当的园本化。选择性课程则需要幼儿园结合自身的课程理念和课程目标,根据幼儿园实际情况,考虑符合幼儿园发展特色和幼儿个性发展需要的课程类型和课程内容。为清晰描绘和表述特色课程结构,可参考《课程指南》中共同性课程的结构,将选择性课程进行类别上的划分,以明确各类特色课程内容在实现课程目标上的不同功能和定位。由此,幼儿园课程横向结构总体分为各个类别的课程,主要包括共同性课程下的四类活动及特色课程下的若干类特色活动。

课程结构除了在横向上做到类别清晰外,还要注重均衡性,使幼儿园课程体系中的各种课程类型之间、各种课程内容内部,能够结合幼儿的身心发展特点,保持一种恰当、合理的比重关系。

首先在课程类型和课程内容初步确立的基础上,幼儿园要确定两类课程的时间分配,使横向课程结构保持较适宜的课程比例。借鉴上海市中小学地方、校本两个基本层次课程结合的数量关系,即政府规定的课程大约占70%左右,校本课程占30%左右,幼儿园也可参考确立与之类似的共同性课程与选择性课程的比例,做到课程既满足幼儿的基本发展需要,又兼顾幼儿的特殊和个性化发展需求。

其次,幼儿园还要确定课程类别下各种课程内容之间的比例。因为每门课程在实现课程目标方面都有自己的独特价值,但是,我们不得不承认,每门课程也有自己的特殊性和局限性。因此,幼儿园要注意保持课程结构的合理性和均衡性,各类型课程之间需要相互协调与合作,各种课程内容和教育活动之间需要保持适当的比例,在幼儿的知识与技能、认知与情感、社会性、审美等经验方面取得一定的平衡,以实现课程促进幼儿整体和谐发展的功能。具体见表2-3-1。

表2-3-1　幼儿园课程结构表

| 课程类型 | 课程内容 | 适用年龄 | 课程特点 | 要　　　　　点 |
|---|---|---|---|---|
| 基础型课程 | 生活运动游戏学习 | 小班96%中班89%大班88% | 基础性 | 1. 根据上海市共同性课程的要求设置;<br>2. 以《上海市学前教育教师参考用书》为依托;<br>3. 面向全体幼儿;<br>4. 促进幼儿基本发展的课程,主要关注幼儿基本经验的积累和基本能力的发展;<br>5. 各班教师要根据本班幼儿发展情况及兴趣需要,创造性地使用教材。 |
| 探索型课程 | 主题方案活动 | 中班6%大班6% | 自主性开放性游戏性综合性 | 1. 立足于幼儿的自主探索、尽兴表达、自由想象;<br>2. 目标是发展幼儿的自主性,激发幼儿的好奇心,培养幼儿的探索意识和开放的思维方式。 |
| 拓展型课程 | 艺术活动 | 小班4%中班5%大班6% | 艺术性表现性 | 1. 着眼于培养幼儿的艺术兴趣;<br>2. 着眼于开发幼儿的艺术潜能;<br>3. 着眼于培养幼儿的表达表现能力。 |

——芷江中路幼儿园

上表课程结构横向上从课程功能的角度出发,分为基础型课程、探索型课程和拓展型课程三大类,基础型课程即《课程指南》的共同性课程,探索型课程和拓展型课程,即《课程指南》中幼儿园的选择性课程,该幼儿园将选择性课程分为了探索型课程和拓展型课程两类。该园课程结构中课程类型的划分从名称和特点看共分为三类,彼此间互不重复,分类十分清晰。同时,各类课程在总体结构中又有一个大致的时间配比,便于教师在实施中整体把握课程的比例,调整课程实施的时间长度。总体而言,该园横向的课程体系架构十分清晰。但是,在该课程结构表中,各类课程的纵向结构还没有能够体现出来。

(2) 纵向结构的设计

在实践中我们发现,对课程的纵向结构,即托、小、中、大班的课程侧重点和内容该如何有序组织,由于《课程指南》中没有过多规定,幼儿园在整体课程结构架构时相对考虑得比较少。因此,幼儿园课程纵向结构的设计应成为课程结构设计的重点。

考虑幼儿园课程的纵向结构时,最主要的就是从横向的各类课程出发,做到各类课程在不同年龄段的有序衔接,由此,在纵向上形成一个连续体,使幼儿的学习经验具有一定的过渡性和连续性,见表2-3-2,幼儿园各年龄段运动课程内容和时间配比。

表2-3-2 幼儿园各年龄段运动课程内容和时间配比

| 年龄段 | 快乐运动课程（5小时/周） | | | |
| | 共同性运动 | | 园本特色运动 | |
| | 内容 | 时间配比 | 内　容 | 时间配比 |
| 小班 | 体育器械的运用、基本动作活动、野趣活动、操节活动 | 85%—90% | 篮球、武术（二选一） | 10%—15% |
| 中班 | | 70%—80% | 篮球、武术、溜冰、国际象棋（四选一） | 10%—15% |
| | | | 运动俱乐部（任选一） | 10%—15% |
| 大班 | | 60%—70% | 篮球、武术、溜冰、国际象棋（四选一） | 15%—20% |
| | | | 运动俱乐部（任选一） | 15%—20% |

——上海幼儿园

由上表可见，该园在设计运动课程结构时，首先从横向上确定了运动课程的类型：包括共同性运动和园本特色运动两类；同时，确立了两类课程下所属的各种课程内容，并考虑了相应的课程实施的时间配比。课程的纵向结构中对园本特色运动在小、中、大班的课程内容进行了相关的设计与规定，但较为遗憾的是，对共同性运动课程的纵向结构在小、中、大班的安排则没有较清晰的规定。

**2. 处理好共同性课程与选择性课程之间的关系，使两类课程能够互补协调，共同为实现幼儿园课程目标服务。**

在确定了整体结构中课程的各种基本类型后，幼儿园需要从各类课程的具体内容、特点和定位出发，进一步分析和梳理课程结构，明确各类课程在实现课程目标中的各自独特功能和特点，使各类别课程内容和教育活动在横向关系上不相互混淆、简单重复或堆砌，做到能够彼此之间有机联系，在课程目标的导向下相互协调、相互补充。

具体而言，幼儿园需要重点处理好共同性课程和选择性课程这两类课程之间的关系，思考两类课程的功能定位及所指向的课程目标范畴、课程内容范畴，使两类课程在功能定位上彼此互补协调，形成合力，共同服务于幼儿园课程目标的实现。同时，幼儿园也要明确两类课程下的具体课程内容，即各类活动在课程目标实现上的功能与定位，抓住内容的核心内涵，做到分类维度清晰，课程内容彼此不简单叠加，不交错重复。

## 三、观点与提示

**1. 幼儿园整体型课程结构设计应思考的问题。**

在架构幼儿园课程体系，设计幼儿园整体课程结构时，需要全面考虑以下几个方面的问题：

（1）课程结构的目标导向性和目标支持性

幼儿园整体型课程结构的设计，需要思考的首要问题是目标导向性和目标支持性，即考虑架构的课程结构与课程目标的一致性程度,考虑形成的课程体系对幼儿园课程目标实现的支持性和承载程度,因为只有指向课程目标和支持课程目标实现的课程结构,才是适宜的幼儿园整体型课程结构。为此,具体设计时,幼儿园要从课程总目标和阶段目标出发,思考幼儿园课程的各种类型和各类课程下的具体课程内容和教育活动内容,确定各类课程在目标实现中的不同功能、定位与内涵,使课程类型和课程内容互补协调,更好地服务于幼儿园课程目标的实现。

（2）课程结构的逻辑清晰性

幼儿园整体型课程结构设计时,还需要思考课程体系内部的逻辑清晰性问题。

一般来说,幼儿园课程结构的设计有横向和纵向两个纬度,横向结构又分为宏观和中观两个层次。宏观层次是指幼儿园课程结构中各类课程的安排,即各种课程类型之间的关系形态,逻辑清晰性要求在宏观层面上各类课程的功能定位清晰,结构比例适宜、平衡。中观层次是指各类课程下的各种课程内容和教育活动内容之间的关系和结构比例,逻辑清晰性要求各种教育活动内容之间不交叉、不失衡,从功能角度而言共同指向课程目标的实现。

纵向结构指的是课程内容在幼儿不同年龄阶段的难易程度,逻辑清晰性要求课程内容按照儿童身心发展的连续性特点,遵循由浅入深、由简单到复杂的课程组织规律,使课程内容随着幼儿年龄阶段的提高不断深入和拓展。

总体而言,课程结构的逻辑清晰性要求幼儿园整体课程结构在横向上协调,关注幼儿各领域经验的平衡性;在纵向上有序,关注幼儿各年龄段经验的连续性。如此,才能做到设计的幼儿园课程整体结构的不断优化。

**2. 幼儿园整体型课程结构设计的建议。**

针对以上课程结构目标导向性和逻辑清晰性问题的思考,我们提出设计幼儿园整体型课程结构的一些建议。

（1）要根据幼儿园课程理念与课程目标,有针对性地设置幼儿园整体型课程结构。

幼儿园需要充分认识到课程体系应该直接体现和反映幼儿园课程理念和课程目标,设计课程结构时,要紧密结合课程理念及课程目标有针对性地设置课程类型及课程内容,对每类课程的价值取向、性质、特点和功能定位等问题周密考虑,细致分析课程内容与课程目标的对应程度,使设计的课程结构与幼儿园的课程理念、课程目标相一致,对课程理念与课程目标的实现有一定的支持性和有效性。

（2）要以幼儿的整体和谐发展为本位设计课程结构,确立课程内容。

幼儿园要本着促进幼儿的全面整体发展为最终目标,给予幼儿各方面协调平衡发展的同等关注,在此基础上,结合幼儿园自身实际,科学设置幼儿园的各类课程和教育活动,避免造成课程的繁杂和超载。同时,幼儿园要根据幼儿的生理心理发展特点来确定相应的课程内容,使课程内容与幼儿的年龄特点相适应。

(3) 幼儿园要善于在不同层面上梳理课程的横向结构,保持课程结构的逻辑清晰性。

幼儿园课程结构的设置有宏观层面和中观层面。课程宏观结构层面涉及"范围"最广,其基本构成成分是各"大类"课程,即共同性课程和选择性课程,以及两类课程类型之间所形成的关系形态和时间比例。幼儿园课程结构的中观层面主要是指两大课程类型下的各种教育活动的关系形态。

梳理课程的横向结构,要求幼儿园课程结构在宏观及中观层面上,各课程类型、课程内容与教育活动内容之间互不重复交叉,特别是共同性课程与选择性课程的功能、定位及课程内容分类清晰,彼此互补协调,必要时可结合幼儿园的课程理念和课程目标进行课程的适当统整。幼儿园课程整体结构的具体设计建议可参见图 2 - 3 - 1。

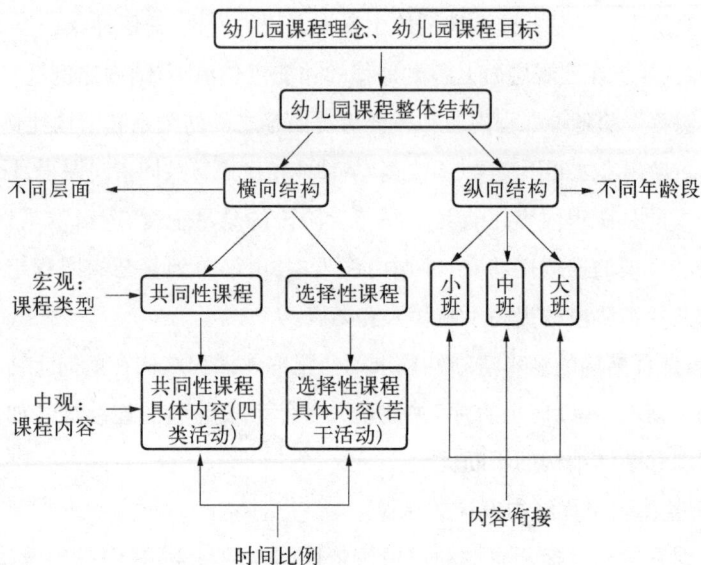

图 2 - 3 - 1　幼儿园整体型课程结构设计操作图

（高　敬）

# 四、实践案例

**案例 4　幼儿园课程实施方案中课程设置结构的研究**[①]

## 一、欲行先思考

（一）深入了解项目研究的背景

1. 从文本资料中获得

从课题相关的文本资料查阅,得知我园研究的项目是"幼儿园课程实施方案编制与完

---

① 案例 4 由静安区延安中路幼儿园徐争春执笔。

善"中的课程结构要素的研究。

2. 从教师中获得

（1）开展幼儿园课程结构的调查问卷

目的是了解我园课程结构的现状及教师对现有课程设置的解读与认识。调查结果发现，教师对课程结构的认识度并不高，教师对课程结构的解读各不相同。特别是在选择性课程结构上普遍存在困惑，超过60％的教师觉得选择性课程的目标和内容不清晰。

（2）来自项目组成员的信息

从项目组成员处，了解了我园前期共同性课程的开发历程。围绕"办园理念"与"培养目标"，以幼儿的《学习活动》为研究内容，就主题活动方案、活动网络、主题背景下的集体活动、主题背景下的区域游戏、主题背景下的环境创设进行了研究与梳理，并汇编成文。此外，还积累了《运动》、《生活活动》、《游戏活动》的教学案例，使课程内容的研究注重平衡性。

从项目组成员处，了解了我园选择性课程的开发历程。幼儿园1998年确立幼儿创造教育特色，并且是中国创造教育协会的实践基地，多年来一直在积极探索"开发幼儿创造潜能"的课程特色研究。课程开发走过了三个阶段：一是突出与加强了在实施新课程教材中"项目化创设幼儿园教学活动环境"的研究；二是积极探索以区域游戏、创意美工为抓手的"开发幼儿创造潜能"的特色课程研究；三是从2010年上半年开始，在学习活动中，以主题活动为背景，形成幼儿琴——唱唱跳跳、棋——逻辑思维、书——想想说说、画——做做画画等多种载体，旨在激发幼儿创造才能的表达表现。

3. 从调研实践中获得

（1）课程结构框架的对比与分析

我们从文本格式的规范性入手，将幼儿园原有的课程实施方案的文本与上海市课程方案的范本，就课程要素进行比对与分析，初步提出修改和补充建议，见表2-3-3。

表2-3-3　课程要素比对与分析

| 市 里 的 要 求 | 已有内容 | 修改或补充建议 |
| --- | --- | --- |
| 课程结构（含内容）<br>1. 课程的结构（共同性课程＋选择性课程）<br>2. 共同性课程<br>（1）目标<br>（2）内容（生活、运动、游戏、学习）<br>3. 选择性课程（或特色课程）<br>（1）目标<br>（2）内容 | 课程设置：<br>共同性课程＋特色课程＋亲子情感课程 | 共同性课程：<br>要达到的目标以及活动内容的简述。<br>选择性课程：<br>要达到的目标以及活动内容的简述。<br>亲子情感课程是否形成系列，在课程框架下修改补充。 |

幼儿园原有的课程结构包含了三种形态的课程。一是基础课程，即《课程指南》中规定的共同性课程；二是"琴棋书画"特色课程，注重体现我园创意表达表现的特色；三是亲

子情感课程,注重家庭、社会、幼儿园三位一体的教育特色。但课程结构中提出的三种课程形态(基础课程、特色课程、亲子情感课程)间的从属关系不清晰,而且亲子情感课程作为一种并列的课程呈现,在方案文本中没有形成相对应的课程体系。

(2)活动安排的分析

表2-3-4 小班周(日)活动安排表

| 周一 | 周二 | 周三 | 周四 | 周五 |
|---|---|---|---|---|
| 7:50—8:50<br>游戏:角色游戏 | 7:50—8:50<br>游戏:角色游戏 | 7:50—8:50<br>游戏:角色游戏 | 7:50—8:50<br>游戏:角色游戏 | 7:50—8:50<br>游戏:角色游戏 |
| 8:50—9:15<br>生活:盥洗+点心 | 8:50—9:15<br>生活:盥洗+点心 | 8:50—9:15<br>生活:盥洗+点心 | 8:50—9:15<br>生活:盥洗+点心 | 8:50—9:15<br>生活:盥洗+点心 |
| 9:15—9:45<br>生活:洗手五部曲 | 9:15—9:45<br>生活:折叠衣服 | 9:15—9:35<br>生活:原来是你<br>(儿歌) | 9:15—9:35<br>生活:P68正确的<br>漱口方法 | 9:15—9:35<br>生活:学漱口 |
| 9:35—9:50<br>学习——画<br>蜡笔宝宝找家 P104 | 9:35—9:50<br>学习——琴<br>我的好妈妈2 | 9:35—9:50<br>学习——棋<br>玩具小人(生成) | 9:35—9:50<br>学习——书<br>过生日 P107 | 9:35—9:50<br>学习——书<br>胖熊吹气球 P102 |
| 9:50—10:30<br>户外运动 | 9:50—10:30<br>户外运动 | 9:50—10:30<br>户外运动 | 9:50—10:30<br>户外运动 | 9:50—10:30<br>户外运动 |
| 10:30—11:00 自由活动(结构游戏时播放音乐:卡农节奏乐——选自奥尔夫节奏乐)CD | | | | |
| 11:00—11:30 午餐 | | | | |
| 11:30—12:00 户外运动 | | | | |
| 12:00—15:00 午睡、点心　午睡音乐:小夜曲等(多首安静的音乐)MP3 | | | | |
| 15:00—15:30<br>学习——画<br>小鱼 | 15:00—15:30<br>生活:P47<br>不再麻烦好妈妈 | 15:00—15:30<br>运动:响环操 | 15:00—15:30<br>游戏:<br>角色游戏 | 15:00—15:30<br>游戏:<br>角色游戏 |

表2-3-5 《幼儿创造教育》课程内容指南

| 学习 | 主题目标 | 内　容 | 检　测 |
|---|---|---|---|
| 小班主题<br>"娃娃家" | 1. 乐于参加集体活动,体验与同伴在一起的快乐,能遵守简单的集体规则。 | 我的好妈妈——琴<br>玩具小人——棋<br>鼠太太的食品坊——书<br>娃娃卡贴——画 | 画——板报展示与家长点评<br>琴、书——全园大活动幼儿表演<br>棋——资料积累<br>质量反馈——资料积累 |
| 中班主题<br>"我爱我家" | 1. 尝试采用多种方式收集身边的信息,了解自己的家。<br>2. 尊敬父母和长辈,感受家的温暖。 | 不再麻烦好妈妈——琴<br>飞行棋——棋<br>妈妈病了——书<br>折纸房子变变变——画 | |
| 大班主题<br>"我自己" | 1. 了解身体各个部位都会活动,懂得活动能使我们的身体更加灵活。 | 小乌鸦爱妈妈——琴<br>红绿小人,影子有多长——棋<br>影子谜语——书<br>红绿小人——画 | |

从表2-3-4小班周(日)活动安排表的呈现可见,共同性课程学习活动的实施内容都分别以"琴、棋、书、画"的形式进行了新的划分与归类。从表2-3-5《幼儿创造教育》课程内容可见,幼儿创造教育的"琴棋书画"课程目标和内容即为主题学习活动的目标和内容,未见个性化的目标和内容,且组织形式以集体学习活动为主。

(二)梳理问题,明确研究方向

在了解幼儿园课程开发及项目背景的基础上,我们着手根据本园的项目研究重点——课程结构的设计,进行了问题的梳理。

1. 幼儿园原有课程结构设计中存在的主要问题

(1)课程结构中课程体系的完整性不够

多年来,幼儿园课程结构中的课程内容都以点的形式散状地存在,点与点之间缺少一根主线进行串联,因此,还没有形成完整的课程体系架构。

(2)课程结构中特色课程与共同性课程的关系处理不当

"开发幼儿创造潜能"一直作为本园特色贯穿在幼儿园课程建设中,从创意美工到"琴棋书画"的推出,旨在改变单一的课程实施途径,更好地整合共同性课程与特色课程的关系,形成完善的园本化课程实施方案。但通过活动安排表的调查研究,我们发现"琴棋书画"只是形式上的统整,这种整合带来的是概念的混淆——把"表达表现的技能"等同于"创造潜能开发"以及内容的混淆——把共同性课程内容分门别类的归入"琴棋书画"特色课程中,课程结构呈现的是只有特色课程的内容,而看不见共同性课程的内容,倒置了共同性课程和特色课程之间的关系。

2. 明确研究方向

后期的研究我们需要从课程结构存在的问题出发,梳理重组,厘清课程结构中各种课程类型间的关系,根据幼儿园课程理念,尝试架构清晰和完整的幼儿园课程结构框架体系。

**二、且行且梳理**

1. 找准共通理念

完整的课程结构框架需要处理好共同性课程与选择性课程之间的关系,共同为实现幼儿园课程目标服务。我们认为要整合共同性课程与选择性课程,使幼儿园课程既充分体现二期课改的课程理念,又很好地渗透幼儿园课程特色,必须找准幼儿园选择性课程与共同性课程的共通理念,在课程理念的引导下设计幼儿园课程结构。于是,在传承幼儿园原有办园思想、办园理念的基础上,我们根据本园创造教育特色,调整形成了新一轮的课程理念——"新""奇"乐园、"异"童"趣"玩。具体内涵如下:

乐园:营造健康、安全、温馨、丰富的活动环境,让幼儿园成为孩子们快乐喜爱的乐园。

"新""奇":凸显求新、求异、奇思妙想的课程特色。

"异"童：体现"每个孩子都是一个不同个体"的思想,凸显课程关注每一个孩子,关注孩子的个性发展。

"趣"玩：体现"游戏中学"、"玩中学"的课程实施理念。

2. 梳理课程目标

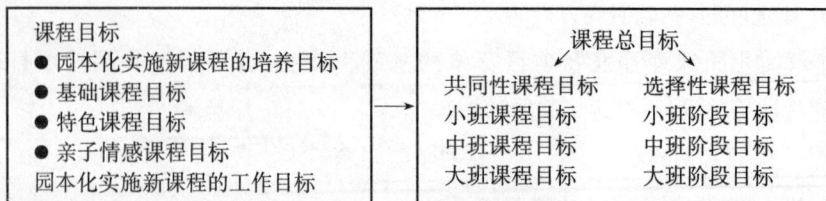

图 2-3-2 梳理课程目标图解

课程结构是根据幼儿园课程理念和课程目标设计的,幼儿园课程目标的最终实现需要课程编制者围绕课程理念和目标选择适切的课程类型和内容。因此,根据新一轮的课程理念,我们对原有课程目标进行了调整,凸显"幼儿为本"、"关注幼儿发展"的课程目标价值观。

3. 重组课程基本模块

● 共同性课程：以新课程教材的主体框架为基础,以基本经验为依据,将原有的亲子情感课程内容作为共同性课程的拓展部分整合实施。

● 选择性课程：对原有的特色课程内容进行梳理、筛选,着眼于幼儿经验的拓展、提升,以及幼儿创造潜能的充分开发,以凸显"新、奇、趣"创造教育的理念架构选择性课程的内容框架,凸显课程的特色。

● 在共同理念的支撑下处理共同性课程与选择性课程之间的关系,使共同性课程与选择性课程有机联系形成合力,共同为反映幼儿园课程理念、实现幼儿园课程目标服务。

由此,根据课程理念,初步设计了幼儿园课程实施方案中整体课程结构的框架,可参见图 2-3-3。

4. 合理配比时间

儿童在园是以活动的形式开展的,幼儿在园所有的教育活动都是构成课程体系的重要组成部分,同时规定了幼儿在园的不同时间所从事的各种活动。由此,课程结构的设计需要对共同性课程和选择性课程以及两类课程下的具体教育活动作出合适的时间配比,在保证足量的、充分的共同性课程及教育活动的基础上渗透和开展特色课程。各类活动的时间配比要本着儿童的全面整体发展为原则,要给予充分的、合理的活动安排,以保证幼儿全面、和谐、有序的发展,包括科学安排各年龄段幼儿的活动时间配比、活动作息时间安排等。

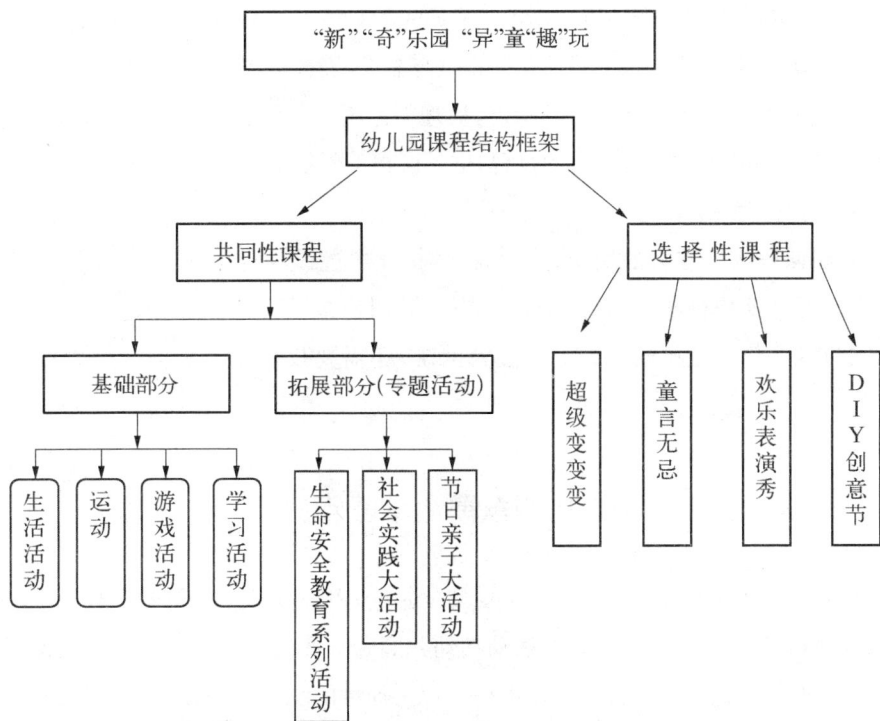

图 2-3-3　幼儿园课程实施方案中整体课程结构框架图

## 三、行后再反思

一年的研究,我们通过对原有课程实施方案中课程结构进行了重点分析与调研,在原有课程积累的基础上,梳理、筛选和重组课程类型和教育活动内容,设计课程结构;同时,厘清共同性课程与选择性课程之间的关系,解决课程体系中存在的不平衡现象。在研究调整中,我们力求课程结构的合理性,为幼儿园课程实施方案制定的科学性奠定基础。

一年课程结构设计研究的过程让我们感悟:

要"舍":幼儿园的课程经历了多年的积累与补充,课程内容在不断地扩充和堆积,其中也不乏简单的"拿来主义"。在课程结构设计的研究过程中,我们发现并非是课程内容越多越好、越全越好,课程结构的超载会扰乱课程结构的平衡。课程结构的梳理,我们更多的是舍弃,舍弃课程发展过程中与幼儿园课程理念和目标不相干的课程内容。

要"准":首先要做的是传承,把握幼儿园教育理念和办园宗旨,明确幼儿园课程特色定位,因为课程结构设计的重要依据是幼儿园课程理念。同时,要让幼儿园可持续发展,需要抓住幼儿园课程实施方案编制和实施中课程结构的现实问题,形成有效的对策,在传承中发展,在探索中提升。

要"新":幼儿园课程结构的调整,不只是对原有课程内容及活动安排的简单改变,而是对原有活动内容与安排的冲破与创新。从原先以集体教学活动为主的特色课程到现在创设专用活动室,依据不同年龄段幼儿的特点与需求,安排不同内容、不同形式、不同要求的活动。同时,依据各专用活动室的功能,梳理循序渐进的课程内容,从而丰富了原有特色课程结构。可见,课程结构完善的过程,也是课程不断创新的过程。

研究中我们存在的困惑:

幼儿园课程实施方案的编制是一个科学构建的过程,我们在整个项目研究的过程中,一直在努力架构科学、合理的课程结构。但如何来验证研究过程的科学性和研究结果的合理性,作为基层幼儿园觉得较为困难,还需要权威专业机构技术力量的参与和帮助。

## 幼儿园教育活动的安排

幼儿园教育活动安排主要规定幼儿园课程结构中构成课程的各种类型教育活动实施的时间顺序和时间配比,即各类教育活动在幼儿园课程实施中的具体程序及在课程结构中各自所占时间的比重分配。活动安排是一种全局性的统筹安排,既包括共同性课程下的各类教育活动的安排,也包括选择性课程下的各类教育活动的安排。课程实施方案中的活动安排主要涉及将课程结构宏观层面的课程类型及中观层面的课程内容(即各类教育活动)具体落实到幼儿园课程实施的微观层面的问题,包括幼儿园各类教育活动各年龄段一日和一周甚至是一个月教育活动实施的时间顺序和时间配比。

活动安排是将静态的整体课程结构转化为动态的课程实施的桥梁,对课程实施的操作性、科学性和有效性发挥着关键作用,因为幼儿园的课程结构、幼儿园的课程设置最终需要通过各类教育活动的科学合理安排加以贯彻和落实。由此,幼儿园活动安排是幼儿园课程实施方案编制中更具实质性的内容,直接涉及到课程操作层面,而且,合理、有序的活动安排是幼儿园教育活动实施制度化、常规化和科学化的保证和前提,使幼儿园课程实施得以正常和有效的运作。

## 一、现有的问题

课程实施方案编制中,幼儿园能从本园设计的课程整体结构出发,统筹考虑和安排与课程结构中的课程类型和课程内容相符合的各类教育活动,从而使课程结构在课程实施层面得到一定程度的贯彻和落实,也使各类教育活动在一日活动或一周活动或一月活动中得到具体的运行和实施。但我们也发现,幼儿园的一日活动内容丰富,幼儿园的实际条件千差万别,相关活动安排还要兼顾幼儿生理、心理发展的规律,故活动安排时综合考虑的因素多,有一定的难度,所以,方案中的活动安排还难免存在一些问题。

## 问题 1
**幼儿园对活动安排与课程结构的关系尚不够清晰,两者的相互对应性还不够。**

课程实施方案中,幼儿园对活动安排与课程结构的关系还不够清晰,或者表现为活动安排缺乏全局意识,没有将课程的整体结构反映出来。幼儿园课程结构中的有些课程内容在活动安排表(主要是周活动安排表)中没有得到落实,或者活动安排表中的具体活动内容,没有在课程整体结构中得以体现,见表 2-3-6。

表 2-3-6　教育活动时间配比表

| 活动类型 | 小　班 | 中　班 | 大　班 |
| --- | --- | --- | --- |
| | 与总课时比例 | 与总课时比例 | 与总课时比例 |
| 游戏 | 19% | 18.5% | 17.4% |
| 学习 | 8.7% | 10.2% | 12.2% |
| 生活 | 51% | 49.1% | 47.3% |
| 运动 | 21.3% | 22.2% | 23.1% |

幼儿园课程结构分为共同性课程和选择性课程,但一日活动安排中该园对教育活动时间配比只关注了共同性课程中四类活动实施的时间比例,把选择性课程给遗漏了,没有标明选择性课程类别下的各教育活动安排的时间配比,活动安排课程内容只涉及了共同性课程,活动安排与课程结构中的课程内容没有对应性。这可能是幼儿园一时疏忽而造成将选择性课程安排忽略的现象,更有可能就是幼儿园在观念上没有重视选择性课程安排的规范和科学性,在选择性课程的活动安排中还存在盲目性。

## 问题 2
**幼儿园活动安排时间配比的呈现方式过于笼统,影响了课程结构在平衡性方面的具体落实。**

幼儿园活动安排表往往会用数字来说明各类教育活动时间在一周或一日活动中所占的大致比例。但在一周或一日活动安排表中,有时幼儿园会笼统地将各类活动实施的总体时间罗列出来,但没有进一步将四类活动下的各项活动开展的时间进行具体规定和分配,如运动的各类活动在小、中、大班各是如何分配的,总体安排多少时间。如果没有进一步细致的规定,就无法很好地计算各类活动在一日或一周开展的时间长短,会影响课程结构在课程平衡方面的具体落实,见表 2-3-7。

表2-3-7 幼儿园各年龄段不同活动类型活动时间分配(单位:分钟/周)

| 活动类型 | | 托 班 | 小 班 | 中 班 | 大 班 |
|---|---|---|---|---|---|
| 游 戏 | | 400 | 390 | 385 | 380 |
| 学习 | 集体 | | 75 | 120 | 150 |
| | 个别 | 25 | 60 | 90 | 120 |
| 生 活 | | 1 300 | 1 200 | 1 050 | 1 000 |
| 运 动 | | 600 | 600 | 600 | 600 |
| 总 计 | | 2 325 | 2 325 | 2 250 | 2 250 |

以上幼儿园的一周活动时间分配表注明了四类活动开展的一周时间总量,但没有说明各类活动下的具体活动内容在一周各自所占时间的比例,所呈现的数字只是活动时间一周开展的总量,显得笼统,也不具有一定的可比性,很难计算和衡量各类活动安排时间配比的科学性、合理性。

**问题3**
**幼儿园一日活动安排的科学性方面还略显不足,安排中对相关文件法规规定的基本原则体现还不够。**

实践中由于各种主客观的因素,尤其是受幼儿园传统教育观念、幼儿在园人数、场地条件等影响,幼儿园一日活动安排的科学性方面略显不够。如一些幼儿园的一日活动安排中,高结构、教师组织的集体活动过多,幼儿自由自主选择的活动过少;户内活动过多,户外活动过少;学习活动安排过多,运动及游戏活动安排过少等。

有的幼儿园即使能在书面安排上达到了一定的科学性,但在实施层面上的执行又是另一回事,很难做到合理安排活动。

## 二、改进策略

**1. 根据幼儿园课程整体结构统筹安排活动,使活动安排与课程结构具有较好的相互对应性。**

幼儿园课程是幼儿园各类教育活动的总和,课程结构是将幼儿园实施的所有教育活动组织在一起所构建的一套完整平衡的课程体系,而活动安排是完整的课程结构在课程实施层面的全面体现,因此,幼儿园活动安排与幼儿园课程结构应有着紧密的关联性,即幼儿园教育活动应在幼儿园整体课程结构框架下统筹安排,幼儿园应从课程整体结构出发,全方位考虑构成课程的各类教育活动的安排,通过活动安排最终来落实所设计的课程结构。为此,幼儿园可采用双向对应的方式安排幼儿园教育活动,即进行活动安排时,从课程结构出发,自上而下地统筹考虑;同时,还需要从已安排的活动表出发,或从已实施的活动现状出发,自下而上地与课程结构不断对照,做到活动安排在内容上与课程结构相对应。如若有教育活动内容与课程结构中的内容不一致现象,则需要重新审视活动安排或课程结构的全面性,以保证设计的幼儿园整体课程结构在课程实施层面得以贯彻和落实。这样的双向对应方式,也可以促进幼儿园通过活动安排来进一步反思课程结构的完整性和清晰性,并在此基础上进一步调整所设计的课程结构。

此外,活动安排还需要考虑在时间配比上与课程结构的一致性程度,即在整体课程结构的各类课程比例框架下初步考虑各种活动的时间配比,使活动安排表中由各教育活动组合成的共同性课程与选择性课程内容的比例与课程整体结构中的总体时间比例保持一致。如此,可避免幼儿园活动安排中随意放大某一类活动,特别是随意放大选择性课程中的教育活动,导致选择性课程的比例相应扩展,与原有的课程结构比例不一致。各种教育活动时间配比的依据首先是幼儿园整体课程结构中各类课程的比例,根据课程结构总体规定的课程比例来安排和配比各类课程下的具体活动时间长短和频率,从而做到由适当配比后的各教育活动构成的课程比例与课程整体结构保持对应。

以上的双向对应式活动安排操作可参见图2-3-4。

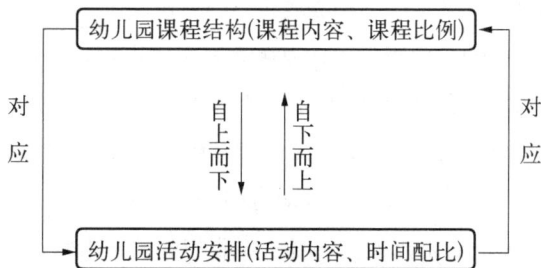

图2-3-4 幼儿园活动安排与课程结构对应的操作图解

**2. 活动安排表力求具体、清晰,反映出幼儿园的主要活动内容,同时,活动时间的分配以百分比的方式呈现。**

活动安排一般以表格的形式呈现,表格要求覆盖幼儿园一日、一周甚至一月活动内容和活动时间分配比例。表格呈现各类活动安排时,要注意不能过于笼统,要基本能反映各类课程下的各种教育活动内容,不仅是四类活动的安排,还包括四类活动下的各种具体教育活动内容的安排;不仅是选择性活动的整体安排,还包括选择性课程下的各种具体教育活动内容的安排。

此外,活动安排表的数字呈现要力求做到清晰化和具可比性,有操作指导性,目的在于通过活动安排,帮助幼儿园做到课程的平衡及活动作息的科学性。要知道,活动安排时间配比的计算是给各年龄段的活动安排提供基本的准则和依据,使幼儿园作息形成制度化、科学化,为此,幼儿园要对共同性课程的各年龄段四类活动进行适当的时间配比,说明幼儿园各类主要活动所占一日活动或一周活动时间的比例,而非时间总量的简单堆砌。

总之,幼儿园活动安排表要做到具体、清晰,如此,才能保证活动安排的科学性,使课程结构得以落实并有效地指导幼儿园课程的实施。

**3. 合理安排一日活动,科学配比一日中各类教育活动的时间。**

幼儿园教育活动安排与实施的最小整体时间单位是"日",因此,要落实课程结构,将课程结构中的教育活动进行实施,最便捷的方法是从一日活动入手来考虑和安排各年龄段幼儿一天的具体活动作息。科学安排幼儿园一日活动时,要注意以下方面的问题。

(1)一日活动安排的平衡性

幼儿园教育活动丰富多样,一日活动安排中,需要科学合理安排各种活动内容,努力做到活动安排的平衡性,表现出活动安排中的课程平衡意识。包括四类活动内容之间的平衡、幼儿自选活动与教师组织指导活动之间的平衡,集体、小组、个别等多种活动形式之间的平衡,同时,处理好共同性课程的四类活动与选择性课程特色活动的时间配比,以保证幼儿基本经验的获得,促进幼儿全面、和谐的发展。

(2)一日活动安排的合理性

幼儿园要根据国家法规文件中的相关规定,合理安排一日活动,制定科学适宜的一日活动作息。一日活动作息的相关规定包括遵循动静交替原则,户内与户外相结合的原则;保证幼儿每天两小时的户外活动时间,其中一小时为运动时间,并且能分段进行;保证幼儿每天一小时的自主游戏和自由活动时间;小、中、大班集体学习活动每天 1 节,大班下学期可增加 1—2 节;小、中、大班集体学习活动时间分别为 15—20 分钟、20—25 分钟、25—30 分钟……为此,幼儿园一日活动安排需要从这些相关规定出发,才能确保一日活动安排的合理性。由于每所幼儿园的实际情况各不相同,有的幼儿园受各种客观条件的限制,特别是场地硬件条件的限制,一日活动作息要落实以上相关规定存在一定的难度,为此,幼儿园可作出一些原则性的、针对性的调整,以保障幼儿生活和发展需要的基本活动,如场地较小的一些市中心幼儿园在一日活动作息安排中规定:在确保幼儿体育运动、游戏活动、生活活动时间的基础上,安排学习活动。

为做到一日活动安排中的科学合理性,幼儿园还要重点关注各类教育活动在一日活动中的时间配比。时间配比是指各类教育活动在幼儿园一日活动安排中所占的时间比重,是对各类活动时间进行总体计算和平衡的结果。量化和呈现各类教育活动在一日活动中的时间配比,可帮助幼儿园从时间分配角度出发来审视各类教育活动的安排是否满足国家、地方相关文件法规对一日活动作息的规定和要求,审视幼儿园各类教育活动是否平衡,从而一定程度上保证一日活动安排的合理性,见表 2-3-8 四大类活动时间配比。

表 2 - 3 - 8 四大类活动时间配比(分钟/日)

| 四大板块 | 小 班 | | 中 班 | | 大 班 | |
|---|---|---|---|---|---|---|
| | 时 间 | 比 例 | 时 间 | 比 例 | 时 间 | 比 例 |
| 生活 | 贯穿于一日生活中 | 56.3% | 贯穿于一日生活中 | 53.2% | 贯穿于一日生活中 | 52.1% |
| 运动 | 60 | 12.5% | 60 | 12.5% | 60 | 12.5% |
| 游戏 | 100 | 20.8% | 100 | 20.8% | 100 | 20.8% |
| 学习 | 50 | 10.4% | 65 | 13.5% | 70 | 14.6% |

上表不仅计算出四类活动在不同年龄段幼儿一日活动开展中的时间总量,同时,标注出四类活动一日时间的配比,具有一定的可比性,可初步判断一日活动安排中各类活动安排是否具有合理性。

(3)一日活动安排的适宜性

一日活动安排还要求幼儿园根据课程的纵向结构确定各年龄段各自的活动安排,包括为各年龄段幼儿安排的活动内容、活动形式和作息时间等,使各年龄段的一日活动安排能够与幼儿的年龄特点和生理、心理发展水平总体上相适应,从而具有一定的适宜性。

## 三、观点与提示

安排幼儿园的活动时,需要考虑以下的一些因素。

**1. 活动安排的全面性。**

幼儿园活动安排是落实幼儿园整体课程结构的重要载体,也是幼儿园整体课程结构在课程实施层面的具体表现,为此,活动安排需要根据幼儿园课程整体结构进行统筹考虑,全面落实幼儿园课程结构中共同性课程、选择性课程下的各种教育活动内容,做到不缺失、不遗漏,与整体课程结构相呼应。

一般来说,幼儿园可从共同性课程和选择性课程两方面去全面考虑活动的安排。共同性课程各年龄段生活活动、运动、学习活动、游戏活动的时间安排与比例,活动安排要注意基础与规定。此外,活动安排还要考虑选择性课程或特色课程各年龄段的教育活动开展的时间安排与比例,活动安排要注意科学与可行。

当然,全面考虑活动安排时,首先要在保证共同性课程内容贯彻落实和科学合理安排的基础上,再考虑选择性课程活动内容的合理安排。

**2. 活动安排的科学性。**

幼儿园活动安排是构成幼儿园课程的各种教育活动在实践中具体运行和实施的时间顺序和时间配比,在活动安排中,幼儿园首先要确立与本园实际条件和整体课程结构相对应的科学的活动安排,因为科学合理的幼儿园活动安排遵循了幼儿的生理、心理发展特点,有利于发挥教育活动的价值,促进幼儿的发展。

幼儿园教育活动安排往往以作息时间安排的形式呈现,说明幼儿在园各项日常教育活动开展的具体时间程序和时间长短。幼儿园教育活动安排的形式多样,可以日、周甚至月等为单位来进行安排,但以不同时间为单位进行的活动安排,有各自不同的特点和适应性,幼儿园要充分发挥这两种活动安排的长处。

以日为单位考虑活动的时间安排和时间配比,更容易使一日活动安排有章可循,具有操作性,可计算一日活动安排的科学性问题;以周为单位考虑活动的时间安排和时间配比,更容易解决课程内容的平衡问题,因为每日的活动内容安排由于物质条件的因素难免会有所不同,所涉及的课程领域会显得单一,但从每周的视角看,活动内容则基本固定,所涉及的课程领域也会多样化。因此,幼儿园要更多地考虑一日活动安排符合幼儿发展的特点,落实一日活动安排中应遵循的各种原则;一周活动安排则要更多地考虑课程的平衡性,关注幼儿各领域的均衡发展。

**3. 活动安排的灵活性。**

幼儿园活动安排要做到基本稳定,便于教师的课程实施,尤其是一日活动安排要能够制度化。但除此之外,幼儿园还要注意活动安排的灵活性,努力做到活动安排中的稳定性和灵活性相结合。

幼儿园一日活动安排往往以一日活动作息时间安排的形式呈现,这种呈现方式可使幼儿园各年龄段一日活动的实施有相对稳定的时间顺序,帮助课程实施者做到一日活动安排的制度化和科学化。但与此同时,幼儿园作息时间安排还需要根据季节、地域和幼儿园环境条件、幼儿人数等作出灵活的、适当的调整。如冬季气温较低,幼儿的户外运动时间可以适当推迟,一日活动作息时间安排要灵活制定出夏季和冬季两套方案。如有的幼儿园户外场地较小,各年龄段的作息时间就不能强调全园大一统,各年龄段运动可交错安排,以充分保证幼儿一小时的运动时间,满足幼儿一小时的运动需要。又如一日活动作息时间可进行各类活动的大块状安排,允许教师根据幼儿的兴趣、需要和个体差异弹性调整一日活动的时间安排。

一般来说,各类教育活动可以日或周为单位来进行安排。

（高　敬）

---

## 四、实践案例

**案例5**　共同性运动与园本特色运动有机统整的课程结构与活动安排的研究[①]

**一、我们为什么要提出共同性运动与园本特色运动的统整**

我园一直坚持幼儿运动的实践研究,经过多年的努力,幼儿运动能力发展非常突出,

---

① 案例5由徐汇区上海幼儿园周红、郑艺执笔。

得到了市、区专家和同行的认可。

但随着对幼儿园课程领导力的关注，"如何加强幼儿园课程实施方案的编制与管理"成为课程改革中不容回避的问题，这也促使我们重新审视我园运动课程的实施现状。经过现场调研、教师座谈和专家访谈等，我们发现在运动课程实施方面我们有三大问题：

1. "快乐运动"理念在运动课程结构与实施中怎样定位，该理念如何渗透在共同性运动与特色运动课程中，是我们在研究中需要突出的部分。

2. 共同性运动课程与园本特色运动课程的统整。统整的目的在于两类课程协调互补，共同实现运动课程目标，发挥运动课程功能，从而有效地促进幼儿发展。

3. 幼儿园课程结构的平衡。共同性运动和特色运动统整后的运动课程作为四大类活动之一，其在幼儿园整体课程结构中的比重和与其他各类活动的关系，需要整体构架，平衡各类课程内容。

基于以上问题，我们将重点落在共同性运动与园本特色运动有机统整的研究上，以推动幼儿园运动课程结构的优化。

**二、研究的历程**

（一）基于相同的价值取向，重新调整运动课程定位

我们认为共同性运动与园本特色运动所追求的价值是一致的，即满足幼儿运动需要，帮助幼儿积累运动经验，促进幼儿运动能力的发展。同时，在实施共同性运动和园本特色运动中，都应关注幼儿的情绪体验、经验积累、主体性的发挥。因此，两者基于相同的价值取向，两类课程应该可以有机统整。

但是，两者在具体定位上有所区别：共同性运动注重的是幼儿体能发展的基础性和全面性，主要涉及的内容是二期课改教材设置的四方面活动，即体育器械的运用、基本动作活动、利用自然因素锻炼和体操；园本特色运动强调的是对幼儿运动经验的补充、拓展和对其运动潜能的开发，主要包括篮球、武术、溜冰、国际象棋等。如此定位，使两类运动课程既不交叉重复，又能相辅相成。

（二）确立"快乐运动"的课程统整理念

我们树立了"快乐运动"课程理念：激发幼儿运动兴趣及运动过程中的愉悦感；引导幼儿用适宜的方法调整运动行为，促进幼儿运动能力的发展，帮助幼儿体验运动的成功感。从该理念出发，我们开展运动课程统整的研究。

具体运动课程统整中，注重以下四点：

1. 遵循"以幼儿发展为本"和"快乐运动"的理念，尽可能为每个幼儿提供快乐有趣、丰富多样、全面充分的身体运动机会与条件，以利于幼儿体验运动中的快乐和运动的成功感，提高运动能力和身体素质。

2. 从幼儿的年龄以及生理、心理特点出发,注重突出幼儿的主体地位,注重幼儿运动中自我保护意识、自主性的培养以及运动智慧的激发。

3. 突出共同性运动与园本特色运动的有机统整,以有利于幼儿运动经验的全面均衡和运动潜能的开发,有利于教师统筹协调实施运动课程。

(三)明确"快乐运动"课程目标和课程结构

从"快乐运动"理念出发,我们制定了"快乐运动"的课程目标。具体为:有参与运动的兴趣,能不断调整运动行为、挖掘运动潜能,获取运动经验;养成良好的运动习惯;体验运动的成功感,形成积极稳定的情绪和活泼开朗的性格;提高身体的基本活动能力以及自我保护的意识和能力。

我们根据以上"快乐运动"课程目标,设计幼儿园运动课程结构,具体运动课程结构图如图 2-3-5。

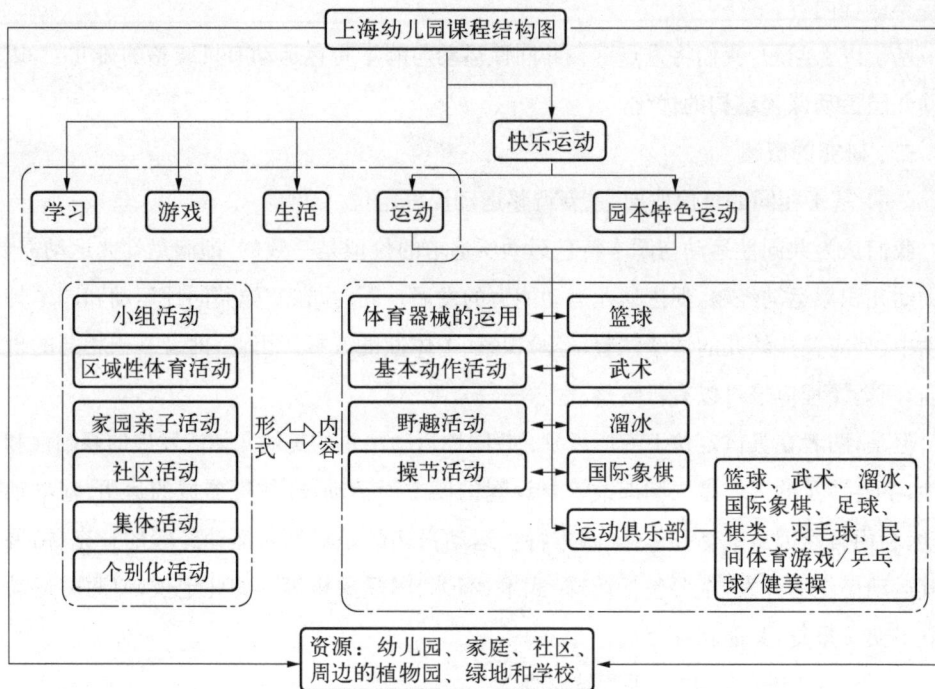

**图 2-3-5 运动课程结构图**

(四)确定园本特色运动内容

共同性运动课程的安排,我们基本按照上海市幼儿园二期课改《运动》教参的内容序列进行,因此,课程结构图中我们重点设计了园本特色运动课程的内容。

1. 以"快乐运动"课程理念和课程目标为依据,确定园本运动特色课程内容

在设计园本特色运动内容、确定园本特色运动各类活动的过程中,我们始终本着有机统整的理念,以确保共同性运动与园本特色运动价值取向追求的一致性为原则,以"快乐

运动"理念和课程目标作为增减原有园本特色课程内容、拓展新内容的依据。

由此,我们确定园本特色运动主要有以下几项内容:

篮球:有助于提高幼儿身体的协调性,增强身体素质,培养幼儿积极勇敢、果断顽强的意志品质,激发竞争意识和进取精神。

武术:帮助幼儿形成正确的身体姿态,逐步学会克制自己,提高身体控制能力,培养幼儿不畏强暴的意志品质,提高自我保护能力。

溜冰:促进幼儿身体的平衡性、协调性、耐力素质及各感官的敏感性,提高自我保护能力。

国际象棋(棋类):培养幼儿敏锐的观察力和有意注意能力,增强记忆能力、判断能力和抽象思维能力,培养幼儿机智勇敢、不怕困难的品质和谦虚乐观的精神。

足球:在较强对抗性的活动中,提高幼儿观察、判断、思维、反应等能力,增强自我保护意识和能力,培养幼儿积极向上、团结合作、勇于拼搏、乐观进取的精神。

羽毛球(乒乓球):是一项集健身性、竞技性和娱乐性为一体的运动,在速度快、变化多的活动中有助于提高幼儿身体的灵敏性、协调性和控制力(特别是手臂力度)。

民间体育游戏:在简单易玩、有趣好玩、丰富多样的游戏中,促进幼儿平衡能力、协调性、灵敏性等运动能力的发展,增强幼儿体质。培养幼儿规则意识、自主意识和不怕困难、坚持到底、团结合作等优良品质。

2. 从幼儿的运动发展特点和需要出发确定园本运动特色课程内容

在运动课程统整中,无论是共同性运动课程,还是园本运动特色课程,我们都以幼儿的年龄特点、幼儿运动能力发展现状和需要为出发点,确保活动内容的适切性。如:园本运动特色课程内容,针对小班幼儿的身体运动特点和思维发展特点,我们删减了有一定难度的国际象棋和溜冰活动;而中、大班孩子,我们则增加了棋牌类活动和足球等活动,让幼儿想玩亦能玩。

3. 从促进幼儿的运动潜能和幼儿发展的角度出发确定园本运动特色课程内容

我们在统整运动课程内容时,不仅仅关注幼儿现有的运动发展水平,同时关注幼儿潜在的运动能力,以及运动对促进幼儿个性以及社会性发展可能产生的多重价值。为此,我们在分析原有运动课程内容的同时,也分析民间体育游戏、足球以及健美操等运动项目所隐含的对幼儿发展的积极影响,如,民间体育游戏不仅有助于增强幼儿体质,促进幼儿平衡能力、协调性、灵敏性等运动能力的发展,同时有助于培养幼儿规则意识、自主意识和不怕困难、坚持到底等优良品质。为此,我们将这一项目纳入了园本特色运动课程结构中,成为园本特色运动课程内容。

(五)"快乐运动"活动安排

1. 从幼儿园整体课程结构出发,考虑运动课程的活动安排,做到课程的平衡性在以往的活动安排中,我们过多地关注了运动课程的内容,使运动的时间配比在四大类活动中过高。在统整后的运动整体课程框架中,我们将运动与学习活动、游戏活动和生活活动置于同一个维度,从课程结构的横向关系上关注四类活动内容、时间等方面的均衡性,关注运动课程实施时间占一日活动总时间的比例是否科学合理,努力保证统整后的运动课程活动安排做到日平衡、周平衡、月平衡乃至学期平衡。

2. 从统整后的运动课程结构出发,合理安排各类活动

在运动课程下的各类活动安排中,我们主要考虑以下两点:1. 保证每天 2 小时户外活动时间,其中 1 小时为运动时间,分上、下午进行;2. 根据不同年龄幼儿的发展水平,合理分配共同性运动与园本特色运动的时间。

具体的四大类活动时间配比、共同性运动和园本特色运动时间配比见表 2-3-9 和表 2-3-10。

表 2-3-9　四大类活动时间配比(分钟/日)

| 四大板块 | 小 班 | | 中 班 | | 大 班 | |
|---|---|---|---|---|---|---|
| | 时 间 | 比 例 | 时 间 | 比 例 | 时 间 | 比 例 |
| 生活 | 贯穿于一日生活中 | 56.3% | 贯穿于一日生活中 | 53.2% | 贯穿于一日生活中 | 52.1% |
| 运动 | 60 | 12.5% | 60 | 12.5% | 60 | 12.5% |
| 游戏 | 100 | 20.8% | 100 | 20.8% | 100 | 20.8% |
| 学习 | 50 | 10.4% | 65 | 13.5% | 70 | 14.6% |

表 2-3-10　各年龄段运动课程内容和一周时间配比

| 年龄段 | 快乐运动课程(5 小时/周) | | | |
|---|---|---|---|---|
| | 共同性运动 | | 园本特色运动 | |
| | 内 容 | 时间配比 | 内 容 | 时间配比 |
| 小班 | 体育器械的运用、基本动作活动、野趣活动、操节活动 | 85%—90% | 篮球、武术(二选一) | 10%—15% |
| 中班 | | 70%—80% | 篮球、武术、溜冰、国际象棋(四选一) | 10%—15% |
| | | | 运动俱乐部(任选一) | 10%—15% |
| 大班 | | 60%—70% | 篮球、武术、溜冰、国际象棋(四选一) | 15%—20% |
| | | | 运动俱乐部(任选一) | 15%—20% |

注:运动俱乐部包括篮球、武术、溜冰、国际象棋、足球、棋类、羽毛球、民间体育游戏(或乒乓球、或健美操)。

3. 从运动课程的活动安排表出发,确定运动形式和运动内容,做到活动安排的合理性

根据以上运动课程的活动安排表,在确保幼儿园总体课程平衡的基础上,我们结合幼儿园园区特点,确定一周运动形式的安排和运动俱乐部的内容,为幼儿提供丰富、多样的运动课程内容,做到运动活动安排的科学合理性。

表 2-3-11 一周运动形式安排表

| 年龄段 | 周一 | 周二 | 周三 | 周四 | 周五 |
|---|---|---|---|---|---|
| 小班 | 操节、器械锻炼、运动游戏 | 操节、器械锻炼、运动游戏 | 园本特色运动 | 操节、器械锻炼、运动游戏 | 区域性体育活动 |
| 中班 | | | | | 单周：区域性体育活动 |
| 大班 | | | | | 双周：幼儿运动俱乐部 |

表 2-3-12 三园幼儿运动俱乐部内容

| 共性内容 | 个性内容 | | |
|---|---|---|---|
| | 上中园 | 冠军园 | 凌云园 |
| 篮球、武术、溜冰、国际象棋、足球、棋类和羽毛球 | 健美操 | 民间体育游戏 | 乒乓球 |

　　幼儿运动俱乐部的内容以共性内容为主，既包含了我园原有的运动特色内容，又拓展了足球、棋类和羽毛球三项内容；同时，根据三园不同的环境资源、人力资源等特点，确定一项园所项目，旨在发挥优势，共享经验。

**三、研究的成效与反思**

　　通过共同性课程与园本特色运动课程有机统整的课程结构和活动安排的研究，使我园既确保了共同性运动课程的实施，又体现了对幼儿运动潜力的关注，借助多种运动形式，在促进幼儿运动能力发展的同时，满足了幼儿个体运动的兴趣和需要，优化了运动课程实施方案。

　　此外，该研究还改变了以往幼儿园课程方案和实施中，运动偏重、园本特色运动偏重、四类活动比重失衡的现象，确保课程的结构平衡，这也有利于幼儿多种经验的积累和各种能力的培养，使"促进幼儿全面和谐发展"的课程目标得以真正"落地"。

# 第四节

## 如何选择与设计和目标相一致的课程内容

课程目标与内容间的匹配和架构

幼儿园课程内容是根据特定的幼儿教育价值观及相应的幼儿园课程目标为幼儿所提供的学习经验的总和。简单地说,课程内容主要解决的是幼儿学什么和教师教什么的问题。课程内容是实现幼儿园课程目标的载体。课程内容是课程的基本要素,是保证课程实施的基本材料。"兵马未动,粮草先行",适宜的课程内容是保证幼儿园实现课程目标、达到目的地的"基本粮草",是必须事先准备的"基本食材"。应该说,幼儿园可选择的课程内容有很多,有颁发的新教材内容,有老教材内容,也有幼儿园长期积淀的内容,还有来自其他幼儿园的实践内容,更有来自本园教师、幼儿生成的内容,那么怎样从中选择设计本园的课程内容,形成本园相对稳定而科学的课程内容体系,就成了课程实施方案编制过程中必须考虑的问题。

## 一、现有的问题

自从实施课改以来,各幼儿园都在致力于领会、理解并积极贯彻新课程教育理念,积极执行上海市新课程的各种文件精神,其中表现之一是幼儿园非常重视课程内容的建设,寻找共同性课程内容与园本特色内容有机的结合点,在此基础上逐步形成幼儿园相对稳定的课程内容框架。并且,幼儿园还能结合课程实施,不断地调整、修改和完善课程内容。但幼儿园在课程内容的选择和设计过程中还存在一些值得关注的问题。

### 问题1
**课程内容的选择、设计与幼儿园总体的课程目标内涵对应不紧密**

幼儿园在办园过程中,都致力于要在课程改革理念的指导下,充分考虑幼儿园的实际,办出自己的特色,凸显自己的个性,反复思考、斟酌办园目标、幼儿培养目标和课程目标。但是,幼儿园是需要一步一个脚印踏实地走向和达成目标的,而且,不同的目标应该有不同的课程"跑道",为此,幼儿园需要设计符合通向本园目的地的行进"跑道"。然而,有的幼儿园设计的课程"跑道"还不够畅通,即设计的幼儿园课程内容总体框架,与幼儿培养目标和幼儿园课程目标挂钩不够紧密。例如:

> 幼儿园课程目标:
>
> 仁爱之美:感恩、关爱、欣赏
>
> 个性之美:大胆、勇敢、自信
>
> 礼仪之美:洁净、礼貌、谦让
>
> 创造之美:想象、创造、审美
>
> 幼儿园课程内容:
>
> 生活活动:帮助幼儿在真实的生活情境中培养初步的自理能力和良好的生活习惯,在安全、愉快、健康的生活环境中成长。主要内容有生活自理、文明交往、自我保护、环境卫生、生活规则等,为幼儿的后续生活奠定基础。
>
> 运动:旨在提高幼儿身体素质、动作协调能力和适应环境的能力以及安全保护的意识和能力,为幼儿的健康体质奠定基础。主要内容有形体操、徒手操、律动、体育游戏、器械运动、利用自然因素锻炼等。
>
> 游戏活动:旨在满足幼儿自主、自发性活动需要,发展幼儿想象力、创造力和交往合作能力,促进幼儿情感、个性的健康发展,主要内容有角色游戏、结构游戏、表演游戏、自由活动等。
>
> 学习活动:旨在激发幼儿主动探索、积极体验,促使幼儿在认知态度和认知能力等方面不断进步,为幼儿的后续学习奠定基础。学习活动主要以主题形式推进和以各类区域活动辅助。

以上案例反映出幼儿园在整体课程内容的架构中,只是照搬照抄上海市共同性课程的内容,没有反映与本园目标"感恩、关爱、欣赏"等相对应的课程内容体系。幼儿园可能会认为既然实施上海市二期课改教材,只要照抄《课程指南》的课程内容要求就算完事了。但是,我们要区分实施上海市幼儿园课程教材与园本化课程实施不同的要求,尤其是幼儿园提出了本园独特的课程目标,那么就要根据该课程目标的价值取向和内涵来架构课程内容,不然,就会发生课程内容与本幼儿园具有个性的目标似连非连,无法保证课程内容是实现课程目标的最佳"跑道"。

### 问题 2
**对课程内容缺乏整体性的思考与完整的架构**

幼儿园课程内容架构不够平衡,重集体教学活动的点,课程各板块之间割裂,内容之间不均衡。在课程实施过程中,幼儿园虽然持有"幼儿园一日活动都是课程"和"幼儿园课程即幼儿经验"的观念,但在实践中,很多教师不经意间把课程内容窄化为学习活动或幼儿相关的学习经验,将生活活动作为一日课程的过渡环节,而且在学习活动中,较多注重集体活动内容的选择,忽视幼儿过程性经验的积累,小组和个别化活动的内容选择比较少。例如:

课程目标下中班内容的安排:(第二学期主题活动安排)

1. 过新年
2. 玩具总动员
3. 在动物园里和在农场里
4. 春天来了
5. 周围的人
6. 常见的用具
7. 幼儿园里朋友多
8. 水真有用
9. 火辣辣的夏天

此案例中课程内容的架构不够完整,幼儿园把课程内容安排窄化为"学习"活动,把"学习"活动内容安排简化为主题名称的安排。这其中反映出与幼儿园轻视基础性课程内容的架构,对基础性课程内容安排的简单化,导致内容架构的不全面。

此外,很多幼儿园特色课程内容架构比较详尽,特色课程内容翔实,尤其是偏向知识技能目标的特色课程内容更具体全面,而共同性课程内容安排则比较原则、概要,一言以蔽之,幼儿园实施上海市二期课改新教材中缺乏对共同性课程内容的再安排和再创造,观其整体的课程实施方案课程内容安排上有厚此薄彼的现象。

**问题 3**
**课程内容的安排配比不够平衡**

课程内容的安排配比不够平衡,主要表现为特色课程、学习类课程内容占据其他各类活动的形态,尤其是用专用活动室活动或区角学习活动替代幼儿每天最基本的一小时自主游戏活动时段。

以上原因可能是出于对专用活动室使用率的考虑,认为创设了专用活动室就要尽量安排使用,但是恰恰忽视了课程的平衡性,侵占和削弱了幼儿的游戏活动。

另一个原因是有的幼儿园概念混淆,把真正的幼儿自主性游戏与幼儿自主选择活动内容的学习活动混为一谈,因此,课程安排中就把区角自主选择的活动替代了幼儿真正需要自由的游戏。

## 二、改进策略

**1. 围绕课程目标,架构匹配对应的课程内容。**

幼儿园在安排内容时一定要咬住"青山"不放松,"青山"即幼儿园的课程目标,课程内容是实现课程目标的材料支柱。幼儿园要以目标为出发点,始终在目标的指引下来构建课程内容框架。幼儿园课程实施方案编制过程中,课程内容的选择和设计,首先涉及的是对课程内容与课程目标取向和内涵一致性的思考。幼儿园围绕课程目标选择匹配课程内容的方法主要有以下两种:

(1) 直接对应的方法

直接对应法即是指以目标为核心直接匹配对应相关的课程内容的一种方法。对应时,要注意把握本园课程目标的深刻内涵,以通过课程内容来显性地、直接地反映课程目标。

很多幼儿园在架构与目标一致的课程内容时,形成了可圈可点的经验。例如:

> 南京西路幼儿园游戏课程目标:
>
> 对幼儿进行基本素质启蒙,促进幼儿身心全面、和谐地发展,培养一代"健康、会玩、文明、有爱心"的新人。
>
> 匹配的课程内容架构是把游戏作为基本活动,包括:游戏活动、运动游戏、智力游戏、结构游戏、音乐表演游戏、师生共建活动等。
>
> 游戏课程中的"基本活动"以贯彻"游戏为幼儿园基本活动"理念为主线,创设不同的游戏情境与内容,旨在让幼儿能拥有充足的空间,享受"快乐地玩"的过程。

(2) 转变角度,重组对应

幼儿园课程内容选择和设计时有不同的价值取向与定位:内容即知识技能;内容即幼儿的经验反映;内容即情感、经验、方法、知识技能等综合性教育的载体……也就是说,同一个内容可以有不同的价值取向,因此,同一个内容可以与不同的目标导向进行挂钩,呈现不同的内容选择与架构安排的情形。

例如目标"认识周围环境中的事物"。从掌握知识概念第一位的角度转变为如何对了解现象感兴趣为第一要义,这不是一句空话,也不是一蹴而就的,需要幼儿园在转变观念的同时重新审视如何选择和运用内容来达成这一目标。幼儿园首先要明确,从知识目标转向经验目标的变化,要对活动内容与活动方式重新考量,重新确立内容的切入点,使该目标的达成有坚实的内容基础。为此,对内容进行重新的价值定位,使之与课程目标的价值取向保持一致,这是我们在架构内容时必须要考量的问题,同时也就在这个学习操作的过程中,转变教师的观念,避免穿新鞋走老路。

为此,幼儿园要贯彻目标与内容一致性的原则,要反复咀嚼课程目标的导向性和价值观,从整体性的目标和个性化的目标出发,对原有的课程内容进行重新定位,而不是原封不动的进行叠加。幼儿园要善于要把国家、地方课程,园本资源、社区资源根据课程目标进行有机整合,使之成为与目标价值取向相一致的内容,而不是纯粹地做加法撒胡椒,应是掰开后进行糅合。例如:

> 课程目标:
>
> "形成自理生活的习惯,学习健康生活的方法,提高适应生活的能力,盟发探索生活的兴趣,体验自信生活的快乐"。
>
> 相对应的课程内容的框架:
>
> 自理生活——自我服务、集体事情、家务劳动;
>
> 健康生活——健康安全、清洁卫生、保护身体;
>
> 适应生活——遵守规则、友好交往、文明礼仪;
>
> 探索生活——爱护环境、多彩节日、亲近自然;
>
> 自信生活——亲情关爱、自主勇敢、愉快心情。
>
> ——南京东路幼儿园

以上案例中,南京东路幼儿园课程内容的框架与幼儿园的课程目标非常一致。幼儿园始终坚信幼儿主要是在真实的生活中获得经验和知识,在生活中学习,培养生活能力就是幼儿园重点追求的课程目标。为了达成这一目标,幼儿园对幼儿的学习内容进行重新架构组织,根据这样的内容框架思路,去审视教参内容,使课程内容的切入点、导向点体现别样的思路,以保证课程的内容选择与幼儿园的课程目标一致起来。所以,设计和选择幼儿园课程内容时,必须在符合学前儿童身心发展特点的基础上,充分考虑与课程目标的吻合度,只有这样,设计出的课程内容才是合理的。

**2. 通盘考虑活动内容,全面设计内容组织的框架。**

二期"课改"以来,幼儿园倡导广义的课程观,即幼儿园的一日活动,幼儿接触的环境皆构成幼儿园的课程内容。它牵涉到幼儿一日生活四大类活动的内容与形式,关系到各种资源的优化利用,也涉及到与幼儿园原有课程的关系处理,这就给我们课程内容的架构带来极大的挑战和周旋的余地。幼儿园需要对幼儿一日活动内容进行整体性的思考与安排,包括对各个领域内容通盘考虑,资源运用统整考虑,幼儿园特色课程与共同性课程整体架构。

幼儿园全面地建构课程内容时,必须遵循两大原则:

其一,优先考虑的原则。

一日活动内容要有整体性的安排,要体现轻重缓急。比如幼儿的安全、健康内容是最重要的,必须按照四季的天气特征、按照幼儿的年龄特点科学地安排作息,一日活动安排要有充分的进餐、盥洗、睡眠等生活时段,要保证幼儿有充分自由的放松时间、地点与内容安排等。此外,幼儿的运动量必须充分保证,要因地制宜,用足场地等。

其二,全面惠顾的原则。

对各领域内容要素要全方位安排;对领域教育内容的各个分支或四类活动下的具体活动内容要全面思考,例如生活教育的内容必须要有四大块面的,包括文明生活的经验,自我保护安全生活的经验,适应集体、共同生活的经验和自理生活的经验。幼儿园要根据要求全面细化、设计各个年龄段的内容与要求。例如:中班生活活动基本内容的安排。

- 良好的生活习惯:
  认真盥洗,会正确刷牙、使用手帕、毛巾、便纸等。
  熟练使用筷子进餐。
  能独立穿脱鞋袜、衣裤、并放在固定的地方。
  逐步养成物归原处的习惯。
- 遵守规则:
  能遵守集体生活中的常规。
  会初步控制自己的情绪,不在大家面前随便发脾气。
  能遵守简单的社会公德:不随地吐痰,不乱扔垃圾、纸屑,不乱穿马路。
- 文明礼貌:
  别人问话时要回答。
  客人来访和到别人家做客要有礼貌。
  说话轻、走路轻、放下东西也要轻。
- 需求表达:要玩同伴的玩具时,会征得他的同意。喜欢寻根问底,问为什么。
- 安全常识:
  对危险的标志与信号能较及时作出反应。
- 交往技能:
  学习结伴、轮流、请求、商量等交往方式,喜欢表达自己的主张和喜好。

愿意与人交往、注意倾听、理解他人意思,积极地表达自己的想法。

· 情感体验:

爱父母、长辈,能为他们做力所能及的事。

有初步的同情心和责任意识,会关注熟悉的人和弱小的同伴。

愿意与同伴和他人分享快乐。

· 自我意识:

能对自己及他人的行为进行较粗浅、表面的判断。

知道自己身体各部位的功用。

· 简单劳动:

整理玩具、用具,搬椅子

发放点心、筷子。

尝试折叠被子。

料理植物角、动物角。

——城市花园幼儿园

又例如:冰厂田幼儿园对课程内容安排有着比较全面的思考,去对应整体目标的达成。依据《学习活动》中各主题的目标与要求,参照《主题活动方案选编》,融合本园课程目标,在各年龄段各主题实施内容参考中,对课程内容增加"重点关注"的要求,帮助教师把握课程内容方向。对教育活动内容的功能定位清晰,关注全面,每一个主题内容都包含三个方面:即行为习惯、情感态度、认知经验,以保证教师在执行中能全面思考,全过程贯彻,对教师的课程内容选择设计和继而的实施行为起到专业的导向作用。

幼儿园课程实施方案必须要细致考虑内容在课程层面的全面细化的安排,还包括对需要创建的或者可利用的物质的、人文的环境变为课程资源进行通盘考虑,形成大教育下的课程内容。

**3. 平衡配比,具体落实。**

平衡配比是指幼儿园课程结构中的课程内容,即各类教育活动应保持合理的比重,在相对科学的原则指引下平衡各项活动的内容与时间,以避免课程实施的随意性。

幼儿园在具体操作中可把握四个平衡:(1) 幼儿园四类活动的平衡:对各年龄段幼儿四类活动(生活活动、运动、游戏活动、学习活动)的时间安排明确、适宜。(2) 特色活动与共同性活动的平衡:从整体性上考虑特色项目的价值定位、内容以及比例。(3) 领域内容与主题内容的平衡:既要考虑主题经验的获得,也要关注五大领域教育内容的平衡,使课程内容有一个整体的规划与安排。(4) 幼儿为主体的活动与教师主导的活动的平衡:既要保证幼儿自主游戏和娱乐的时间,又要保证教师引导幼儿进行学习的时间,同时也要关注这两类活动的融合与转换。

幼儿园课程内容安排要具体落实,还需要考虑时间、季节、特殊天气、幼儿园硬件条件等多种因素。幼儿园课程实施安排表一般包括以下几方面的内容:

- ● 各年龄段一日活动内容、时间安排表(包括冬季、夏季、春秋季、新生入园与幼小衔接的内容时间安排)
- ● 周、日活动安排表
- ● 月计划表
- ● 专用活动安排表
- ● 外出活动内容安排
- ● 户外活动器械、材料、场地安排表(包括雨天运动场地内容的安排表)

除了常规性的一日活动外,幼儿园在开展各种大型活动、社会实践活动、混班混龄活动、亲子活动时,都应事先作出计划与安排。另外,幼儿园还要对户外公共场地、教学仪器设备、活材料等资源的分配作出具体的序列性的安排,编制详细的使用要求,以提高使用效率。

## 三、观点与提示

总体而言,架构符合幼儿园课程目标的课程内容是一项系统工程,是要在相互联系的、系统论的哲学思想指导下去思考、设计课程内容。

首先,幼儿园要充分权衡课程内容与课程目标达成之间的关系,努力通过课程内容来反映和达成幼儿园的课程目标。在这一总体课程内容框架下,细致考虑课程内容各部分之间的关系与比例,以平衡课程内容。在此基础上,幼儿园可彰显与重点关注与本园目标对应的课程内容,在条条大路通罗马的前提下,以“走捷径”的方式便捷有效地抵达目的地,更好地实现幼儿园课程目标。

在目标的统领下,幼儿园还要善于在大课程观理念的指导下,整体地思考建构与目标相对应的课程内容框架,通盘考虑统整课程内容,系统地规划安排各类活动。同时,幼儿园要通过建立具有直接操作性的和指导性的资料包、资源库等形式,提供丰富的与目标相符的课程内容,既方便教师课程内容的自主选择,又从宏观把握课程内容的实施质量,使教师对课程内容的驾驭更有方向。

此外,学前教育是基础教育的起始阶段,目标就整体而言具有启蒙性、全面性的特点,这就决定了幼儿园的课程内容也具有全面性、启蒙性的特点,即面面俱到,浅尝辄止,成了幼儿园课程内容的基本特性。课程内容要承载目标,必须搭建多条支架,而每条支架是饱满的,也即内容是全面的、充实的。同时,构建的内容又是实在的、低矮的,是幼儿的视线可及的。

从幼儿的角度而言,课程内容是可以看得见,摸得着、玩得了,做得起,感受得到的。

　　幼儿园课程内容的分类是相对的,幼儿园课程内容从本质上说更是相互联系的,幼儿可以从一方面感受多样性的色彩,也可以从多方面感受到某一种色彩。因此,我们期待理想的园本课程更多样地呈现幼儿园课程内容的整体性架构,并真正成为课程目标实现的有效载体。

(王爱明)

## 四、实践案例

**案例 6**　　**幼儿园课程内容选择与设计的行动研究**[①]

　　我们明确地将"阳光教育理念"作为本园一切教育行动的指南,将"培养身心和谐发展的阳光儿童"作为教育的目标(我们将"阳光"内涵演绎为：关爱身边人,分享周围事,笑对成长路)。针对目标,我们以"二期课改"的教师参考用书为主要教参,用二期课改的理念不断地完善着我园的基础课程。

**一、透过现状直视问题**

　　在幼儿园课程目标细化,课程内容选择完善的过程中,我们经常会采用定期和不定期相结合的方式,通过自我审视、专家剖析、教师问卷、家长评价、幼儿测评等多种途径,客观地审视我们的课程。

　　1. 课程内容的选择是否能有效支撑目标的达成。

　　我们认为,无论是课程的管理者还是课程的实施者,都应该清楚地意识到课程内容应是课程目标的具体落实,课程内容的选择必须要体现幼儿园课程目标的理念和价值。这是我们思考和调整课程内容的主要因素之一。然而,在审视课程内容的过程中我们却发现,就我园现有的课程内容来看,这一理念要全方位地得以呈现还有调整和完善的空间。

　　2. 课程内容的调整该如何准确地把握着眼点。

　　幼儿园课程的建设必须从园情出发,从幼儿发展的实际需求出发,应在符合最新政策要求的基础上,以课程园本化实施为基本原则,以教师和幼儿为主体,形成一个有完整结构体系的,对教师来说具有可操作性的课程内容方案。

　　3. 课程内容的设计怎样才能全面丰富又平衡。

　　在以往课程内容实施的过程中,学习活动向来受到教师们的关注、家长们的重

---

[①]　案例 6 由浦东新区冰厂田幼儿园姚健、蒋嬿奋执笔。

视，但随着"二期课改"的不断深入，幼儿园多次课程评价的结果让我们清晰地认识到，学习板块的内容只是课程内容中的一部分，而绝不是全部。要想幼儿向着"阳光儿童"的特质发展，课程内容必须涵盖幼儿园的各类活动，偏颇任何一块都是不完整的。

**二、通过实践有所感悟**

基于对所有指导性文件、教材等的解读，我园的课程内容在小、中、大班均以主题活动的形式呈现，并在一次次的编制、实施、验证、完善的过程中，趋向成熟。

1. 试以"重点关注"的形式凸显主题价值。

在实施每个主题活动时，究竟该追求什么？价值定位到底在哪里？这些都是关乎把握课程方向，具体到主题实施和操作的大问题。

在每个主题内容的第一部分，我们都为教师提供了该主题的"重点关注"内容。我们试图用"重点关注"，来反映主题进行时的价值取向，凸显主题实施时的核心经验。"重点关注"不仅停留在认知方面，也可能是情感与态度方面的，或是动作技能方面的；可能是运动与健康方面的，也可能是表达与表现方面的。例如：小班主题"娃娃家"重点关注的点是情感与态度方面：(1) 乐意了解自己的家与家人，亲近父母与长辈；(2) 尊敬父母和长辈，愿意用各种方式表达自己对他们的喜爱。

在认知方面：(1) 熟悉并了解家人的基本情况和特征；(2) 了解和模仿家人在家所作的各种事情。

在动作技能方面：(1) 学做自己力所能及的事情，提高生活自理能力；(2) 初步尝试参加简单的家务劳动，如分筷子等。

不同主题的重点关注点不同，与生活、运动、游戏、学习各类活动的整合方式也不一样，但一切活动都将围绕着重点关注来设计、展开、实施。

2. 借助"领域内容"的对比实现课程平衡。

在课程内容的确立上，"二期课改"教师参考用书《学习活动》、《生活活动》、《运动》首当其冲成为主要的参考资料。使用、研究的经验告诉我们使用时对这些教材先整理、后分析、再补充，效果要远远优于盲目地使用。

我们将《学习活动》中圆点、附件、教学活动实例、动动小脑筋；《运动》中基本动作活动、利用自然因素锻炼、体育器械的运用；《生活活动》中的活动建议、附件、亲子行动等内容逐一分解到各主题、各领域、各类活动中。基于对课程内容的编制应依据课程目标、领域目标、幼儿发展目标的思考，以及对课程内容全面性、丰富性、平衡性、可行性的考量，我们结合《主题活动方案选编》以及我园原课程中的经典活动等，通过筛选、合并、生成等方式，对教材中的所有内容作出比对、梳理，形成了《各领域主题内容对比》，使每个主题在实施过程中，应落实的全部课程内容和对应的活动形态一目了然。

3. 建立"主题资料包"，丰富课程内容。

研究初期，为配合课程内容的实施，我们为教师提供了"主题资料包"，内容涉及到学习、运动、生活等。其中除教案选编以简案方式呈现外，其余的内容均以简单的文字表述的方式呈现。教师们在使用过程中普遍反映，"主题资料包"使她们在实施课程的时候心里有了谱。俱与此同时，我们也深知这对教师的解读能力、细化落实能力是极大的挑战。由于教师们对资料包的理解不同，最终各班对主题重点、活动价值的把握、各类活动的组织仍有较大偏差，导致阳光儿童的发展也无法彻底满足。

于是，针对教师课程内容的需求、课程实施的需要，我们将"主题资料包"细化，分成主题计划、集体教学活动计划、各班学习性区角活动计划、生活活动计划、运动计划、主题环境、游戏等。这些课程内容呈现的形式，除有更具体的文字表述外，还有照片说明、光盘留档、网上资源的共享等。如：主题环境计划中，我们将深受幼儿喜欢的、能体现主题实施需求的主题环境用照片的形式保留下来，并用文字的方式阐述制作该环境所需的材料、制作的要点；个别学习性区角活动计划中，对每一份材料我们都分为材料名称、材料功能、材料提供、操作要点、观察指导几部分，并加以文字阐述，配以所需材料的照片小样。

这样的"主题资料包"对青年教师来说，使她们在实施课程时心中更有底气；对经验型教师来说，既可参考又可以合理地组合使用，同时还可以根据自己的实际需求有再创造的空间。

4. 探寻课程内容落实途径的多元化，激发参与兴趣。

主题实施过程中教师们对"重点关注"实施内容更为重视，为了使阳光儿童的特质能在课程内容中有更好的落实，在整个课程实施的各类活动中，力求课程内容落实途径多元化。幼儿既有向教师学，更有向同伴学、向家长学；有教师预设的活动，也有幼儿生成的活动；有室内园内活动，也有许多室外、社区活动，如：消防局、超市、地铁站、街心花园、小学、匹萨店、残疾儿童康复学校等，处处都留下了我园幼儿、家长、教师活动的身影。

此外，结合主题内容、节日节气、社会热点等，在课程中我们还加入了春秋游、社会实践、幼小衔接、节日文化等活动。在各类活动方案中，我们尽可能地将教师在选择、设计、组织活动时会思考的问题加以罗列，如：在社会实践活动中，我们罗列了活动产生背景、目标、准备、流程、温馨小贴士等内容；幼小衔接活动方案中，我们结合"我要上小学"和"有趣的水"两个主题，将两个月的活动时间细化成三个阶段，每个阶段根据需要适时地添加走班教学、社团活动、今日小任务、课间十分钟、自主午睡等活动内容。配合这些内容，还以各阶段为单位，罗列了各单位时间内，教师、家长、后勤人员、幼儿所需落实的工作内容和注意事项。

编制过程中，我们发现课程内容落实的途径越来越多元、丰富了，而每一个活动的出现、每一个活动形式的积累，都是有迹可循的，都是必须的，都能体现活动的价值。

### 三、历经变化学会思辨

1. 共创而非"单枪匹马"。

在幼儿园课程内容编制的过程中,我们深刻地体会到,全园教师共同参与的重要性。以园长和课程项目负责人为首,由各园区的保教主任、园内名师、部分骨干教师组合而成的课程编制小组,是课程编制的核心;每个园区的部门教研组是课程研究的主要阵地,各学段的年级组是课程实施的桥梁;而根据教师专业能力划分的分层项目组是课程提升的熔炉。每位教师共同参与到课程内容的编制和实践中,成果不仅汇集了大家的智慧,更为每位教师所理解、接受,使实施过程张弛有度。

2. 整合而非"随意拼凑"。

幼儿园课程内容的编制,并非简单的搜集和累加。它需要根据课程目标的定位,在编制完善的过程中不断地加以整合。主题中的"重点关注"是课程目标的具体落实,各活动内容则应围绕"重点关注"细化展开,各类活动形式则是活动内容的具体落实途径。环环相扣、相依相存,缺一不可,其中的"度"和"量"的结合是有章可循、有机整合的。

3. 发展而非"一成不变"。

研究告诉我们,幼儿园课程内容的编制是一个长期的工程,它需要逐年研制、总结、评价、反思和改进,过程中应该呈现出螺旋型上升的趋势。具体来说:首先,我们要吃透当前教育改革,尤其是学前教育改革所倡导的教育理念,在课程建设与课程实施的长远规划中彰显社会意义和发展价值。其次,要洞悉教育方针和政策法规的更新,以全体幼儿基本素质的全面发展为实施课程的首要任务,及时、有效地贯彻并落实。在不断发展深化的过程中,我们还会遇到许多的新问题、新挑战,相信只要不断调整思维模式,立足本园,敢于创新,一定会走出一条适合自己的发展之路。

## 教师参考用书(教材)的园本化

教材的园本化是指幼儿园以《上海市学前教育参考用书》(教材)为操作平台,根据幼儿园自身的资源、条件和幼儿特点等各方面情况,把已有的游戏、学习、运动和生活四类活动,通过选择、调整、补充等方式使教材内容更适合幼儿园和幼儿的实际情况,也就是充分利用园内外的各种教育资源所进行的课程选择、课程生成和课程重组的相关调整新教材内容的活动。教材园本化实施的意义在于使地方教材内容更适合本幼儿园的实际。

上海市二期课改以来,幼儿园都积极组织教师研读新教材,实施新教材,在幼儿园课程实施方案中,把上海市的新教材作为幼儿园的主流教材进行落实,并已形成了教材实施的千姿百态,为个性化实施新教材迈出了坚实的一步。当然,教材园本化是一个不断完善的过程,没有最好,只有更好。在新教材实施推进的过程中,我们了解到幼儿园当前的教材园本化的现状,发现幼儿园还存在一些困惑和问题,而这些困惑和问题也阻碍着新教材的有效实施。

## 一、现有的问题

### 问题1
**园本化与新教材的特征欠吻合,教材处理偏离教材的总体框架和实施要求。**

新教材在总体理念一致的情况下,四类活动的教材是具有不同特性的。如《学习活动》作为上海市学前教育教师参考用书,它的鲜明特点是注重幼儿发展和教育活动具有低结构性。教育活动内容体现为一种选择和生成的方式,以及各种课程资源相辅相成而形成支持系统。如果幼儿园没有很好地把握新教参的使用特点,在教材园本化处理过程中就会出现原有的高结构化的处理方式。例如,从教材中抽取与原学科教学内容相一致的材料,构建过程中忽视幼儿的情感体验、行为养成、经验积累等过程性内容。

新教材过程模式课程编制的方式,既给幼儿园教材园本化提供了很大的空间,同时也给幼儿园带来较大的挑战。有的幼儿园和教师在选择内容时不够严谨,主要表现在对熟悉的、顺手的内容纳入园本教材,对于不熟悉的内容往往采取躲避、跳过或绕过的方法,对于实施起来有困难的内容就剔除;有的活动安排上只有集体教学活动内容,很少安排其他相关活动,致使在新教材的园本化中削弱了新教材实施的要求和追求的活动价值。幼儿园教师如果没有真正理解教材的总体框架,就着手对教材进行园本化处理,园本化教材内容的整体架构会发生窄化、弱化、偏化、拔高等现象,"随意化"替代了"园本化",这是对教材处理不够严谨和慎重的态度。还有的从成人的组织管理出发,随意改动实施要求,忽视幼儿必须经历学习的内容与过程。例如:运动教材实施要求各年龄段每学期应学习两套广播操,但很多幼儿园为了把中大班安排在一同做操,就随意改变教材实施要求,采用相同音乐,差异不明显的动作,把中班或大班的操节将就着对付,这意味着进入中班后到大班毕业就一首不变的音乐和变换不多的身体动作,使得幼儿的操节活动内容单一化,对幼儿的动作发展推进缺乏力度。

### 问题2
**不能适度处理幼儿学习的心理顺序和学科内容的逻辑顺序之间的关系。**

教材园本化处理过程中既要紧扣幼儿心理发展的规律,安排主题学习内容的顺序,在安排主题活动顺序时又要兼顾幼儿学习的学科逻辑顺序。这两者是交织在一起的,新教材实施中需要面对和处理这一对矛盾，这对幼儿园教师是一大挑战，教师在处理两者的关系时往往会顾此失彼。如有的关注主题活动发展的顺序而忽视学科学习的逻辑顺序，把隐含在教材中的体现学科逻辑要求的内容不加变动地随意安排，对于不同年龄段的要求不够清晰，导致经常出现先难后易或学科逻辑跳跃等不符合幼儿发展规律的问题。例如，小中大班结构材料、专用活动室内容与活动的形式如出一辙，相互之间缺乏年龄段的连接与推进；符合大班要求的课程内容出现在中班，或是适合小班要求的课程内容出现在中班活动中。

还有的只抓住学科领域内容的逻辑顺序，而弱化主题活动整合性的特点及思想情感内容的贯彻，内容安排貌似主题活动，实则还是分科教学，内容切入点仍会偏向以知识技能为核心，进行单线性的序列安排。

此外，从课程实施方案文本来看，幼儿园课程内容的结构性不强，序列性不明，包括四大板块各个方面的内容和不同年龄段的内容有雷同的现象。例如不同年龄段运动的内容形式基本趋同，运动中的走、跑、跳、爬等内容的活动要求、活动形式、器械运用上各年龄段差异不大，活动的形式要求不能体现对各年龄段有别的安排。

分析以上的原因主要有：对幼儿发展的阶段性特点不够明确，年龄段关键经验的基础把握上有困惑；课程内容在横向联系上较为密切，但从纵向角度看，活动缺少逻辑性，内容的前后存在割裂现象，导致内容要求之间互高忽低，缺乏整体性的思考与科学合理的序列性。再者，内容选取标准的不一致，有的是从幼儿的主要活动形态（生活活动、运动、游戏活动和学习活动）来选取内容，有的则是从幼儿学习与发展的领域（例如健康、语言、社会、科学等）来选取，还有的是从幼儿活动的空间（园内、园外社会实践）来选取。这种多重分类但不加整合的方式，不断叠加地进行选择，导致课程内容庞杂和要求重复，缺乏有序的递进性。

## 问题3
**园本化的教材内容安排、规定过于划一。**

在教材使用园本化的安排过程中，幼儿园也往往会难逃"不抓就乱，一抓就死"的魔咒，在规定性与灵活性的关系处理上把握不定。

有的幼儿园片面理解所谓80%的规定，在使用新教材过程中形成划一的、刻板的固定内容与模式，给予教师生成与调适的空间过小，教师只满足于依样画葫芦。另一种极端是放手让教师去做，但是缺乏支持性措施，使教师有生成的意愿，无着手的能力。幼儿园要处理好规定、规范与灵活、生成的关系，的确面临很大的难度，就如芷江中路幼儿园的分析："一是理论尚未融入实践。教师们接受新词汇、新说法很容易，然而，当真正去实践这些说法，践行背后更深层次的理念时，遇到的困难往往让教师们束手无策。"

## 二、改进策略

**1. 把握新教材基本框架,做到万变不离其"宗"。**

幼儿园园本化处理教材内容时,不能只顾埋头拉车,停留在以往经验中,而是要学习理解新教材,确立与新教材编写原则一致的思考点去审视教材,理解内涵,把握其核心要素,这样才能在变化之中不迷失方向。无论什么类型的幼儿园,无论怎样的环境条件,我们在教材园本化时,都要善于把握住教材的宗旨和特征。新教材中的活动内容都有其倾向性的价值,只有抓住导向性的宗旨,才能高屋建瓴。

首先,幼儿园要把握整套教材的基本框架,包括横向之间的总体内容与要求以及相互之间的内在联系,纵向不同年龄阶段的具体要求和衔接点。要克服带什么年龄段幼儿就只编这一个年龄段的内容,只管该年龄班某个主题内容的倾向,就像瞎子摸象,缺乏对课程实施整体的把握。

就《学习活动》参考书而言,幼儿园要梳理主题脉络,把握主题内在联系,理顺三个年龄段不同的主题活动内容与要求,从中把握这些内容所内含的儿童年龄特点。

教参中共有 44 个主题,其中大班 8 个,中班 16 个,小班 20 个。选择这些主题的依据就是与幼儿生活最贴近的社会与自然现象,这两部分的含量在教参中大致均等,不同年龄阶段的主题在纵向上有着十分密切的内在联系,结合不同年龄的特点逐步扩大视野,提高要求,螺旋式地来编制,见表 2-4-1。

表 2-4-1　三个年龄段主题活动内容与要求

| 大班主题 | 中班主题 | 小班主题 |
|---|---|---|
| 我是中国人<br>(首都天安门、欢腾的国庆、旅行去、多彩的民间艺术、了不起的中国人) | 我爱我家<br>周围的人 | 娃娃家<br>过年啦 |
| 有趣的水<br>(在海上在水边、会变的水、护水卫士) | 水真有用 | 好玩的水 |
| 我自己<br>(身体真有用、和影子捉迷藏、我和别人不一样) | 身体的秘密 | 小宝宝<br>学本领 |
| 有用的植物<br>(街心花园、绿色菜篮子、种植园、能保健和治病的植物) | 好吃的食物 | 苹果和橘子<br>小花园 |
| 我们的城市<br>(老房子新建筑、逛街、路边新鲜事、通畅的路、新式的车) | 我在马路边<br>交通工具 | 小司机<br>小医生<br>理发师<br>好听的声音 |

84

| 大班主题 | 中班主题 | 小班主题 |
|---|---|---|
| 春夏和秋冬<br>（会变的天气、四季轮换、四季的树和花） | 在秋天里<br>寒冷的冬天<br>春天来了<br>火辣辣的夏天 | 不怕冷<br>白天和黑夜<br>雨天<br>夏天真热啊 |
| 动物大世界<br>（不同的家园、千奇百怪、学来的本领、我和动物是朋友） | 在农场里<br>在动物园里 | 熊的故事<br>小兔乖乖<br>动物的花花衣 |
| 我要上小学<br>（我的小书包、参观小学、小课堂、毕业时刻） | 玩具总动员<br>常见的用具<br>幼儿园里朋友多 | 好朋友<br>我的幼儿园 |

幼儿园在了解主题内容所适合的儿童年龄特点的基础上，思考如何细化目标，了解选择这些主题的结构和内在联系。无论做哪一个主题，我们都可以从以上的表格中，找到适合不同年龄的内容与要求，发现它们的区别与联系。

例如"四季"：[①]

> 3—4岁内容与要求：感知冬季明显的季节特征，愿意参加暖和身体的活动。感知夏天明显的气候特征，乐意参加各种使身体凉爽的活动。
>
> 主要是通过各种感官去感知一些最明显的自然景象，积累一些经验。
>
> 4—5岁内容与要求：(1)秋天的季节特征，观察各种动植物的变化，(2)了解秋季人们如何收获农作物，乐意参加各种收获活动，体验收获的喜悦。此外，"寒冷的冬天"、"春天来了"、"火辣辣的夏天"和前边所描述的秋天的内容，主要着眼于将各种明显的自然现象归纳为春夏秋冬等概念。
>
> 5—6岁内容与要求：(1)比较四季的明显不同，初步了解四季轮换的顺序(2)感受季节的不断渐变，以及对人们生活的影响。
>
> 主要是在把握四季不同季节特征的基础上，进一步发现一些自然界不断轮换变化发展的规律。

有的幼儿园对教材内容不甚理解，在小班就教给幼儿季节的概念，由于幼儿无法领会，出现混淆春秋季节的现象。有的教师在大班没有引导幼儿去发现自然界不断变化的现象，缺乏在已有经验基础上的提升，幼儿仍然将许多自然界的现象视作固定不变的概念。以上都说明我们在教材使用中同一主题把握三个不同年龄段特点的重要性和必

---

① 摘自李慰宜的文章。

要性。

因此,对于学习教材在园本化编制过程中,首先要梳理主题脉络,把握主题建构的依据与内在联系,从而搭建框架,克服执行中的盲目性和随意性。即使教参中涉及到教学活动实例中的具体目标,也需在进一步研读分析后,细化分解为更具体的目标。

除了学习活动外,生活活动、运动也是如此,例如,运动教材中规定运动的基本内容有体育器械运动、基本动作的活动、野趣活动、操节活动等,教材的园本化也必须在总体框架内拓展,充实、重组,保证园本化中教材的主流价值不变,主要内容不遗漏。比如城市花园幼儿园参照上海市二期课改的运动教材安排,本园增加的内容就是从教材的框架内容中派生出来的,形成较为完善的城市花园幼儿园各年龄段课程内容,具有独特性又不失整体性,见表2-4-2。

表2-4-2 各年龄段课程内容安排(运动)

| 中班基本活动内容 | |
|---|---|
| | • 动作模仿:能按音乐节奏,用有力量的动作来做动物模仿操和韵律操<br>• 操:徒手操 模仿操 轻器械操<br>• 各种变化的动作节律:模仿做连贯的有变化的动作 |
| 运<br><br>动 | • 基本动作:<br>走:能较协调地听信号变向、变速走。<br>跑:快跑、追逐跑、变速跑。<br>跳:从高处跳下(50厘米),直线两侧行进跳、单脚跳、障碍跳、跨跳、触摸跳。<br>爬:手脚着地爬、倒爬、攀爬。<br>投:肩上挥臂投。<br>钻:侧面团身钻。<br>抛:双手抛接球。<br>拍:会连续拍球20个以上。 |
| | • 能借助各种物品、体育器械进行运动。<br>物品:桌、椅、平衡木、竹梯、轮胎、纸箱、布袋、管道、棍棒、垫子。<br>体育器械:皮球、圈、绳、大球、滑梯、童车、高跷、滑板、爬网、绳梯。 |
| | • 方位:能听信号变化动作,判断上下、前后、左右的方位变化。<br>• 距离:能判断远近。 |
| | 野趣活动:喜欢在大自然中活动,会玩沙,玩水及参加远足活动。 |
| | • 安全:<br>能对运动环境变化作出反应,在野外活动不远离成人,有避让危险物的意识。<br>能避免与同伴发生身体碰撞。 |

——城市花园幼儿园

其次,在建构内容时,必须要理解教材内容与要求的基本涵盖面,了解和研读教材中每一类课程所蕴涵的特定功能与作用,发挥出教材中各类课程应有的价值,成为实现幼儿园课程目标的重要内容载体。幼儿园只有在此基础上进行教材的园本化、建构园本内容,才能保证儿童各方面整体的、和谐的、全面的、有序的发展。例如:

了解和把握了幼儿园课程及组成课程的各类教育教学活动的特定功能，将它们作为课程的内容和实施培养目标的途径，就能承载起"接触多元文化，萌发审美情趣"、"初步形成文明卫生的生活习惯，独立自信地做力所能及的事，有初步的责任感"、"初步了解共同生活做必须的规则，体验并认识人与人相互关爱与写作的重要和快乐"等课程目标的重任。

——虹口区第三中心幼儿园

**2. 抓住主干，寻找幼儿心理发展逻辑与学科领域逻辑顺序的有机结合点。**

新教材的编写原则主要是依照3—6岁幼儿的心理发展顺序呈现课程内容的，强调儿童的学习兴趣、需要和能力等发展特点，在各种内容之间建立一定的联系，适当兼顾学科的逻辑顺序。

在二期课改初期，在试图摒弃分科教学模式的弊端时，部分教师会将主题活动与学科领域相对立，认为这是非此即彼的两种课程模式。经过不断实践，大家才逐渐认识到两者并不是对立的，我们摒弃的是以学科知识技能为中心的分科教学模式，而不是忽视或取消幼儿学习的领域。虽然教材的编写是按照幼儿的心理发展逻辑编排的，但这并不意味着新教材的实施一点都不关注学科的逻辑顺序，对教师而言，既要把握不同领域的要求，要重温或者理解学科本身的逻辑，更要将幼儿学习与发展的多个领域联系起来。开展主题活动可以在内容上使幼儿发展的不同领域自然地融合，做到各领域之间的互补和推动，使主题学习综合交错起到事半功倍的效果，减轻幼儿学习的负担，提高教育的效率。

在理出主题活动顺序的同时，也要理出教材中幼儿知识技能学习的序列，教材中每一主题的后面，都增加一组教学活动实例，教学活动案例涵盖了各领域的活动，力图做到领域之间的平衡，每一个案例都会涉及数个领域（即方块中的提示），又有所侧重，在案例的目标中对各领域不同年龄的要求都有比较清晰具体的表述。就教学活动实例而言，是从众多经过实践被认可的案例中按照典型性和普适性的原则选择的，就是这些案例基本上涵盖了不同领域，体现了对不同年龄幼儿的教育要求。

教材园本化中，幼儿园要保证各项内容在不同年龄班的适切性；要寻找到各个年龄阶段学习领域内容的关键经验，采用一定的形式将各种活动类型与活动项目组织起来，形成清晰的课程结构，这是教材园本化实施中幼儿园必定要做的规定动作。例如：

南京西路幼儿园探索幼儿在游戏课程中的关键经验，努力寻找各个年龄段适合的学习内容要求，使得各个年龄段课程内容，既有重点又是自然连续的过程，见表2－4－3。该园把不同年龄段学习活动的关键经验进行汇总、整理和分析，形成游戏课程学习活动的"关键经验",成为教师进行个别化学习材料设计和活动方案制定的准绳,简言之,显性的"可玩性"首先要服务于内隐的"关键经验"。不同年龄段幼儿的关键经验既是从课程角度检验学习有效性的标尺,更是搭建快乐的游戏体验过程和优化的学习方式、有效的学习结果之间的重要桥梁。依据这一标尺寻求游戏过程与学习结果的平衡是游戏课程"快乐玩,有效学"的关键之处和基本落脚点。

表 2 - 4 - 3  游戏课程各年龄幼儿关键经验汇总表(节选)

| 关键经验 | 内容示例 | 大 班 | 中 班 | 小 班 |
|---|---|---|---|---|
| 用各种感官主动感知周围事物的特征,比较事物的异同,发现事物之间的关系。 | 感知特征:物体的轻重、大小、形状、色彩、高矮、软硬、轻重、甜酸。 | 能比较 4 个以上物体的轻重、高矮、软硬等,并排序。认识一些立体图形。知道所有颜色都是三原色变出来的。初步具有比较距离远近的意识。 | 能区分 3 个以上物体的轻重、大小、高矮。知道两种颜色混合后会发生变化。认识一些新的图形,能根据已有的图形经验区分平面图形。 | 能感知 2—3 个有明显差异的物体的大小、轻重和高矮。能区分生活中常见的色彩和味道。认识一些常见的形状。 |
| | 发现关系:发现沉与浮、斜坡与速度、空气与燃烧、植物与阳光、水与温度的关系。 | 了解空气的主要特征。发现生活中的一些关系(沉与浮、斜坡与速度、空气与燃烧、阳光与植物、水与温度、影子与光等)。 | 能发现水和冰、水和植物、船的载重与安全的关系。能为生活中各种常见的事和物找联系。 | 能发现物体与影子、植物生长与雨水之间的关系。 |
| | 分类排序:按物体的特征、功用等进行分类,按一定规律排序。 | 能根据物体的特征进行"是"或"否"的分类。继续积累模式排序的经验。 | 能按物体的不同特征进行分类。有一些模式排列的经验。 | 能根据物体的一个明显特征进行分类。有 AB 模式排列经验。 |

——南京西路幼儿园

在主题活动内容架构中,幼儿园要把握领域的特质,梳理各领域不同年龄阶段的学习要求,只有抓住了幼儿学习的心理过程以及学科领域逻辑顺序,把握了横向与纵向之间的关系,然后才能根据幼儿园实际对具体内容进行横向与纵向的交织,形成有机的结合点。

当然在了解这些领域的逻辑关系之后,并不是要将这些内容显性化的、单线独进、一成不变的加以呈现,而是要与教材内容进行整合,而且最好是形成多项性的链接点。

寻找幼儿心理发展逻辑与学科领域逻辑顺序的有机结合点的方法一般有:

(1)运用主题活动的情景调节领域内容的深浅要求,使之在最佳的时段学习适合的内容。

(2)根据教材内容,结合观察幼儿的学习进程和发展的实际水平,适当增减学习内容,在实施流程中或者填补相关内容使学习过程更顺畅,或者浓缩学习进程,减少重复,使学习更有效。

(3)对一日活动中各种活动形态所呈现的内容要多角度的思考,发挥活动内容的多种功能和多元价值,贯穿于幼儿一日活动的各个环节中,体现全方位、全过程的有机结合,从有痕的结合走向无痕的整合。这是我们追求整合所要达到的最高境界。

**3. 内容编排有机组合,搭配多样灵活。**

为保证方案实施,要从文本到实施之间建立顺畅的通道,要给予不同教师选择课程内容的空间和余地。在安排内容时,切忌生搬教材内容,幼儿园要提供教师大致比较合理的内容框架,又要给予教师选择生成的空间,这样的操作形式既基本规定了教师执行和落实新教材的内容,又给予教师生成内容的一定指导,使教材园本化过程中不至于走向无规范,没有一点方向让教师去摸着石头过河,导致教师难以适应。例如:

> 虹口区第三中心幼儿园,通过园本课程结构的建立,避免教师根据个人爱好或习惯随意地选择课程内容,造成课程在实施中的片面或缺失,幼儿园制定了结构化的"课程菜单"。教师可以自由选择 A 套或 B 套内容开展教学活动,但是不论选哪一套,都有"亲近自然"和"接触社会"的内容,保证了《学习活动》课程的全面与平衡。在具有基本框架结构的主题学习中,幼儿学习探索的兴趣,认知、表达表现的能力等,都得到了与课程目标相一致的发展,教学效果得到了显著的提高。

**4. 与园本资源互动,以新教材为主线有机嵌入园本内容。**

当幼儿园的教材资源不足以表现幼儿园的课程特色时,如何使用幼儿园积累的,具有园本特色的内容呢?比较理想的处理方式是把它作为一种资源来利用,而不是作为一种固有的内容形态进行叠加。作为资源我们就要分析、整理,区分哪些内容是重复的、可以相互替换的,哪些内容追求的价值不一致需要修改、调整的,是部分运用还是全部运用,安排在怎样的活动背景下运用。例如崇明北门幼儿园在这方面积累了一定的经验。

该园将《运动》教材罗列的 80 种运动器械及幼儿园自制的一些乡土运动器材进行优化组合,提倡教师积极全面实施新教材,不遗漏不重复,全力优化现有的幼儿园各类运动器材,总结了运动器材优化组合的策略如下:

> ● 不同运动形式的组合:新教材共有 144 个基本动作运动和 80 种器材,我们可以灵活地进行优化组合。一是相同的器材与不同动作有效组合。如呼啦圈运动可以和"看谁不出圈"、"快速转圈"、"转身跳圈"、"钻移动圈"等游戏组合进行,使运动器材

更具魅力和吸引力。二是不同的器材与不同动作的有效组合。如一位教师组织的传统游戏写王字：第一步在平地上开展追逐跑，随后投放一定量的彩色垫板，让幼儿在一定的情境下进行跳跃动作的练习，最后挑战幼儿的平衡能力，让幼儿在四散的梅花桩（大小高低间隔不一）上进行追跑游戏，既增强了游戏的趣味性与挑战性，更是优化组合了幼儿多种运动经验，提升了运动能力。

● 不同游戏的有效组合。如中班的长臂人游戏可以和"看谁不出圈"游戏组合，幼儿既可以在游戏中找个圈暂停休息，又可以离开圈在追跑中尝试躲避长臂人，增加了游戏选择性、挑战性和趣味性。

● 相同功能器材的组合使用：鼓励幼儿调换不同器材有效推进某一种运动能力的提升。如幼儿园中常见的竹梯、梅花桩、平衡桥、走钢丝等器材都能帮助提升幼儿平衡能力，而枯燥单一的器械练习势必会影响幼儿运动的积极性，将此类相同功能的器材灵活组合，既满足了幼儿喜欢在新奇有变化的情境中锻炼的特点，又有效达成了预设的运动目标。

——北门幼儿园

## 三、观点与提示

教材园本化是幼儿园课程内容来源的主要渠道，幼儿园要将这一工作加以重视和研究。

**1. 教材园本化既要与新教材要求相符合，又要充分利用园本资源，凸显出本园的课程内容特色。**

教材园本化首先要在充分研读新教材结构和内容的基础上，梳理教材的核心理念和内容脉络，把握各类课程的性质特点和价值功能，这样，架构的课程内容才能科学合理，保证基础课程的有效实施和幼儿关键经验的预期获得，使课程内容科学合理。同时，教材园本化更应"以园为本"，立足于本园实际，特别是要充分开发利用本园独特的优势资源，将教材园本化成为表现幼儿园个性特点的过程。

**2. 教材园本化要成为全员参与的民主过程。**

幼儿园制定教材"园本化"的实施方案，绝不是几个人闭门造车的结果，一定要让全体教师参与全过程，幼儿园教材"园本化"的编制与实施就是与教师的具体课程实施情况进行充分互动的过程，使其成为提高教师课程选择设计与实施能力的过程。

**3. 教材园本化要成为幼儿园发挥自主课程设计与课程建设的过程。**

每所幼儿园的地域环境不同，周边资源不同，教师的专业能力层次不同，幼儿园的办园水平、办园经历、课程传统不同，家长背景构成不同，幼儿的生活背景差异较大。所以要用一成不变的内容、步调划一的方式强调课程内容的一致，只能使教材的运用成为形而上的摆设。真正的园本化落实只能是把教材为我所用，也是给予不同的幼儿园建构、选择符合本幼儿园实际的教材内容的更大自主权和更大的发展空间。

**4. 教材园本化要成为教师用好新教材、提高专业水平的持续发展过程。**

幼儿园必须从实际出发，尤其是要从教师的实际水平和专业能力出发，在对教师现状作全面分析、在与教师充分互动后，确定教材"园本化"实施的进程、推进的时间节点以及策略方法。做好过程中的同化与顺应的工作、规范与灵活的工作，既不能过于迁就，也不能操之过急；既不能管得过死，又不能放得过松。幼儿园可提供适当"拐杖"、采取针对措施，使教师逐步走进新教材，使教材的"园本化"过程成为教师可持续发展的过程，成为幼儿园课程不断调适和动态优化的过程。例如：

> 理解教材的精神实质，理解教材内涵是教材园本化的必经之路。我们拿到教材之后，首先要做的事情不是忙于选编，而先要完整地浏览，认真地阅读，全面地了解新教材的基本框架。引导教师走进教材，在逐步理解领悟的基础上实践使用，帮助教师逐步改变教学行为，改变原有的惯性思维，建立新的操作规范。
>
> ——长征新村幼儿园

教材的编写永远具有滞后性的特点，实施新教材绝不是照搬，在理解的基础上改变、充实、拓展是幼儿园教材"园本化"的根本宗旨。

（王爱明）

## 四、实践案例

案例 7　**课程教材的园本化研究**[①]

课程目标的分解、课程功能和教材结构的研究等，成为深化课程教材改革的重要课题，成为课程教材园本化建设的主要任务。

**一、分析课程功能与课程目标的内在关系**

幼儿园课程承载着落实培养目标或课程目标的重任。因此，对培养目标或课程目标的深入解读，对幼儿园各项课程的不同功能深入的了解和把握，是教材园本化的前提和首要任务。

---

[①] 案例 7 由虹口区第三中心幼儿园撰写。

课程功能是课程内容所能发挥的教育作用,如:美术、音乐活动是幼儿通过欣赏美、表达表现美、创造美的活动,因此,具有萌发审美情趣的功能;生活活动,通过做生活中力所能及的事,幼儿不断体验自己的能力以及形成习惯,具有培养习惯和自信心以及初步责任感的功能;角色游戏是幼儿通过扮演社会角色、共同开展的象征性活动,所以具有促进交往、理解规则、体验合作意义的社会化功能。

了解和把握幼儿园课程及组成课程的各类教育教学活动的特定功能,将它们作为课程的内容和实施培养目标的途径,就能承载起"接触多元文化,萌发审美情趣"、"初步形成文明卫生的生活习惯,独立自信地做力所能及的事,有初步的责任感"、"初步了解共同生活必须的规则,体验并认识人与人相互关爱与协作的重要和快乐"等课程目标的重任。

### 二、初步架构合理的、可选择的课程教材结构

课程内容的选择,课程结构的组成必须科学合理,为此,我们在教材园本化中,主要关注以下几点。

首先,应根据培养目标或课程目标选择内容。《纲要》和《课程指南》的六条培养目标(幼儿发展目标),从面向全体、全面发展的角度规划了现代幼儿的发展方向,代表了国家和社会的要求,以及幼儿发展的基本规律,是课程内容选择的科学依据。其次,课程结构的组成,要注意其完整性,能全面实施国家的培养目标,不得以偏盖全,不得以某项特色活动取代全面发展的课程内容,否则,将不能有效地实施国家的培养目标,并造成课程功能的偏废。再次,课程内各项教育活动的功能与培养目标的要求应相一致,即确保课程结构中的内容成为实施目标的途径、实现目标的载体。如,根据角色游戏的功能,将其作为实施"初步了解共同生活做必须的规则,体验并认识人与人相互关爱与写作的重要和快乐"培养目标的内容和途径;根据学习活动的功能,将其作为实施"亲近自然、接触社会,初步了解人与环境的依存关系,有认识和探索的兴趣"培养目标的内容和途径;根据表演游戏的功能,将其作为实施"接触多元文化,发现和感受生活中的美,萌发审美情趣"培养目标的内容和途径。

通过园本课程结构的建立,避免了以往教材园本中内容选择的随意性。随意性是指教师在制定学期计划、选择教育活动内容时,根据个人爱好或习惯随意地选择,造成课程内容在实施中的片面或缺失。如,有的教师对自然现象颇感兴趣,在学习主题中频繁选择"亲近自然"的主题,使幼儿缺乏"接触社会"的教育;有的教师在生活活动中开展了许多"自理生活"的活动,缺乏对"共同生活"的引导,使幼儿在自我意识、交往能力发展水平上欠缺。

为规范教师课程内容选择的行为,又保证教师的个性及自主性的发挥,我园课程领导小组为教师制定了结构化的"课程菜单",给教师提供可选择的课程结构与内容。如,将

《学习活动》课程内"亲近自然"和"接触社会"两大系列内容，互相搭配，制定成 A、B 两套主题系列，教师可以自由选择 A 套或 B 套内容开展教学活动，但是不论选哪一套，都有"亲近自然"和"接触社会"的内容，保证了《学习活动》课程的全面与平衡，避免了《学习活动》课程实施中可能出现的随意性。又如，我们根据《生活活动》课程的目标，将课程内容分类整理，形成了"自理生活"、"共同生活"、"安全生活"、"文明生活"四个系列的内容与要求，方便教师在制定学期计划时平衡地选择生活课程的内容，避免了《生活活动》课程内容选择和课程实施中可能出现的随意和偏废，保证幼儿获得完整的生活教育与生活能力的发展。

从园本课程结构出发，在确定和落实课程内容时，还要克服课程实施中的简单化，提高教育教学效果。简单化是指教师在教材园本化及课程实施中，对教材内容未开展应有的研读与调整，简单地照搬教材，教育活动缺乏应有的情境、活动材料和科学的探究过程，造成教学效果的低下。因此，需要进一步根据教学内容的不同领域特点，研究每个主题的内部结构。如，我们根据科学探究主题的特点，把主题活动分为三个阶段。第一阶段的重点是提供资源，组织幼儿参观、访问、观察活动，发展幼儿的观察能力。第二阶段的重点是引导幼儿探究事物的特点和关系，培养幼儿思维的能力。第三阶段的重点是各类艺术活动，培养幼儿表达表现的能力。如，中班"动物园"主题，第一阶段组织幼儿参观动物园，观看各种图书、录象，幼儿接触了各种动物，引起了兴趣也产生了许多好奇的问题，为深入探究打下了基础；第二阶段选择了一些动物，开展深入的探究，幼儿了解了部分动物的特征、以及动物与环境的依存关系，他们的各种疑问得到了解答，认知和思维获得了发展；第三阶段幼儿主动地参与到建构、表演等对动物的表达表现中，开展创造性的表现。在结构化的主题学习中，幼儿学习探索的兴趣、认知、表达表现的能力等，都得到了与课程目标相一致的发展，教学效果得到了显著的提高。

**三、开发利用资源，实现课程内容的开放与整合，建立动态的教材园本化建设机制**

1. 课程内容的开放性

幼儿园课程是开放的，教材内容可以根据幼儿生活、周围环境，以及课程的核心价值，不断吸取与调整，由此形成不断充实、完善的课程动态建设机制。课程内容开放的目的是使教材与时俱进，富有时代气息，使教师通过开发与培养目标相一致的课程内容，更深入地理解并实施培养目标。

周围环境和幼儿生活是课程内容开放性、课程教材动态建设的资源。如，从个别班级开展"聊天"、"听新闻"、"天气预报"等活动取得良好效果，逐步形成"交流社会生活信息"、"好奇和探究自然现象"、"发展表达与倾听能力"等要求，到教研组研究形成该主题的目标网络，最后"聊天"、"听新闻"等活动被纳入"亲近自然、接触社会"培养目标下的拓展型主题。又如，小舞台表演游戏中，教师们经常吸收幼儿在生活中欣赏并模仿喜欢的艺术表演形式,形成了各班五彩纷呈的表演游戏内容。再如,根据运动新闻设计"刘翔跨栏"、"姚明投篮"等运动内容,充实运动课程内容。

教材内容的开放,能使教师通过深入研读、理解课程目标,具有对与课程目标相关的生活内容的敏感性,及时将环境、生活中有价值的内容吸取、充实到课程中,设计组合成与时俱进、富有时代生命力的课程,使教师真正成为课程建设的主体力量。

2. 课程内容的整合性

幼儿园课程内容是系统性的,各种教育活动之间相互作用和互相渗透,教材园本化要善于从不同角度切入课程目标,运用多种方式和方法,发挥课程的整体效应。如,目标"独立自信地做力所能及的事,有初步的责任感",实现这一目标的课程内容既有生活中幼儿学习自理自己的生活,开展简单的劳动,也有在学习、游戏中幼儿运用劳动的技能,开展整理学习用品,制作游戏材料等。围绕生活教育的目标,幼儿可从各个角度体验自理、劳动创造的价值,带来自信感受,最终形成做力所能及事的自信心和初步责任感。又如,目标"初步了解并遵守共同生活必须的规则,体验并认识人与人相互关爱与协作的重要与快乐",可以渗透在角色游戏、主题活动等不同途径中加以落实。在角色游戏中,幼儿通过制定游戏规则、解决交往中的矛盾,达到合作游戏的目的,理解规则对于共同生活的意义;在拓展性主题"聊天"活动中,幼儿表达自己并倾听他人的生活经验,了解了许多社会信息,还成功利用信息,和父母一起游玩了"桃花节"、虹口新开的"龙之梦"商场等,体验到人与人交流的快乐。不同的途径和活动都促进幼儿的交往,使幼儿感受到关爱与协作的重要与快乐。

课程内容之间的整合,是幼儿经验的自然整合,是多种活动经验自然地整合在共同的目标价值中,使课程目标更有效地达成。因此,课程的整合并不是那种刻意地将各种活动叠加在一节课中,这种所谓的"整合",只会将幼儿的经验割裂,而于幼儿经验的获得与整合无益。

3. 动态的课程教材园本化建设机制

课程内容的开放与整合,形成了教材园本化中课程动态建设的机制。园长作为课程建设的责任人,肩负制定课程实施方案,架构课程结构,把握课程发展方向和课程功能价值判断的责任;课程领导小组承担反馈课程实施中的成绩与问题,讨论制定教材园本化和教育教学实施计划的任务;教师承担理解课程目标,使用和调整教材、充实园本课程教材和资源的任务;教研组承担研究教材园本化实践、课程实施方法、评估教育教学效果的任务。

总之,幼儿园课程领导小组、园长、教研组、教师各司其职,形成了课程教材园本化过程中的课程建设、实施、评估的动态工作机制,保证着我园园本课程的持续发展,不断完善。

**案例 8**　　基于问题解决的《学习活动》教材园本化的实施策略[①]

在实践中,教师们对新教材的使用,并没有很高的热情,在具体的实施中,畏难情绪严重,特别当我们走向课程园本化之路时,教师们更感到无从入手。

**一、《学习活动》教材园本化及实施过程中存在的问题及原因**

从 2009 年开始,我们开始了新的一轮的教材园本化工作。对于教师的畏难情绪,我们认为主要还是要抓住问题的关键点,分析解决,才能保证这一轮课程编制的成功。

首先,我们对我园教师的现状,做了一个全面的分析,见表 2 - 4 - 4。

表 2 - 4 - 4　师资情况分析

| | |
|---|---|
| 教师年龄结构与课程知识 | 老教师多,教龄大,这个年龄段教师对整合课程模式,没有什么理论基础。 |
| 教师课程理念与课程设计能力 | 随着课程改革的不断深化,教师能够在活动中体现一些先进的思想和理念,比如注重幼儿的经验、最近发展区和自主发展等等。但这些理念,多局限在设计集体活动上,对整体的课程设计,就显得力不从心了。 |
| 教师能力结构 | 绝大多数教师是园区层面的骨干教师,有一定的实践经验和实践基础,但是缺乏区级层面的拔尖教师。 |

从以上的情况分析中,我们认识到:正因为课程编制与设计的高要求和现实教师队伍状况的落差,导致了教师在教材园本化过程中的畏难情绪,具体表现出两大问题:

1. 不看教材:表现为不想翻书、不去看书、不爱用书。

2. 三个不会:(1) 不会整合:对整合的概念不太清晰。(2) 不会衔接:主题中的活动需要统筹安排,各年龄段教师之间缺乏相互沟通的机制。(3) 不会融合:当主题中需融合家庭、社区等各类资源时,缺乏有效的手段和策略。对我园的园本感恩课程的融入,感到困难和困惑。

这些问题的出现,说明本园老一套的课程实施模式,已经不能适应新发展的需要,为此,我们制定了以下"三步走"的措施,引领教师进行《学习活动》教材的园本化。

**二、"三步走"帮助教师解读教材,运用教材,用好教材**

第一步:通过多种形式的活动帮助教师熟悉新教材

组织教师听专家的讲座,看优秀的活动,讲使用《学习活动》的心得,形式多样的活动慢慢让老师开始熟悉教材。特别是规定了使用教材,让教师真正走进了文本,走进了教材园本化的行列。

第二步:整合骨干力量帮助教师明晰教材内容

---

[①]　案例 8 由宝山区长征新村幼儿园何小晏、吴晓清执笔。

针对教师教材园本化使用中的"三不会"情况,我们整合骨干力量,制定了帮助教师明晰教材内容的具体操作办法,即:通过对表格的填写,明晰内容体系和领域特质,难易程度,整合资源分析等。表格一目了然,让教师了解学习主题下集体、个别活动的具体内容,所指向的核心领域,实施中的难易程度,以及需要准备的前期经验、材料与资源等。如以中班"在秋天"主题为例,见表2-4-5。

表2-4-5 中班"在秋天"

| 主题名称 | | 集 体 活 动 | | | 区 角 活 动 | | |
|---|---|---|---|---|---|---|---|
| 在秋天 | | 活动点 | 操作难易 | 领域分析 | 活动点 | 操作难易 | 领域分析 |
| 秋天的树叶 | 拾落叶 | 散文《树叶》 | ★ | | 树叶黏贴 | ★ | 美术 |
| | 小黄叶变颜色 | 故事《小黄叶变颜色》 | ★ | | 树叶涂颜色 | ★ | 美术 |
| | 扫落叶 | 歌曲《秋天》 | ★ | 音乐 | | | |
| | 采松果 | 观察松果,品尝松仁<br>歌曲《小松鼠采松果》 | ▲<br>★ | 音乐 | 松果涂色做挂件 | ▲ | 美术 |
| 秋虫的歌 | 饲养昆虫 | 歌曲《小蝈蝈》 | | 音乐 | 饲养昆虫 | ▲ | |
| | 昆虫的聚会 | 创编昆虫儿歌 | ★ | 语言 | 纸筒模仿昆虫声音<br>图中区分昆虫种类并数数 | ※ | 艺术<br>数学 |
| | 小瓢虫 | 点数数字七星瓢虫<br>纸制瓢虫或泥做瓢虫(双正方形) | | 数学美术 | 区分瓢虫世界的害虫、益虫 | ▲ | 美术 |
| | 蜘蛛织网 | 数字卡蛛网<br>故事《好忙的蜘蛛》 | ▲<br>★ | 数学 | 寻找、观察蛛网 | ▲ | |
| 收庄稼 | 星期天去乡下 | | | | 参观农村 | ※ | |
| | 麦子和稻子 | 了解麦子和稻子<br>故事《稻子和麦子》 | ▲ | | | | |
| | 米和面 | 区别米和面<br>看图《好兄弟》<br>歌曲《鼓上的小米粒》<br>了解各种蔬菜特征 | ★<br>★<br>★ | 音乐美术 | 磨米粉 | ▲ | |
| | 蔬菜丰收 | | | | 参观菜场或菜园<br>泥工绘画表现各种蔬菜特征,布置蔬菜园区 | ※ | |
| 果子熟了 | 摘果子 | 锤趾小跑步《摘苹果》 | ★ | 音乐 | 去果园,分辨果树<br>收集橘子、果皮黏贴图画 | ※<br>▲ | |
| | 买水果篮 | | | | 买果篮 | ★ | 数学 |

| 主题名称 | | 集 体 活 动 | | | 区 角 活 动 | | |
|---|---|---|---|---|---|---|---|
| 在秋天 | | 活动点 | 操作难易 | 领域分析 | 活动点 | 操作难易 | 领域分析 |
| 果子熟了 | 水果品尝会 | 品尝水果 | ▲ | | | | |
| | 做果酱 | | | | 制作山楂等果酱 | ※ | |
| | 果核 | 观察果核，了解果核生长、大小、颜色等 | ▲ | 科学 | | | |
| 中秋时节 | 过中秋 | | | | 中秋环境布置 | ※ | |
| | 换秋装赏菊花 | 比较春秋服装的不同<br>观察菊花<br>数菊花的多少，排序 | ★<br>▲<br>▲ | 数学 | 用橘子皮黏菊花 | ▲ | 美术 |
| | 捉螃蟹 | | | | 手工制作"螃蟹" | ★ | 美术 |
| | 看月亮 | 欣赏歌曲《小月亮》 | ★ | 音乐 | 观察月亮由弯变圆的过程 | ※ | |
| | 吃月饼 | 想象月饼变成了什么<br>尝试分月饼分成一样大 | ▲ | 数学 | 分月饼 | ▲ | 数学 |
| 活动配合说明 | | 需参观果园、农场、菜场或菜园，准备各色菊花。<br>需购买松仁、螃蟹、月饼、人手一份的各色水果、石磨和米等物品。需厨房准备一些米面食品，录制一次做果酱的视频。<br>需收集橘子皮、螃蟹壳、开心果壳、松果等物品。<br>需和门房联系扫落叶的时间。<br>需和家长联系：观察月亮变化，带夏季和秋季衣服一件。收集饲养秋虫。 | | | | | |

★：教师能够进行独立完成。▲：需要学校有关方面配合，※：需要学校行政统一安排

经过表格细致地说明分析，老师们对主题有了底气，知道如何来选择活动、设计活动，课程的整合性和平衡性问题得到很大的改善。

**第三步：**形成课程框架，帮助自主选择教材内容

经过整合骨干力量填写表格内容，幼儿园形成主题课程框架和内容模块，在此基础上由教师自主地选择搭配课程内容。在主题课程框架的引领下，教师主题活动内容的选择既保证了规范性，又具有一定的灵活性，使活动内容与教师的实际水平更贴近，使教师更容易走进新教材，实施新课程。如：各年级组长对主题活动高低结构的内容分析后，进行归纳整理，将集体活动及区角活动的具体内容和各个领域类型进行总体均衡统筹编排，见下表2-4-6。

表2-4-6 教师主题活动内容编排

| 集体学习活动<br>自选范围 | 散文《树叶》 故事《小黄叶变颜色》 歌曲《秋天》<br>歌曲《小松鼠采松果》 美术《树叶涂色》<br>美术《秋虫》 美术《制作小瓢虫》(看图折双正方形等) 故事《好忙的蜘蛛》 数学《点数七星瓢虫》 数学《点数蛛网》 科学《好吃的蔬菜》《稻子和麦子》<br>歌曲《鼓上的小米粒》 故事《水果开大会》《有趣的果核》 数学《观察菊花》《菊花排排队》《分月饼》 |
|---|---|
| 区角活动自选范围 | 树叶涂色 区分昆虫种类并数数 区分瓢虫世界的害虫、益虫<br>纸制瓢虫或泥做瓢虫(双正方形) 买果篮 橘子、果皮黏贴图画等等 |

通过集体学习活动、区角活动模块的确立及模块下相关活动选择内容的罗列菜单,为解决新教材园本化中课程的平衡性,与各类资源的融合问题提供了一个可供操作的方法。这样的课程选择内容指引,鼓励教师自主选择教材,更能帮助教师用好教材。

针对二级幼儿园教师的能力结构和专业水平,我们在《学习活动》教材园本化中,尝试采用"三步走"的措施,帮助教师熟悉教材内容、明晰教材内容、自主选择教材内容,最终走近新教材,使用新教材及用好新教材。

从目前教师对《学习活动》教材内容选择的操作结果来看,以上方法的采用,成效是明显的,幼儿学习活动的价值开始显现,主题结构趋向合理,幼儿发展走向均衡,教师理念得到提升。

在今后的道路上,我们将对《学习活动》各个主题下的活动内容进行精细化的操作研究,努力实现最终目的:让教师走出书本教材框架,娴熟地运用课程理念,将主题活动开展得更加完美、有效。

# 第五节
## 如何规划与发展幼儿园的特色课程

幼儿园特色课程是立足于幼儿园的办园特色、课程历史背景和课程理念,以本园幼儿为本,依托在园幼儿、教师、家长、社区甚至园外课程专家的优势,在长期课程实践中开发、探索、积淀和形成的,能反映幼儿园与众不同的特点,并已在一定范围内得到认可和好评的独特的、稳定的课程体系。幼儿园特色课程从本质而言,具有区别于其他幼儿园的独特品质,从而可彰显幼儿园的个性。

伴随课程改革的进程,一所幼儿园在确保共同性课程规范有效实施的基础上,在幼儿园师资各方面条件允许的情况下,结合自身实际规划与发展特色课程具有顺应政策和现实发展的双重意义。首先,国家、地方、学校三级课程管理政策的实行,要求增强课程对地方、幼儿园及幼儿的适应性,而特色课程是幼儿园主动面对教育改革政策变化的课程建设行为,能满足幼儿园及幼儿的实际发展需求。同时,课程建设是教育教学改革的永恒话题,在追求教育内涵发展的大背景下,幼儿园特色课程的规划与建设,是形成办园特色的主渠道,能促进幼儿园特色的形成,并成为幼儿园核心竞争力的根本体现。幼儿园紧跟时代的步伐,构建与时俱进的有个性、有目标、有创新的特色课程,可彰显幼儿园的独特性,推动幼儿园的可持续发展。与此同时,如何科学地规划特色课程、有序地发展特色课程,在当今的课程改革背景下就具有十分重要的意义。

## 一、现有的问题

目前,在课程的三级管理和课程园本化的大背景下,各级各类幼儿园在观念上十分重视确立办园特色,并结合日常教育实践纷纷开展了特色课程的规划和建设工作,以体现出幼儿园的独特个性,彰显幼儿园的特色。一些幼儿园在实践中经过长期积淀,也逐渐形成了一些具有自主特色、在市、区具有一定影响力的特色课程。但透过特色课程建设的热点,我们发现幼儿园在特色课程的规划和发展方面,还存在一些问题。

**问题 1**

**办园特色与课程特色、特色活动与特色课程在现实中有一定程度的混淆。**

办园特色不等同于课程特色,但办园特色和特色课程又是一对联系非常紧密的字眼,幼儿园往往需要根据办园特色来规划和开发相应的能反映办园特色的课程。因此,特色课程是办园特色的重要体现,特色课程的规划与发展是办园特色建设的核心内容。但在幼儿园课程实施方案中,办园特色和课程特色在实践中常常被混淆,在方案的文字描述中,对课程特色与办园特色的区分度还不够。如某园的办园特色是"家长参与幼儿园教育",但课程特色就不一定直接引用"家长参与幼儿园教育",而且现有的课程类型很难直接反映"家长参与幼儿园教育"这一特色,幼儿园需要将办园的特色转化,承载在某一类课程上,如形成"家园合作的幼儿生命教育课程"来反映幼儿园家长参与教育的办园特色。

此外,在幼儿园课程实施方案中,特色活动和特色课程在实践中也常常被混淆。特色活动相对特色课程而言,还处于比较初级零散的状态,尚没有形成稳定系统的课程体系,而特色课程则相对具有比较固定完整的课程形态,两者在性质上具有一定的差异。幼儿园课程实施方案中,有幼儿园将形成的特色活动视为特色课程的现象。如有幼儿园入园对象多为城乡结合部的农村幼儿,为开拓来自农村幼儿的视野、丰富幼儿的社会生活经验,幼儿园专门设置了"幼儿社会实践活动",但在实施方案中,将社会实践活动表述为特色课程。

造成以上问题的原因之一是幼儿园管理者对特色内涵的认识、对特色课程性质的把握还不够清晰。

**问题 2**

**特色课程规划与发展的出发点未完全立足于幼儿的实际需要和幼儿园的课程历史。**

在幼儿园特色课程的规划中,我们发现还不乏偏向幼儿知识和技能培训的课程内容,如英语、珠心算、识字等课程,课程的内容难度过大,超出了幼儿发展的实际水平。同时,特色课程的实施中注重知识技能的传授,未考虑幼儿的身心发展水平现状和可接受性,如结构游戏课程实施过于注重结果和幼儿的结构成果而非游戏过程;过于注重幼儿作品的模拟而非创造想象。由此,特色课程建设的出发点和特色课程的实施,从课程价值取向而言,还存在知识本位的价值观,即追求幼儿学业知识和技能的获得,忽视幼儿身心发展水平和实际需要的特色课程价值倾向。分析其主要原因可能是幼儿园在特色课程价值取向上本身所存在的不科学性,在特色课程规划与发展未坚持"幼儿发展为本"的理念。除此之外,更主要的幼儿园特色课程的规划与发展还受到很多客观因素的影响和左右,包括社会上存在的"应试"教育在低幼年龄阶段的蔓延,包括家长的从众、攀比和虚荣心理造成幼儿园特色课程在知识技能要求上的倾斜拔高和在实施手段上的模仿训练等现象。

同时,幼儿园特色课程的规划缘由涉及的因素纷繁复杂,有新园长上任后从原幼儿园植入的特色,有园管理者意外获得的资源渠道而一时发起的特色,有为标新立异而规划的特色,也不乏对当前流行课程的崇尚和模仿而形成的特色等。从特色课程产生与确定时的各种复杂因素可见,其主要是由于幼儿园在特色课程的规划时还未真正从本园原有的课程基础出发,没有考虑幼儿园自身的课程历史和背景。

### 问题 3
**规划的特色课程内容过于繁杂,与幼儿园的课程理念及课程目标不相符合。**

幼儿园特色课程规划时,其内容规划没有以本园的课程理念和课程目标为核心,多根据幼儿园主观意愿选择和设计特色课程内容,将特色课程内容简单堆砌。因此,不可避免地造成特色课程内容过于繁杂,与幼儿园的课程理念和课程目标不相符合。例如:

> 特色课程:主要包括艺术特色课程、早期阅读特色课程,还有乡土资源利用的特色课程。

幼儿园的特色课程内容体系十分丰富,但各特色内容之间缺乏主线索。主要原因可能是幼儿园一味"跟风"而引入时下流行的特色课程,更主要的是幼儿园没有认识到特色课程是对幼儿园课程理念与目标的直接反映,在规划特色课程内容时,没有结合课程实施方案中所表述的课程理念及目标的价值追求及内容性质,没有在幼儿园课程的理念及目标的直接导引下进行。

### 问题 4
**特色课程的发展在幼儿园课程管理中没有相应的组织机构和机制得以保障。**

相比特色课程的规划,幼儿园对特色课程的发展显得不够重视。在特色课程规划时,幼儿园会开展文献调查、现状调研、专家咨询等各方面工作,在了解特色课程的价值、意义及可行性的基础上,着手特色课程的开发。但一旦特色课程确立后,幼儿园对于特色课程如何根据幼儿园课程改革的精神、幼儿园硬件和软件条件的变化及幼儿发展需求的变化进行相应的动态调整和发展,这方面的关注幼儿园则显得较为薄弱。从方案文本看来,幼儿园课程管理部分发现,幼儿园没有专门成立特色课程发展的组织机构,没有建立相关的促进特色课程发展的措施、制度等,特色课程持续发展和完善的保障机制没有形成。

## 二、改进策略

基于以上的一些问题,我们提出以下的改进策略。

**1. 特色课程的规划要注重幼儿园课程的历史基础,并以幼儿的整体发展为出发点和归宿。**

幼儿园特色课程是在园本课程开发过程中,基于幼儿园原有课程历史,并适当挖掘幼儿园的环境资源,利用本园教师的专业综合素质,在幼儿园内部逐渐形成的一整套课程体系,特色课程的形成需要经过幼儿园的长期研究、实践与积淀。因此,特色课程必须要有一定的根基,即规划特色课程时必须考虑幼儿园原有的课程历史和课程基础,考虑幼儿园已形成的课程的内容和特点,并注重发挥幼儿园长期稳定的优势资源。只有这样,幼儿园特色课程规划才会有坚实的基础,特色课程的发展才会有可持续性,而不会似昙花一现,只有短暂的生命力。例如:

> 幼儿园始终坚持"为了每一个孩子的自主健康发展"的办园宗旨,从五六十年代的"自主歌舞游戏"研究,到一期课改的"个性启蒙"和"可供选择的环境"的研究,到近几年的"社团—大舞台"活动,幼儿园在继承历史、传承传统的实践研究过程中,逐渐形成了以幼儿自主性品质培养为核心,以自主活动教育为特点的课程。在此基础上,我们又着手新一轮幼儿社团活动特色课程的建设。
>
> ——本溪路幼儿园

本溪路幼儿园幼儿社团活动特色课程的规划和建设充分基于幼儿园原有的课程历史,注重幼儿园课程前期的积淀,即充分考虑到了幼儿园在一期课改中形成的幼儿个性启蒙教育特色,以及二期课改中注重在幼儿自主性品质培养方面的课程基础。

此外,幼儿园特色课程的出发点要以本园幼儿为本,树立儿童本位的课程价值观,着眼于幼儿的全面和谐发展。因此,特色课程的规划与发展中,要始终树立以幼儿为本的理念,将促进幼儿的整体发展放在首位,而不能为发扬幼儿园课程特色而做出忽视、违背幼儿发展的规律和需要。为此,在具体规划时,幼儿园要从幼儿学习的特点和需要出发分析特色课程的价值和性质,根据幼儿的兴趣爱好和身心发展特点来设计并调整特色课程的具体内容和实施形式,使之符合启蒙性、生活化、游戏性和活动性等幼儿园课程自身的特点。如由于幼儿认知发展不够完善,以具体形象思维为主,因此,幼儿园课程内容应是浅显的,具有启蒙性,由此,特色课程内容的难度不能太高,程度不能太深,容量不能过大,否则有损幼儿身心的健康发展。例如:

　　长期以来,坚持将结构游戏作为我园特色课程有其重要的原因。一是结构游戏的操作性非常强,幼儿在动手构建的时候能够很好地落实"玩中学,玩中教,玩中求发展"的现代教育理念;二是结构游戏是一种可以促进幼儿多元智能发展的良好载体,有助于幼儿潜力开发,其游戏的性质不仅可以吸引幼儿的兴趣,同时有利于培养幼儿的空间、颜色知觉,语言表达,精细动作和社会性情绪等,这也是落实二期课改课程理念的有效途径。

——紫霞路幼儿园

　　由以上紫霞路幼儿园坚持其特色课程之路——结构游戏特色课程的缘由分析可以看出,该园在特色课程的规划和发展中,能够始终以尊重幼儿的学习特点为本,以促进幼儿的发展为最终目的,特色课程规划时出发的原点和到达的终点都体现了一种儿童本位的科学价值观。

**2. 明确特色课程的涵义,在形式与内涵上彰显幼儿园的特色。**

　　幼儿园在规划与建设特色课程中,还需要厘清与特色课程相关的概念,如办园特色、特色活动等,从而更好地明确特色课程的涵义和方向,更有效地建设特色课程。

　　办园特色是幼儿园在教育实践的基础上逐步形成的、并且得到社会广泛认可的独特的办学思想和办学模式,办园特色的建构更上位和宏观。幼儿园特色课程是幼儿园在追求办园特色背景下对课程规划与发展的需要,以反映出幼儿园课程与众不同的个性,从而同步反映出幼儿园的特色。其实,幼儿园的特色可以是环境创设上的特色,可以是管理上的特色,可以是办园理念上的特色,也可以是课程上的特色,然而,决定幼儿园的特色是否能够持续发展乃至进入更高水平的是幼儿园的特色课程。由此,特色课程能集中反映和体现幼儿园的办园特色,但又不完全等同于幼儿园的特色,幼儿园特色课程是幼儿园特色的一部分。在办园特色思想理念的指导下,幼儿园要善于将教育实践经验转化为课程,提炼总结特色课程开发和实践的思想及成果,逐渐形成特色课程。因此,特色课程是办园特色的下位概念,特色课程的规划与发展是在办园特色的框架指导下进行的。

　　特色活动是幼儿园开发和形成的课程体系中的某一种或几种与他园相区别的独特的教育活动;特色课程则是由一个个具体的特色活动组成的活动体系,往往在课程目标、内容、实施形式和评价方式等课程要素上形成了相对稳定的系统,具有一定的完整性。

　　幼儿园需要在比较分析上述相关概念中深刻把握特色课程的涵义,在此基础上,较为系统地、高位地来规划与发展幼儿园的特色课程。只有这样,才能在形式上和在内涵上彰显出幼儿园的办园特色和课程特色。三者间的关系参见下图2-5-1。

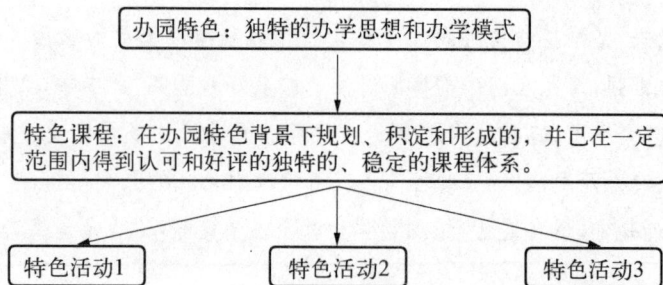

图 2-5-1　幼儿园特色课程相关概念图解

**3. 特色课程规划与发展要围绕幼儿园的课程理念和课程目标来进行,避免主观性。**

幼儿园特色课程规划和发展中,幼儿园需要在理念上明确特色课程的建设不是为了标新立异或追求时髦,不是源于一时的灵感或意外收获,而是围绕幼儿园的办园哲学、课程理念和课程目标所开展的一项课程建设系统工程。幼儿园在特色课程建设中,需要全面考虑课程的要素,其中课程内容的设置是一大核心要素,同时也是一大难点。幼儿园要明确特色课程的内容不能过于追求新颖性,不能一味迎合家长及社会的需求追求知识技能的传授,而是应该根据幼儿园课程实施方案中确立的总体课程理念或课程目标,来作为规划特色课程内容的思路和方向。

为此,特色课程内容的设置要紧扣幼儿园课程理念和课程目标,忌主观随意;特色课程内容的梳理也要围绕幼儿园课程理念和课程目标,做到不重复、不叠加,避免造成幼儿园课程内容的繁杂及课程的超载。

**4. 重视并建立保障特色课程可持续发展的机制,使特色课程日臻完善。**

幼儿园在观念和行动上既要重视对本园特色课程的规划,更要在特色课程开发过程中,重视对特色课程的管理。幼儿园要成立专门的特色课程规划与发展的组织机构,专人负责,成员分工协调,使特色课程的发展有组织保障。同时,幼儿园要建立相应的开发、审议、评价和调整特色课程的措施及制度,形成全面的、有效的特色课程保障机制,及时诊断、发现特色课程及实施中的问题与矛盾,并进行针对性的方案及实施的更新与调整,以促进特色课程日臻完善,有效推动幼儿的发展。例如:

近几年,我们一直使用"学情调研"作为对幼儿结构游戏情况的考察工具,通过定期对全园的特色课程进行学情调研,我们获得大量的数据,并对其进行分析,从实际现状出发,考察众多在课程实施中的影响因素,并将学情调研这一形式作为我园课程管理的辅助工具,推动整个特色课程的完善。未来,我们会将学情调研打造成幼儿园课程长效反馈机制之一,以数据说话,保障特色课程调整的科学性和实践性。

——紫霞路幼儿园

紫霞路幼儿园在十几年的特色课程开发中,特色课程一直处于动态调整和发展中,这主要得益于特色课程发展的保障机制的建立及运行。其中,最主要的是特色课程实施中的"学情调研"工作,通过学情调研的实证性数据来审议和评价,并调整结构游戏活动内容及活动形式。幼儿的学情调研在不定期开展,幼儿园的特色课程也在持续发展中。

## 三、观点与提示

总结以上对幼儿园特色课程规划与发展的阐述,幼儿园在规划与发展特色课程中,总体要注意以下方面的问题。

**1. 关注特色课程的价值意义。**

幼儿园特色课程的规划与建设应源于课程本身的价值分析,立足于课程满足幼儿需要、促进幼儿发展的本体性价值,而非社会价值。幼儿园应在分析特色课程本体价值意义的基础上,着手开展相应特色课程的规划和开发。

**2. 关注特色课程的独特品质。**

幼儿园特色课程首先必须姓"特",特色课程不同于共同性课程,其规划与发展本身就是立足于发扬和彰显幼儿园的课程品质和办园特色。幼儿园的特色课程具有区别于其他幼儿园的某一个或某几个方面的独特品质,可以彰显出幼儿园的个性,独特性是特色课程的重要特征,也是衡量幼儿园课程是否具有特色的一条重要指标。即使特色内容在同一课程领域范围内,如运动特色课程、早期阅读特色课程等,虽然特色课程名称一致,但也需要考虑本园特色课程区别于他园的独特性之所在。

因此,幼儿园特色课程规划与发展中,要思考课程区别于他园的个性特征,并注重特色课程目标的表述,以反映幼儿园独特的课程价值,体现幼儿园课程的个性特色和鲜明特点。

**3. 关注特色课程的基础性。**

幼儿园的特色课程不是自己标榜的,也不是某一个人或某一团体人为强加上去的,它必须得到社会和家长的广泛认可,并在一定范围内具有一定的影响和知名度。换言之,幼儿园特色课程的规划与发展一定是基于幼儿园的课程理念、幼儿园实际稳定的优势资源条件和幼儿园的课程历史基础上而进行的,是幼儿园在课程实践过程中自我建构的、需要经过长期研究和积淀逐步形成的稳定的、具有完整体系的个性化课程。因此,特色课程的规划与发展需要充分考虑幼儿园前期的课程基础。

**4. 关注特色课程的可行性。**

特色课程的建设应量力而行,规划中要重视利用幼儿园的优势资源或考虑幼儿发展需要的需求,要有开发的充足理由与实际意义。同时,幼儿园还需要在共同性课程全面有序落实和实施的基础上,着手进行特色课程的规划与建设工作。

**5. 关注特色课程的发展性。**

幼儿园特色课程的建设,需要发挥课程领导力,包括文化领导、人际领导、教育领导等;考虑采取各种有效的方法和措施,包括基础性调查研究手段、与特色课程有关的课题研究、多元主体参与评价和调整课程方案及实施的方式等,来不断促进特色课程方案及实施的完善和发展。

在全面关注以上问题的基础上,幼儿园在规划与发展特色课程时,可参考以下的操作建议。

**1. 在保证基础性课程实施的基础上,建设特色课程。**

幼儿园特色课程是在保证幼儿基本经验、促进幼儿基本发展的基础上,为满足幼儿个性化的发展需要及幼儿园个性化的办园特色而着手规划与建设的,幼儿园应在保证共同性课程建设和实施质量的前提下,进行特色课程的建设。

**2. 明确特色课程建设的依据,开展特色课程规划的科学决策。**

幼儿园需要明确特色课程建设的依据,对特色课程的规划作出相关决策,尽可能保证课程规划行为的正确性和科学性。幼儿园可依据政策、幼儿园课程理念、幼儿园实际及幼儿发展需要,把握幼儿园课程改革政策和理论导向,结合幼儿园环境和原有课程基础,分析特色课程的本体价值,在此基础上进行特色课程规划的各项决策,包括制定特色课程的目标、特色课程内容的设计并规定特色课程的实施及评价手段等。

**3. 结合幼儿园实际,因地制宜地开展特色课程的建设。**

特色课程建设最终要与幼儿园的实际紧密结合,彰显出幼儿园的办园特色。幼儿园要在科学规划决策的基础上,充分利用幼儿园的资源条件,包括各种硬件资源和软件资源,因地制宜地实施特色课程,反映幼儿园与众不同的个性特点。

**4. 建立不断完善特色课程的有效机制,以促进特色课程的可持续发展。**

特色课程的规划与建设并非一劳永逸,是一个需要在实践中不断完善的过程,因此,如何更加准确的把握特色课程建设的现状,对特色课程进行更加科学的完善,是课程领导的重要任务。由此,幼儿园需要不断审视特色课程建设中出现的问题,动态调整和优化特色课程。

为此,幼儿园需要不断定期开展各类调研工作,从幼儿、家长及教师的角度多方位了解特色课程建设与实施的信息;要坚持进行行动研究,及时发现特色课程实施中的问题;要注重发挥领导力,善于以教师为主体,并充分利用家长、社区及专家资源,调整幼儿园特色课程实施方案,包括结构、内容和实施形式,建构起特色课程调整与完善的机制。总之,幼儿园要善于将特色课程调整和完善的机制常态化,以更好地促进特色课程的可持续发展,最终实现促进幼儿和谐整体发展的幼儿园课程目标。

以上特色课程规划与发展的建议可参见图 2-5-2。

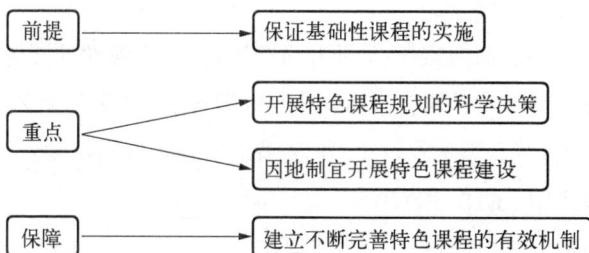

图 2-5-2　幼儿园特色课程规划与发展的操作图解

（高　敬）

## 四、实践案例

<table>
<tr><td>案例 9</td><td>基于"幼儿自主"的小社团艺术活动特色课程的实施与管理①</td></tr>
</table>

**一、小社团艺术活动课程的概况与背景**

上海市荷花池幼儿园是一所以艺术为特色的示范性幼儿园。小社团艺术活动课程是对基础课程中艺术领域课程的丰富和补充，是彰显我园艺术文化特色的课程。

小社团艺术活动是一种跨班级、跨年龄的幼儿自发组成的艺术活动社团形式。幼儿根据自己的兴趣、爱好和能力选择喜欢的艺术活动，组成小社团，同时自己计划制定社团"章程"，定期开展艺术活动，在提高幼儿艺术素养和艺术表现能力的同时，为幼儿提供了情感体验的机会，有利于幼儿交往能力和社会性情感的发展。

小社团艺术活动每周一次，每次时间 1—2 小时。活动内容有五大类，共十一个社团，详见表 2-5-1。

表 2-5-1　小社团艺术活动内容

| 类型 | 音　乐 | | 美　　　术 | | | | | 舞蹈 | 文　学 | | 体育 |
|---|---|---|---|---|---|---|---|---|---|---|---|
| 社团名称 | 超级童声 | 叮咚乐坊 | 浪漫花艺 | 小不点泥巴 | 巧手DIY | 创意画坊 | 色彩魔法 | 舞林大会 | 金话筒 | 梦幻剧场 | 中国功夫 |

**二、小社团艺术活动的完善与发展**

为了更好地促进小社团艺术活动课程的发展与完善，我园主要采用多元主体评价的方法，定期听取家长、教师和幼儿对于小社团艺术活动特色课程实施的意见，根据多元主

①　案例 9 由黄浦区荷花池幼儿园撰写。

体评价信息来促进小社团艺术活动的不断完善与发展。

（一）问卷调查发现问题

我们设计了调查问卷，面向家长、幼儿和教师进行"荷花池幼儿园小社团艺术活动"的评价和调研，了解家长对于小社团艺术活动内容的满意度、幼儿对于自己社团的喜欢程度及社团活动的开展情况等。第一阶段问卷调查我们发现了社团活动开展中的一些问题。

1. 幼儿在社团选择上的自主性不高

问卷中反映出孩子在社团选择上自主性不够高，有近六成的孩子选择社团是由家长决定的，当孩子把社团报名表带回家，大部分家长看后就自行替孩子决定参加哪个社团，代孩子做好记号后就交来了。

2. 社团的章程起到的作用不大

幼儿对章程的理解度不高，大部分孩子看不懂章程，章程没有起到应有的作用。

3. 教师预设的社团与幼儿的兴趣不一致

有的社团人满为患，有的社团门口罗雀，社团人数不均衡现象比较突出。

4. 社团活动中教师的退位意识不够强

教师在社团中过多扮演教导者、管理者、控制者，幼儿自主选择、自主参与度不够。

（二）基于问题的思考分析

1. 家长控制过多的社团报名过程

我们社团的报名方式主要是由教师先预设好社团的名称和内容，并设计成报名表分发到每个幼儿手中。考虑到幼儿年龄小，我们请家长协助孩子共同完成报名表的填写。这导致部分家长完全按照成人的意愿为孩子选择社团，孩子并未充分自主地参与报名

2. 成人化、单一化的社团章程呈现方式

每个社团都有自己的章程，内容包括社团成员标准、活动组织形式及内容时间安排等。但是每个社团的章程均为文字表述的形式，同时形式比较雷同，缺乏各个社团自己的个性与特色。章程内容的成人化、章程形式的单一化，成为小社团章程缺乏新意和未能有效执行的主因。

3. 教师预设的社团内容

教师在社团成立之初，大都按自己的意愿或特长来预设社团的内容。这些社团的内容不能激发幼儿的兴趣，导致参与的人数较少。

4. 教师主导引领的活动开展形式

社团活动开展中，教师占据主导地位，活动决定权在教师手中，与基础课程中艺术领域的集体活动差别不大。

（三）结合课程理念调整课程实施

本次问卷调查后，我们认真分析了小社团艺术活动特色课程实施中的问题，思考了小

社团活动课程与基础课程之间的差异,提出充分体现"幼儿自主"是小社团艺术活动的特质。基于这样的特色课程理念,我们调整了课程实施的方法。

1. 建立"幼儿自主、多方参与"的社团选择形式

首先,我们让幼儿充分了解社团课程的内容;其次,由于幼儿园中大班的孩子年龄较小,识字不多,所以,通过海报展示、集中表演、巡回展示、广告宣传等多元的招募方式帮助幼儿快乐主动地选择小社团课程。我们建立了"幼儿自主、多方参与"的幼儿选择形式。

2. 建立"动态调整"的社团活动形式

教师时刻关注幼儿的需要,根据幼儿的不同状态、兴趣等设计各类社团活动内容,预设社团活动目标,并在活动中动态调整,处理预设与生成的关系。首先,幼儿自主选择了小社团后,幼儿根据自己的意愿参加团长竞选活动,根据社团的特色共同设计自己喜欢的点名方式、活动内容等。其次,活动由团长自主主持,教师则是整个社团活动的支持者、合作者、引导者,体现了幼儿在社团活动中的自主活动权。再次,社团活动形式不再单一,地点也不固定,它更多的是根据团员的需要,可以"单个活动"或"团团联动",甚至走出校园"外出实践",见图2-5-3。

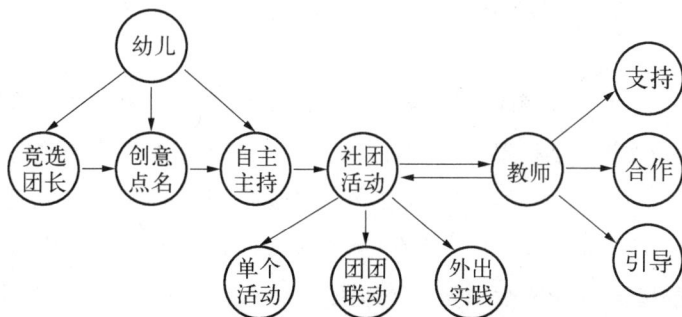

图2-5-3 "动态调整"的社团活动形式

由此可见,小社团是幼儿自主的活动。在小社团里,上至团长,下至团员都是社团的主人,对活动的形式、内容、场所和时间等等,团员们都能自信地说"YES"或"NO"。幼儿充分享受到了主体自立、主动建构的快乐。

**三、小社团艺术活动完善与发展的管理**

幼儿园要促进小社团艺术活动可持续发展,需要相应的特色课程管理体系,包括管理制度支持体系、人力资源支持体系和物质保障体系。因为良好的的制度保障、资源保障和适宜的评价机制都是小社团艺术活动可持续发展的基础要素。

(一)对实践瓶颈问题的思考

从问卷调查及小社团艺术活动案例中,我们感受到近七年我园小社团艺术活动特色

课程建设在扎实有效地推进着,社团活动内容在丰富,实施形式在逐年完善。但是在收获成效的同时,小社团艺术活动的建设与管理的瓶颈问题也不断显现出来。

1. 如何使管理制度执行到位?

制定社团管理制度容易,将制度执行到位则需要每个部门的合作与支持。小社团管理中心与小社团指导老师及专家顾问、社区资源的沟通有限,使得制度与执行有时会出现脱节现象。

2. 如何使活动内容常做常新?

因为每个社团都有一些特殊的情况存在,需要管理者的积极关注和指导。还有幼儿对于小社团艺术活动的新鲜度和参与热情的维系,都是社团辅导老师和管理者需要面对的现实问题。如何使活动内容常做常新,吸引幼儿视线,促进小社团艺术活动的可持续发展,是一个很有挑战性的问题。

(二)形成课程管理流程

根据课程实施中的瓶颈问题,我们开始反思促进小社团艺术活动课程完善和可持续发展所必需的课程管理流程。

1. 明确课程管理各部门的工作职责和运作流程

在小社团艺术活动的管理运作中,我们首先帮助教师明确课程管理各部门的工作职责和运作流程。

如家长理事会,由幼儿园各班的家长代表组成,参与幼儿园的小社团艺术活动的实施,并从家长的角度提出小社团艺术活动实施的意见建议以及提供相应的志愿服务。家长资源和社区教师是根据不同社团的需要,引进丰富的资源,更好的补充完善小社团的活动内容。又如:专家顾问团,把握小社团课程整体方向和规划实施,定期对实施组进行小社团课程理念的指导,制定有效干预策略,促使小社团课程不断完善和有效推进。

2. 形成小社团艺术活动管理流程及运作方式

为促进小社团艺术活动的不断完善,建立的课程管理流程,如图 2-5-4。

第一,由园长规划幼儿园小社团艺术活动课程总体框架,决定小社团活动的时间以及与幼儿园总体课程的比例,负责社团课程与活动评估,组织有关调整和发展的会议,落实社团课程配套措施,负责组建幼儿园小社团活动课程资料库等。

第二,由骨干教师组成的小社团管理中心,负责小社团课程资源开发、调查、研究、制订课程方案等,协助社团指导教师制定、完善小社团课程目标、内容及实施。由社团教师指导,以各小社团为单位实施具体的课程方案,并在不断实践中寻找问题、解决问题,及时反馈,对课程形成修改意见,保障小社团课程得以全面贯彻和实施。同时,团员们在活动中也会自主生成新的活动内容,并和团长、社团指导教师进行活动内容的进一步修改和反馈。其次,鉴于中、大班幼儿的身心特点,其阅历少,自律能力还较为薄弱等,组织者还要

园长

更新

小社团管理中心

各社团指导教师 | 社团团员 | 家长资源社区教师

反馈

小社团活动课程方案

巧手DIY | 舞林大会 | 中国功夫 | 叮咚乐坊 | 梦幻剧场 | 超级童声 | 创意画坊 | 色彩魔法 | 浪漫花艺 | 小不点泥巴 | 金话筒

社团生成内容

反馈　反馈

各社团指导教师 | 社团团员 | 家长资源社区教师

反馈　反馈　反馈

课程领导组 ⟷ 专家顾问团

课程领导组 ⟷ 家长理事会（包括家长、社区教师）

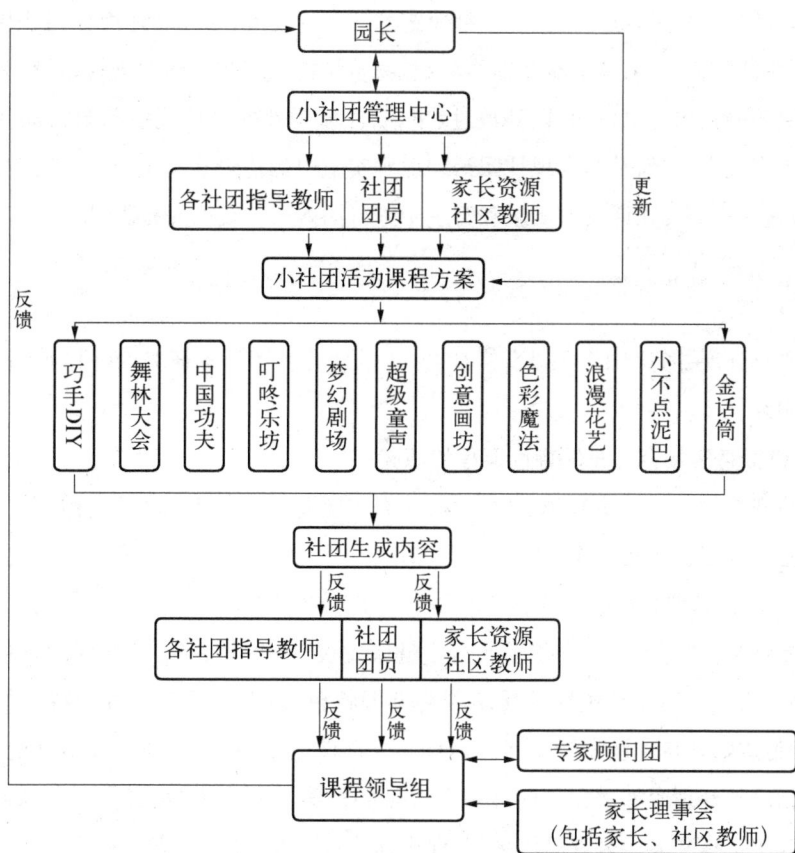

**图 2-5-4　课程管理流程图**

特别注重与社团指导教师、社团团长的沟通，指导和协助社团活动的正常开展。社团管理中心为每个社团建立档案，及时把各类社团活动计划、总结、特色活动、活动情况、社团成员成长表现等资料收入其中，每学期整理一次。

第三，由园长、家长理事会、专家顾问团，对社团指导教师、社团成员、家长、社区教师提出的课程修订意见，进行审核、修订，完成小社团课程的更新。

第四，基于"自然筛选"的社团淘汰，在具体操作中主要有三方面工作。① 问卷调查。每学期社团报名统计后，由课程实施小组负责针对社团人数少于 10 人的社团，设计"社团需求调查问卷"，向全体幼儿发放。② 需求分析。学校课程实施小组根据社团发展现状和愿景分析制定出社团需求，由课程实施小组负责将其与问卷分析报告相结合，分析形成"自然筛选分析报告"，上报园长，告知家长理事会、专家顾问团，形成最后审核意见。③ 公示更新。由课程实施小组根据审核意见向幼儿、社团指导教师发布淘汰公示，同时征集新社团的创设意见。

**四、小社团艺术活动实施和管理的再思考**

在小社团艺术活动社团建设中，幼儿园的资源和优势是有限的。如何探索园际或区域性社团联动的新格局,更好地促进小社团艺术活动的发展;幼儿园还应如何积极创造条件,发掘利用社区资源,为社团活动提供场地、物质和技术等多方位的支持,鼓励和创造各种机会让更多的社团走出校园,以开放性、丰富性、多样性的区域性活动激发幼儿的活动兴趣和艺术表现力;如何及时发现社团活动课程实施中的优势和不足,吸收他园社团发展中的经验;这些都需要在课程的实施和管理中进行深入的实践探索和研究。

**案例 10　　幼儿社团活动实践[①]**

我们重点开展并完善了"模拟真实社会"下的幼儿社团活动研究,并进行了相应的特色课程的规划。

**一、"模拟真实社会",开发特色课程的源起**

我们将现有的幼儿社团活动定位于"模拟真实社会",丰富幼儿体验,促进幼儿自主性发展。这主要源于以下几方面的原因。

**1. 基于幼儿园课程理念和课程历史**

我园始终坚持"为了每一个孩子的自主健康发展"的办学宗旨,在长期的课程改革实践中,逐渐形成了以幼儿自主性品质培养为办园特色,以自主活动教育为特点的课程理念,建构了促进幼儿自主性发展的课程目标。二期课改中,我们结合主题活动的开展,将幼儿自主活动教育理念渗透在共同性课程中,同时,尝试开展了"社团——大舞台"活动,提供幼儿自主选择和表达表现的机会。"促进幼儿自主性发展"一直是幼儿园课程开发和建设中的重点,我们也积累了一定的基础。

**2. 基于幼儿的发展需要**

前期"社团——大舞台"活动开发的最初动机是深化本园的课程理念,发挥幼儿的自主性,但在实施过程中,由于大舞台表演形式的限制,活动逐渐演变为以幼儿艺术技能的发展为目的,造成活动的结构性较高,幼儿自主性受到限制,促进幼儿自主发展的理念并没有得到很好的体现。由此,如何调整现有的大舞台——社团活动形式,成为能否更好地促进幼儿自主性发展的关键。

国外有研究表明,来自于较高社会经济地位(SES)家庭的孩子,虽然拥有比较强的学习能力与思考水平,但社会交往能力以及社会适应性十分缺乏。我园幼儿家庭背景优越,大多是独生子女,由此,模拟真实社会,丰富幼儿体验,培养幼儿自主社会交往能力是幼儿整体发展的需要。

**3. 基于大舞台——社团活动及管理的现状问题**

从"大舞台——社团"活动本身的实施现状看,我们发现,教师在指导幼儿社团活动

---

① 案例 10 由杨浦区本溪路幼儿园撰写。

时，从意识层面上希望能够尽可能多地"给予"。而且，如果让幼儿一味自主探索，教师往往不知道如何根据每个幼儿不同的表现与需求给予恰当的支持。在这种状况下，教师自身的效能感很低，远不如在"高控制的集体教学活动"中那样得心应手。另一方面，教师缺乏对幼儿心理特征的了解以及观察、解读的意识与方法，无法通过幼儿的表现分析幼儿自主性方面的提高，就只能转而关注显性的技能目标。

另外，从课程管理层面看，为了追求有序，就需要建立一定的机制，保证课程的常规开展。机制的内容包括开展哪些社团，在哪里开展，开展一些什么内容？这些问题的答案规定了社团活动的内容和形式，这样的规定形成了课程内容"一刀切"的局面。同时，出于管理的需要，要求教师拿出社团的计划与目标，以衡量社团开展的有效性。然而，正是这样的管理与组织，使得社团活动成了目标明确的高结构活动。

由此，基于以上的背景和问题，我们开展了"模拟真实社会"幼儿社团活动特色课程的规划与开发。

## 二、"模拟真实社会"幼儿社团活动的特色课程规划

### （一）"模拟真实社会"幼儿社团活动的涵义与价值

由于社团活动实质上是"自主性"理念实施的载体，对活动定位、形式的分析与理解直接影响课程理念是否能够在实践中得到很好的贯彻。我们经过多年的探索，认为要丰富幼儿自主性的体验、促进幼儿自主性发展，社团活动必须是低结构的活动。为此，特色课程规划的第一步，是对社团活动的涵义与价值进行界定。

#### 1. 社团之间横向链接

每一个社团都类似于社会中的不同组织与机构，拥有一定的功能，而且彼此互动联系，这种联系是合作、竞争或提供产品与服务等。在横向互动联系中，每个社团都可以展现自己、扩展自己，从而让幼儿能够领略到不同社团的差异，同时，也让幼儿在不断变化的过程中了解"小社会"中"供"与"需"的关系，锻炼幼儿了解他人需求，与组内、组外成员进行沟通与协商的能力。

#### 2. 教师幼儿共同探索

在一个生态化的"小社会"中，每个社团完成的任务都在不断发生变化，教师无需预设，也无法预知怎样的做法是最好的，由此形成了与幼儿共同探索的关系。活动中，教师需要对某一项规则或者形式进行探索，从而能更好地引导幼儿进行自主判断、选择和探索，教师从"组织者"、"教学者"转变成为"幼儿的共同探索者"、"幼儿需求的观察者"，使幼儿能够在更低结构的活动中体验真正的自主。

#### 3. 着眼幼儿未来发展

在国外，生活技能（life skills）课程广受欢迎。在这类课程中，儿童可以在自主交往过程中，了解社会各个基本的组成部分，知道机构的功能，学会一些与这些机构有关的社会

基础知识。我们社团活动的开展将大量的生活经验引入幼儿园,让幼儿能够自主体会,从而增长社会生活经验,为将来的社会发展做好准备。

在确定"模拟真实社会、丰富幼儿体验"的特色课程内涵定位后,我们进行幼儿社团活动的课程开发,过程中始终把握课程领导力的主旨,在开发与实践中善于不断发现问题并着力解决。

(二)"模拟真实社会"幼儿社团活动特色课程的开发

1. 课程目标的定位

模拟真实社会幼儿社团活动作为对社会关系的模拟反映,其课程目标的指向应是多元的;社团活动不再是满足幼儿个体游戏、活动的需要,更是满足幼儿自主性发展和社会化发展的需要,因此,社团活动的目标着眼于对幼儿后继发展有价值的重要经验,即在自主的模拟社会的活动中,体验、感知、了解行为给自身以及他人带来的一系列影响,在真实的任务情境中,不断提升幼儿自主意识与能力:包括自主选择,自主探索,自主决策,自主交往与自主表现;责任心与自信心;社会交往能力,社会适应性以及同理心。

由于社团活动打破了班级和年龄的界限,衍生出很多规则与情况,所以具体落实到每次社团活动,并没有固定的目标,更多是根据师幼、幼幼的协商与互动而生成,以给予教师和幼儿充分的自主权。

2. 课程设置和实施

为了使幼儿社团活动目标有效落实,我们对具体的社团活动内容和时间安排开展了实践研究。

由于社团活动倡导的是低结构、生成性的课程,因此幼儿园并不固定社团的种类,允许教师与幼儿根据模拟真实社会的需要和活动开展的实际情况自主增添、变更,甚至关闭原有的社团。社团的种类是由多种因素综合决定的,一般在设立社团时会考虑如下因素:

- 有一定数量的幼儿感兴趣,能形成社团;
- 活动内容没有安全隐患,难度适合幼儿;
- 能够提供相应的场地与活动材料;
- 相关的教师能够进行指导;
- 社会上有相关组织机构的原型,幼儿对其具备一定的相关经验;
- 社团活动的内容有利于幼儿自主性的发展;
- 在活动推进的过程中,"小社会"中需要有新的社团成员加入,能提供新的产品或服务。

结合二期课改和真实社会的实际情况,我们从幼儿经验和自主性发展出发,对社团活动的内容进行定位,主要有三大社团种类,即"小溪帮帮团"、"小溪淘宝社"和"小溪文化传媒"("帮帮团"为公益服务性质,可通过走进社会和"大手牵小手"等途径开展;"淘宝社"为制作生产性质,产品和收集品可拍卖和义卖;文化传媒则是表演和宣传性质,可结合安全、健康、节日等主题开展对外宣讲和表演等活动)(见表 2-5-2)。在每个社团中,幼儿还将体验社团招聘时的自主选择和社团活动中的自主探索、自主表现、自主交往,同时在社团管理中体验到自主决策的环节。

表 2-5-2 幼儿社团活动课程设置

| 社团种类 | 中 班 | | 大 班 | | 价值体现 |
|---|---|---|---|---|---|
| | 社团名称 | 活动地点 | 社团名称 | 活动地点 | |
| 小溪帮帮团 | 公益社 | 活动室 | 理财部 | 教室 | 自主服务、协调、联络各个社团的活动,体验人与人之间的相互需要,以及真实情境中的供求关系,益于自主交往能力和同理心养成。 |
| | 安保公司 | 教室 | 志愿队 | 教室 | |
| | | | 公益社 | 活动室 | |
| 小溪淘宝社 | 创意宝贝 | 创意坊 | 画廊 | 创意坊 | 在真实情境中自主创作和表达表现,并通过创意劳动获得快乐和奖赏。 |
| | 建筑公司 | 公共走廊 | 美装店 | 活动室 | |
| | 优衣库 | 活动室 | 建筑公司 | 公共走廊 | |
| 小溪文化传媒 | 广播台 | 阅读室 | 电视台 | 阅读室 | 自主角色互动,体验真实情景中的工作状态与社会交往,有助于自信心建立。 |
| | 明日之星 | 大礼堂 | 艺术团 | 大礼堂 | |
| | | | 广告公司 | 创意坊 | |

根据幼儿的年龄特点和认知发展规律,我们只在中班和大班开展幼儿社团活动。社团活动每周 1—2 次,每次一小时。由幼儿自主选择加入有一定组织形式的社团,也可以在社团活动过程中提出合理的理由更换社团,一般以一学期为周期,但主要根据幼儿自身需要为周期开展社团活动。

(三)课程管理保障

基于社团活动低结构的运行方式,由幼儿自主生成和选择,并结合需要,各社团间可自主协商,自发联动,形成了社团间多元、开放的活动形态。这些社团独有的特性给教师带来了前所未有的挑战和要求,因此,为保障社团活动有效开展,我们在活动实施过程中做了如下的管理策略思考:

1. 资源整合

一方面整合幼儿社团课题领导小组、先导小组和教研组三个研究小组的实践研究,及时总结幼儿社团活动开展的点滴经验;另一方面发挥我园一园三部中的人力资源和环境资源,整合同部异龄、同龄异部的相同幼儿社团间的经验,通过及时切磋、小组教研讨论、大组交流分享等途径,针对幼儿社团实践情况畅谈设想,构想方案,听取大家的意见,逐步改进和完善。同时,活动还邀请小班教师担任各社团志愿者,为各社团做好观察记录、拍照摄像获取资料等工作,更为来年进入中班教学,开展社团活动做好各方面准备。

## 2. 巧用外力

面对实践中遇到的难点和焦点问题,除了自我反思、自我诊断,借用团队智慧研讨外,我们还邀请不同专长的专家开设"特色门诊",开展对相关专题的诊断和研讨,指导和引领教师开展社团活动,避免教师走不必要的弯路,推进教师进行更有价值和意义的实践与思考。同时,我们聘请有相关专业经验的家长志愿者为教师提供学习机会和丰富认知经验,并可邀请家长共同参与社团活动,当好教师的参谋和助手。

## 3. 及时介入

管理层注重观察了解和整体化分析判断,深入社团活动的现场,亲身参与实践,发现问题和亮点,及时组织研讨解决问题和推广经验;并创设各种途径听取教师的意见、建议和困惑,剖析和解决教师当下的问题,思考必然会遭遇的瓶颈,使幼儿社团活动的构想在实践中调整,在调整中提升。

### (四)课程评价的思考

课程评价一直是幼儿园比较薄弱的环节,特别是这种强调幼儿体验式参与的社团活动,由于幼儿的发展主要体现在"自主性"的提高上,较为隐性和有长效性,如果使用外显、客观、量化的指标来进行评估,反而会模糊课程本身的理念与意义。因此,我们将社团活动中幼儿发展评价分为两部分,一部分是幼儿的自我评价;另一部分是教师对幼儿的评价。

1. 幼儿自我评价:教师可以使用访谈、对话的方式进行了解,主要内容包括:幼儿的自主选择(是否知道自己为什么要选择本社团),幼儿的自主参与(是否了解"小社会"对本社团的需求,对如何完成任务有想法),幼儿的自主决策(对是否持续为本社团服务有思考,明确自己的分工),幼儿的自主交往(能否清晰介绍自己的社团,是否了解不同社团开展的工作),幼儿的自主表现(是否愿意参与社团的表演,能否用各种形式表现社团的产品与服务)。

2. 教师评价幼儿:教师主要通过观察幼儿的行为对其做出评价,主要内容包括:幼儿对社团活动的参与度(客观:出勤率;主观:自主性),幼儿的适应性(朋友的数量,对他人需求的了解等),幼儿与社团活动相关的生活经验(了解本社团在"小社会"中的功能),幼儿的责任心(参加活动的长度与坚持性,对工作与任务的关心程度),幼儿的自信心(幼儿在沟通、协商、宣传时的表现)。

模拟真实社会,指向幼儿自主性发展的幼儿社团特色课程规划还刚起步,课程的开发还在持续,需要在"模拟真实社会"的实践中不断尝试、发现问题、总结经验,并动态调整和完善课程方案,以深化我园培养幼儿自主性的课程理念,充分发挥特色课程促进幼儿自主性发展的价值与意义。

# 第三章

# 幼儿园课程实施方案：
# 实践性要素

为了保证课程的有效落实和实施,幼儿园必须要根据实际制定落实的要求,并通过课程园本化的实践过程,形成相对科学、合理、适合本园情况的课程实施体系。同时,还需要考虑以班为基点的课程实施,让教师能根据自己特定的教育对象,对课程进行加工和再创造,以使课程真正体现出"以幼儿发展为本"的理念。

课程资源是课程设计、实施和评价等整个过程中可资利用的一切人力、物力以及自然资源的总和,但是这些众多的课程资源如何整合并得到有效的开发与利用,如何运用管理机制来保障幼儿园课程资源的游戏开发和利用,是幼儿园课程建设与课程实施中必须要面对的问题。

幼儿园课程实施质量保障机制,是指为保证幼儿园课程实践符合国家、地方所规定的标准和要求而建立的各种组织、制度及运行方式等,幼儿园课程评价,也是幼儿园课程管理中的重要环节与工作内容,而通过良好的课程管理与积极主动地开展幼儿园课程评价,可帮助形成幼儿园形成有效的课程实施质量的保障机制,不断提升课程本身的结构、内容的品质和成效。

本章节,围绕幼儿园课程方案编制的"实践性要素",就"如何规定与落实幼儿园课程的实施,如何运用管理机制保障幼儿园课程资源的有效开发与利用,如何形成幼儿园课程实施质量的保障机制,如何制定合理的幼儿园课程评价方案"等问题进行了论述。

# 第一节

## 如何规定与落实幼儿园课程的实施

### 与基础性要素相匹配的课程实施方法

课程目标和课程内容确定之后,如何组织实施课程来实现教育目标就成为了关键。

为了保证课程的有效落实和实施,幼儿园要根据实际制定的要求来完成。课程的组织与实施是幼儿园开展各类教育活动的具体操作要求,是围绕幼儿园的课程理念。在一日活动中贯彻课程目标,落实课程内容,有目的、有计划地设计和组织好生活、运动、游戏、学习等活动,发挥各类课程和教育活动最佳组合的有效功能,达到预期的课程实施效果。幼儿园通过课程园本化的实践过程,形成相对科学、合理、优质、高效、适合本园情况的课程实施体系,这是幼儿园课程园本化实施的实质。

---

## 一、现有的问题

---

### 问题 1
**课程实施操作要求、基本方法在方案中时有缺失。**

完整的幼儿园课程实施方案中应有课程的组织实施这一项内容,规定设置的课程目标、建构的课程内容应得到落实和体现,但是很多方案中这项内容有缺失的现象,主要表现在:

(1)方案中的课程基本实施部分被忽视,方案中要么没有课程实施这一基础性要素,要么用课程时间分配及各年龄段作息表来替代,或用活动类型和活动时间分配一笔带过。例如:

> 课程实施:
>
> 本园课程分为四种活动类型,分别为游戏活动、生活活动、运动(其基本含义同

《纲要》以及《课程指南》）学习活动（包括主题学习、分享式活动），见表 3-1-1。

表 3-1-1　本园各年龄段不同活动类型活动时间分配（单位：分钟/周）

| 活动类型 | | 托　班 | 小　班 | 中　班 | 大　班 |
|---|---|---|---|---|---|
| 游　戏 | | 400 | 390 | 385 | 380 |
| 学习 | 集体 | 50 | 75 | 120 | 150 |
| | 个别 | | 60 | 90 | 120 |
| 生　活 | | 1 300 | 1 200 | 1 050 | 1 000 |
| 运　动 | | 600 | 600 | 600 | 600 |
| 总　计 | | 2 350 | 2 325 | 2 245 | 2 250 |

以上案例中，作为方案的基础性要素——课程实施，该部分的规定过于简单，只注明了各年龄段课程类型及时间分配。

（2）课程的基本实施方法表现为一些比较抽象的观念、原则、要求，把国家、地方的文件要求原封不动搬过来，用课程结构替代课程实施要求与方法，缺乏配套细化的措施，对教师而言缺乏可操作的、具有直接规定性的内容。例如：

课程实施：

1. 教材使用：

新教材 80%。

上海市幼儿园整合教材和其他学前教育教材以及教师自编《小运动活动方案》（20%）。

2. 要求：

（1）根据课程要求，制定预设计划，并与幼儿实际活动的组织与实施基本一致。

（2）计划随幼儿的行为变化作相应调整。

（3）在对幼儿年龄特点、已有经验、发展需求分析的基础上，对课程实施的活动作出价值判断，努力完善课程计划。

以上课程实施的操作要求以课程结构来替代，同时又过于死板。造成这些问题可能有以下原因。第一，幼儿园认为只要写上实施二期课改的教材，就表明幼儿园的实施方法与课改要求一致。其实《课程指南》是面向所有幼儿园的，课程实施只是原则性的普遍规定，具体落实到幼儿园还必须化为适合幼儿园实际情况的实施要求与方法。另外，每一所幼儿园的办园目标、办园特点和办园条件不同，幼儿园所处的地域环境不同，所以，实施时必然有不同的情境,必须根据幼儿园的实际,制定具体的实施要求与落实措施。第二,认为只要有了目标、内容和实施的基本原则,教师就能制定计划、开展活动、实施课程了。其实,规定课程实施原则方法与保证幼儿园课程要素的落实并不是一回事,这里更多地需要在幼儿园管理层面规定一些可操作的规范和方法,这样才能保证课程要素的全面落实。

### 问题 2
**课程实施要求与方法似纸上谈兵,形同虚设。**

课程实施方案文本上规定的实施要求与实际的幼儿园课程实施需要和现状不是一回事,文本成为摆设,中看不中用。其主要原因是文本规定的操作要求与教师实际的实施水平不相符合,或者过高,或者过低,或者有些要求过于复杂,教师一下子无法理解。总体来看,文本规定的课程实施要求对教师的实际指导意义不大,教师基本不加参考,因而即使有详细的书面实施要求,也无法贯彻落实,形同虚设。

所以,幼儿园制定的课程实施基本方法,必须与教师每天实际的保教行为紧密相联,方案文本必须是指导保教人员工作的具体指南,也是课程管理的标准之一。

### 问题 3
**园方根据实施情况对课程进行的更新与调整不足,使课程实施和课程目标、内容等基础性要素难以匹配。**

从已有的幼儿园课程实施方案及相关落实情况看,非常值得肯定的是,不少幼儿园能够有意识地在方案中对课程的实施与落实予以详细而清晰的规定,以尽可能地保证课程的具体落实。但与此同时,值得注意的是,一些幼儿园认为,课程有必要维持稳定性,因而在很长一段时间内,幼儿园对课程组织与实施的规定基本不进行更新与调整。这在某种意义上是正确的,因为一定程度的稳定性有利于课程的落实和保证课程的实施质量。但我们也应该认识到,课程的实施与相关规定不应是一个一成不变的过程,课程实施方案对课程实施的设定,只是在文本上的一种初步的预设和要求,并不一定意味着完全能够适用于纷繁复杂的幼儿园课程实施实际状况,不一定意味着能够完全在实践中达到预期的实施效果,更不意味着能够适应幼儿园不断发展变化的课程实施需求。因此,一方面,幼儿园课程基本实施方法和要求需要跟随动态变化发展中的课程实施状况和需求进行相应的更新与调整,以更贴合课程目标和内容等课程文本上的基础性要素。另一方面,课程基本实施方法和要求与课程目标、内容等课程基础性要素的匹配,并不意味着仅仅靠课程实施单向地向课程目标、内容靠拢就可以实现。相反,要提高课程实施的可操作性,课程目标、内容等基础性要素也需要根据课程实施的情况进行必要的更新与调整。因此,幼儿园关于课程组织与实施的规定不能长期固定不变,幼儿园有必要在课程实施过程中,根据对课程实践的反思与相应的实施反馈,对课程各部分要素联动地进行不断调整与更新,牵一发而动全身,以使课程更加符合幼儿园整体的实际情况和实践需求。然而,这种调整与更新的意识和机制在不少幼儿园课程实施方案的具体规定和实施过程中,体现得并不是非常明显。

## 二、改进策略

### 1. 整体落实课程,操作指引须切实可行

首先,基础课程内容实施要一视同仁,生活活动、游戏活动、运动、学习活动等,同样要以严谨的态度来对待,同样需要幼儿园中观层面上架构,以幼儿园为本位,根据幼儿园空间、人数、规模以及保教人员、实施薄弱环节等,整体思考落实的措施,建立从理想课程到现实课程转化的桥梁,不因小而视而不见,不因有难度而文过饰非。例如:

> 为改变课程安排上重"学习"轻其他的倾向,有的幼儿园冬季运动从8点15分开始,并错时用足空间,一般上午运动三段式,给予幼儿充分的活动空间,而且运动与自主性游戏轮流安排,相对平衡兼顾,以防晚到幼儿某方面活动的缺失。以上落实活动的规范后,作息时间表上的"虚设"变"实际"了,幼儿园不因条件而虚化、弱化课程相关实施标准,而是巧妙安排,精心设计,在有限的条件内追求保教的品质,提高基础课程实施质量。

所以,从实际出发,针对问题,并采取有效措施解决问题,以保证幼儿园课程的整体落实,这才是规定课程实施要求与方法的根本点。

此外,幼儿园设定的课程实施操作要求和方法不应只是原则性的东西,不应只是在原则层面强调规范,而是把原则化为可操作的行动指引,把原则化为具体的实施途径和方法,给教师指出多种实施的路径。方案文本的课程实施要求与方法要从空乏到实在,告诉教师做什么,怎么做,什么时候做,做时需要注意什么。幼儿园要避免实施方法与要求中空洞无物的内容,避免千篇一律的说教,要围绕新课程理念难以落实的内容与要求进行学习研究,根据各类活动的实施特点,寻找匹配的、有实效的方法,并形成可行的规范要求、操作手册、操作提示、操作指南等实施要件。

共同性课程实施的具体操作要求和提示,一般可包括以下几方面:

其一,反映与课程目标、内容相一致的组织实施的基本要求,包括实施的大体规则或标准。例如:

课程实施相关配套措施

1. 环境创设与材料提供操作要点

我们注重环境、材料对课程实施的重要作用,提倡将环境视作课程的有机组成部分,为幼儿提供多元化、富有弹性、以低结构为主、高低结构相结合的材料。

环境:课程实施中,环境创设的"四个转变"。

(1) 由"装饰性环境"转变为"有挑战性的环境";

(2) 由"模拟性环境"转变为"真实环境(亲近大自然的环境)";

(3) 由"确定性环境"转变为"弹性环境";

(4) 由"园内环境"转变为"园内外结合的环境"。

材料:

将"创设适宜的材料超市,促进幼儿表达式创造力的研究"经验向全园铺开,提倡为幼儿提供低结构的材料,班级环境中设置低结构化的材料超市。

——芝江中路幼儿园

其二,在总体原则指导下制定保教规范操作提示。

共同性课程包括生活、运动、游戏、学习四大类型活动,并有机融入幼儿在园的一日生活之中。为了保证各类活动的有效实施,针对课程实施中不同层面、不同时间单元的活动与安排,幼儿园要提供一系列操作提示,梳理出各年龄段、各类、各阶段活动实施的要点,来确保课程实施的顺利开展,提高课程实施的质量。课程实施的规范要求或操作提示一般包括如下方面:各年龄段一日作息时间安排操作提示;幼儿园一周活动安排操作提示;幼儿园自由点心操作提示;幼儿园午睡操作提示;幼儿园游戏活动操作提示;幼儿园运动操作提示;幼儿园集体教学活动操作提示;幼儿园个别化学习操作提示;幼儿园一日活动中保教结合的操作提示等。

以上项目不必面面俱到,各幼儿园要根据实际情况设定具体的操作提示,做到操作提示因园而异、因人而异,动态变化。比如,芝江中路幼儿园针对新教师的特点制定了新教师保教工作操作手册,城市花园幼儿园根据教师制定计划的问题,规定了幼儿园各类计划制定的要求。例如:

新教师保教工作操作手册 ABC。

A 篇:新教师态度与行为"三字经"。

B 篇:新教师一日活动操作细则。

C 篇:新教师家长工作操作须知。

——芝江中路幼儿园

周日计划制定要求

- 周计划一般于前一周周五前完成,日计划一般前一天晚上完成。

- 目标能够反映班级计划内容及幼儿近期特征。

- 各项措施具体可行,凸显童趣。

- 材料调整有依据,观察要点需明确。

- 生活活动措施每周需有一个游戏。

- 运动每周需有一个新的游戏。

- 观察要点明确,不必面面俱到,但要体现"设计"。

——城市花园幼儿园

**2. 通过具有"园本"针对性的研制方法,优化课程实施方法和要求与课程基础性要素之间的匹配。**

(1) 幼儿园要在课程实施的问题研究中不断调整和优化课程实施基本方法和要求。

幼儿园有了课程实施方案,直接交给教师就能保证高质量的实施吗?事实并非如此。在实施共同性课程中,园长要善于发挥课程领导力作用,注重调查分析,观察当前课程实施中的普遍问题,了解幼儿园课程实施中教师、幼儿的实际发展需要,并在研究中不断地推出新的、适宜的操作要求与方法,这样,才能保证课程实施的真正落实。例如:

从"大食堂"到"温馨餐厅"的变化……

幼儿园的空间比较狭小,为保证课程全面实施,区教育局帮助幼儿园想方设法扩充活动场所,其中包括增设专用大餐厅。幼儿园也充分利用空间,因此,走廊、大堂、公共区域都成了孩子游戏、用餐、自由活动的多功能活动区。但是活动中也陆续暴露出一些缺点,如:大餐厅里几个班级同时用餐,进出的人流声,嗡嗡的说话声,叮当的碗筷声,咕噜噜的漱口声,大桶小桶的碰撞声,声声叠加,使得用餐缺乏宁静、温馨的氛围。廊道上的用餐、用点也显得有些随意。这反映出幼儿园对生活课程实施不到位、不精细,与幼儿园保教实施所倡导的生活理念以及实施要求有一定距离。针对这些现象,我们首先现场调研幼儿园生活环境创设中的问题,其次,强调"餐厅也是幼儿园课程实施主阵地"的课程思想。我们从实际出发,研究寻找出可行的对策,具体如下:

1. 充分挖掘,出让教师餐厅或一室多用开辟空间,让餐厅适度宽松;

2. 错时有序进入餐厅,减少集中的人流,平抑高峰;

3. 从幼儿进出走道、取放餐具方便出发,摆放餐厅用品,减少交错;

4. 餐厅环境渗透课程内容,尽量让餐厅净化、美化,舒适化;

5. 加强教育,养成幼儿人多时轻声说话的习惯。

以上案例中,幼儿园注重发现、研究课程实施中的问题:幼儿环境条件有限,不利于幼儿良好卫生习惯、自理能力和行为习惯的养成,与幼儿园生活课程的理想目标相背离。由此,幼儿园采取各种措施着力解决该问题。只有针对实际问题采取的措施,才是有效的,才是园本的,才能有效地指导课程实施,并保证课程实施与课程目标等要素相匹配。

同样有些幼儿园,尽管花钱创设了漂亮的活动室,提供了许多操作材料,制定了活动室目标,但是,没有具体的操作要求和细则,活动室的创设与材料投放仍然处于无序的状态,教师在进行活动时不知所措,没有方向,造成选材上的不科学和指导上的盲目性。所以,幼儿园需要依据幼儿年龄特点,对环境、材料的功能进行研究和配置开发,提供教师课程实施的操作指南和要求,改变环境设置、材料投放中的随意性以及指导上的放任型,使活动室课程实施更好地与预设的课程目标与内容相吻合。例如:

幼儿的结构游戏,因结构材料、操作方式不同,幼儿的体验与所得到的发展也有不同侧重点,见表3-1-2。

表3-1-2　结构材料、操作方式与幼儿的体验和发展

| 游戏名称 | 分类 | 操作方式 | 幼儿体验 |
|---|---|---|---|
| 积木类 | ● 彩色积木<br>● 清水积木<br>● 主题积木 | ● 垒高<br>● 铺平<br>● 围合<br>● 重叠砌墙 | ● 丰富的造型与色彩所带来的视觉冲击<br>● 不断积累关于形状、空间关系、数量概念与数量关系、分类、排序、配对、测量、表征等经验<br>● 根据自己的需要进行替代,发展想象力和创造力 |
| 接插构造类 | 接插方法:<br>● 直接接插<br>● 间接接插<br>嵌口:<br>● 扣状<br>● 交叉状<br>● 缝状 | ● 接插 | ● 发展手眼协调、精细动作与大肌肉之间的协调<br>● 积累关于物体的稳定、平衡以及数和空间概念等经验<br>● 增强空间知觉能力、图片思维能力和创造心理图像能力<br>● 不同材料的使用 |
| 螺旋类 | | ● 螺旋连接 | ● 使用螺丝起富有操作感,用手指拧,锻炼指端小肌肉<br>● 构造的物体立体感强,造型变化大,有动感<br>● 不断积累关于形式、对称、平衡的经验<br>● 充分发展美感、想象与创造能力 |
| 磁性粘合类 | | ● 磁性粘合 | ● 造型过程中感受正极、负极的相互作用<br>● 可进行平面造型,也可以进行立体造型 |
| 穿、编类 | ● 穿线类<br>● 编织类 | ● 线、绳连接 | ● 引发装扮、装饰行为<br>● 锻炼指端肌肉及手眼协调的能力<br>● 从随意穿到有规律地穿,从中感受韵律的美感<br>● 发展手眼协调、灵活、想象与创造能力 |

——紫霞路幼儿园

从上表中教师能了解到结构材料的不同,操作方式的不同,给予幼儿的操作体验及发展价值也各异,这些清晰、细致的提示,能帮助教师找到提供结构游戏材料及指导结构游戏的方向和要点,对于落实结构游戏内容起到明确的指导作用,与结构游戏的目标初衷也保持一致和匹配。

(2)建立边实施课程边对幼儿园课程基础性要素进行调整与更新的园本机制。

首先,幼儿园要建立根据课程实施反馈调整与更新课程基础要素的机制。

幼儿园设计的方案文本层面的课程目标或课程内容或课程实施要求等,可能与实践会存在一定差距,幼儿园要建立根据实践的反馈和课程实施的效果,对课程进行及时调整与更新的机制。这种机制可以在不同层面加以建立,包括课程管理组、教研组和教师个体。

课程管理层要建立自我反思和讨论课程更新与调整的机制,以确保课程的可适用性。如,徐汇区上海幼儿园的课程管理者通过课题研究、教师调研等方式和途径自我反思园本运动特色的课程设置在实施中的可行性,通过这样的机制进行了一些课程内容的调整,如:针对小班的身体运动特点和思维特点,删减了国际象棋和溜冰活动;而对于中、大班孩子则增加了棋牌类活动和足球等活动,让幼儿想玩亦能玩。

幼儿园还可建立教研组的定期讨论机制,鼓励各年级教研组及时组织教师集体交流课程的落实情况,讨论有无进行调适、更新的必要,幼儿园要建立有效的机制以保证能将教研组讨论的结果及时地反映到课程的规定和实施中来。例如,在乌南路幼儿园,教师通过教研组定期讨论的机制反馈出"贡多拉"与"乌蓬船"对比时幼儿更喜欢外国的贡多拉,这一问题也引发了课程管理者和教师对于本园特色"多元文化"课程引导性和价值取向的思考,而这种思考也反过来影响了幼儿园整体课程内容的进一步选择与设定。

幼儿园也可以采用教师反馈表等其他方式,形成教师及时反馈课程实施困难、问题或建议的机制,自下而上地将课程更新与调整的需求提至课程管理层,供幼儿园园长或其他课程管理者组织幼儿园教师进行讨论、思考乃至调整与更新。例如,如果课程方案中的某些课程内容在具体落实时,教师认为难以操作,在具体组织实施时幼儿普遍没有很大的兴趣和回应,那么此幼儿园课程内容就有必要进行删减或调整。幼儿园要提供给教师有效、随时的反馈途径,让实践中的问题能够被及时反馈上来并被管理层接纳和考虑。

其次,幼儿园需要建立根据时代发展和幼儿园发展的变化和需求不断对课程进行调整与更新的机制。

在课程的落实过程中,幼儿园会发现课程的实施背景在不断变化中(如有的幼儿园招收的境外幼儿越来越多,有的幼儿园招收了越来越多的非上海户籍孩子,同时肥胖型幼儿在幼儿园占据的比例越来越高等等)。为了确保课程实施的有效性,幼儿园管理层要设定定期的、与时俱进的反思机制,考虑对课程的目标、内容及具体实施要求的调整,进行课程的调适与创生。例如增加多元文化课程关注不同家庭文化背景的孩子,并由此重点在课程实施方法层面上进行对应的更新与调整。当然，在此过程中，园长既要发挥自己的课程领导力作用，也要及时听取和汇集全园教师的想法。

最后需要提醒的是，在对课程进行更新与调整的同时，幼儿园要设定有效的方式把这种更新与调整呈现给教师，呈现在课程实施方案的相关文件中。例如，如果更新与调整比较大，那么有必要对课程实施方案中的相关规定进行调整并告知教师，甚至可以组织一些教师培训；如果更新与调整是比较细小的，那么可以采用附件或更新目录的方式对课程实施方案进行补充式调整，当然同样也要发放到教师手中，以使这种更新与调整能够在实践中得到落实。

## 三、观点与提示

与基础性要素相匹配的课程基本实施方法和要求的设定，不是"舶来品"，不能原封不动地照抄、照搬其他幼儿园现成的操作方法与要求，而一定要结合本园的实际进行研究，变为园本化的实施方法，才更具实践价值。为此，幼儿园要注意以下方面的问题：

**1. 幼儿园课程实施基本要求与方法的规定要满足教师操作上的行为需求。**

幼儿园课程实施基本要求与方法的规定，其目的是要为不同层面的保教工作与活动安排提供操作指引的具体方法，尤其是要落实操作流程，明晰操作细节，具体指导教师的操作行为，这样才能保证各类教育活动的有效实施，保证课程实施的优质水平。

**2. 幼儿园课程实施基本要求与方法的规定要力求科学规范。**

幼儿园要借助项目研究，不断总结本幼儿园课程实施的经验，把经验上升提炼为比较科学的、标准化的课程实施中的操作要求或形成系统全面的操作手册，把个体经验转化为可共享的操作规范，使所有教师学有方向，做有参照。积极推广本园的经验，教师更易同化学习，因为有相近的土壤，更易结出相似的果实。

**3. 幼儿园课程实施基本要求与方法的规定要建立在基础调研的实证基础上。**

幼儿园要发挥课程领导力，结合本园课程实施的重点，注重各项基础调研工作，包括学情、师情、家情、园情等，及时发现操作中的盲点与问题，设点布局，进行补救，逐步使操作进入与课程实施无缝对接的流程。幼儿园要不断地进行跟踪观察研究、调查研究等工作，了解各种实际情况，对照实情掌握课程实施中的问题，如通过学情调研了解幼儿对课程的兴趣、幼儿对活动材料及主题内容的偏好程度、幼儿对课程的需求等；通过问卷调查、访谈等了解保教人员保教结合现状。在调研基础上针对问题进行分析研究，制定相应的对策，使幼儿园设定的实施要求与操作方法能不断地得以完善，与幼儿园课程目标大方向、课程内容框架及教师的课程实施需求紧密贴近。这样的课程基本实施方法和要求才与基础性要素相匹配，才具有真正意义上的操作含金量。

**4. 幼儿园要建立不断优化课程实施基本方法与要求的动态调整机制。**

影响课程实施的因素是复杂多样的,如社会发展、幼儿园办园理念及课程愿景、在园幼儿构成及兴趣需要、教师发展需求及专业水平等,很多因素充满了不确定性,因此,课程实施总是作为一个动态的过程而存在的。为此,课程实施不只是研究课程落实的程度问题,还要研究学校和教师在执行一个具体课程的过程中,是否按照实际的情况对课程进行了调适和创生。课程学界先驱者富兰(Punan. M.)认为,课程实施是指任何课程革新的实际使用状态,或者说是革新在实际运作中所包括的一切。因此,课程的实施是一个不断动态变化的过程,对于课程的实施要求的规定就不能静止或一成不变,而应通过各种机制的建立,根据时代发展、幼儿园发展、幼儿发展及教师课程实施的需求变化等,把对课程的调整与更新纳入到课程实施方案的编制与完善过程中来。唯有这样,幼儿园的课程实施基本要求与方法才能与幼儿园课程的基础性要素保持一种动态适宜性。

然而,也需要提醒的是,课程的变化并非越多越好,越快越好,很多时候"跟风式"、"大手笔"的变化是需要审慎的。课程及实施要求应依据幼儿园自身的情况和需要进行适当的更新与调整,以保持课程一定程度上的稳定性,否则教师将会产生无所适从的不安全感,这非常不利于课程实施的有效性。

(王爱明　张　婕)

## 四、实践案例

案例 11　　**基于学情调研,优化结构游戏的实践研究**[①]

近年来,在二期课改理念引导下,我园围绕结构游戏实施方案中的一些要素,进行了探索与研究。如何更加准确地把握幼儿游戏的现状与需求,如何调整和完善结构游戏实施方案,我们始终借助学情调研的方式,诊断、分析与解决问题,进行针对性地优化结构游戏的实施。

**一、在学情调研中构架结构游戏活动的设置**

1. 在质疑中展开学情调研。

二期课改提出"以幼儿发展为本"的理念,课程是落实此理念的核心,那我们的结构特色活动是否真正为幼儿所喜欢呢? 我们在 2005—2007 年期间对中大班 160 名幼儿开展了多次口头问卷调查,调查的方法为集体举手表决,在"喜欢、一般、不喜欢"三个选项中加以选择。结果 52% 左右的幼儿表示喜欢,17% 左右的幼儿表示不喜欢。长期以来紫霞路

---

① 案例 11 由黄浦区紫霞路幼儿园王妇美执笔。

幼儿园引以骄傲的结构游戏受到了质疑，为此，管理者带着问题持续对师幼结构游戏活动进行跟踪观察，并组织教师召开座谈会就此问题展开讨论与研究。

经过梳理与分析，以上问题的产生原因主要有以下几点：

（1）幼儿结构游戏在时空上得不到保障

我园结构游戏主要是早晨幼儿来园时在区域活动中开展。活动地点设置在走廊某个区域，由于场地小材料占据的空间大，因此班投放材料最多2—3种，数量以满足4—6名幼儿为标准，不能满足全班幼儿选择的需要。幼儿来园时间有早晚，有时幼儿还玩得起劲，游戏结束时间就到了。再次，结构游戏受空间限制，人与物不断变换，教师指导很难体现连续性，幼儿很容易在积累一次经验后没有得到持续的强化，久而久之体验不到成功与自信。

（2）游戏经验在积累、提升、共享上产生落差

松散的活动形式使幼儿结构经验的获得比较零星、个别。表现为其一游戏区中要么经常是固定的几个人，要么频繁换人；其二教师在游戏讲评中分享交流了某个幼儿的游戏经验，个体经验难以在群体中产生共鸣，有相当一部分幼儿注意力涣散，因为没有共同的体验与经历，使幼儿在游戏经验积累、提升和共享上产生了很大的落差。

2. 由调研结果催生结构游戏框架的确立。

以上的调研与分析让我们进一步确认结构游戏应从课程的角度进一步做出思考，结构游戏对于幼儿的发展有其独特的课程价值，应从无框架到有框架，框架中的活动应从无定位到有定位。

（1）增加基础性结构游戏活动

我们在幼儿园原有区域性结构游戏、主题性结构游戏的基础上，增加了基础性结构游戏。教师可自主选择某一种操作材料提供给本班幼儿，让幼儿在共同体验、分享中推进结构游戏的开展。

（2）明确三类结构游戏的定位

一方面，我们考虑到幼儿的年龄特征，还处于表象思维阶段，对于具象的事物容易理解，游戏只是表达的载体，内容才是幼儿最为关注的；另一方面，我们也很尊重幼儿个体的差异性需求，强调幼儿自主选择的重要性，激发其积极、主动地进行构建。综合以上考虑，我们对三类结构游戏活动的定位见表3-1-3：

表3-1-3　三类结构游戏活动的定位

| 结构游戏活动类型 | 组织形式 | 活动目标 | 活动内容 |
| --- | --- | --- | --- |
| 基础性 | 全　班 | 探索技术 | 自主选择<br>主题延伸 |
| 区域性 | 小　组 | 自娱自乐 | |
| 主题性 | 全　班 | 创造具象 | |

### 二、推门听课进一步寻找问题的根源

第一轮课程框架和活动类型调整后,我们满怀期待迎来了再次调研,结果几乎没有什么改变,此时教学的有效性呼声响遍了教育界,推进了管理者思考管理的有效性,于是管理者对基础性结构活动的实施进行了全面推门听课,发现了以下问题:

● 教师基本素养缺失,读不懂幼儿作品。

● 教师观察目的不清,分享交流随心所欲。

● 教师对幼儿结构规律把握含糊,错失推进的时机。

原因分析:其一教师对所选用结构材料的特点、难点不清楚,很难读懂幼儿作品成败经验在哪;其二对结构材料所隐含的推动幼儿发展的功能不清晰,所以观察无目的,评价随意;其三对幼儿发展的规律模糊,碰到事件不能具体化,特别是数领域目标的序度不清,因此对幼儿游戏行为无法做出较正确的价值判断与引导;其四教师本身的数理概念缺乏,推进策略空洞。

鉴于此我们认为提高教师解读能力是关键,采取了以下行动:

1. 解读材料,把握材料特点是前提。

我们采取了四个培训步骤:

(1)技术练兵:教师先于幼儿和材料互动,共同梳理材料的重点难点,以及材料适合的年龄段,可表达的主题。

(2)经验带教:让有经验的教师开放活动,供有需求的教师特别是青年教师随堂观摩学习,使经验辐射最大化。

(3)技能比武:探索、发现材料的深层技术问题,从中细化并加深对材料具体操作的理解。

(4)园本培训:园长对阶段问题梳理归纳并把经验教师的案例进行专题分享。

2. 学习运用,把握幼儿发展规律是基础。

(1)我们重点学习了《课程指南》中幼儿游戏行为观察——构造、行为部分,初步区分中大班幼儿结构行为的特点;学习了数领域教育目标,对中大班数、形、时、空各自的侧重与程度有所了解。

(2)开展对幼儿结构游戏行为的叙事记录,对照《指南》中的行为特点,加以细化梳理,配以照片说明,提供针对性推进策略,发放到每个教师手中加以参照。

3. 解读推进,把握观察要点是关键。

教师解读幼儿结构作品的能力是进行有效指导的前提和关键,而解读的有效性取决于观察的目标是否清晰,观察的内涵是否把握,所以,专门针对教师解读能力的培训是保障课程执行的重要部分。

### 三、幼儿兴趣波动引发的学情调研及实施调整

随着研究的深入,老师们观察到有的幼儿早早来园占据了结构区,有的幼儿变得自信

开朗了,但是也有的幼儿明明举手表示她喜欢结构游戏,却在很多时候表现出注意力不集中,一事无成,更有孩子昨天还说不喜欢结构游戏,今天却再次要求参加以结构游戏为载体的基础活动(分组教学)……

幼儿兴趣的波动,让我们对学情调研的方法产生了质疑,对调研的要素展开了讨论:怎样的调研方法能够得到幼儿真实的想法? 要深入了解幼儿游戏需求,我们还要关注哪些要素?

讨论一致认为:幼儿年龄特点决定了其思维具有具体形象性,易从众,缺乏独立思考,因此,对于在相同游戏情境中用相同问题的调研,采取个别访谈的方式更科学合理。调研要素除了宽泛地调查幼儿对结构游戏的直接兴趣外,还可以细致倾听幼儿对游戏材料、内容的想法等。于是,围绕结构游戏课程要素——材料、主题、组织形式等为主要内容的调研又一次在中大班展开。

调研结果发现中大班幼儿对建筑、交通工具、植物(花)等结构主题内容有明显的偏好,这和我们调研的内容高度一致。对结构游戏材料的偏好情况调查结果显示可参见图3-1-1和图3-1-2:

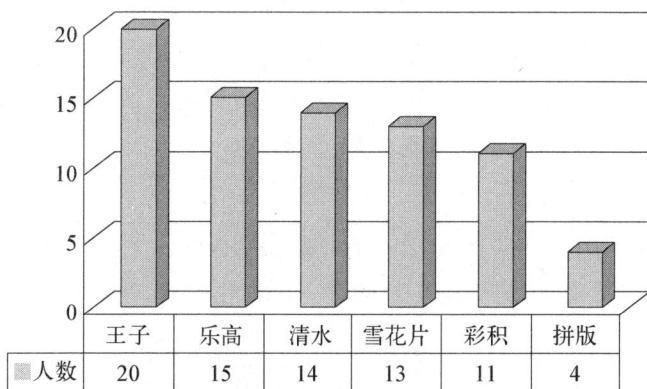

| | 王子 | 乐高 | 清水 | 雪花片 | 彩积 | 拼版 |
|---|---|---|---|---|---|---|
| 人数 | 20 | 15 | 14 | 13 | 11 | 4 |

图 3-1-1　中班幼儿对结构游戏材料的偏好情况

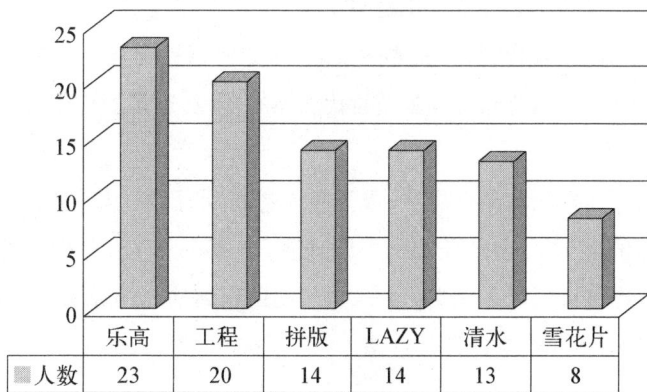

| | 乐高 | 工程 | 拼版 | LAZY | 清水 | 雪花片 |
|---|---|---|---|---|---|---|
| 人数 | 23 | 20 | 14 | 14 | 13 | 8 |

图 3-1-2　大班幼儿对结构游戏材料的偏好情况

由图中可以看出：幼儿对多元化材料需求成为我们进一步调整和完善课程实施方法和形式的突破口，但同时我们发现即便是同班幼儿，偏好的材料也各异，即使在结构游戏指导上经验非常丰富的教师，也不可能精通每项材料、或者有精力同时指导不同的幼儿操作不同的材料，于是，"走班制"的活动方式出现了。

通过学情调研的方式，结构游戏实施形式有了新一轮的更新与调整，满足了幼儿活动选择的需要。幼儿可以走向不同的活动室，自主选择自己喜欢的结构游戏材料，和相应的材料积极互动。主持教师则通过自荐和学校推荐结合产生，使幼儿在愉悦的状态下，自主、充分地进行想象与创造。

### 四、再由学情调研看课程实施成果与启示

经过数次的学情调研及跟进的三轮课程实施调整，幼儿对结构游戏的兴趣是否提升了呢？于是，在课程领导力项目结束之际，我们再次对中大班幼儿进行了学情调研：

结果显示，较之前 52% 左右的"喜欢"，现在 86.2% 幼儿表示喜欢，喜欢人数已经有了显著提高，结构游戏成为最受欢迎的项目，也真正落实了以"幼儿为本"的思想。

一系列的学情调研与课程实施调整也给我们带来了很多启示：

1. 解决问题的过程是满足师幼需求的过程。

了解师幼需要并将这些需要满足的过程就是优化结构游戏实施的过程，这样的过程才能真正使幼儿喜欢，这样的研究才能真正为教师减负。

2. 学情调研工具的改善。

我们的调研是在游戏场景下，采用同样问题，个别询问孩子，调研工具还是比较简单，客观性仍存在一定质疑，因此调研工具的进一步细化完善，是我们下阶段继续探索的重点。

### 案例 12　　幼儿园课程调适与创生的实践研究[①]

#### 一、源起：课程调适与创生研究的背景

社会发展是影响幼儿园课程的重要因素之一，如何将社会各领域中的重大变革即时反映在幼儿园课程中，让幼儿园课程紧随时代发展的步伐，这是我们幼儿园进行课程调适与创生研究的首要出发点。

此外，幼儿园办园理念和课程愿景，成为我们进行课程调适与创生研究的一大缘由。打造"中外儿童的乐园"是乌南幼儿园的办园理念，自 2008 年起，乌南幼儿园境外班规模剧增，我们进一步提出将国际多元文化共生共长的课程和幼儿园原有自主性课程相融合，旨在形成文化之间对话和沟通的课程形态。

---

① 案例 12 由徐汇区乌鲁木齐南路幼儿园撰写。

另外，幼儿园课程实施现状的问题，也是我们进行课程调适与创生研究的重要因素。随着外籍教师深入境外班教研所带来的不同理念，乌南教师团队具备了一定的多元文化素养，能够对课程进行深入思考和有效创新。但是在教师乐于创新的同时，也带来了随意增减课程主题、随意安排课程实施时间的问题，造成课程内容多变、不规范。

**二、思考：课程调适与创生的起点**

我们认为，课程的调适就是结合课程的实施，通过搜集来自各方面（包括专家、教师、家长和幼儿）对课程的反馈信息而对已有课程进行调整、改编的过程。而课程的创生，根据我园课程理念和多元文化背景，生成符合办园目标和幼儿年龄特征的课程，以丰富原有的课程体系。

在研究过程中，我们始终把握时代发展、课程内涵发展和教师专业发展三个基点进行课程的调适与生成，并围绕四个思考点进行实践探索，即：

1. 如何将社会发展与乌南现有课程融合，进行课程目标的调适及创生；

2. 如何结合乌南多元文化课程背景解读课程内涵，进行课程内容的更新与调整；

3. 如何遵循课程实践中传承与创新的原则，探讨课程更新与调整的方法；

4. 如何运用课程调适和创生的保障机制，凸显课程领导力。

**三、行动：课程调适与更新的实践**

课程建设是一个非常庞大的命题，我们将具体的建设工作分解到四个方面，以其作为研究抓手进行具体的课程更新与调整。

（一）课程目标的调适和创生——关注时代、幼儿园发展变化和需求

乌南幼儿园从 1997 年开始关注幼儿自主性的培养，经过近 10 年的研究形成了"幼儿自主性课程"。2002 年乌南幼儿园开办境外班，幼儿构成比例发生了变化，有四分之一以上的幼儿来自海外，35%—40% 的家长有海外求学工作的经历。在这一背景下，我园于 2008 年开始建构多元文化课程，将课程定位为"多元文化背景下的幼儿自主性发展课程"，在实践中把东西方教育的特质、理念、目标加以融合，提供宽松、和谐、开放、可供选择的、满足幼儿发展需求的保教活动环境和教育模式，尊重幼儿健康个性发展，挖掘幼儿多元潜能和智能。为此，我园把课程目标调整为：以国际化的视野，在幼儿一日生活中融入自主性的培养，将乌南的孩子培养成为符合国际社会发展的"具有中国心的世界小公民"。

（二）课程内容的调适和创生——把握资源的生态性与适宜性

文化无对错、高下之分，在对乌南已有课程进行调适，对来自不同文化背景中的教育内容进行筛选并创生新的课程内容时，我们主要依靠两个原则：第一是把握资源的生态性，第二是把握资源的适宜性，如以下两个例子。

例一：由"贡多拉"引发的思考

在《交通工具》主题活动中，教师因为自己班级有个别孩子去过意大利，创生出"中国

乌篷船"和威尼斯尖舟"贡多拉"对比的教育活动内容。活动中教师邀请去过意大利的孩子讲解在意大利的所见所闻,还重点呈现意大利的贡多拉图片。活动的最后一个环节,当老师问及:你们喜欢乌篷船还是贡多拉时,令老师们大吃一惊的是,全班孩子统统举手表示喜欢意大利的贡多拉。

在例一中,我们可以发现,教师通过课程创生为幼儿原汁原味地呈现了意大利威尼斯尖舟"贡多拉"和江南水乡"乌篷船"的对比,努力体现我园"国际化视野"的课程目标,但教师对于幼儿最终的反馈心存疑惑。为此,教研组展开了讨论,最终达成了一致:幼儿最终反馈的结果正映照了多元文化背景下的课程特点。我们无法判断两种事物孰优孰劣,但是我们有必要给幼儿呈现出完整的事物原型及对应的国家文化,让幼儿接受真实的、多元的文化内容。由此,课程资源的生态性是课程内容调适与创生的首要原则,教师要勇于开阔幼儿眼界,开拓不同国度的本土生态事物和现象,为幼儿呈现多元的、开放的、丰富的课程内容体系。同时,我们也需要教师谨记"文化自尊"和"文化尊重"的原则,在引导幼儿欣赏异国文化的同时,更应该重视本国、本民族的文化生态环境和文化习俗。

例二:令人纠结的万圣节

近年来,乌南境外班的万圣节课程逐渐向境内班延伸。园方通过调研发现,境内班万圣节课程实施存在一定的问题:境内班大张旗鼓地开展国外节日,"扬他国威风,灭自家士气",课程内容未立足本国文化;其次,通过实践发现,年龄小的幼儿对于万圣节的鬼怪、黑猫等形象感到恐惧。园部讨论协商后制定了万圣节活动实施要点:境外班实施原汁原味的万圣节活动,境内中大班"可做可不做"、小班"不做"。这样的调整究其原因是基于资源的适宜性,课程内容要尊重幼儿的年龄特点。

从例二可以看出,幼儿园结合幼儿的年龄特点,从幼儿的"经验"、"情感"角度出发,不断调适万圣节活动内容,从而使该活动更加具有适宜性。幼儿园也反思一刀切的课程不能占据主导地位,要考虑资源的适宜性。各个年龄段要把握好幼儿的身心发展特点,有选择、有重点的开展富有童趣的、活泼的万圣节活动,选择"适宜幼儿发展的"的活动内容是重中之重。

(三)课程实施中的更新与调整——关注幼儿学习特点、生活经验,凸显文化特色

在多元文化自主性课程实施的过程中,教师从幼儿的学习特点、生活经验出发,不断调适已有课程,创生出影射社会热点元素、符合幼儿发展需求、融入多元文化的活动。

1. 从幼儿学习特点出发进行活动实施的更新与调整——由静到动,动静结合。

例三:国旗的秘密

在中班"我们都有一个家"的主题中,有"各国的国旗"的集体教学活动。活动中,教师使用 ppt 介绍各国国旗,幼儿安静欣赏。通过一轮的课程实施后,教师发现这样的"集体讲解法"不能够满足中班幼儿的需求。于是中班教研组对该活动实施进行了调整,增加幼儿

操作环节。幼儿在欣赏各国国旗后，自主寻找国旗的"秘密"，观察国旗的图案，根据国旗上星星的数量，对国旗进行归类摆放。两次实践之后，又在活动的最后一个环节，创生了"国旗背后的故事"的环节，使得活动更加生动并富有文化气息。随后，中班教研组还在区角中开展国旗对对碰等操作活动。集体活动、个别活动两者互为补充，相得益彰，活动实施效果显著。

从例三可以看出，幼儿的学习特点是影响课程实施更新与调整的重要因素。教师一致认为中班幼儿以具体形象思维为主，国旗图案丰富、有趣，认知与操作结合的方法比集体讲解效果更加有效。对教师来说，幼儿的学习特点是怎样的，以什么样的活动形式和教学方法来组织活动，是课程实施中需要考虑的首要问题。

2. 从幼儿生活经验出发进行活动实施的更新与调整——有取有舍，应变而变。

例四：老师，老师，你最牛

2010 年 9 月，大班教研组围绕着"教师节"的主题创生了"老师，老师，你最牛"的活动。2011 年大班教研组又对本活动进行了实施方法的更新与调整。实施方法的更新与调整源于幼儿对于"rap"这种说唱形式的经验缺失，因为达人秀活动造成的社会氛围已经逐渐褪去，本届幼儿缺乏对于说唱经验的认知。大班教研组几经修改，把该活动由原先的一个教时一分为二，同时把说唱的集体教学方法调整为"节奏朗读"与"区角创编"相融合的方式进行。

幼儿园在实施课程的过程中应该关注幼儿的原有经验。幼儿的经验是发展变化的，有个体差异的，因此要求幼儿园的课程及组织实施应该具有与之对应的动态性。在例四中，教师结合当年的社会热点话题及幼儿生活经验，创生出"老师，老师，你最牛"的活动。然而时代背景变了，下一届幼儿该方面的经验有缺失，在第二年活动推行不下去的窘境中，教师又机智地将原有的集体活动一分为二，有效推动了活动的实施。由此我们也得到了实践启示：教师要立足于和幼儿之间的对话，将幼儿的生活经验作为课程实施更新与调整的要素之一，从而真正地形成一种"生活"课程，充分体现"教育即生活"的课程理念。

3. 从园本课程特色出发进行活动实施的更新与调整——融入文化，自主合作。

例五：变脸

大班教研组在实施"大中国"主题活动时，经讨论一致认为，以往的欣赏京剧脸谱、绘画脸谱、给脸谱涂色的活动已经不能凸显当前幼儿园多元文化课程建设内涵。于是大班教研组设计并实施了"世界各国面具"的集体教学活动。在教学实施过程中，教师捕捉到很多孩子都提到"变脸"，基于变脸为中国一大特色文化内容，大班教研组再次调整课程实施，把欣赏面具调整为以欣赏川剧为主的集体教学活动。大家一致认为，这一调整和我园多元文化课程内涵相吻合。在实践教学中，幼儿尝试 4 人一小组合作变脸，还可自行商量变脸动作、讨论出场顺序、商定队列站位等，幼儿自主学习得到充分体现。

多元文化教育的目的,首先是为了让儿童欣赏大千世界有着形形色色的现象,开阔眼界,对这些现象发生兴趣。例五中的教师基于幼儿园课程特色,从多元文化理念出发,将京剧脸谱调整为欣赏各国面具;当幼儿对川剧变脸产生兴趣时,教师又将欣赏各国面具调整为欣赏川剧。大班教研组相继调整课程实施的活动背后,是对本园课程理念与特色的彰显:在课程实施中不断融入多元文化,并促进大班幼儿逐步由集体教学走向自主合作学习。

### 四、反思:课程调适与创生的保障机制

1. 自上而下——园部统筹实施、制定方案。

我们成立了由园长、保教主任牵头的课程领导小组,通过教研组长的引领,建立了领导组织与管理部门和培训、计划、总结、研讨交流等制度,并引入外援,将课程内容具体落实到周、日,确保教师在使用上便捷高效。

2. 以点带面——发挥先行班组与项目小组作用。

在园部统筹实施的基础上,我们的课程调适以点带面推进,先行班组率先实施。先行班组将统整的课程内容全部实施后,由点带面逐渐向其他班级推开。

3. 统筹协调——完善课程调适与创生的流程。

在我园课程调适与创生的实践研究中,园长作为课程领导者,不断帮助教师理清本园课程目标、把握课程内容、引入多元课程评价、把控监督课程的实施,真正提高园长的课程领导力。同时也密切关注教师课程实施的过程,加强对教师课程调适与完善的监督与评价,不断完善幼儿园课程调适与创生的流程。

## 以班为基点的课程实施的定位和管理

虽然幼儿园都会根据课程的目标、结构、内容等设定与之相匹配的基本课程实施方法和要求,并且要求能落实到各个班级的课程实施层面,但幼儿园课程实施方案对课程实施的规定并不应该"一刀切"。幼儿园课程编制与实施应注重过程,与幼儿的生活经验相贴近,符合幼儿的兴趣,并满足不同幼儿的合理需要。幼儿园课程实施不仅是将设计的课程方案付诸实践的过程,更是每位教师根据方案对各自班级的幼儿实施影响的过程。由于必须考虑幼儿园每个班级的不同情况、幼儿的不同兴趣、需要、能力和发展水平等差异,幼儿园课程在每个班级实施与落实的本质就会是一个课程的"再设计"与"再实施"的过程,其中需要教师富有创造性的劳动。在这个意义上,幼儿园课程实施方案在对幼儿园整体课程实施进行统一规定的同时,还需要考虑以班为基点的课程实施。

以班为基点的课程实施是指教师立足于班级,根据班级幼儿的实际发展水平和兴趣爱好需要,对幼儿园规定的课程及实施要求进行灵活调整而形成的适合本班情况的实践

行为和操作方法。以班为基点的课程实施是课程班本化实施的过程，能使幼儿园课程真正体现出"以幼儿发展为本"的理念，也使课程实施成为教师发挥创造性的过程。有效提高幼儿园课程实施的质量。因此，幼儿园要给各个班级的课程实施留有一定的自主选择、调适或创生的空间和余地，让教师能在课程实施的过程中根据自己特定的教育对象，对课程进行加工和再创造。

## 一、现有的问题

二期课改以来，随着"以班为基点的课程实施"理念的逐步倡导和实践的逐步推进，大多数幼儿园还是能够理解其重要性和涵义，不少幼儿园在课程实施方案的编制过程中也努力体现幼儿园课程班本化实施的思想和做法。但综观来看，目前幼儿园所制定的课程实施方案在"以班为基点的课程实施的定位和管理上"，还是反映出了一些值得关注的问题。

### 问题 1
**对课程实施的管理较为死板，未考虑以班为基点的课程实施的弹性。**

可能是为了追求和保证各个班级和幼儿园整体课程实施的质量和有效性，也为了便于对课程的统一监管，有一些幼儿园在课程实施方案中对课程实施的要求是面向全园的，不管是在整体上对如何实施课程做统一的规定，抑或是事无巨细罗列了各类活动的很多基本操作要点和提示，都没有提及课程在各个班级是否可以有自主调整或自主创生的权力，这意味着教师只需严格按照统一的课程内容和实施方法进行操作就可以了。也就是幼儿园对课程实施的管理是标准化的、死板的，未考虑给予教师班级课程实施的弹性。这也意味着同一个年龄段每个班级所实施的课程内容可能都是一样的，所采取的课程实施方法可能都是雷同的，教师按部就班，不需要去考虑课程实施的班本化问题，在观念上未意识以班为基点的课程实施的重要性。由于课程实施方案中没有明确的课程班本化实施的相关规定，即使幼儿园实际是允许班本化的，但可能往往给教师带来课程不需要班本化的错误导向，或者使教师在实际课程实施中容易忽视"课程班本化"的重要性。

### 问题 2
**关于"以班为基点的课程实施"的规定简略概括，对教师班本化操作的指导性不强。**

目前，有不少幼儿园已经关注到课程实施要注重班本化的问题，并且在课程实施方案中，对于以班为基点的课程实施的弹性，已经有所规定。但方案文本中，幼儿园常常用一两句话简略概括地予以说明，对于过程中教师具体可以如何去操作、在哪些内容范围内可以以何种形式进行班本化等等,都没有具体的规定和措施。这就往往导致教师知道自己有课程班本化的"权力",但对于自己的权力界限和如何用权并不是很明晰,这就容易出现教师徒有权力,但不敢用权或随意用权的问题。例如:课程内容:85％的统一课程＋15％的班级生成课程。又例如:根据幼儿园的特色发展目标,鼓励教师在多种活动中灵活渗透创新教育的机制,研究和掌握运用创新教育的策略和方法。同时正确处理好"预设"与"生成"的关系:"预设"与"生成"对幼儿发展具有同等重要的价值。"预设"与"生成"共同指向四种活动形态,两者应相互渗透,有机融合。

以上两例中,幼儿园已经允许班级有自发生成的课程内容,给予教师课程生成的权力并鼓励教师进行四类活动的生成。但第一个案例中,15％的班级生成课程是在哪个活动形式中、在哪个课程类型中可以进行,并不是很明晰;第二个案例中,教师具体生成的度到底可以有多大,却又没有规定。

### 问题3
**方案中没有对以班为基点的课程实施进行质量监控。**

在给予班级课程实施以选择、调适和创生的权力后,幼儿园课程实施方案并没有对各个班级课程实施的质量管理和监控予以同步重视和说明。要知道,放权不等于放任自流,放权并不等于会用权和用好权,这其中最主要的原因就是因为教师的水平参差不齐,教师的专业能力有限。例如:

> 有幼儿园在对本园课程实施方案的前期调查和反思中发现:在课程实施过程中,因每周只能有五节集体教学活动,教师觉得不够,就开始随意增减课程主题、随意安排课程实施时间,造成了课程多变、易变、不规范等现象。如:某老师认为其班"大中国"的主题已经开展了整整一个月的时间,没有什么理由,就是凭自己的感受,感觉到这个活动到火候了就收场。

可见,在鼓励班级教师课程实施班本化的同时,幼儿园予以必要的质量监控和专业引领也是非常有必要的。

为何在班本化课程实施中会出现以上这些问题呢?究其原因,我们认为,可能有以下两种:

第一,因为以班为基点的课程实施被认为是涉及到各个教室层面的具体操作,往往被认为属于课程具体实施的范畴,不属于课程领导的范畴。换言之,可能园长在组织编制课程实施方案时,认为自己应该在课程的总体方向和框架上把舵,各个班级的课程实施就应该由教师自己去把握,因此,对于课程的班本化问题或如何支持课程的班本化问题上,并没有去有意识地做清晰的思考,或者即使有所思考,可能也没有太强烈的意识要对该问题予以规范化和明确化。在这样的思路下,幼儿园在课程实施方案中对以班级为基点的课程实施说明或者不写,或者写得含糊不清,或者没有配套的质量管理与监控。

第二,即使幼儿园明白课程班本化的重要性,但出于管理方便、保证基本教育教学质量的考虑,或者出于对教师能力缺失的担忧,幼儿园仍然倾向于固化的、标准的"一刀切"课程,因而留给教师的弹性空间就会相应缩小。但是,这显然与课程改革的要求、与幼儿的不同需求还是不相吻合的。

## 二、改进策略

课程最终是要落实到各个班级幼儿的身上,由社会层面、观念层面的课程,最终转化为教师层面实施和幼儿体验到的课程,所以,"以班为基点的课程实施"是幼儿园课程实施中最基础的、最下位的,但也是非常关键的一步。因此,在编制幼儿园课程实施方案时,园长仍然应对这一层面的课程实施有较为清晰的规划和管理,在整体上有所领导和监控,对教师以班为基点的课程实施能力有所推进。

那么,在幼儿园课程实施方案的编制、实施与完善过程中,究竟如何来定位和管理以班级为基点的课程实施呢? 基于对以上问题的剖析以及一些幼儿园的实践经验,在这里提出一些策略和建议供大家参考。

**1. 明确赋予教师以班为基点的课程实施的权力,并提供富余的课程内容和资源供教师和幼儿选择、调整和组合。**

从二期课改纲领性文件《课程指南》精神看,"预设与生成是幼儿园课程形成的方式","教师要恰当处理预设与生成的关系,使各种活动真正成为师生积极互动、交流、共同建构的过程"。由于要关注到幼儿自发的生成,课程实施应该保持一定的动态性。因此,以班为基点的课程实施的另一层涵义即是教师在自己班级课程实施的过程中不能固守统一预设,幼儿园应赋予教师班级课程实施的权力,允许教师依据幼儿的经验水平、当前的兴趣和需要等,灵活恰当地在课程中纳入幼儿生成的内容,对幼儿园统一课程进行适当的班本化。

此外,从幼儿园课程实践现实状况看,幼儿园课程实施是一个动态的过程,涉及众多变化的因素,再加上幼儿的发展特点、兴趣、需要等个体差异明显,幼儿园共性的预设课程内容到不同班级仍然可能会产生不恰当性,与本班幼儿的发展特点和需求不相吻合,需要由教师来进行适当地筛选和调整。因此,幼儿园课程实施方案在提供共性的预设课程的同时,应允许教师在遵循幼儿园基本课程实施要求的同时,适当地根据本班幼儿的经验水平、兴趣和需要、本班的课程实施资源（如家长资源）和教师的特长优势等情况，对预设的园本化课程予以进一步调整或重组，使课程更加符合本班幼儿的情况和需要。

在具体操作和规定上，幼儿园应把园所制订的或提供的课程（园本教材、教师用书等）看成是一个教师参考用书或教师实施课程的基本平台，让教师从"教教材"转为"用教材"，并在课程实施方案中明确规定教师对幼儿园共性课程有一定的调整、选择和组合的权力。例如：

> 课程设置在实施中有较大的弹性，各班教师要综合本班幼儿实际及教师风格制定出具有可行性的实施计划，创造性地实施教材。选择性课程的择定，既要综合考虑本班的条件和特点，也要充分满足幼儿个性发展的需求，使各班逐步形成个性化特色。教师有课程选择权，鼓励教师在课程实施中发挥自主性和创造性，并在教育实践中不断提高专业化水平。
>
> ——石岚幼儿园

为了保证教师用好、用足这种权力，也为了给予教师一定的专业支撑，幼儿园可以配套地通过多种方式和途径提供比基础性课程资源更丰富的课程材料或资源供教师在课程实施中参考和选择。比如，大班一个学期一般实施四个主题，而幼儿园可以提供六个甚至更多的园本化主题活动资源供教师参考。同样，在某个主题活动内部，则可以提供更多的活动内容、资源、方法、建议等供教师灵活地选择和调整。例如：

> 还有需要提醒你的是，在主题资源库中，有些集体活动虽然活动名称、活动目标相同，但呈现了不同的教学方法，这样能够让老师进行选择，以适合不同喜好、不同班级幼儿的学习水平。如：小班的数活动"小兔家的新门帘"，就呈现了两个活动教案。
>
> ——长宁实验幼儿园

幼儿园还通过共同性课程和特色课程资源相结合的方式，供教师进行班级主题活动实施中的灵活调整，以体现幼儿园的课程特色。例如：

> 园本教师用书《睿智运动》
>
> 本书提供了"我健康，我快乐"、"我们爱运动"、"快乐运动会"、"民族游戏"、"弄堂游戏"、"都市律动"、"健身俱乐部"、"走向自然"、"走近奥运"九个主题。以上主题内容可供教师在开展班级主题活动中有选择地参考使用。

如主题活动"健身俱乐部"，特色课程资源与共同性课程结合，可参见图3-1-3。

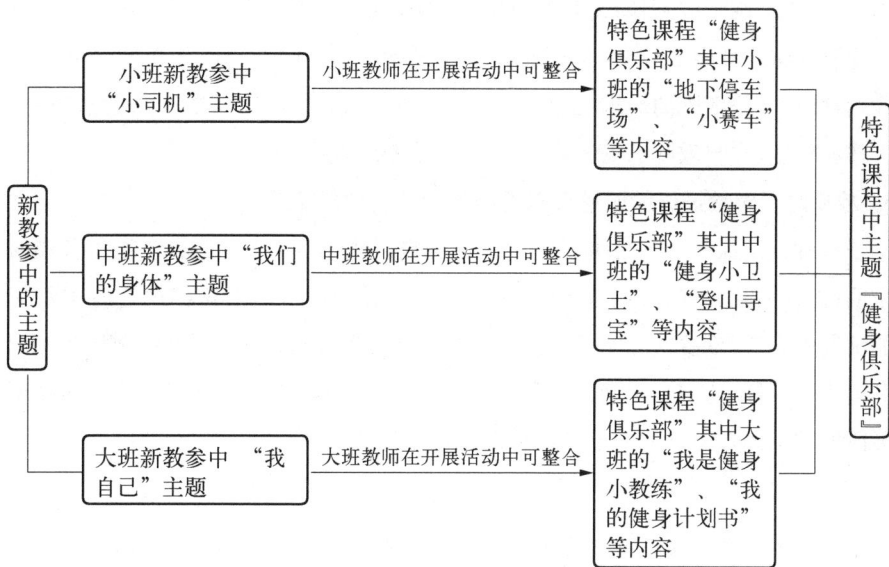

图3-1-3 特色课程资源与共同性课程结合

——瑞金一路幼儿园

**2. 在留有班本化空间的同时，给予教师课程班本化必须遵循的基本要求和指导。**

从细化、死板的课程实施要求转化为有弹性的要求与安排，留给教师和班级一定的自主选择、调整和创生课程的空间，这仅仅是达到了关注以班级为基点的课程实施的第一步。但教师由于受到自身经验、专业发展水平、幼儿园条件资源有限等因素的影响，加上选择权一旦变大，课程实施难度和承担的责任度也变大，因此，教师对于如何恰当行使好以班为基点的课程调整、组合、选择与生成的权力，可能会存有一定困惑，甚至可能产生不知如何操作的感觉。在这种情况下，如果课程实施方案能规定好以班级为基点的课程实施操作要点，列出一些供教师参考的具体要求与实施细则，将能给教师一些依据和引领，也能在一定程度上约束以班为基点的课程实施不会太"天马行空"，保证课程实施的质量。

需要注意的是，以班为基点的课程实施细则不能一概而论，即最好不要用简单的、"放之四海皆准"的抽象原则或理论来代替实施要求，而是要根据自己幼儿园课程的整体理念、目标、内容和结构等制定相一致的具体实施细则，这样才能保证班本化实施的可操作性以及幼儿园自身课程理念、目标和结构的具体落实。例如，芷江中路幼儿园将班级课程实施落在课程内容的选择与组合上，就相应地提出了与之对应的具体原则和策略；南西幼儿园的课程实施方案则根据游戏课程实施的特点和需要，提出了较多帮助教师如何回应幼儿在游戏中生成的策略等。

当然,实施细则具体到什么程度,既能对教师的班本化实施有所指导,又不会过多限制教师课程的选择和生成权,这是幼儿园需要谨慎考虑的问题。由于每所幼儿园的情况不一样,教师对实施细则的需求也有差异,因而这个问题的解决需要在实践过程中、在幼儿园工作积淀中、在与教师的反复探讨交流与改进中慢慢达成。

**3. 放权的同时做好班级课程质量监控的相关有效规定。**

给予教师一定课程实施自由度的同时,也通过一些班级课程质量管理和监控的相关规定来明确这种自由度的边限,以保证课程实施不过于随意。而这种规定应根据幼儿园各自的情况来思考,反映幼儿园班级课程实施的多样性和灵活性。例如:由于教师的专业水平和能力不一样,他们自主调适课程的能力也不同,因此幼儿园课程实施方案在不同专业发展阶段教师的自由度权力上需做分层规定。例如:

> 幼儿园课程实施方案中规定:尚未评职称、或已被评为幼儿园一级职称的教师必须按照主题计划中的内容实施活动;已被评为幼儿园高级教师职称的教师可以对主题计划中的某些的内容进行替换,但替换内容必须经教研组审核;被评为中学高级职称的教师则可以尽情地围绕主题目标,按照自己的想法设计实施主题内容。
>
> ——长宁实验幼儿园

再如,还有的幼儿园会采取互听互评,或请教师把对课程的调整和生成文案提交教研组讨论和交流的方式等,来保证班级课程实施的质量。

**4. 通过一系列引导措施,提升教师的课程意识和课程实施能力。**

虽然幼儿园可以对以班为基点的课程实施做一些质量监控的规定,但是毕竟课程班本化实施的最终目的是给教师一定的课程实施自由度,不可能通过规定再一次限定教师的权力,因此最后课程实施质量的提升还是取决于教师自己。在这种情况下,园长就需要在课程管理和推动教师课程实施能力发展的规划中体现出课程领导力,即通过一系列的引导措施来帮助教师提升课程意识和以班为基点的课程实施能力。

例如,有幼儿园曾发现教师在自由组合课程时,习惯于选择自己擅长的领域活动而导致课程领域严重不平衡的现象,园长就通过制订一系列培训方式来帮助教师努力谋求课程的平衡。

类似的引导措施可以配套地写进课程实施方案中去。当然,也应注意的是,对班级课程具体活动的组织实施研究与在以班为基点的课程实施过程中课程领导力体现的研究是不同的,园长应注意加以区分,不能把自己的职责演变为对各个班级具体活动的事无巨细的研究。

## 三、观点与提示

**1. 在幼儿园课程实施方案中明确定位以班级为基点的幼儿园课程实施的重要性。**

幼儿园课程以班为基点的实施是一个从静态的计划到不断动态调整的过程,课程实施方案的制定与落实应关注这个动态调整的过程。

课程不仅是一套程序,也还包括教育实际情景中的各种因素,这些因素会影响甚至改变课程实施。课程实施不是教师按照专家或管理者的课程计划不折不扣地去执行,而是要考虑儿童的兴趣和需要,还要考虑教育现场中的各种条件和状况,对课程计划做出调整。我们强调幼儿园课程实施的调整与生成,希望教师不是简单地执行课程方案,而是要创造性地参与课程实施过程,提出自己的想法和建议,同时也满足幼儿的兴趣和需求。事实上,课程实施虽然是将课程计划付诸于教育实践的过程,但以班为基点的课程实施也同时是教师对课程计划的"再调整"活动,是教师对课程的"再加工"活动,特别是对于低结构课程的实施更为明显。因此,在编制幼儿园课程实施方案时,对于以班为基点的课程实施的重要性一定要充分重视起来。

**2. 根据幼儿园的实际情况,结合教师的专业水平,进行以班为基点的课程实施的恰当而具体的规定。**

以班为基点的课程实施应赋予教师灵活选择、调整、组合和生成课程的权力,但具体的规定是没有固定模式可言,可以有多种形式,一切取决于幼儿园的实际。需要提醒的是,关于给予教师多大程度的班本化实施权力,幼儿园应根据自身的情况,特别是教师的专业发展水平,做出恰当而又具体的规定。例如,有的幼儿园因为尚处在师资队伍建设过程中,新教师居多,那么幼儿园给教师的整体权力范围可以较小,在教师有一定的实践积累或专业提升后再下放更多的权力,放权同时也给予教师班级课程实施的具体指导。

**3. 加强机制建设,多方面积极支持教师课程的班本化实施,并给予有效的管理和监控。**

课程实施方案在给予教师一定的课程实施自由度时,最好能规定一些以班级为基点的课程实施操作要点供教师参考,引领教师的实践。同时,辅以一些资源供教师选择,帮助教师进行班级课程的调整和生成。另外,园长要善于发挥课程领导力,建立相关的制度和管理方法,加强机制建设,通过听课评课、教研组课程审议、课程实施质量监控等,规范班级课程的实施,保证班级课程实施的质量。

这样,幼儿园能在一定程度上保证每个班级的课程实施既百花齐放,符合各个班级的实际情况,同时又能确保课程实施底线,满足基本的课程实施质量要求。也唯有这样,才能保证教师在课程实施上既不会觉得受限过多,又不会觉得难以操作和抉择,从而充分激发教师在课程实施上的主动性和积极性。

（张　婕）

## 四、实践案例

**案例 13**　　幼儿园课程实施方案及以班级为基点的课程内容选择与组合的研究[①]

### 一、提问：从"方案"到"实施"，距离有多远？

本园在参考《纲要》和《课程指南》的基础上，编制出一套符合本园实际、独具特色的《寻找适合孩子的教育——芷江中路幼儿园课程实施方案（征求意见稿）》，以期为教师的课程实施提供指导。

课程实施方案投入使用以后，暴露出诸多问题，尤其是教师随意选择与组合课程内容，导致课程内容或是脱离幼儿实际、或是缺失、或是重复、或是彼此间缺乏联系与连续性等。究其原因，一方面是课程实施方案的制定过于空泛，其中较多提到课程实施中的共性问题，以及针对共性问题提出的较为概括和上位的规定，而较少涉及以班级为基点课程实施的具体指导，更没有体现出针对不同能力水平教师进行的个性指导，如此，方案对教师课程实施的指导作用便削弱了。另一方面是在课程方案实施过程中缺乏相应的机制保障，使以班级为基点的课程实施存在诸多问题，最终导致了课程改革理念与实践的剥离。

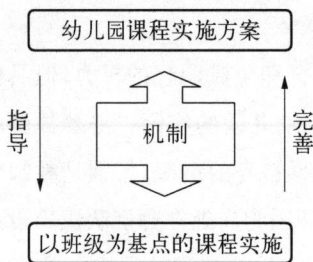

我们期望通过本项目研究，进一步完善幼儿园课程实施方案，尤其是在班级课程内容选择与组合方面，并且重在机制建设，创新机制、用活机制，通过机制推动幼儿园课程实施方案在以班级为基点课程实施中的落实，提升园长与教师的课程领导力，见图 3－1－4。

**幼儿园课程实施方案**

指导　　机制　　完善

**以班级为基点的课程实施**

**图 3－1－4　课程实施方案与以班级为基点的课程实施关系图**

### 二、行动：文本完善——从"空泛"到"实用"

追本溯源，幼儿园课程实施方案是以班级为基点课程实施的基础，我们遵循基于问题、完善文本的思想，开始我们的行动。

问题一：以班级为基点的课程内容从何而来？

1. 问题的呈现与分析。

基于预设与生成课程的需要，以班级为基点的课程内容主要来源于各类教材及社会

---

① 案例 13 由闸北区芷江中路幼儿园撰写。

资源。课程领导小组成员查阅班级的各类计划后,发现由于方案并未规范班级课程内容的来源以及各来源的使用比率,班级课程内容的出处五花八门,教师根据个人喜好选择教材的现象突出。

2. 明确以班级为基点课程内容的来源。

适宜的教材既能体现"二期课改"精神,又能提供丰富的教育教学资源,指导教师的行为。课程领导小组成员据此对教师常用教材进行审核,在方案文本中明确以班级为基点的课程内容来源,见表3－1－4。

表3－1－4　课程资源表

| | | 资　　　源 | 比例 |
|---|---|---|---|
| 主要来源 | | 《上海市学前教育教师参考用书》(《生活活动》、《运动》、《学习活动》、《游戏活动》) | 70% |
| 补充资源 | 园本课程资源 | 《幼儿园自主性"探索—表达"教育活动》,郑惠萍主编,上海社会科学院出版社 | 30% |
| | | 《奇迹：其实它很平凡——幼儿园探索型主题活动集锦》,郑惠萍主编,百家出版社 | |
| | 其他资源 | 《幼儿园主题式课程教师用书》,朱家雄主编,教育科学出版社<br>《幼儿数学新编》,邹兆芳主编,上海三联书店出版<br>《幼儿园活动整合课程指导》,周兢、陈娟娟主编,南京师范大学出版社<br>《一课一案——幼儿园优质案例汇编》,李愍宜主编,华东师范大学出版社<br>…… | |
| | | 班级家长、社区、自然环境资源等 | |

问题二：以班级为基点的课程内容的选择依据是什么？

1. 问题的呈现与分析

修改后的幼儿园课程实施方案实施一段时间后,课题领导小组通过自编问卷调研与访谈相结合的方法,发现了班级课程实施中的新问题：

● 教师主要从主题及自身角度出发选择班级课程内容。

问卷数据显示：在选择课程内容时,所有教师都会考虑当前主题,79.1%的教师会借鉴已有的课程内容,只有39.4%的教师会考虑幼儿身边的人。同时,教师在开发利用课程资源时,97.1%的教师利用幼儿园资源,94.2%的教师利用自身资源,利用社会资源的只有50.7%。此外,访谈中教师反映无法全面了解班级幼儿的经验水平,因此很难根据幼儿的经验选择课程内容。综合以上因素,我们发现教师很少从幼儿角度出发选择课程内容。

● 班级课程内容时常出现过难或过易的现象。

访谈中教师反映,哪怕课程内容从本年龄段教材中选择,也会出现课程内容简单,缺乏挑战性或内容过难,超出幼儿理解范围的情况。园长及保教主任也反映,在平日看课的过程中,发现教师不能很好把握本班幼儿的年龄特征,以致出现课程内容不适宜本班幼儿的情况,这一问题在青年教师中更常见。

究其缘由,是因为幼儿园课程实施方案并未对教师根据班级情况选择课程内容做出具体指导。因此,课题领导小组试图通过总结以班级为基点选择课程内容,提高班级课程内容的适宜性。

2. 探讨以班级为基点课程内容选择的依据

通过教研活动时教师的畅所欲言,初步归类、概括了以班级为基点课程内容选择的依据:幼儿的年龄特征,幼儿的已有经验和兴趣,幼儿的现实需要。以《生活活动》为例,在《生活活动》的教材中,活动内容并没有按照年龄或由易到难的顺序编排,而是教师根据幼儿的需要自主进行选择。教师要以幼儿的现实需要为线索进行活动内容的选择和组合。依据二期课改教材的特点——上海市二期课改的教材各有特点,如《学习活动》以年龄来划分,而《生活活动》不以年龄来分。生活活动内容可以采用分阶段突出重点的方法,而学习活动可以采用主题网络的形式展开。此外,还要依据季节、重大节日、本地文化等因素。我们将依据发放到每一位教师手中,并在业务学习中安排教师集中学习,同时提倡将依据粘贴在醒目的位置,以便教师自查自省及反复检验依据的科学性。经过一段时间的实行后,我们将此依据收入幼儿园课程实施方案中。

问题三:以班级为基点的课程内容怎样组合?

1. 问题的呈现与分析。

随着幼儿园课程方案的进一步修改与实施,课程领导小组成员编制访谈提纲,对教师及管理层进行访谈,又发现了班级课程实施中的新问题:

● 教师课程平衡意识具备,课程平衡效果不佳。

二期课改背景下,教师们对课程平衡的说法非常熟悉。访谈中,很多教师表示,她们在选择课程内容时,有课程平衡的意识,也知道课程平衡的重要性,然而这种意识并没有很好地指导实践,多维度兼顾课程内容的平衡让教师觉得非常困难。几位执行园长在访谈中也都提到课程不平衡现象非常普遍,而这种不平衡主要体现在活动领域、活动类型、活动时间安排比例等方面。

● 幼儿年龄特点、已有经验及发展规律难以兼顾。教师的计划经常出现先难后易,学科逻辑跳跃等不符合幼儿发展规律的问题。

● 把握幼儿生成使教师面临极大挑战。包括对生成活动内容的价值判断,目标定位等。

产生以上问题主要源于:

一是理论尚未融入实践。教师们接受新词汇、新说法很容易(比如"课程平衡"、"生成活动"等),然而,当真正地去实践这些说法,践行背后更深层次的理念时,遇到的困难往往让教师们束手无策。

二是缺乏相关经验。教师难以兼顾幼儿年龄特点、已有经验及发展规律,实质反映的是教师经验不足所带来的困惑,而经验是在时间和事件的不断累积中获得的。

2. 总结以班级为基点课程内容组合的原则与策略

面对新的问题,课程领导小组进行挖掘和梳理,将本轮研究的重点定位在课程组合的原则与策略方面,以期为教师的教育实践提供实实在在的指导。

第一步：针对问题,深入实践。教研会议上,我们将教师访谈中汇总的问题一一向教师们提出,并列出提纲,请教师们在后一阶段的实践中进一步探索、挖掘,搜集例证。第二步：集中讨论,头脑风暴。在一阶段的深入实践之后,召开专题教研会议,进行头脑风暴,就问题进行探讨,重在举例说明。大家纷纷提出自己的想法、做法、效果、困惑,科研小组成员收集信息。第三步：经验总结,内涵提升。项目小组成员将汇总的信息进行整理,将经验进行提升,总结出课程内容组合的原则与策略,将其加入到我园课程实施方案的课程实施部分。

(1) 教师根据班级情况预设的课程内容的组合原则

原则之一："序"与"统""整"的有机结合

纵向——"序"(深度)

班级两位老师要充分考虑本年龄段的教材中各领域知识自身的序、本班幼儿心理成长的序、事物发展本身的序。在组合课程内容时,将班级教师各自选择的课程内容进行统整梳理,把握内在的"序",遵循教育活动由易到难、由浅入深、由点到面的内在规律。

横向——"统"与"整"(广度)

"统"主要是指两位班级教师对于所选择的课程内容的统筹安排,"整"即整合,目的是为了实现课程内容各板块和领域的有机联系与平衡,见图3-1-5。

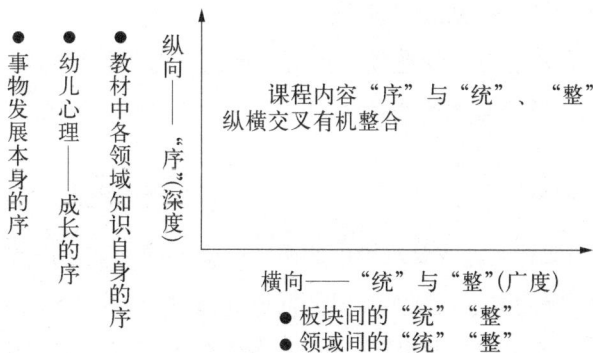

**图3-1-5 课程内容"序"与"统""整"关系图**

班级两位教师在选择与组合课程内容时要进行协商,尽量使不同板块内容相关联,共同服务于活动主题,并考虑各个领域间的平衡,有益于幼儿经验获得的联系与完整性。

原则之二：为生成课程预留选择组合的空间,保证课程的动态特点

以计划为依托有侧重点地选择与组合。教师在选择与组合课程内容时往往以计划为载体,从班级计划——月计划——周安排——日活动安排,各有侧重。但计划并非固定不变,在课程组合时,要及时为生成课程预留空间。

(2) 根据幼儿兴趣和需要生成的课程内容的组合策略

运用策略一:链接。将幼儿经验以类化主题的方式链接,围绕一个点展开,延伸为探索性课程。

运用策略二:调整。基于幼儿对特殊事件、突发事件等产生的新的兴趣点,教师对课程内容进行调整。原先预设的内容经过链接后也需要及时调整。在此基础上,教师进行新的课程内容组合。

经过三轮的实施与修改,教师普遍反映我园的课程实施方案可操作性增强,越来越具有指导意义。

### 三、反思:"放权"了,就能"落实"吗?

为了与课程方案相适应,我园推行"支持性班级管理制度",将"课程内容选择与组合权"完全下放到班级,从而保证班级课程内容的选择与组合更符合班级实际。

我们沾沾自喜,品尝丰收的佳酿,却发现杯中之物依旧酸涩。为什么幼儿园课程实施方案已经明文规定班级课程内容选择和组合的来源、原则和策略,但教师随意选择与组合课程内容的现象依旧存在?"放权"了,就能"落实"吗?

课程领导小组组织教师就此问题展开讨论。"放权"本身没有问题,问题出在幼儿园课程实施方案并未很好地落实到班级。方案虽然能够指导教师,但教师在实施中的具体问题应该如何解决?机制具有联系"方案"与"实施"的桥梁作用,但我们的"桥梁"太过狭窄,无法贯通两端。

### 四、深化:机制建设——从"弱"到"强"

基于问题,我们再次行动。课题领导小组遵循三级课程管理体制的思想,加强了班级、教研组与幼儿园三个层面的机制建设,其中既有原有机制发挥新的作用,也有根据需要设立新的机制。

1. 互听互评制

以班级为基点的课程实施需要班级中的两教一保共同完成。因此,在幼儿园课程实施方案中明确指出班级内的三位教师需要共同协商,选择与组合班级的课程内容。但是教师与教师,教师与保育员之间的生活经历、风格特点、经验累积以及专业水平等差异对以班级为基点的课程实施提出了挑战。差异无法即刻减少,但差异引发的分歧需要尽快解决。我园现有机制无法满足教师、保育员的需求,急需建立能够将差异化为资源,通过增进同班保教人员间的了解,促进沟通,从而形成班级最大合力的新机制。课题领导小组听取教师的好做法、好建议,从中提炼更适宜班级层面灵活运作的——互听互评制。

互听互评制是指班级内的教师与教师之间,教师与保育员之间互相观摩活动,在平等对话的基础上,互相点评,共同商议,解决以班级为基点课程实施中的诸多问题。教师与保育员可以根据需要随时启动机制,该机制运作流程可参见图3-1-6。

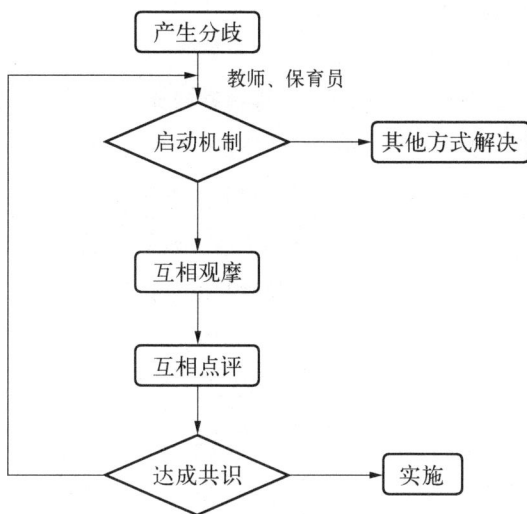

图3-1-6 互听互评机制运行图

2. 教研组集体诊断制

尽管同级组班级各有特点,但更易产生共性问题。因此,我园将任教同一年级的教师组成教研组,并根据教研组研讨的特点,设立教研组集体诊断制。

教研组集体诊断制是指教师利用教研组活动的机会,以讲故事、现场再现等形式呈现自己在实践中的收获、困惑或问题,同年级组教师共同分析背后的原因,探讨适宜的做法,分享成功的经验,以达到群策群力、共同进步的目的。

我们将项目内容以专题形式嵌入教研组集体诊断制,促进已有机制发挥出新的作用。

具体做法:学期初,教研组成员共同商议后,开辟"以班级为基点课程内容选择与组合"专题,并将专题分解成若干小专题,包括:"以周计划为例,研讨领域间的平衡"、"以数活动为切入口,探讨月计划中课程内容的有序组合"、"以班级为基点课程内容选择与组合中的问题及对策"等。教师根据各自的特长及兴趣,"认领"小专题,确定教研组轮流主持计划,并根据计划,定期举行教研组会议,基于问题,集体诊断,推动班级课程实施。

3. "电池机制"

为了将幼儿园课程方案真正落实到班级,为了便于教师自我检验以班级为基点课程实施的质量,为了及时给予教师相应的支持与帮助,我园系统构建了以"电池机制"为核心的课程质量监察与管理机制,喻示教师的发展也应如电池一般,不断充电、蓄积能量、获得发展。与此相配套,我园编制了一套教师课程实施质量评价指标体系,并为自评指标配套相应的操作指引,体现了自评为主、自评与他评相结合的特点。根据评价指标,教师可以对自身的课程实施水平进行诊断,进行能力分层,并可根据相应层次的操作指引改进行为与提高能力。这一机制能够明显地体现出教师在不同时期的发展速度,鼓励不同特长教师能力互补,形成合力,共同进步。

## 五、总结与反思

本项目将研究定位于以班级为基点的课程内容选择与组合上,针对教师提出的问题,开展行动研究。幼儿园在课程实施与项目研究过程中,对经验进行了梳理与提升,形成了一组教育案例以及项目故事,从而真正意义上提升了教师课程内容选择与组合的能力。

同时,为了解决以班级为基点课程实施中文本方案弱化的问题,我们设立了不同层面的三项机制,使得幼儿园课程实施方案更有效地落实于以班级为基点的课程实施中去。

不过,以班级为基点的课程实施涵盖了课程目标的分解、课程内容的选择与组合,课程的实施、课程的评价等各个方面。如何将研究经验推广到以班级为基点课程实施的各个方面,如何推动机制跟进以班级为基点的课程实施,是需要我们进一步思考的问题。

# 第二节

## 如何运用管理机制保障幼儿园课程资源的有效开发与利用

上海市二期课改以来,幼儿园的课程观发生了很大的变化,课程内容的架构不仅仅是书面内容的安排,课程内容不等同于静止的教材内容,影响幼儿发展与经验获得的各种因素,包括幼儿园、家庭、社区等环境资源,都构成了幼儿园课程内容的组成部分。基于这种广义的课程观,资源利用的课程化,已成为幼儿园课程实施的一种大趋势。

但我们也要知道,并不是所有的资源都可作课程资源,只有那些真正进入幼儿园课程实施领域、与幼儿园教育教学活动相联系的资源,才是现实的课程资源。课程资源是课程设计、实施和评价等整个课程编制过程中可资利用的一切人力、物力以及自然资源的总和,包括教材以及学校、家庭和社会中所有有助于提高学生素质的各种资源。就幼儿园的课程资源而言,一般包括教材、大社会、周边的社区、家庭、幼儿园的环境条件如专用活动室等。目前,幼儿园在大课程观的精神指导下,在课程实施中积极地开发、利用各种课程资源。课程资源的开发和利用拓展了幼儿园课程内容的有机组成部分,也丰富了幼儿园课程实施的途径,并能彰显出幼儿园的个性特色。但是,这些众多的课程资源如何整合并得到有效的开发与利用,如何运用管理机制来保障幼儿园课程资源的开发和利用,是幼儿园课程建设与课程实施中必须要面对的问题。

## 一、现有的问题

目前,课程资源的开发与利用可以说是风生水起,形成了幼儿园课程实施的独特面貌。但是,在幼儿园课程资源的开发利用中,还存在以下的一些问题:

**问题 1**
**幼儿园的资源室创建雷同化,资源室闲置率高。**

随着学前教育的快速发展,随着政府对幼儿园的投入越来越多,幼儿园空间越来大,条件也越来越好。很多幼儿园花了大量的资金装饰环境与活动空间,创建各种幼儿专用活动室。但有的幼儿园由于匆忙着手,来不及对专用活动室的内容与功能深思熟虑,因此,看上去活动室布置很讲究,幼儿在其中开展的活动很热闹,但仔细分析后会发现,同类的活动室居多,活动室的环境布置、活动的内容、操作的材料有雷同的趋向,与幼儿园课程园本化实施的关系不密切。由此,活动室创建中要注意什么,怎样创建利用才符合幼儿园课程实施的需要,创建后的活动室如何使用才是有效的,这些问题如果没有充分考虑清楚,创设的专用活动室就会形同虚设,摆摆样子,观赏的作用大于使用价值,无法转化为幼儿园的课程资源。所以,在幼儿园空间的利用中,专用活动室的有效开发与利用已成为课程实施的一部分,但同时也是每一所幼儿园必须慎重考虑的问题,幼儿园要将提高资源的使用率作为课程实施与管理中的关注点。

**2. 资源的开发利用与幼儿园课程实施的结合度不够紧密。**

幼儿园面对的资源纷繁复杂,比如幼儿园内部环境资源、家长资源、社区资源、社会资源等。在将这些资源引入幼儿园课程实施内部、成为教师教育活动的重要内容和实施途径、与幼儿园的课程实施结合时,可能也会存在很多盲区。如对资源的课程价值缺乏分析,导致资源使用随意,出现"拉在篮里都是菜"的局面,与幼儿园课程实施没有紧密的结合。其实,社会上的资源很多,但不是所有资源都能成为课程资源,要成为有效的课程资源,必须从幼儿园课程内容的重要组成部分和幼儿园课程实施途径的角度出发,对这些资源进行有目的的分析、选择和运用。

**3. 幼儿园保证课程资源有效运用的管理不够到位。**

课程资源在使用的过程中,要充分发挥资源的作用,需要对资源的利用或运作进行管理,要建立可行的制度保障其运行,以实现资源在课程实施中的有效功能。但不少幼儿园课程实施方案"课程管理"一栏中,有关资源管理内容几乎是"白板",有些幼儿园根本没有提及,有些提及了也只是寥寥几句。例如:

> 建立保障课程实施的各项管理制度:
>
> 1. 课程研究小组每月一次对全园课程建设与实施中的相关问题进行研究。
>
> 2. 课程研究小组每学期一次对课程实施情况进行汇总和分析,对课程实施方案进行调整与完善,同时补充课程实施的资源库。

此例说明幼儿园的课程实施管理中对资源管理缺位或不到位,反映领导对课程实施的规划与管理不够全面。造成这一现象的原因也许是园长认为,资源不是课程的主要内容,对课程资源的管理做得好与不好、完整与不完整,对于基础课程实施无伤大雅,因而没有花力气去对待,疏于对课程资源的管理。

## 二、改进策略

**1. 通过资源的"吐故纳新"和价值判断,使资源融入课程,成为幼儿园课程内容和课程实施的重要组成部分。**

每一所幼儿园的地理位置和内部环境条件不同,都具有独特的资源可开发与利用,这是一笔宝贵的课程资源。资源如何在新课程实施中得到有效的运用,为课程实施服务,其中是需要经过一系列过滤和筛选的程序。

首先,要不断赋予资源新的内涵、新的形式,使其更符合新课程的教育价值观。在新价值观的指导下,幼儿园对身边的可开发的或业已开发的课程资源进行梳理,去粗取精,去伪存真,去掉不合适的;或者对资源调整改进嫁接成新的品种,既保留原有的特质,又能催生新的生命。这样,才能使幼儿园的课程资源不断"进化",使周边诸多资源真正整合为课程资源。所以,幼儿园要制定相应的管理措施,不断对可开发利用的资源进行筛选和评估,如通过建立共同研究的制度,制定筛选和评估的标准进行资源性质分析或课程价值的判断分析,使筛选过程更科学合理而非个人的主观臆断,使筛选出的资源更适宜融入幼儿园课程内容和实施中。例如:

> 评估资源价值——选择开展幼儿民俗文化教育的合适资源
>
> 幼儿园周边丰富、深厚的民俗文化资源如何运用,需要我们进行进一步的评估,对"孩子会喜欢哪些内容、孩子需要哪些内容、社会需要孩子了解哪些内容、如何取其精华去其糟粕"等问题,进行思考与分析,以选择出适合幼儿、适合园本特色课程创建的内容,见表 3-2-1。

表 3-2-1 评估资源价值

| 顺序 | 评估标准 | 选择内容举例 | 选择理由 |
|---|---|---|---|
| 1 | 具有本地特色的 | 金山农民画、黑陶、打莲湘、金山民谣等 | 传承本地特色的民俗文化是我们肩负的历史使命。 |
| 2 | 人们耳熟能详的 | 传统节日、民间游戏、古诗等 | 人们经常参与的,能给人带来快乐、祥和的氛围。 |
| 3 | 社会热点关注的 | 二十四节气等 | 在各类媒介中会反复出现,对人的感官刺激比较频繁。 |
| 4 | 富有典型意义的 | 中国结、红灯笼、水墨画、刺绣、传说、神话等 | 具有典型的民族特点,可以激发民族自豪感。 |

> 资源筛选过程中对传承民俗文化意义进行重新审视。在民俗文化资源评估的过程中,很多教师对民间文化的内涵和意义有了重新的认识和解读,民俗文化的传承在教师的思维中形成更深的认同。
>
> ——东风幼儿园

此例体现幼儿园对于要纳入的课程资源内容所采取的谨慎态度和积极研究的做法，这是值得推崇的。通过吐故纳新和资源课程价值的评估判断，使课程资源的利用烙下新时代印迹，与时代教育融为一体。

其次，资源要成为课程整体中的一部分，其开发利用必须与课程教材使用有机结合，这是保证课程资源有效利用的必要途径之一。它既能保证课程资源在教材整体框架内、课程实施的需求下使用，也能方便教师有序运用，使资源真正变为课程的主要内容、拓展内容或者实施中的有效手段与途径。例如：

> 在资源室创建中坚持从课程教材出发，积极探索资源活动室的活动内容与教材活动内容有机有序的结合。以基础课程内容为依据，形成匹配使用的推荐内容，并且提供充实的材料，使资源室活动内容与教材内容高度契合。由此，教师使用活动室的目的性增强，知晓度增加，提高了教师使用的积极性。
>
> ——佳佳幼儿园

以上案例中，资源的开发利用与幼儿园课程教材实施融为一体，有效利用了课程资源，真正发挥了课程资源的最大效益。

当然，在资源室使用过程中，还需不断了解师生需求，动态整理充实幼儿园的专用活动室资源，在师幼互动中拓展资源的内容，使活动室内容更全面、更平衡。

**2. 拓展思路，改变课程资源利用的方式，发挥资源在课程实施中的应有价值。**

课程资源的利用缺乏有效的安排，会使资源利用的效率较低下，造成投入大、产出少的后果，极大地浪费资源。例如，幼儿园为了规范使用专用活动室，防止无序使用，都有一张班级进入活动室的时间安排表，保证每个班级的使用，使各班的使用不会发生交叉、冲突的现象。当前，幼儿园活动室使用方式中的同一种模式、单一性思路，造成的现象是"领导安排我就进，其余时间都无关"。

其实为了发挥活动室的课程资源效应，我们需要改变思路，可以尝试"要我去"和"我要去"相结合的方式，将幼儿园规范安排和班级教师灵活使用相交叉，使"一室定用"变为"一室活用"，使"一专一用"变为"一专多用"，充分发挥其效能。例如：

> 幼儿园从资源室使用的实际出发，改变了常态的使用模式，开发了各种充分利用资源室的"活"方法，在跟踪观察以及与师生的互动中，进室安排表也在不断的调整和优化。从原先一刀切，每天轮换进室，逐步到根据活动室的特点，统筹安排进室方式和时间，使其更有利于活动的开展，满足师生的需求。
>
> ——佳佳幼儿园

由以上案例可见,幼儿园要鼓励教师除了依据园方的统一安排以外,还可根据幼儿兴趣、班级课程实施实际需要,自行调节,不拘一格,灵活运用资源环境,从而使资源活动室的设置真正成为为幼儿活动所需的课程资源。

**3. 逐步形成资源管理制度,建立课程资源开发与利用的保障机制。**

在新课程理念的指导下,幼儿园都非常重视建立幼儿园的资源库,但是怎样使用资源成为课程实施的重要组成部分,需要建立资源运用的管理制度和保障机制。

幼儿园因办园基础不同,积累的资源数量类型也多种多样,一般有课程资源(教材)库、活动室资源、家长资源、社区活动基地……如何管理众多资源以有利于教师在课程实施中有效使用,建立怎样的制度,保证资源的便捷使用,使教师唾手可得和信手拈来?根据现有幼儿园的实践,课程资源的管理方法与制度可有以下几种:

(1)资源列表法

首先要理清资源内容,一般可运用列表的方式编排,使人一目了然,可参见图3-2-1:

课程资源库目录——图示

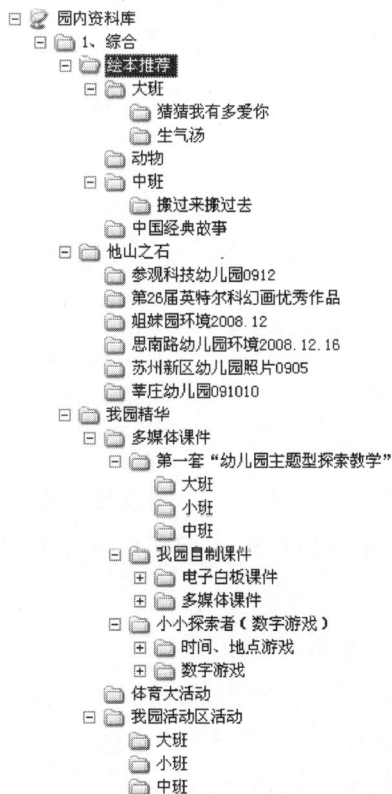

```
园内资料库
  1、综合
    绘本推荐
      大班
        猜猜我有多爱你
        生气汤
      动物
      中班
        摇过来摇过去
      中国经典故事
    他山之石
      参观科技幼儿园0912
      第26届英特尔科幻画优秀作品
      姐妹园环境2008.12
      思南路幼儿园环境2008.12.16
      苏州新区幼儿园照片0905
      莘庄幼儿园091010
    我园精华
      多媒体课件
        第一套"幼儿园主题型探索教学"
          大班
          小班
          中班
        我园自制课件
          电子白板课件
          多媒体课件
        小小探索者(数字游戏)
          时间、地点游戏
          数字游戏
      体育大活动
      我园活动区活动
        大班
        小班
        中班
```

**图3-2-1 课程资源列表图**

——芷江中路幼儿园

（2）配套资源使用的要求及制度

根据资源的特性,幼儿园要提出资源使用的要求,对不同的教师提出不同的使用建议。资源的使用与运用是有条件的,就像营养品,不是所有的人都需要补充,也不是所有的营养品都适用于每一个人,课程资源的运用也是如此,所以"对症下药,适当进补"等理念同样适用于资源的有效利用,囫囵吞枣会导致适得其反。例如:

教师使用资源库要求

在实际的操作中我们帮助不同层次的教师重新定位,以明确教师使用运动特色资源库的要求(见表3-2-2)。

**表3-2-2　各层次教师使用运动特色资源库要求**

| 教师发展层次 | 各层次教师使用运动特色资源库要求 |
| --- | --- |
| 新进教师 | ●走近运动特色资源库:<br>　　了解运动特色资源库框架,明确自己在教学中如何根据计划演绎运动特色资源库内容。 |
| 职初教师 | ●解读运动特色资源库:<br>　　理解运动特色资源库潜在的教育功能,能根据班级孩子的发展需要有选择地使用运动特色资源库内容。 |
| 成熟教师 | ●创新运动特色资源库:<br>　　以整合的思想创新运动特色资源库,并根据自身的经验判断有价值的教学内容,参与积累、丰富运动特色资源库内容。 |
| 骨干教师 | ●开发运动特色资源库:<br>　　参与幼儿园课程组,思考课程实施方案。梳理、调整、创编运动特色资源库内容,使运动特色资源库的使用和开发具有稳定性和灵动性。 |

——瑞一幼儿园

幼儿园要能够循环地建立、使用资源库,还必须建立使用的制度,诸如:出借归还制,定期整理制,专人负责保管制,共同构建制,定期更新制等,以保证各类资源库的建设与使用。

（3）建立切实有效的运行机制

幼儿园的课程资源不是一成不变的是动态发展的,比如说幼儿园的人员、周围环境和需求等,都是会变化的。如何保证资源在动态中求稳定,稳定中求发展,使课程资源成为取之不尽的活水呢? 所以"取水"的规则,"过滤水"的程序是必备的,运行的机制也是必须建立的。例如南京东路幼儿园在"社会教育资源在幼儿园课程中有效开发与利用的研究"中,形成了行之有效的制度,如聘约制:被聘约的家长要分别进多个班级上课。在聘约的同时,还不断地挖掘"新人"后备力量,使聘约的队伍不断扩大,使资源库中的家长资源日益丰富。同时,幼儿园重视资源开发的制度,使社会资源得以充分挖掘,深度利用,为课程实施提供重要支撑。由此,一旦形成了幼儿园的资源库,在使用过程中还必须有机制来保证课程资源的有效使用,使课程资源的利用形成良性的运行模式。

课程教材资源不仅是文本上的目录,幼儿园更要把目录转化为真正课程实施中的有效资源,拓展和丰富幼儿园的课程内容和课程实施途径,发挥出资源的课程功能,而这个运作过程需要有关制度和保障机制的鼎力支撑,否则资源难以成为有效的课程资源。

## 三、观点与提示

幼儿园构建开放、整合为特点的教育大环境,注重开发与利用身边的课程资源,可丰富幼儿园课程实施途径和内容,有利于幼儿多途径接触社会、探索世界,为拓展生活经验提供有利的渠道。为规范和提高幼儿园课程资源的管理,保障课程资源的有效开发和利用,幼儿园要注意以下几点:

**1. 在课程资源的开发利用时,要讲究成本核算,考虑投入与产出比。**

因地制宜、有效利用是幼儿园课程资源开发与利用的宗旨。首先应是低成本运作,地点就近、资金就少,环境、材料宜反复使用。其次,有了课程资源要能够广泛使用,循环使用,方便使用,多元使用才能更显其高效与经济。

**2. 重点加强幼儿园教材资源的管理,建立丰富的、可供选择的课程资源库,为教师的课程实施提供便利。**

在课程资源中,教材作为最重要的文本形式的课程资源,应成为幼儿园课程资源管理的重中之重。幼儿园要结合本园实际,针对教师的不同水平和需求,清晰罗列幼儿园的课程资源,特别是教材资源;规定具体可行的资源使用细则和要求指导教师在课程实施中加以有效选择和运用。

**3. 建立相应的课程资源运行的制度和机制,提高园长课程资源管理的领导力。**

幼儿园一方面要结合本园课程理念和特色,重视和鼓励教师积极开发与利用园内外各种独特的资源,并将之有机融入各类课程实施中,促进资源的课程化,发挥资源在课程实施中的应有作用。同时,幼儿园还要加强资源开发与利用的过程管理,总结与提炼课程资源管理开发与利用的有效措施、实施方法、操作细则、活动方案设计、时间比例分配等,以规范和引领教师的实践。根据课程资源的特性和使用情况,建立高效的课程资源运行制度,规定课程资源运行方式,架构课程资源运行流程和模式,确保课程资源的到位及有效发挥其作用。

另一方面,为有效确保课程资源的落实,对各项资源配合支持开展活动,要建立相应的保障机制,给予充分的人力、物力、财力等保障,包括管理制度、活动评价、经济核算等等。

总之,幼儿园园长要在课程资源的管理过程中发挥出自身的课程领导力,对课程资源管理进行全方位思考和全过程管理。课程资源的管理状态也是衡量课程管理是否到位的试金石。

(王爱明)

## 四、实践案例

### 案例14　幼儿园课程资源环境创设与利用的实践研究[①]

#### 一、研究背景

佳佳幼儿园,作为一所占地面积达 37 亩的园所,拥有着课程资源环境丰富与优化的优质基础。那么,如何进行幼儿园资源环境创设优化呢? 我们认为,必须站在课程建设和课程领导力的高度,从问题出发。纵观前期我园资源环境的创设与利用,主要还存在以下几个问题:

1. 对于资源环境的创设缺乏整体、周密、细致的布局与规划。

2. 资源环境创设与课程实施还不够紧密,本园"师幼共生"的课程特色凸显不够。

3. 资源环境的利用缺乏有效的安排,使用效率较低。

4. 资源环境创建后的常态维护不力,缺乏有效的机制。

我园的资源活动室作为资源环境的重要组成部分之一,同样存在着上述的问题。因此,我们以资源活动室为重点,以点带面开展研究。

#### 二、研究目标与研究内容

（一）研究目标

1. 建构丰富的、动态的、能展示激发教师和幼儿专长、特点及潜能的资源活动室。

2. 探索适宜、具体的管理运行机制,为课程实施提供支持。

（二）研究内容

1. 幼儿园课程资源活动室创设优化的内容与方式的行动研究。

2. 幼儿园课程资源活动室维护、运用管理的策略研究。

3. 幼儿园课程资源活动室综合运用的配套活动与案例的研究。

#### 三、实践研究的过程

（一）以《纲要》、《课程指南》为指导,完成资源活动室的基础创设

---

① 案例 14 由青浦区佳佳幼儿园陈洁、钱峥执笔。

《纲要》、《课程指南》明确指出，课程实施的中心环节是因地制宜的创设适合儿童发展的、积极的、支持性的环境。据此，我园 30 个班级的规模，利用已有的硬件条件，共设置了 17 间资源活动室，分别有侧重的指向新课程中的学习、游戏、运动、生活 4 种课程类型，具体为：

学习：图书室（3 间）、美术室（2 间）、探索室（2 间）、蒙氏室（2 间）

游戏：棋类室（2 间）、结构室（2 间）、小剧场（1 间）

生活：劳作室（1 间）

运动：健身房（1 间）、海洋球室（1 间）

创设的每一间资源活动室可满足一个班级一半孩子分组活动的需要。我们还根据幼儿年龄特点、发展需求和学习特点等，进行相应的基础材料配备。

（二）以园本课程为基础，理清各资源活动室的功能定位

我们立足于我园的课程特色，仔细分析比较了课程资源活动室与班级活动室中区角的不同功能，在此基础上梳理和明确了各资源活动室的功能定位，即：弥补班级活动室内空间、材料数量、材料品种等方面的不足，凸显其不可替代性。

（三）以使用实际为依据，调整资源活动室的环境创设

我们以"互动、共建"为行动理念，采取教师和幼儿之间，教育教学部门与资源保障部门之间"互动"的模式，及时优化资源活动室环境，及时配备资源活动室材料。在活动组织实施过程中，通过访谈、问卷等形式，吸纳来自教师和幼儿的需求、感受、建议等，并以此为依据进行资源活动室环境的优化、材料的调整。

如：大班组教师根据观察幼儿在探索资源活动室活动中的实际需要，形成了对探索资源活动室改建的设想，建议资源保障部门将原探索资源活动室和原创作资源活动室分类重组，并以区域呈现，以满足幼儿自主探索的需求。同时，建议将两个新的探索资源活动室以"水"和"电"为主要内容进行设置，以弥补班级活动室内相关活动受环境限制而不能充分进行的不足。

原小剧场旁边的教师乒乓球区域，也根据教师们的建议，改为小剧场的化妆间，增添表演所需的道具、服装等，以满足幼儿舞台表演的需求。

一线教学的需求，成为保障部门对资源优化的依据，使资源环境的设置支持课程实施。

（四）以基础课程内容为前提，形成资源活动室活动的推荐内容

根据资源活动室活动是弥补班级活动室活动这一原则，我们研读了《课程指南》以及四类活动的教材，把握相关的经验和阶段目标，梳理与资源活动室相关的内容与要求。

同时，我们在资源活动室使用过程中，了解师生需求，在互动中拓展资源活动室活动的内容，形成基础性的推荐内容，使课程的实施更全面、更平衡。

● 表3-2-3和表3-2-4为探索资源活动室开展与《学习活动》有关的内容：

**表3-2-3 与《学习活动》有关的内容（有趣的水）**

| 《学习活动》主题内容与要求 | 相关的内容与要求 |
|---|---|
| ● 在海上、在水边观察大自然中的水，探究和发现水的不同来源和特性。<br><br>● 会变的水<br>乐于动手动脑，探究水的变化，了解它的主要特性，获得有关经验。<br><br>● 护水卫士<br>体会人们生活离不开水，乐意关心周围的水环境，爱护水资源，节约用水。 | 浣熊和小溪：区分溪、河、江、海的不同特点。<br>嬉水：有兴趣发现各种水流喷射的现象，并利用水流喷射开展游戏；在操作中探索发现水的压力与水流之间的关系。<br>水中哈哈镜：在玩水中感受物体倒影在水中变形的有趣现象。<br>水娃娃漫游记：知道水的不同存在状态，会用自己的方式记录水娃娃漫游时的变化顺序。<br>水在变：<br>瓶瓶罐罐一起玩：寻找观察和日常生活中水在流动的现象；记录和交流各种水流动的现象；用瓶瓶罐罐玩水。<br>水的小实验：自制喷泉、水帘门；玩自制小水枪、让水车转起来、引水浇花、淡水和盐水<br>水一样多：尝试实验，获得有关容量守恒的经验。观察了解水在不同容器中呈现不同形状的特征。<br>乌鸦喝水：理解故事中乌鸦能喝到水的原因；通过亲自实验，进行验证；尝试在新的问题情境中创编故事。<br>好喝的饮料：尝试调配、比较等操作活动，把握冲调饮料的方法；通过品尝，探索水、冲调材料的比例与果汁味道的关系，并加以记录。<br>会说话的水：能仔细听辨不同的水声，对不同的水声产生的原因和现象有探索发现的兴趣。尝试自主收集相关信息，愿意主动尝试操作。 |

**表3-2-4 探索资源活动室拓展的内容**

| 师生需求 | 调整环境 | 拓展内容 |
|---|---|---|
| 1. 光和影的系列活动，需要特定的暗室，教室中不便开展，希望探索室能创建。 | 太空舱：适宜开展光和影系列活动。 | 光和影系列活动 |
| 2. 幼儿喜欢玩水，但是在教室中玩水不方便，所以探索室有必要创设这样的环境。 | 水管迷宫：通过透明的水管与不同的阀门，便于幼儿观察水管与阀门控制之间的关系。<br>坡道水池：创设水车、高低水池、透明插板等，便于幼儿了解水的特性。 | 水管的流向；水的阻力；水的循环 |

（五）以活动方案推荐为载体，提升教师使用资源活动室的质量

目前，我们已收集了资源活动室方案171篇，同时推荐给各班教师运用实践。我们正通过多种渠道收集、了解活动开展的情况，从中筛选，积极调整，不断充实、优化各资源活动室的实践方案。

**四、实践研究的成果**

（一）优化了各室活动时间安排

通过实践，在跟踪观察以及与师生的互动中，我们的进室安排表，见表3-2-5，也在

不断的调整和优化。从原先一刀切,每天轮换进室,到逐步根据活动室的特点,统筹安排进室方式和时间,以更有利于活动室活动的开展,满足师生的需求。

表3-2-5 进入活动室安排表

| 资源活动室名称 | 活动时间需求 | 活动时间安排的建议 |
| --- | --- | --- |
| 劳作室<br>棋类室<br>美术室<br>健身房<br>蒙氏室<br>图书室<br>海洋球室 | 两次活动之间,没有时间上连续使用的需求 | 可每次安排不同的班级,轮流入室活动 |
| 探索室 | 幼儿的探索需要有思考、观察、尝试的过程,活动需要系列性和连续性,因此,需要一段时间连续使用 | 可两周内连续安排同一个班级入室活动 |
| 结构室 | 幼儿大型的建构作品需要阶段性的保留,以便幼儿完成一个主题的建构 | 根据幼儿完成作品和老师组织活动的时间需求,可一周内连续安排同一个班级入室活动 |
| 小剧场 | 活动内容按孩子平时活动情况而定,时间上具有弹性的需求 | 可不做具体的时间安排,由教研组把握适宜的时机,组长统筹安排入室时间 |

(二)建立保障活动的三重机制

1. 共享机制:利用网络和文本同步呈现的方式,保障已有的制度与安排,保证前期的活动方案与经验人人知晓。

园长需要整体部署安排,保证各个活动室有序使用,也要便于教师按需自主调配,避免冲突。

园长还应及时公布资源活动室的活动方案,让教师分享前期研究的经验与成果,给予教师选择活动的借鉴与参考。

2. 考核机制:将资源活动室的使用与教师的考核挂钩,促使教师重视资源活动室,关注资源活动室环境与材料的改善。

3. 联动机制:通过多层面的了解互动,给研究与实践及时的支持保障。

联动内容包括:

① 每日巡视:每天保证行政与组长各一位管理成员常态巡查,保障活动室各类资源能有效利用,并在利用中即时解决问题。

② 每周请购:教师根据幼儿活动的情况,及时汇总幼儿的需求材料,每周五将所需的材料以请购单的方式及时报知总务部门,确保资源活动室材料能及时按需添置。

③ 每月例会:每月一次召开课题中心组例会,了解各组课题推进情况,及时给予指导

与建议。

（三）拓展了资源活动室利用的方式

除了资源活动室环境创设、材料配备的互动共建之外，资源活动室的使用方式也是互动共建的内容之一。因此，我们在已有环境设置的基础之上，鼓励教师除了园方的安排以外，可根据幼儿兴趣、实际需要，自行调节，灵活运用不同的方式设置和利用资源环境，使资源活动室的设置真正成为幼儿活动所需的课程资源。

方式一：混班式使用

根据大班幼儿自理能力、活动能力、选择能力、协作能力明显提高的特点，资源活动室的利用可采用混班的活动形式。即多个资源活动室面向多个班级同时开放，幼儿根据自己的兴趣、需要进入资源活动室，各班师生可共同协商、明确任务、形成计划、制定规则，以保障活动的开展。

方式二：整合式运用

幼儿园的课程往往以主题的方式呈现，在主题活动的开展过程中，往往会涉及到各类资源环境的综合运用。教师通过网络，事先设置欲开展的主题活动，对园内资源环境进行整合运用的设计，以支持主题的开展。

如：中班组在"好吃的豆"主题活动预设时发现，园内的种植区、图书室、结构室、劳作室等均能为活动提供资源支持。为此，年级组通过整合安排，有机利用了所需的资源环境。

整合式运用，让教师在主题开展的过程中可以根据幼儿的需求，整合使用各类资源活动室及园内资源，发挥"资源"为幼儿活动服务的作用。

**五、展望与打算**

我们希望日后能将资源活动室创设与利用的相关经验辐射至我园整体资源环境的互动运用中，使我园丰富的资源环境能更符合课程实施的需要，更能为幼儿的活动提供适宜的支持。

我们将在实践中进一步明晰和拓展幼儿园各类资源活动室特有的功能与价值，密切其与基础课程之间的联系，通过系统整理、归纳，使其成为我园整体课程的有机组成部分。同时，我们将在"互动共建"理念指引下，进一步优化课程资源的管理机制，保障幼儿园课程实施，强化我园的课程领导力。

**案例15　社会教育资源在幼儿园课程中有效开发与利用的研究**[①]

我们的研究始于问题。首先，由于社会教育资源具有流动性和偶然性，而课程资源需

---

① 案例15由黄浦区南京东路幼儿园撰写。

要相对稳定,因而,变化的社会教育资源如何融入课程,我们缺乏相应的运作规律和有效机制;其次,社会教育资源的开发与利用缺乏领导力的保障,导致社会教育资源的不平衡以及流失,课程质量也难以得到持续性保障;同时在实践中,我们缺乏对这些社会教育资源开发与利用的有效性评价。带着以上问题,我们展开了研究。

**一、研究过程**

（一）资源筛选与实施途径的研究

1. 确定社会教育资源及筛选标准

我们对原有的社会教育资源进行了信息梳理和整理汇总,与此同时,项目研究组一方面就资源开发和利用进行了理论学习,结合园本课程实施方案,筛选并确定课程实施所需要的社会教育资源。另一方面,在前期准备的基础上,我们将社会教育资源分为社区资源和家长(社区人员)资源两部分,主要聚焦在地点和人物两类,并初步拟定了开发和筛选的标准,如与课程实施的关联度,由近及远,由熟悉到陌生等。

2. 确定社会教育资源的实施途径

社会教育资源形式多样,有些资源时效性较强,有些则在时间上不敏感;有些资源在空间上比较固定,有些则呈现出流动状态等。各种社会教育资源的不同特点,需要有不同的实施途径对其进行利用与匹配。

基于收集到的可用的社会教育资源,根据其不同特点,探索多种适宜我园条件的活动实施途径,主要分为“走出去”和“请进来”两大类。

（二）资源操作运用与安排设置的研究

为促使社会教育资源成为有效的课程资源,提高资源开发与利用的有效性,我们在资源实际运用与安排的过程中,努力做到以下几点。

1. 与年龄特点吻合

如何兼顾并符合小、中、大班幼儿不同的年龄特点,是研究过程中首先碰到的问题。项目研究组一方面根据幼儿不同的年龄特点匹配不同的社会教育资源;另一方面,充分利用同一种资源,根据不同年龄段有所侧重进行挖掘并加以实施,努力使得资源的利用效益最大化。比如:在“逛逛南京路”的主题实践活动中,小班的重点是“热闹的南京路”,中班的重点是“繁华的南京路”,大班的重点是“有特色的南京路”。

2. 与学习主题融合

我们充分考虑如何使社会教育资源内容与课程中的学习主题进行联动,一方面努力寻求与各主题的融合点,对于关联度较小的社会教育资源内容,考虑到其灵活机动的特征,采用独立、单列的形式开展活动;对于关联度较大的内容,将其放在主题背景下,作为学习活动的补充和拓展。如:中班主题“周围的人”,我们将交通协管员、厨师、警察叔叔、保洁工等纷纷请进了课堂,同时,孩子们还走出校门,现场观摩他们工作的地方,身临其境,产生更为直观的体验,主动学习获得的经验还在角色游戏中得以再现。方法的多元,形式的多样,手段的多变,极大地丰富了幼儿的主题经验,变零散为统整,事半功倍地促进了学习的有效性。

3. 与各类活动整合

社会教育资源的开发与利用,无论是作为生活教育的特色途径,还是作为丰富幼儿学习经验的拓展形式,都是幼儿园基础课程的补充,在整个课程中所占比例是有限的,但是,我们始终期待着教育资源利用价值的更大化。因此,一方面我们考虑各活动在时间配比上的平衡性;另一方面作为特色途径,努力使社会教育资源能和学习、运动、生活、游戏等各类活动相整合,在利用次数上可以适当增加,可以创造性地重组。比如:我们在课程中安排了亲子春游、秋游活动,将社会实践的地点延伸到了农村,到果园、菜园、生态种植园等地参观。另外,社区资源和家长资源的利用也可以交互整合,组成一个个系列活动。

4. 与节日教育结合

依据《课程指南》中"参与民间节日活动"和"了解国际节日"的要求,我们创造性地将节日教育与资源利用相结合,既营造了节日的氛围,又寓教于乐。如:植树节、世界地球日等节日,幼儿走上南京路步行街开展宣传活动;敬老节,小班幼儿邀请自己的爷爷奶奶来园同庆,中班请来了社区老人一起庆祝,大班则来到社区老年服务中心开展爱心传递和慰问活动。社会教育资源成为幼儿园开展幼儿节日教育活动的重要课程资源。

（三）管理机制与实施质量的研究

在开发与利用社会教育资源的过程中,我们加强幼儿园课程领导力的保障,注重幼儿园课程资源的管理,使社会教育资源在筛选与协调、稳定与持续、共享与辐射等方面获得有效开发与运用,提高资源利用的有效性。

1. 用机制做保障,加强课程资源管理

在资源开发与利用的过程中,会碰到不确定、不稳定的因素影响幼儿实践活动的正常开展,家长资源在时间上、空间上存在一定的流动性,这是我们无法改变的现实,但是,我们可以改变惯性思维,改变运作方式。

项目研究组从管理机制入手,建立一系列相应的保障制度,并积极贯彻落实,以促进社会教育资源的稳定持久、辐射共享。

2. 以评价为依据,监控活动实施质量

在实践中,项目组为帮助各类社会教育资源开发与利用的有效性,加强对活动实施质量的监控和管理。我们从活动本身以及活动涉及的对象两个角度出发,参考美国"高瞻课程"幼儿观察指标,进行园本化课程实施质量评价工具的研发,以期准确地反映幼儿在实际活动中各方面的能力水平,对社会教育资源开发和利用及活动实施的有效性起到科学、客观的参考作用。

**二、研究成果**

本研究从管理层面上总结了社会教育资源开发与利用的基本策略、原则与经验,供教师参考使用,提高资源开发利用的有效性。

(一)形成了资源开发与利用的基本策略

1. 充分利用南京路步行街的优势资源,挖掘与幼儿生活最紧密联系的、幼儿最熟悉的、最感兴趣的、最具有上海特色的、最能弘扬民族文化的名特优商店和百年老店,作为实践和教育的素材。

2. 根据幼儿的年龄特点,选择与学习主题和节日教育相关的素材点。

3. 以实践体验为主要方式,选择有助于培养幼儿基本生活能力的地点和人物。

(二)资源开发利用的基本原则及实践经验

关于社会教育资源的开发与利用,我们主要考虑并遵循如下几方面原则:包括健康安全原则,全面整合原则,因地制宜原则,实践体验原则。

关于社会教育资源的开发与利用,我们达成了共识,形成了一些实践经验:

1. 树立资源开发的意识,明确了幼儿园的资源开发人人有责。树立"生活处处是资源,人人都能成开发者"的意识,我们经常性地开展资源信息介绍和交流,努力要求老师们做到眼中有资源、心中想资源、口中讲资源。

2. 根据"标准"筛选资源,择优录用。如:符合三条标准的优于符合两条标准的。筛选出能够增进园内、园外有密切联系的、能培养幼儿基本生活能力的、能有效落实课程目标的、能让幼儿产生积极情感体验的教育资源。

3. 优化活动设计和实施过程,创造性地重组教育资源。社会教育资源都是原生态的,具有通用性和流动性,不是拿来就能用的,需要我们分析各种资源的背景与特点,审视资源利用的课程价值,解读幼儿的行为及缘由,选择适合幼儿开展生活教育的素材点,创造性地加以整合和重组。

4. 资源开发的"四个步骤":第一,采用踩点、面谈、电话、调查表等形式,与潜在的社会教育资源进行沟通和联系,确立资源开发意愿,并对资源类型和活动系列进行匹配并确定;第二,建立社会教育资源库,与符合筛选标准的、可及性强的、课程实施可利用的社会资源进一步联系,或实地了解,或邀请来园详谈,前来试教,初定活动时间、形式、方案等;第三,每次活动结束后,借助观察工具,采用评价表的形式,对活动效果进行分析,通过反思和总结,保留活动亮点和优势,调整活动中的薄弱环节;第四,综合自评和他评的结果,将之作为活动筛选的依据之一,确立最终地点或人选,并将未录取的资源放入资源库,作为后备力量。

5. 资源利用的"两种方式":第一,同种资源,多样化利用。有的在不同年龄段使用,有的通过系列活动多元利用,有的体现在活动方式的多样。第二,不同资源,组合式利用。我们主张资源利用能合则合,发挥资源在课程实施中的最大效益。

(三)形成了资源开发与利用的管理机制和质量监控制度

项目研究旨在提高课程领导力,因此,在研究过程中,我们意识到要有效地开发与利用社会教育资源,使之转化成为我们的课程资源,必须建立相应的保障机制,包括资源的筛选机制、运行机制和维护机制等,见图3-2-4。

|  | "请进来" | "走出去" |
|---|---|---|
| 筛选机制 | 宣传观摩激励制<br>宣传动员-观摩学习-鼓励推荐 | 资源普查分类制<br>普查资源-建立资源库-资源分类梳理 |
| | 家长/社区老师聘约制<br>采集家长信息-教师重点筛选<br>-聘约家长老师 | 实践基地建立制<br>调研具体信息-单位协商合作<br>-建立实践基地 |
| 运行机制 | 家园/社园互动备课制<br>教师确立活动目标-共同设计活动环节<br>-沟通配合活动实施 | 现场踩点调研制<br>掌握实地信息-熟悉基本路线<br>-联络工作人员-调整活动方案 |
| | 评价反馈完善制<br>教师评议-家长评议-专家评议 | 外出安全配班制<br>园方动员-家长报名志愿者<br>-共同保证幼儿安全 |
| 维护机制 | 新人挖掘接替制<br>挖掘同类资源后备力量<br>-扩大聘约队伍-丰富资源库 | |
| | 单位共建协作制<br>单位领导协调-建立合作机制-活动反馈感谢 | |
| | 交流恳谈慰问制<br>园方汇报实施情况-听取家长意见指导-经验交流互补-答谢与慰问 | |

**图3-2-4 资源开发与利用的管理机制**

以上这些筛选机制、运行机制、维护机制等保障机制,在资源开展利用过程中并非相互割裂,而是彼此整合,共同串联,使资源库中的家长资源日益丰富。

此外,随着研究的开展,我们逐渐意识到,资源开发与利用的有效性还需要借助客观的、有针对性的评价。没有评价,执行效果就难以保障,也不利于资源的可持续开发利用。因此,我们在继续整合社会教育资源与课程资源的同时,也重视社会教育资源开发与利用有效性的评价指标。我们参考了美国高瞻观察指标,采用水平式和领域式的观察视角,对幼儿进行识别属性、倾听理解、成人互动和情绪体验等评价,尽力做到科学、准确地反应活动实施效果和幼儿各方面发展情况,对社会教育资源开发与利用的有效性能够起到科学、客观的参考作用。

## 案例16　　运用农村本土资源，拓展主题活动内容①

作为一所农村幼儿园，繁茂的树林、广袤的农田是我们得天独厚的自然资源。教育家陈鹤琴曾说过："大自然、大社会是知识的主要源泉"。因此大自然是我们的知识宝库，是我们幼儿的活教材。长期居住在农村的幼儿，生活在大自然的怀抱中，生机勃勃的万物存在于他们的周围，是孩子们的欢乐之源泉。作为幼儿教师的我们，竭力去挖掘大自然所赋予的优势，把新课程和园本课程有机融合开展我们的主题教育活动。

### 一、善用周边资源，开展主题活动

新教材是重要的课程资源，但它不是唯一的，教师在教学过程中应尽可能联系本区域幼儿的实际，及时把新资源整合到教学内容中。新课改理念主张教师"用教材教"，而不是"教教材"。我们利用周边资源，根据幼儿生活实际拓展主题内容，形成了具有园本特色的课程。

无论是野菜飘香的三月、桑树碧绿的五月、棉花雪白的九月，还是稻谷丰收的十月，我们的孩子不时被农田里的景致所感染。孩子们会在挖芋艿、采桑果中沉醉，他们追逐着收割机奔跑，拾稻穗、扎稻草人。孩子们在玩的过程中对稻谷的生长、成熟产生了一系列的问题，如"我们每天吃的米饭就是这稻穗里面的吗？"，"收割机的本领真大，怎么能把谷子和稻草一下子分割开来呢？"在幼儿自主性的互动中，问题转变成了经验。在幼儿园的大环境中挂满了家乡的草编制品，孩子们又对草编制品产生了兴趣。于是在"有用的植物"的主题活动开展中，教师们把具有农村特点的"家乡的草编艺术"渗透到了主题活动中，进行了创造与替换。在开展"动物大世界"的主题中，我们对"动物大世界"中的海洋音乐会和动物园等活动进行了替换，把孩子领进他们更熟悉的生活环境中，带孩子们参观了附近的养猪场、鸵鸟场和金鱼馆。"哇！原来还有这么大的金鱼啊！""猪妈妈一下子会生这么多的猪宝宝啊！""鸵鸟生的蛋可真大！"……幼儿从以往的图片世界走入现实场景，对知识寻求的欲望更浓，对动物朋友的喜爱表露得更直接。

由此可见，来源于幼儿生活的主题活动是教师进行新课程替换的有效方式。当课程内容取材于幼儿的生活经验，当活动的主题和内容为幼儿所关注时，他们就会产生极大的兴趣、热情，更积极地运用自己的心智去探索、去发现、去尝试。

### 二、运用家庭资源，鼓励参与劳动

我园利用不同层面的家长学校向家长宣传课程理念，使家长树立正确的观念，接受幼教改革的新理念，积极配合幼儿园做好幼儿的生活经验的积累。

1. 让孩子参与简单的田间劳动。田间劳动是成人们的事，孩子们有参与的必要吗？

---

① 案例16由嘉定区曹王幼儿园陈娴执笔。

我们的回答是"有"。春天,我们要求家长带孩子参与播种;夏天,让家长带孩子采摘丝瓜、蚕豆;秋天让家长带孩子一起挖芋艿、摘花生;冬天,家长带孩子们找荠菜。在参与劳动的过程中,孩子们逐渐发现了四季种植的一些秘密。

2. 动员家长为孩子开辟种植园地。农村家庭大多是独家小院,房前房后都有一些空地,我园动员家长在自家的房前房后开辟一块种植园地,让孩子自己种植、浇水、施肥、除草。在那里,孩子们可以看到种子如何发芽、丝瓜怎样长蔓等等,体验劳动的快乐。

3. 指导家长就地取材共创生活作品。农村的自然资源非常丰富,我园向家长提议:与孩子一起采集野花,进行插花展示,用芦叶和孩子一起包粽子,用稻草搓绳,用黄草编草包,和面团一起做点心,利用废旧物进行小制作等等,培养孩子的动手操作能力。

**三、巧用周边资源,帮助积累经验**

1. 走进"农田基地"体验劳动。每当农忙季节,我们组织孩子们来到田间、蔬菜大棚,观察农民伯伯的劳动,并参与拾稻穗、摘棉花等劳动实践,感受劳动的辛苦与快乐。同时,我们落实了实验基地,每当田里的果子成熟的时候,让孩子们来到实验基地,采蘑菇、摘草莓、割芦蔗,并品尝劳动成果的甜美。

2. 感受"草编文化"民俗产物。"草编文化"是徐行地区富有特色的民俗产物,本着传承民族文化的原则,我们将这一亮点纳入我们的课程内容,结合幼儿年龄特点开展不同层次的活动,同时形式多样、资源利用成为我们落实这一课程内容总的原则。我们带着孩子走进"草编博物馆"参观,让幼儿了解民族文化底蕴,走进乡村作坊亲身感受"草编"的风情,走进田野了解黄草的生长过程,邀请能工巧匠来园进行实地演示与教学,创设活动专用室提供幼儿学习与体验的空间,开展相关教学活动让"草编"更贴近幼儿的生活,我们努力让幼儿在体验家乡特色的同时,更能从生活的角度去培养幼儿关注生活的态度、激发幼儿参与的积极性、锻炼幼儿的动手能力。

3. 融入社会,积累经验。在走进农田的同时,我们也走进城镇:超市、邮局、银行、理发店等,孩子们在观察中思考,在思考中实践,并把生活的情景搬到自己的游戏中,体验着城市新生活的乐趣。大班"我们的城市"里有"寄信"这个活动。为了给幼儿更多真实的感受并获得直接的经验,充分认识邮局,了解寄信的过程。我们联系了小镇上的邮局,开展了一次参观邮局的活动。大班小朋友在老师的带领下参观了曹王邮局。大家一起寻找邮局的标记,观看工作人员分拣、盖戳、送信、卖邮票、卖杂志、寄包裹、汇款等工作细节。而我们的孩子也把事先准备好的写给爸爸妈妈的一封信投进了邮筒。回到教室后,我们的活动仍在继续:欣赏邮册、设计邮票、给某某写封信等,不管是集体活动还是个别化学习活动都受到了幼儿的欢迎。在自己学习写信、设计邮票的过程中,了解了邮局的作用、邮递员工作的内容,丰富了孩子们的社会经验。

周边农村本土资源成为我们开展主题教育活动的基地,各类资源的有效利用不仅为幼儿的教育开辟了另外一片新天地,更诠释了幼儿园课程的内涵,使教育有了新的方向与涵义。我们深刻地认识到,幼儿园课程构建应深深地扎根于教育实践之中,教师们在反复地实践中成长,努力使教育教学变得更有弹性,幼儿的发展也随之更加主动、积极,充满活力和创造力。

# 第三节

## 如何通过课程管理形成幼儿园课程实施质量的保障机制

　　一所幼儿园的课程能否得到有效实施，一定会受制于课程实施者即教师的专业发展状况，但同时还在很大程度上受到课程管理的影响。课程管理的良好规划、设计与执行，可保证课程在幼儿园的正常运行，可为幼儿园课程高效的、高质量的实施提供必要的保障机制。相反，如果淡化课程管理，忽视课程实施质量的保障机制，那么幼儿园课程在实施的过程中就会出现诸多问题：例如，课程内容过于随意杂乱，教师不能及时获得需要的课程资源，教师实施课程的问题不能被及时发现等等。因此，从一定意义上说，课程管理的成效和课程实施质量保障机制的健全，决定了课程实施的实际质量，幼儿园课程也应该向"管理"要质量。由此，思考"如何通过课程管理形成幼儿园课程实施质量的保障机制"，是编制与完善幼儿园课程实施方案时必不可少的一项重要内容。

　　课程管理是指对幼儿园课程编制、课程实施和课程评价等课程运行工作进行管理的过程。幼儿园课程管理内容众多，可包括课程编排、开发与审议、保教日常管理与指导、课程评价、教师课程实施评价与质量监控、各类课程资源管理及教师培训的管理措施、流程等。可见，幼儿园课程管理是一项涉及内容比较庞杂但又直接决定幼儿园课程质量的工作。幼儿园课程实施质量保障机制是指为保证幼儿园课程实践符合国家、地方所规定的标准和要求而建立的各种组织、制度及运行方式等。即幼儿园课程实施质量保障机制，一定程度上可保证课程实践中所体现的各要素，如目标、内容、组织实施方法及评价等科学、合理、规范，以促进幼儿的和谐发展。而通过良好的课程管理，可帮助幼儿园形成有效的课程实施质量的保障机制。

## 一、现有的问题

　　目前幼儿园在课程实施方案中都体现了一定的课程管理意识，也基本建立了一定的课程管理制度与机制，以保障幼儿园课程实施应有的质量。不少幼儿园开始强烈地意识到，随着课程改革的进行以及课程实施价值取向上的变化，幼儿园课程管理也需要进行对应的变化,传统的自上而下的"传话式"课程管理方法已很难适用。因此,很多幼儿园在课程实施方案中都开始针对课程改革的实际问题与现实需要,尝试探寻和建立新的课程管理精神和相应的课程管理方法。不过,从目前各幼儿园的课程实施方案来看,在课程管理及课程实施质量保障机制方面,仍然有些需要注意的问题:

### 问题 1
**课程管理的内涵界定不清或混淆将课程管理等同于"管理",欠缺对课程指向性的思考。**

课程管理是落实保教质量的主要途径,是整个园务管理工作中的一项核心内容。但课程管理并不等同于园务管理。课程管理虽然涉及的内容众多,但它是对幼儿园课程运行工作进行管理的过程,整个管理过程应直接指向幼儿园的课程。而园务管理则是对幼儿园整个组织机构的架构、常规工作运行和组织发展进行管理的活动过程,它涉及的范围会更广泛,很多园务管理的聚焦点也不一定在幼儿园课程上。

但目前,很多幼儿园的课程实施方案在思考课程管理时,无意识中将课程管理等同于园务管理,甚至有的幼儿园直接将各种类型的园务管理制度罗列在课程实施方案文本中,而其中有些制度与课程实施并不直接相关。

将课程管理与"管理"等同的另一个更常见也是容易被忽视的相关问题是,很多幼儿园虽然在课程实施方案的管理部分反复提到"课程管理",但在深层次的思考上并没有将"课程管理"与"日常园务管理"的根本目的、基础原则和需要考虑的方面区分开,仅仅是站在了一般意义上的"管理"的角度上去思考课程管理。这导致课程管理的理念、原则、方法仅仅是为了"管理"而去思考课程管理,却没有与幼儿园的课程理念、课程目标、结构与内容、实施与评价联系与对应起来。这进一步导致课程管理并不直接指向课程,或者课程管理的理念、架构、原则、方法等并不能与幼儿园自己独特的课程实施条件和实施需求对应起来。例如:

课程管理:

培训保障

1. 理念培训,理解内涵。

针对教师的实际需要,开展课程理念培训,并采用讲座与案例剖析相结合的方式,帮助大家梳理一些共性的规律,进一步理解课程的内涵。

2. 主题培训,引领实施。

先行的实践性培训,可以让教师更好地领悟课程理念和操作要点,让教师在生动的教学实例中借鉴教学方法,获得教学启发。

3. 策略培训,有效提升。

跟进策略培训,让零散的经验获得了有效的提升,为提高课程实施质量提供不竭的动力。

以上的案例显示,教师培训方面的课程管理保障并没有与该幼儿园在教师专业成长上的自我需求和园本化课程的自我特点相挂钩,几乎可以套用到任何一所幼儿园身上。在很多幼儿园的课程实施方案中,还有很多与以上案例类似的课程管理的种种措施和理念,但几乎都看不出基于幼儿园自身课程情况的思考。而事实上每个幼儿园的课程都是不一样的,因此,虽然看起来种种可以套用的课程管理的陈述"放之四海而皆准",不会出错,但在课程管理上缺少基于课程的思考,最终可能导致课程管理并不能真正起到应有的、较为有效的监控课程质量、推动自身课程发展的作用。

(2)将课程管理机制等同于制度建设。

课程管理中有一个很重要的工作就是管理机制的形成和建设。不少幼儿园在课程管理部分罗列了大量的课程管理制度,但却将课程管理机制等同于静态制度的建设,混淆了机制与制度之间的差别。事实上,管理机制除了要建设一定的制度外,更强调要借助制度,形成一定的管理和推动课程发展的运作过程,因而更加强调动态的、系统的管理过程和中间所形成的各部门协同合作的关系。如果只强调制度建设,各个制度之间的关联性往往比较弱,制度运行的体系也往往比较混乱,并不利于课程管理的有序进行。而且制度仅仅是作为管理的部分工具和载体,是一些硬性规则的制定,它能保障一些基本要求的实现,但课程管理很多时候仅仅依靠制度是解决不了问题的,很多时候还要依靠园长、管理层、教师之间的动态协作过程以及园长自身课程领导力的实现,即所谓的"软管理"和"过程管理"。因此,课程管理机制的建设仅仅强调制度建设是不够的。

(3)将课程质量管理等同于质量评估。

不少幼儿园还将课程质量管理等同于质量监测与评估,制订了质量监测工具和系统。虽然质量监测在课程管理中不可或缺,但如前所述,质量监测仅仅是课程管理中的一个环节,并不能代表课程管理的全部过程。例如:

在课程管理上,我们制定并完善了保教质量监控的流程,逐步形成了确定任务(前面提面到的三大主要任务的细化)→建立标准(将《上海市学前教育纲要》准则和《课程指南》的课程标准转化为监测标准)→选择工具(观察、问卷、微格记录等方法)→实施监测→整理数据→反馈跟进→改进质量→确定新任务这样一个反复循环调控的质量监测方式。

**问题 2**

**方案对"课程管理"的说明写得比较空泛，停留在理念的层次上。**

不少幼儿园的课程管理用比较空洞的理念或原则来陈述所有内容，例如遵循"民主管理"的原则，但实际是如何操作的，却并没有详细进行表述，这导致课程管理并不清晰可见。例如：

> 通过创新改革，建立起层次清楚、职责明确、勇于开拓的园本课程管理体制，具有自我激励、自我提高、高效有序的管理运行机制。通过有效地管理开发提升园长的课程领导力和教师的课程执行力，并促进园本课程的有效实施和幼儿的可持续发展。

事实上，每个幼儿园的课程管理一定不是停留在理念层次上的，虽然在课程实施方案中并没有具体阐述如何管理，但在实践中一定多多少少有各种课程管理措施和方法。但在课程实施方案中没有对"课程管理"进行详尽说明，其实也间接反映幼儿园并没有将课程管理的各项措施、制度和理念等进行统整，因而在另一侧面说明尚没有对课程管理进行过深入的思考和系统的梳理，因而课程管理的实践很有可能是零散不成体系或者是有些杂乱的；而另一种可能则是这些课程管理的理念试图在跟随课程的需求进行改革和创新，但暂时还停留在理念层次，在实践上的操作性还不强。但倘若希望充分发挥课程管理的实效，课程管理一定要从理念的层次变为"落地"，与实践充分贴合。

**问题 3**

**在课程管理上园长所起到的课程领导力并不明显。**

目前各个幼儿园的课程管理越来越多地强调要给予教师充分的民主权和自主权，因而越来越多地强调全园参与。在当前的课程改革背景下，课程实施也确实应该是一个全园教师齐心协力的过程，课程管理也应体现全园参与的特点，但作为一个管理过程，园长在其中起到的领导力作用应较为明显。从目前来看，各幼儿园普遍都强调园长作为课程管理的首要负责人，但具体负责什么和如何引领全园幼儿园课程发展与实施的要求和过程并不清晰，甚至有的园长只是名义上的负责人，具体的课程管理职责可能委任到了业务园长和教研组长的身上。例如：

> 1. 建立课程管理的纵向实施网络
> (1) 建立以园长为首的幼儿园课程实施领导小组：负责课程方案的整体规划，指

导课程设置与开发,做好课程调整、指导、协调以及课程资源的管理,对课程影响绩效做出评价、提出改进意见。

(2)建立以副园长为首的幼儿园课程实施研究小组:负责课程实施和资源的利用管理,做好基础性活动课程与特色活动课程的研究与设计,参与相关课题研究。

在此案例中,确实提到了"以园长为首",但实际上园长起到什么样的引领作用和如何起到引领作用在对课程管理的描述中没有涉及,因而容易给人"虚晃一枪"的感觉。

## 二、改进策略

为了使课程管理在真正意义上为课程实施的质量"保驾护航",使课程实施质量保障机制真正发挥出应有的作用,这里提出一些改进策略供大家参考:

**1. 围绕"课程",明确课程管理的目的,建构课程实施质量的保障机制。**

课程管理应从课程的建设和实施需求出发,主要考虑如何通过管理保障课程的有效实施,追求课程管理的效能。因此,幼儿园应首先明确课程管理的目的是为课程实施质量的保障服务。在这个基础上,幼儿园在构建整个课程管理理念、管理体系以及管理的具体运行时,应将课程管理与幼儿园自身课程各项要素的特点和需求紧密联系起来。

例如,东风幼儿园在写具体课程管理内容之前所罗列的课程管理基本要求就已经有意识地强调按照幼儿园的不同课程内容组成来考虑课程管理的基本原则,同时也十分强调"乡土资源整合"、"发挥本园艺术教育传统和优势"等幼儿园课程的个性特征。

> 基本要求
>
> 1. 基础性课程管理——整合性管理:注重生活、游戏、运动、学习的整合;注重与选择性课程的整合;注重与本地乡土资源的整合。
>
> 2. 选择性课程管理——个性化管理:强调以幼儿的兴趣爱好和家长的需求为出发点;强调以教师的特长为基础;强调以继承和发扬本园艺术教育传统和优势;强调以体验为主的表现、表达;强调以开放的、自主的形式给教师和幼儿充分的自由。
>
> 3. 特色课程管理——渗透性管理:如水一般能够适应一切环境,能够根据具体情况来作适当调整的渗透性管理。计划目标中的渗透、经验教训中的渗透、谈话交流中的渗透、学习宣传中的渗透……都是渗透性管理的载体,从而造就灵活的特色课程。
>
> ——东风幼儿园

再如,芷江中路幼儿园在质量监控上根据自己幼儿园低结构活动多的课程特点,专门研制了适用于低结构教育活动的质量方案,同时希望通过引领低结构教育活动的教师自评，来引导教师实施低结构教育活动的能力和反思提升，从而提升低结构教育活动的课程质量。这样的管理策略也是直接为课程服务的，并且迎合了幼儿园自身课程发展和实施质量提升的需求。再如，思南路幼儿园在管理层次建设保教质量评价机制时，也强调要突出幼儿园的课程理念——基于"思优"价值，要满足幼儿的需要。

因此，幼儿园在权衡和建设课程管理体系前，应首先明晰幼儿园课程管理是为课程服务的，并根据课程发展和实施的需求、特点，进一步确定课程管理的具体目标，然后将目标具体分解和落实到课程管理的整个体系架构和运行过程中。

**2. 围绕课程，明晰课程管理的具体组成。**

课程管理是为课程各要素的实现提供保障的，那么幼儿园应明晰课程管理所涉及的内容比较多。课程管理一般包含以下内容：

（1）课程编制的管理：主要指对幼儿园课程的编制、审议等，包括对课程目的、内容、结构设置等方面。

（2）课程实施的管理：主要指对课程日常实施工作的组织与指导、课程资源的开发、利用与管理等。

（3）课程评价的管理：主要包括通过对课程实施质量的判断与评价（如教师教学质量评价、幼儿发展评价）等，保障和提升幼儿园课程的质量，为完善课程提供及时的信息与反馈。这部分就会涉及课程评价及课程实施质量监控的制度建设等管理。

（4）教师专业发展的管理：课程的实施最终会落实到教师身上，因此教师专业水平的提高和教师队伍建设也是课程管理的重要内容。所以，课程管理常常会涉及教师培训、构建教师专业化发展机制等。

**3. 将课程管理的措施、制度、方法明晰化、具体化，并统盘形成较为协调和顺畅的管理机制。**

首先，和课程实施的具体要求和方法一样，课程管理不应仅仅停留在理念层面，应使课程实施方案中的课程管理看起来可操作。因此，应在课程管理的具体指导下，将课程管理的具体措施、制度和方法等明晰化。

其次，应重视健全和完善幼儿园课程管理组织与机制，把各个零散的管理措施、制度、方法等统筹协调在一个较为有效和顺畅的管理机制中。著名课程论专家施瓦布认为：课程运作包括课程实施与开发是慎思的过程，因此，他建议学校要成立课程管理与开发小组。同样地，在幼儿园里建立一个保障幼儿园课程建设与实施整体性和系统性的课程管理组织是比较重要的。每一个幼儿园都可以构建符合自己幼儿园情况的课程管理组织，但在构建这种组织时，需要注意通过这种组织强化过程管理和建设顺畅的管理机制。具体的策略有：

（1）要用统一的课程管理目的来协调各部门的职责。如果管理目标模糊不清，不能确定管理组织中各项任务的分配和责任的归属,各部门的自主管理性就不高,园本课程的完善就处于停滞状态,造成各部门效能低下。

例如,以下案例中幼儿园就围绕统一的课程管理目标明晰了各部门的职责:

> ● 课程的实施,客观、公正的评价幼儿园园本课程实施的有效性。课程研发中心:在园长、副园长领导下,对课程进行总体的构想、规划和调控。课程研发中心管理目标是以《幼儿园教育指导纲要(试行)》解读和《课程指南》为理论依据,能科学地开发课程内容,提升研发中心教师的创新和调整能力。
>
> ● 课改先行组:由骨干教师组成的课程资源开发、调查、研究、制订课程方案。协助制定、完善幼儿园课程目标、内容及实施。课改先行组的管理目标是以课改实践为抓手,能合理的制定各类活动计划、安排科学的活动时间配比,提升园本课程的项目管理能力。
>
> ● 实施发展组:由幼儿园全体教师组成,以教研组为单位实施具体方案研究和设计。实施发展组的管理目标,是以园本课程方案为依据,能合理的制定不同阶段的年级组课程方案,园本教研为手段,提升实施发展组教师的反思和课堂实践能力。
>
> ● 资源配套组:由后勤保障组、信息传媒组、环境组、资料综合组组成的小组。在后勤保育、信息资料的提供与收集、幼儿园、班级环境创设等方面相互协调帮助,保障幼儿园各项课程得以全面贯彻和实施,形成完整的教材配套。资源配套组的管理目标是能提供充足的人、财、物,保障幼儿园园本课程得以全面贯彻和实施,形成完整的教材配套。
>
> ● 监测评价组:由幼儿园各班的家长代表组成家委会,家委会选出的家长理事会会员和由市、区专家组成的专家顾问团,参与幼儿园的课程实施并提出各项关于课程实施的意见建议。监测评价组的管理目标是能积极地参与幼儿园园本课程。
>
> ——荷花池幼儿园

(2)注意课程管理组织中各部门并不是单一地为园长服务的,各部门也不是平行的、分割地工作,而应该形成双向互动、分工协作的合作机制。幼儿园应在日常管理工作的运行工作中及时发现各种问题,并根据这些问题及时进行调整,以形成流畅的、协作的管理机制。例如:

> 针对园本课程的开发、设计和实施,我园成立了课改现行组和实施发展组,课改现行组的教师由我园骨干教师组成,实施发展组的教师为全体一线教师。但通过总结、调研和反思,由流程图可以看出,整个管理过程呈单线下达和反馈状,教师们都能严格地按照课程实施的要求,提升了执行力,但由于都是按照课改现行组——实施发展组单线任务式管理,缺少了教师执行时的自主力。

在园本课程实施过程中,我们将管理网络图调整为嵌套式的管理流程图,旨在突出各部门的运作职责,让全体教师明确在实施园本课程的过程中,每个组都是一个流动运作的主体,由此,形成了我园园本课程的嵌套式管理流程,见图 3-3-1。

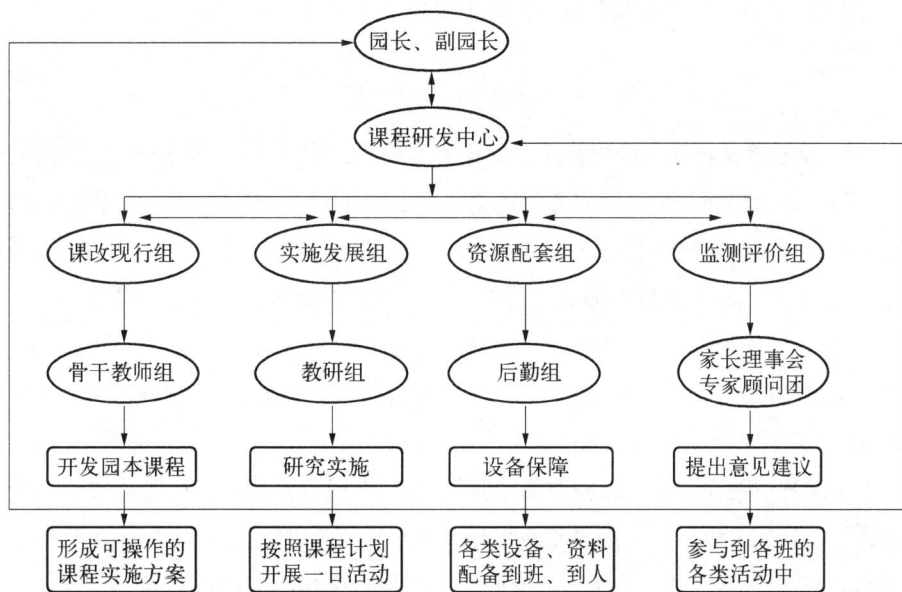

**图 3-3-1 嵌套式管理流程图**

第一层:在园长、副园长领导下,课程研发中心对课程进行总体的构想、规划和调控,通过课程研发中心并将课程计划下达给课改先行组、实施发展组和监测评价组,将课程所需的配套资源、要求下达给资源配套组。

第二层:课改先行组由骨干教师组成,进行调查研究,开发课程资源,制订园本课程总方案,并按年龄阶段形成可操作的课程实施方案,并将之平行传给实施发展组;实施发展组按年龄阶段特点,将不同的课程实施方案分别给小、中、大三个教研组,通过园本培训、园本教研等形式组织全体教师研究、学习园本课程总方案和园本课程实施方案,在日常教育活动中按照课程计划开展一日活动;资源配套组根据课改先行组的要求和实施发展组的需要,在后勤保育、信息资料的提供与收集、幼儿园班级环境创设等方面相互协调帮助,保障幼儿园各项课程得以全面贯彻和实施,形成完整的教材配套;监测评价组是通过家长理事会和专家顾问团,在园本课程实施的过程中,公正、客观地提出建议和意见,参与到各班的各类活动中来。同时,这四组之间是相互依存的关系,课改先行组把设计好的课程方案传达给实施发展组、资源配套组和监测评价组,在实施过程中,每组对于课程有了任何调整、建议,都可以即时反馈给其他各组,以便于课程的更新、科学。

第三层:在课程实施运作过程中,四组流程(课改先行组、实施发展组、资源配套组和监测评价组)的运作情况可以直接反馈给园长、副园长;也可以通过课程研发中心的总结分析,再反馈给园长、副园长。通过课程研发中心,到课改先行组、实施发展组这样一个层次一个层次,重新调整、修正、运行。园本课程管理就是通过这样一个循环、有序的嵌套式流程运作流通的。

——荷花池幼儿园

#### 4. 凸显园长在整个课程管理及课程实施质量保障机制建设中的课程领导力

园长是影响幼儿园课程的关键因素。在当前的幼儿园课程改革背景下,每个幼儿园都会形成自己的课程,园长在整个课程发展、改革、实施与完善的过程中就需要肩负起重要的领导责任,园长的教育眼光、思路和决策常常决定着该幼儿园的课程品味。研究表明,园长如果能采取主动积极的引领风格,课程的开发度、落实度和实效度都会增加。因此,在课程管理过程中,园长需要充分发挥自身的专业素养,指引和统领幼儿园的课程编制、课程实施、课程评价等活动。

在课改中强调园长的课程领导,实际上就是希望园长超越传统的行政管理职能,扮演起课程领导的角色。园长是园务的领导人,统合行政、教务、总务、人事等事务于一身,非常繁忙,园长经常需要花费大量的时间用于沟通协调、办理外务等。但课程是整个幼儿园事务的重中之重,需要园长在时间、精力上的投入,因此,在课程管理体系上,充分重视起园长课程领导的角色,通过顺化管理机制、提高工作效率、与其他管理人员分工协作等各种途径削减园长在其他杂务上耗费的不必要时间,使园长从繁忙的其他事务中解放出来,从而使园长能花费更多的时间和精力用在领导课程管理上。这应是幼儿园课程管理建设上应首先关注的一点。

在有时间和精力保证的前提下,整个课程管理机制的建设应凸显园长的课程领导作用。

首先,园长需要深入课程实践,直接参与对课程的审议和讨论,虽然园长并不是要把自己投入到事无巨细的课程实施工作中去,但园长在课程的具体管理上不应只是高高在上地挂个"首要管理人"的名衔,园长在课程领导上的思考也不应是脱离实践的。园长应该自觉深入实践,在和教师的互动中、在对课程实施的实际调研和了解中反思幼儿园课程的编制、实施与管理,把握课程管理的方向。而这种深入实践基础上的课程领导不应该是想到时再做,没时间就不做,应该有相对比较固定的、明确的制度和机制作为保障,使其常规化。因此,有的幼儿园就明确规定园长不仅在考核时要深入班级,而且在平时就必须深入班级,例如:

> 以园长为首的课程领导小组要坚持进教室听课(幼儿一日生活的各个环节),包括随堂听课和年终考评听课,以了解各班教师的教学现状和教师的课程执行力。听

178

课者要填写听课记录，就所听课程的教学（活动）目标、教学（活动）过程、方法、效果等进行评价，并与执教教师当面交流。

其次，在整个课程管理组织架构和课程整个管理机制的建设上，园长的引领职责必须同样明晰。例如：

建立幼儿园课程管理组织，可参见图3-3-2。由园长、保教主任、科研主任、年级组长和信息组长等成员构成，各成员根据以下分工承担管理任务，履行管理职责。

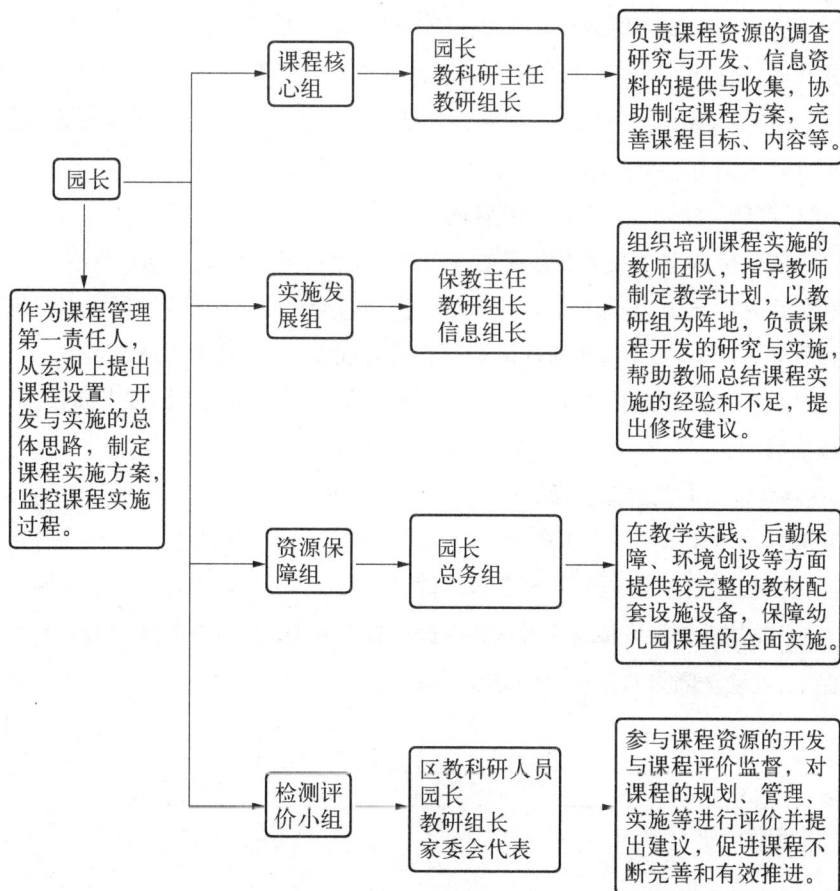

| 园长 | | | |
|---|---|---|---|
| 作为课程管理第一责任人，从宏观上提出课程设置、开发与实施的总体思路，制定课程实施方案，监控课程实施过程。 | 课程核心组 | 园长 教科研主任 教研组长 | 负责课程资源的调查研究与开发、信息资料的提供与收集，协助制定课程方案，完善课程目标、内容等。 |
| | 实施发展组 | 保教主任 教研组长 信息组长 | 组织培训课程实施的教师团队，指导教师制定教学计划，以教研组为阵地，负责课程开发的研究与实施，帮助教师总结课程实施的经验和不足，提出修改建议。 |
| | 资源保障组 | 园长 总务组 | 在教学实践、后勤保障、环境创设等方面提供较完整的教材配套设施设备，保障幼儿园课程的全面实施。 |
| | 检测评价小组 | 区教科研人员 园长 教研组长 家委会代表 | 参与课程资源的开发与课程评价监督，对课程的规划、管理、实施等进行评价并提出建议，促进课程不断完善和有效推进。 |

图3-3-2 课程管理组织

——延安中路幼儿园

在以上案例中，该幼儿园就把园长的课程领导职责清晰化，虽然这些职责还可在管理运行机制和过程中进一步明解，但至少已经开始强调园长课程领导力了。

## 三、观点与提示

**1. 幼儿园应首先明确课程管理的架构。**

课程管理涉及的内容众多,例如,包括课程编排、开发及审议,保教日常管理与指导,教师课程实施评价与质量监控,课程评价及各类课程资源管理等诸多内容。在具体的管理建设途径上,可具体包括组织保障、制度保障、培训保障;课程资源保障;机制保障等方面的建设。

**2. 课程管理应直接指向课程,为保障课程质量服务。**

幼儿园课程管理是为幼儿园课程各要素服务的,在这个意义上,事实上在本书之前讨论课程各要素时已经都在思考对配套课程管理的要求和启示了,因此,在思考幼儿园课程管理的建设时,可以结合本书其他各个部分的内容来统筹思考课程管理的问题。另一方面,幼儿园在考虑课程实施方案中的"课程管理"时,也不应该孤立地来思考课程管理,而应该根据课程实施方案中其他部分的内容来考虑课程管理应该做些什么和怎么做。

**3. 课程管理的建设应该强调过程管理。**

虽然课程实施方案中的课程管理是写在文字上的,很多组织架构和管理制度的建立看起来貌似也是静止的,但课程管理应该是一个动态的过程。因此,课程管理的建设应该强调过程管理。例如,如果管理者时时监控管理的过程,一旦发现管理过程中任一环节出现偏差,就应有一定的机制保证能及时发现偏差迅速反馈给相关部门或者园长,以便及时采取措施加以纠正。

**4. 在课程管理中凸显课程领导力。**

课程管理是幼儿园园长显示课程领导力的最直接、最有效的途径,因此,幼儿园应在这部分凸显园长的领导力。不过,园长也应注意,课程领导力并不等于强硬式的课程的命令下达,在当前鼓励教师发挥自主性的课程改革背景和要求下,课程领导力是一种建立在民主机制上、发动全园力量基础上的课程引导。

(张　婕)

## 四、实践案例

案例 17　**幼儿园教师在课程实施中质量监察与管理的研究**[①]

在二期课改推进的过程中,教师被赋予了通过选择、组合等不同形式演绎教材的权力,这在给予教师施展空间的同时,也使教师个人因素的不确定性极大地左右着课程实施

---

① 案例 17 由闸北区芷江中路幼儿园撰写。

质量。对于园长,如何提高教师课程质量意识和课程质量自我监控的能力,如何处理放权与调控的关系,如何为课程方向和课程质量把关,是亟待思考和解决的问题。

本研究主要探究的是课程实施过程中我园低结构课程质量的监察与管理。课程实施是最具动态性的一个环节,特别是在低结构活动中,这种不确定性更加明显。课程监察与管理的核心不再是评价,而是紧随评价后促进教师成长和可持续发展的一系列措施。因此,质量监察与管理包括两方面的内容,一方面是基于自我监察与评价指标体系和操作指引,教师对课程实施行为进行自主的学习、实施、评价和改进;另一方面是管理者建立机制,搭建平台,支持和促进教师课程实施行为改善的过程。

### 一、对于教师课程实施质量中的问题分析

在分析现状的过程中,我们发现教师容易对课程实施质量产生以下的问题:

1. 活动质量与课程质量的混淆

教师作为课程实施者,对于"活动"有着直接深刻的认识。这是因为,课程是宏观的类概念,教育活动是微观的子概念,教师每天面对的课程实施任务就是将设计的教育活动加以落实的过程,因此,活动质量成为课程质量的显性体现。而且,目前对教师的各类考评、评优工作,开放的教研活动,教育行政部门的督导、验收等,也总是从教育活动的角度进行评价,由此,教师更多地是关注活动质量而非课程质量。事实上,一个单独的活动质量与组成课程体系的一个活动的质量是完全不同的概念,课程质量意识需要教师将活动置于课程体系背景中,需要更多考虑与前后活动的逻辑联系,需要教师对于活动在促进幼儿发展、在教材资源中的整体位置等,有一个系统性、长程性的分析,而不是只关注当日一节活动设计和实施质量。所以,在课程实施评价中除了要评价活动本身外,更要考虑活动在课程体系中的逻辑位置、重要性以及对幼儿发展的适宜性。

2. 自主性与标准化的矛盾

我们的教育倡导"教无定法"、"以学定教",这是充分尊重儿童差异,非常理想化的教育境界。但同时,这些理念给予了教师充分的自主权,既然没有"定",那么教师的一切教育行为,只要自圆其说,似乎都是可接纳的,而制定标准,似乎是束缚了教师的手脚。然而,真正深入分析幼儿的"学"从而"定教"的教师是极少数,大多数教师在缺乏既有标准和框架的情况下,更有可能出现的是课程实施质量的下滑或对核心内容理解的偏差。因此,就课程管理与师资培养的角度而言,提供教师课程实施的标准,仍是十分必要的。当然,这种标准应当预留出高水平教师的成长空间。

### 二、对于教师在课程实施质量监察与管理中的角色定位

1. 教师是课程监察的必然主体

对于传统的课程管理与领导而言,通过他评监督的模式,管理者往往只能看到一个独立的活动实施情况,而这个独立活动很可能是教师"精雕细琢"而成,并不代表一贯水平。

事实上,任何他评都无法真正把握活动的真实质量,要用他评的手段监控整个"课程"的质量更是难上加难,不具有操作性,因为管理者不可能有大量的时间与精力去实施这样的监察与管理。而且,他评往往将教师视为被评价者,很难发挥评价所具有的促进教师课程实施自主改进的发展性功能。

因此,课程监察的主体必然是教师自己。但在这样一个过程中,课程领导者需要带动所有的教师一同研讨质量价值观、课程实施的方法。只有教师掌握了课程实施的要点,明确专业发展的方向,才有可能使每日每时每刻都在实施的活动质量得以改善,进而提高总体的课程质量。

2. 教师是课程实施质量的直接把控者

我们认识到教师是课程实施质量的直接负责人,尊重教师的心态,发挥教师课程实施中的积极性是课程实施监察与管理的重要起点。为此,我们在研究中,取消了以往对教师发展阶段的划分,尊重教师的发展差异,允许所有教师在同样的评价指标体系中用不同水平来体现自己的课程实施能力;努力在研讨中提高教师对于课程质量监察工作的认同,为研究深入与工作展开奠定基础;不将幼儿发展水平与教师的课程实施质量直接挂钩;反复强调评价体系是以自我评价为主体,尊重教师的自主发展。

为此,我们制定了教师开展低结构课程实施质量评价的"学习地图",如图3-3-3,帮

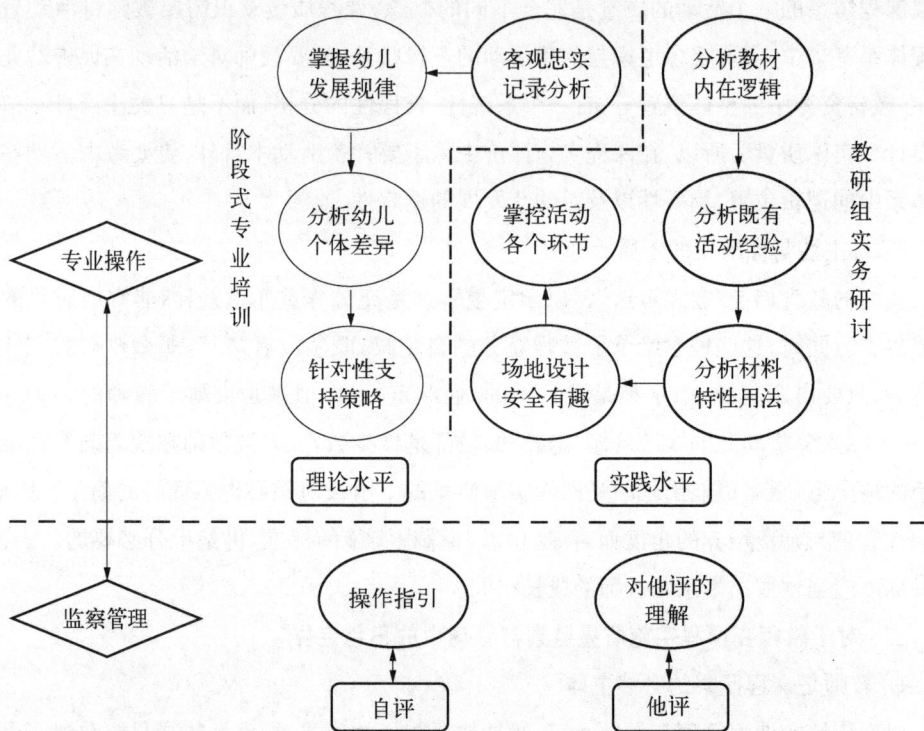

图 3-3-3  学习地图

助教师理解评价体系的意义,以及运作的方式,便于教师能够按图索骥,找到自己所需要的资源,并在提升自身课程实施能力的过程中,获得必要的帮助。

### 三、对于课程实施质量监察与管理的三个层面

我们将整个课程实施质量监察与管理分为三个层面,即教师层面、教研组层面和管理者层面。

#### 1. 教师层面

教师是自评工具使用的主体和对象。每学期初,教师参照操作指引的描述,对自己目前的课程实施质量水平进行自评,这种自评不是针对某一次活动,而是针对一段时间以来保持的比较稳定的水平。自评完成后教师可以根据自评的结果分析个人本学期重点可以发展的项目,依据个人发展计划,对照操作指引,结合幼儿园的相关培训活动和日常、随机小范围内的研讨(班级内两位教师互动、对话式研讨)进行学习实践,以提升自己的专业水平。在这期间,教师还需要自主申报他评时间,作为管理层进行课程实施质量监察和管理的重要环节。通过自评和他评的结果与反馈,教师可以意识到在课程实施过程中自身的问题并及时予以调整。

#### 2. 教研组层面

教研组在教师都完成自评并制定个人学期重点发展项目后,主要是汇总整个教研组本学期重点发展项目,进行组内研讨,确定教师需要的培训和教研内容。同时,教研组层面还是推动教师课程实施质量的重要环节,如自助式教研、网络式带教等。

#### 3. 管理者层面

管理者层面汇总教师个人重点发展项目和教研组的研讨结果,分析并安排本学期培训资源,包括全园共性需求培训、个别需求分享培训和固定培训,支持教师课程实施质量的提高。同时,管理者层面还接受教师的他评申请,对教师进行现场评价、访谈评价和资料评价,进一步了解教师课程实施质量问题与实施中的实际需求。

### 四、对于课程实施质量评价标准的研究

在我园第二版的评价指引中,有许多这样的描述,如“如果幼儿反复尝试失败时,能使用多样化的方式(语言、动作、环境的暗示等),帮助其获得成功”。当我们引导教师对这样的指标进行解读时,可能会出现许多疑问:

幼儿反复尝试失败,是不是难度太高? 应该是教师调整难度,还是继续鼓励尝试?

什么叫做反复尝试? 连续二十分钟尝试? 尝试五种以上方法? 连续多天尝试?

教师如果只用了一种方法就帮助幼儿尝试成功了,那是不是就没达到多元化的标准?

老师真的能关注到幼儿反复尝试失败的情形吗? 如果观察不到位,就无法自我评估吗?

这些问题是教师在认真使用评估工具中出现的疑问。而对评估工具中的“指标”出现

这样的疑问,实际上说明了指标模糊而不够清晰,并没有告诉教师明确的答案。

如何引导教师在不同实际场景下进行适宜的实际操作而不是机械照搬指标呢? 这就需要在评价体系外另外配备相应的操作指引对指标内容进行诠释并延伸讨论,使教师在评价中有所参照。

根据这样的需要,我们在制定评价体系时,将评价标准与操作指引分开呈现,起到互相辅助的作用。同时我们对于教师自评的体系与管理者他评的体系也进行了区分,其整体结构如图3-3-4所示。

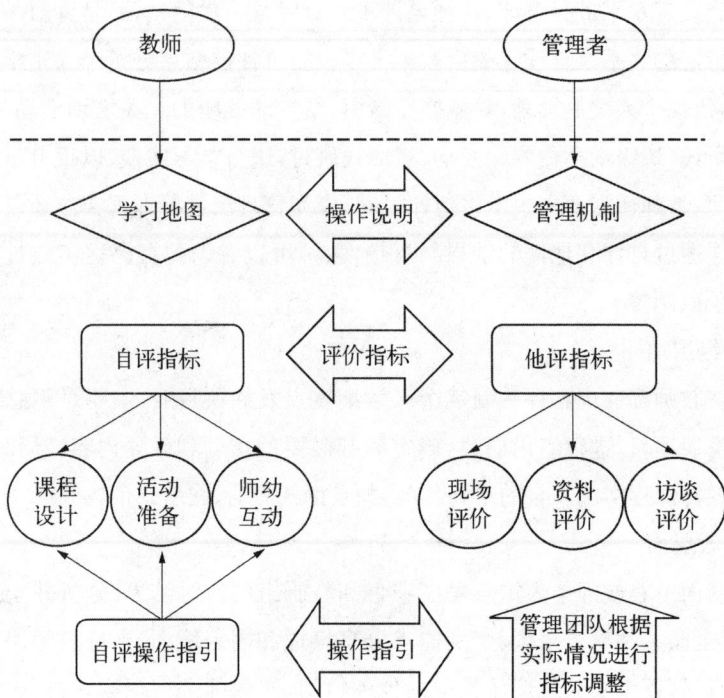

图3-3-4 低结构课程实施的整体评价框架

根据整体评价框架,我们决定由教师负责注重实践方面的自评指标及操作指引部分,每个园部根据各自比较突出的领域负责其中一个维度,具体包括二级维度的划分与具体指标以及对应各指标的操作指引撰写;而管理层则形成相应的管理机制,并在教师自评指标的基础上设定他评指标及操作,统筹各领域培训资源,制定符合我园教师的"学习地图",保障教师低结构活动的课程实施质量。

**五、对于课程实施质量监察与管理机制的研究**

教师如何利用支持、指引的资源,提升低结构活动的自主监察和管理能力和积极性,而管理者如何引导教师理解和应用相应的支持和资源,达成低结构课程实施质量的提升? 这就需要通过推进机制作为桥梁。而推进机制的核心就是电池机制和学习地图,电池机制激励教师更为自主地提高低结构课程质量,而学习地图则给教师一个清晰的提高低结

184

构课程质量的脉络。

1. 沿袭原有的机制

在低结构课程质量的推进机制中,我园沿用"三四四"支持性班级管理制度,这与低结构活动的自主性比较吻合。"三四四"支持性班级管理制度,提出了课程实施中"三个转化"(变管为导、变规定的课程安排为弹性的课程安排、变行政检查评估质量为教师自主监控调整)和四个"放权"(给教师组织一日活动组织的教学自主权、课程内容选择权、适度的计划记录权、教研自主管理权)。

2. 建立低结构课程实施质量的个性化监察与管理机制

为了进一步引起教师们对于本项目的重视,发挥教师主体地位的积极作用,我园以"点子公司"的形式向全园教师征询各类方案,进一步完善低结构活动的实施质量监察和管理机制。在此过程中,我们收获了诸多有一定可行性的优秀方案,例如花园式评价体系及教师分类评价体系等。最终,结合我园教育工作特色,选出了"电池机制"的方案,并在此基础上,形成了低结构活动教师课程实施质量监察和管理机制的"操作地图",形成了比较具有个性化和针对性的机制。

3. 系统性架构低结构课程质量监察与管理机制

随着低结构活动常规化地推进,我园需要从更加系统的角度思考和设计低结构课程质量监察和管理机制,以保障整个幼儿园运作机制的平稳。一方面,我们发现在低结构活动中,课程质量高低的体现主要在于教师的思维与分析,而不是照本宣科的操作。所以,我们提供教师的应该是支持性的策略与引导,而不是既成的规范,因此我们将原本的"操作地图"改为新的"学习地图"。另一方面,电池机制不仅仅是根据教师的低结构活动课程评价进行充电,也应该纳入整个低结构课程实施的推进过程进行充电。

因此,我园建立了以"电池机制"为核心的质量监察与管理机制,如图3-3-5,将"电池机制"贯穿整个低结构课程实施的过程,遵循"学习地图"的规律,并结合幼儿园原有的运作状态和各项机制,为教师们充电——既是在电池机制上增加电量,起到激励作用,也真正提升了教师们的课程意识、自我评价和改进能力。

比如,在学习中,通过智力冲浪的方式促进和了解教师对低结构课程实施的掌握程度;在实施中,结合原有的网络式带教、自助式教研、菜单式项目选择等制度,让教师们更快地应用以往经验来投入低结构课程的实施;在评价中,同样以深度会谈、故事分享等原有的优秀制度对评价结果进行透彻地分析,来找到共性的问题;在改进中,通过个体试探改进、集体研讨、现场教研、策略提炼的过程,一步步探索总结经验,提高教师自我改进能力。

通过系统性地思考整个机制,不单能够保障幼儿园低结构课程整体的常规运作,更能

教师　　推进机制　　管理者

➤ 主体地位　　➤ 桥梁作用　　➤ 支持引导

对不同层级教师
能力进行定位

对教师的努力和
成长进行激励

对教师下一阶成
长方向进行引导

对教师优势进行
分析和扬长

电池机制

学习　　• 低结构课程手册自习
• 观摩交流
• 智力冲浪
• 幼儿观察评价
• 评价预热　　课程设计

实施　　• 分园部侧重实施
• 实施反馈、观察记录
• 网络式带教
• 自助式教研
• 菜单式项目选择　　保障指导

评价　　• 自评
• 他评
• 评价分析　　评价指引

改进　　• 个体试探改进
• 集体研讨
• 现场教研
• 策略提炼　　策略支持

项目成效　　□ 充电饱满度　　□ 实践和评价情况　　□ 课程意识、改进能力　　□ 课程领导力

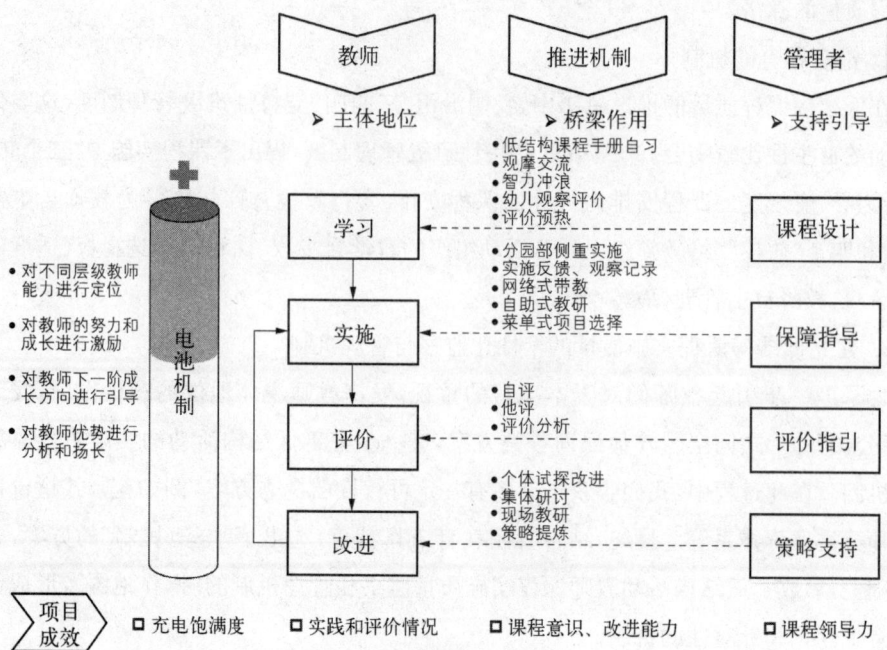

图 3 - 3 - 5　低结构课程实施质量监察与管理机制

够帮助教师更好地理解低结构课程的体系,按图索骥找到自己所需要的资源,获得必要的帮助,在实施——评价——改进——再实施——再评价——再改进的循环过程中,不断提升对于课程的理论及实践水平,保障我园低结构活动课程实施的质量。

# 第四节

## 如何制定合理的幼儿园课程评价方案

幼儿园课程评价是幼儿园课程管理中的重要环节与工作内容,也是幼儿园课程实施方案中必须给予规划和描述的重要部分。《课程指南》中指出:"幼儿园课程评价的过程是对课程建设进行正确导向,促进幼儿园课程园本化的过程,是教师运用专业知识对教育实践分析、调整的过程,也是促进幼儿富有个性发展的过程。"实践中,每一所幼儿园在规划、实施课程中,都要进行课程评价,以实现对本园课程实施情况的导向、监控,确保课程实施的过程和效果与本园课程实施方案确定的目标、原则的一致性,确保幼儿园课程的科学性、有效性。

《上海市学前教育课程指南解读》中指出,"课程因社会发展的要求而追求质量的不断完善,教师因幼儿发展的需要而寻求专业的持续成长。评价为了发展,在发展的过程中评价,持续发展是课程评价的一把标尺"。这里明确地说明了评价要坚持以发展为核心的价值取向,并进一步从以下三个方面进行了内涵的界定:1. 持续促进幼儿发展的幼儿发展评价;2. 支持教师持续专业发展的教师评价;3. 帮助幼儿园不断完善课程计划(课程实施方案)与实施的课程评价。结合实践,我们认为,一份幼儿园课程实施方案文本中涉及的课程评价范围,主要应包含以上三个方面的内容。

积极主动地开展幼儿园课程评价,有助于形成幼儿园相关人员的保教质量意识与主动行为,持续地保证幼儿园的保教质量达到标准;有利于提升教师实施课程的专业能力;有助于落实幼儿健康和谐发展的目标,使幼儿发展得到持续的关注与推动;有助于不断提升课程本身的结构、内容的品质和成效。

## 一、现有的问题

在目前幼儿园普遍重视本园课程管理的背景下,加强课程评价的实践成为了幼儿园的重要工作之一。在幼儿园制订的课程实施方案中,也基本都具有了课程评价的板块,课程评价成为方案的基本要素之一得到了重视和规划。同时,方案中的课程评价范围,基本上也从幼儿发展评价、教师评价、幼儿园课程本身的评价等方面进行了区分,给予了一定的说明。在课改精神的引领下,部分幼儿园积极探索一些新的评价机制,建立专门的质量评价与监督机构,建立越趋细致的保教质量监控系统。除幼儿园内部人员的评价外,还借助外力,请专家、专门机构、家长等参与课程评价等,并且,出现了关注过程评价的趋势。

但是,在热热闹闹开展的课程评价实践的背后,我们也不难发现,幼儿园对于如何建立适合本园的课程评价方案,也存在着比较多的困惑和问题,主要表现在以下一些方面。

### 问题1
**罗列零散的评价实践,对建立本园课程评价体系缺乏整体思考与设计。**

目前,仅仅从文本上看,幼儿园基本都知晓幼儿园课程评价主要涵盖三个方面,也基本能分别进行简单说明。但是,一般幼儿园有以下几种表现:

1. 在这三方面评价中,各自罗列出幼儿园已有或者计划采用的在评价方面的实践做法。这样的结果是将这个板块的内涵分割和界定为非常细小的一系列做法,而这些做法的罗列并不能有力地支撑整个幼儿园课程评价系统。

2. 有幼儿园简单模仿《课程指南》,将指南中的相应部分文字直接搬到本园方案中,没有自身对课程评价的设计与具体实践说明。

3. 虽然有很多以“评价”为标题的实践和做法,但是这些做法从内涵上相互交叉、覆盖,也存在缺失。例如,某幼儿园在教师评价中,形成了以下做法和要求:幼儿园保教常规工作检查,月课程质量评估,学期教师课程内容实施情况调查与评价,幼儿园游戏活动评价,幼儿园运动评价,幼儿园说课评价,“我喜欢的老师”幼儿评价,家长调查问卷评价等。

这个例子说明,幼儿园对教师评价有一定的思考,也大致知道可以从哪些方面和途径来进行教师评价,但是,缺乏对教师评价板块结构的有效梳理。因此,在操作中出现结构不清、逻辑混乱的现象。长此以往,教师(评价人员)容易出现疲于应付,满足于“完成评价任务”的现象。也不利于幼儿园站在一定高度开展课程评价。

以上情况,从总体上说来,就是幼儿园缺乏建立本园课程评价的整体思考与设计。

### 问题2
**将评价等同于考核,关注结果大于关注“发展”,缺乏基于评价的发展意识和行为。**

考核是幼儿园教职工工作管理的实务之一。考核离不开评价,但是,在一些幼儿园的课程评价中,有将工作考核混同于教师评价的现象。在幼儿园的课程实施方案中,将课程评价直接与工作考核挂钩,不利于建立“发展性”的课程评价导向。例如:

幼儿园建立教师考核小组，每学期对教师的教育环境创设、设计组织教育教学活动、教学技能、师幼互动、家园沟通等进行考核，并通过组内教师互评推举、家长和社区问卷、教师自评等多途径，多主体对教师做出比较全面公正的评价。根据市、区级文件，幼儿园制订《幼儿园骨干教师、园学科带头人评选和考核方案》等，鼓励教师在教育教学活动中形成自己的教学特色。开展教学评比活动，提供教师展示平台。

以上例子，该幼儿园将课程评价的内涵放大，多与教师工作考核混淆。有的幼儿园甚至将幼儿发展评价也作为教师工作考核的一个重要内容。存在以上现象的原因，可能一是因为幼儿园对于课程评价的价值和作用的认识不到位，二是幼儿园习惯于用"行政化"的手段和途径看待和处理评价问题，从课程、专业的角度看待和分析问题的意识尚未充分建立，因此，原有的在幼儿园管理过程中形成的做法，就直接、简单地转化过来。但是，这样直接的转化和引用，让"评价"直接服务于"考核"的现象，势必引导教师关注考核结果，影响幼儿园、教师从课程实施过程与成效角度开展反思，分析影响因素，并影响她们自主自觉地调整课程行为的意识与行为。

## 问题 3
**评价方法过于原则、空泛，评价过程要素模糊、不具体。**

幼儿园课程指南中已经对幼儿园开展评价的原则和方法给予了方向性的建议，例如要在自然状态下开展评价，注意多元主体参与评价等。但是，这些评价原则和做法在某个幼儿园如何具体开展没有给出范例。因此，就需要各幼儿园在透彻理解评价的原则和可以采用的方法后，根据各自具体的需要、特点和要求，明确本园如何理解幼儿园课程评价三方面的关系，以及如何实施评价，对本园如何开展课程评价，给予明确的方法、流程、主体等界定，让幼儿园课程评价的不同主体，都有明确的认识和操作指引。

我们发现，一些幼儿园简单将《课程指南》中的评价原则与方法搬移到本园课程实施方案中的评价方法部分，并未根据幼儿园自身的情况具体化，因此，完全达不到操作上的定义和指引作用。例如：

1. 观察法

教师在开展教育活动中，以自然观察为主，收集大量真实的通过自然观察所获得的资料，提供丰富的反映幼儿发展状况的事实依据。同时也可根据需要，进行情境性观察。

2. 调查与访谈

可根据需要设计问卷，了解幼儿在园内和园外的生活经验和学习经验，广泛收集幼儿发展的信息,还要经常与其他工作人员和家长进行交流,以便更全面、准确地了解幼儿的发展。

### 3. 建立档案袋

建立档案袋是一种综合性的评价方法,它包括对幼儿在较长时间内的发展进行观察与记录,收集并分析幼儿的作品,经过整理后进行评价,以反映幼儿在一段时期内的学习过程与成长轨迹。

### 4. 测试法

对幼儿进行定期的体质测定,了解幼儿体质发展的现状以及变化趋势,并可结合生活中的各项记录、分析影响幼儿体质强弱的因素。

评价人员可以根据需要,有侧重地选用多种评价方法,对评价所获得的信息进行综合考虑,全面地评价幼儿各方面的发展。

以上的案例中,对幼儿发展评价方法的描述,虽然是正确的,但是可以看出,幼儿园对于究竟在幼儿发展的哪些方面、在哪些具体的评价场合中,究竟应该怎样开展评价等,仍然没有给出明确的界定,只是罗列了一些普适性的、可能的方法。因此,即便园长和所有教师都认可这些方法的正确性,仍然没有办法进行具体的操作。因为,这里缺少在本园课程评价情景中如何运用这些方法的规定,例如时间(频率)、人员、对象、流程、工具等等。

### 问题 4
**缺乏针对性地建立课程评价操作系统的能力,符合本园课程评价需要的工具缺乏。**

有了课程评价的原则、方法、主要内容指向,但是没有相对结构完整、流程确定的评价工具,课程评价也容易陷入一种"想到哪儿做到哪儿"的随意中。幼儿园的课程评价,应该成为一个相对确定的思考和行为操作系统,其中包括可操作的评价工具。经过设计的具体的评价工具,可以用来帮助幼儿园确定评价原则、方法、主体、流程等,可直接拿来为课程评价人员所用。而目前许多幼儿园的课程评价,缺乏的正是可运用的评价工具。

虽然在《纲要》、《课程指南》、《上海市幼儿园保教质量评价指南》等文件中,都在不同部分直接涉及了教师评价、幼儿发展评价、课程方案与实施评价等内容,但是,如何将这些文件当中的评价理念、内容甚至指标,综合成符合本园课程评价需要的工具,是一件需要系统思考和精心设计的工作。许多幼儿园对如何整合运用多种评价方法没有周密思考,这就出现了以下现象:某个园的幼儿发展评价采用多种方式进行,例如教师日常自然观察记录、幼儿成长档案、幼儿个案记录、期末幼儿园整体随机测验等多方式并存。这种多方式同时运用的情况不仅加重了教师负担,而且也不利于教师有结构地把握幼儿的发展特点。

　　同时,虽然部分幼儿园制订出了各类评价的结构和基本内容,甚至指标,但当运用于实践中时,仍然大量出现"主观判断"为主的评价现象。因为评价工具本身的设计大量用了主观性的指标,而非客观的信息来源。例如"为幼儿创设温馨、优雅的就餐环境","关注个别幼儿的生活需求与差异并给予适当的回应",这样的评价标准具有太多的主观评判的可能,结果因人而异,因此评价效果也将大打折扣。

## 二、改进策略

　　为了减少或避免以上问题,我们提出以下改进策略,供大家参考。

　　**1. 正确和深入理解幼儿园课程评价的价值与目的,找准评价的定位。**

　　幼儿园开展课程评价,目的是为了促进发展——促进幼儿发展、促进教师发展、促进本园课程在正确的方向上和实施的有效性上有所发展。因此,课程评价的功能主要体现在对幼儿园课程实施的反馈、调节与改善。幼儿园首先要树立"以课程评价促进发展"的理念,主动摒弃"评价为定级、评价为考核"的观念。只有牢固地树立了这种发展性的意识,幼儿园的课程评价才有科学准确的定位,即课程评价才能从根本上由关注结果转向关注过程,才能从"完成行政性的考核任务",逐渐转向"发现课程的现状与问题并分析改进"。

　　此外,课程评价作为一种价值判断的过程,是需要建立在全面、客观的信息基础上的,多渠道收集评价信息成为开展课程评价的重要前提,也唯有如此,才能通过评价,全方位发现、诊断出幼儿园课程实施中的问题,并加以改进完善,实现评价的发展性功能。因此,幼儿园在课程评价中,应该充分发挥不同主体在课程评价中的作用,让一种单纯服务于"判断和结论"的终结性评价,变成多元主体参与的、注重过程性分析与诊断的形成性评价。例如在幼儿园课程实施中,不定期由幼儿园的一般教师、骨干教师、分管课程与教学的园长、全面管理的园长、专家、家长甚至幼儿等,都能够有机会积极参与评价,并主动找到评价对于自身意义的过程。

　　当然,对于幼儿园课程评价结果的反馈与利用,都可以事先给予分析、处理并规定公布方式,这样,更有助于被评价者及相关利益人员从外部牢固树立和维护评价的价值与意义。例如,让每个幼儿的发展情况与发育数据,与该幼儿的家长直接见面,并且请教师与家长进行基于该幼儿发展评价的交流,同时商讨针对性的家园一致的教育对策。这就是一项有意义的工作,凸显了幼儿发展评价的作用。

　　**2. 确立激励"自评为主"的幼儿园课程评价机制,引导不同主体自主自觉的评价行为。**

　　《课程指南》提出:"对课程的评价是幼儿园及相关部门根据课改精神,对幼儿园实施

191

与开发的课程进行价值判断。"该说明直接肯定了幼儿园对于本园课程评价的主体地位，即幼儿园课程的评价，起点是幼儿园的自评。

"幼儿园课程评价机制，旨在促进幼儿园课程设计与实施的持续改进与发展，而不是为了在不同幼儿园之间作高低优劣的简单比较和排出位次。"如果说，从外部评价的角度，新课程尚有这样的定位，那么从一所幼儿园自身内部所进行的课程评价，就更应该具有"自我发展"的价值。自评是源于幼儿园对于本园课程设计与实施品质的主动探寻与追求。因此，幼儿园自身内部建立一套课程评价的机制和运作方式，是课改对幼儿园课程管理的要求，也是幼儿园课程主体作用的重要体现。

幼儿园对自身的课程设计、实施与成效进行评价，还不能局限于幼儿园园长及管理层面，更应该落实到班级、教师层面，并主动吸纳家长甚至幼儿作为评价部分的主体，开展围绕课程和实施品质的相关评价。多种层次、不同主体自主自觉地开展评价，有目的地收集本园课程实施的信息，不仅能立体地、全面地、客观地呈现幼儿园课程的整体状况，也能够为幼儿园的课程评价增添更多灵活性，提供操作上的备选性。

**3. 围绕幼儿园课程评价的对象，尝试建立符合本园课程评价的需要，易于操作、便于分析的课程评价工具。**

首先要理解，幼儿发展评价、教师评价、幼儿园课程本身的评价，构成了幼儿园课程评价的范围与对象，它们分别是从不同角度对幼儿园的课程设计与实施、成效进行判断的过程。它们具有不同的内涵指向，但是都服务于完整、真实地体现幼儿园课程规划、实施的过程与结果。因此，幼儿园需要对这三方面评价的内涵加以明确、加以区分，不能混为一谈。具体来说，需要对它们分别进行目标和方法上的界定，并通过具体评价工具的编制或确定，来"定型"各类评价中应体现的理念、流程、主体、对象、时间与频率、结果处理方式等。例如，某幼儿园的幼儿发展评价可以包含评价目标、原则、时间、对象、评价人员、具体方法、评价指标体系、注意事项等。

又如，《课程指南》中指出，"课程（本身）的评价重点考察的方面是：幼儿园是否有完整的课程方案，其方向性和可行性如何；一日活动安排及其各活动的时间比例是否科学合理，是否顾及了幼儿参与各种活动的需要以及各年龄段幼儿的不同特点；课程内容是否体现了启蒙性、平衡性以及地域性特点；幼儿园特色课程的开发、教材选用与编写是否科学、适切，是否适合本园特点和本园幼儿的发展；幼儿园课程管理与保障机制是否有利于培育教师的课程意识，提升教师课程开发与实施的能力。"

虽然以上的内容只是一些评价的主要内容或角度，但是，将这些内容和本园的实际情况相结合，增添何时进行、由谁进行、用何种方式进行、流程中的注意事项等，就可以制订出相对完整、可以操作的评价工具。并且，通过幼儿园课程评价的操作，让这些规定不断获得调整以趋合理、有效。

## 三、观点与提示

　　幼儿园课程实施方案的要素之一——课程评价，是对幼儿园设计和实施的课程进行价值判断的过程，通过评价，可以发现、诊断幼儿园课程及实施中的问题，并借助课程评价的反馈调节，以体现课程评价促进幼儿园课程、教师及幼儿发展等方面的作用。制订合理的课程评价方案是幼儿园课程实施方案中不容忽视的环节，具体编制时要注意以下几点。

　　**1. 坚持自评为主，发挥课程评价的发展性功能。**

　　在把握课改精神的前提下，主动确立幼儿园的主体地位，积极尝试建立符合需要的、完整的课程评价方案，以自评为起点。在坚持幼儿园主体地位、把握全局的基础上，鼓励教师自我结合日常课程设计与实施工作进行过程性评价、诊断，发现幼儿园课程设置与实施中的不足，并及时反馈、协调与调整。同时，在幼儿园课程实施评价方案的制定中，坚持评价标准与方案中对教师课程设计和实施的要求保持一致，使评价具有引领教师正确行为的导向作用。如此，幼儿园课程评价才体现出促进改善与发展的作用与功能。

　　**2. 坚持多元主体参与，凸显课程评价的科学性。**

　　吸纳多元主体参与幼儿园课程评价，除班级教师外，还可包括其他班级教师、教研组长、园长、家长和社区人员等，以多途径收集评价信息。

　　但与此同时，幼儿园也要思考和判断评价主体参与的实际能力与可行性，不能单纯为了增加评价主体数量和类型而盲目开展评价，毕竟评价是专业性很强的工作，开展前需要对相关主体进行必要的评价培训与指导，否则，收集的评价信息将缺乏实际意义。例如，让某班级全体家长来评价教师的教学水平，或者单纯用幼儿提名的方式来确定"孩子喜爱的好老师"，不仅让教师面临不公平的境遇，也不能得到专业的结论，反而成了形式主义的表现。为此，幼儿园要针对评价指标体系，梳理和初步规定哪些课程指标内容适宜哪些评价主体参与，以力求评价的科学性。

　　**3. 坚持多种方法综合运用，突出课程评价的客观性。**

　　幼儿园课程评价的范围广泛、内容众多，评价时要注意多种方法相结合。如在幼儿园课程评价时，要同时注重书面资料与实际观察两方面的信息，尤其是要注重两者之间的关联度。书面资料可以体现幼儿园课程发展过程与轨迹，实地观察还需要确定是否代表了幼儿园课程实施的日常状态。

　　**4. 坚持课程评价指标园本化，彰显课程评价的操作性。**

　　现有的幼儿园课程评价指标版本多，幼儿园在确立评价指标体系中，可以参考引用，但需要根据幼儿园的实际情况进行园本化的调整。因为每所幼儿园的办园特色、课程理念和目标不一，其课程设计与实施的要求也会有所差异，与之对应的课程评价内容与标准也不尽相同。因此,幼儿园要紧密结合本园的实际情况建构课程评价指标体系,明确适合本园特色与目标的评价内容与操作提示,使课程评价在本园更具有操作性。

**5. 坚持科学分析与反馈评价结果,注重常态化评价运行机制与制度的建立。**

幼儿园课程评价过程中,要注重幼儿园课程评价的信息的收集与建立联系,并尝试对评价结果作出科学解释与因素分析,以保证评价的监控、调整作用能得到切实发挥。

此外,幼儿园要注重课程评价的有序运行,通过课程管理,建立一些常态化的评价,运行机制与制度,实现主动的课程运行状态监控。如学期初、学期末对幼儿发展各进行一次评价;每月教师对课程实施情况进行一次自评等。如此,借助常态化的评价运行机制,推动幼儿园课程评价工作定期开展,从而可激活幼儿园课程,促进幼儿园课程的设计与实施不断得到活化、更新与完善。

(贺　蓉)

# 四、实践案例

案例18　　**课程实施方案课程评价(部分节选)**①

**一、课程评价**

(一)评价原则

我园定期开展课程评价,评价的原则主要有:

1. 课程设计和实施要求与评价标准一致

为鼓励和引导教师不断提高设计与实施课程的专业能力,引导教师关注每天的课程实施品质,发挥评价的导向作用,本园按照课程设计与实施的具体常规要求为基础,评价教师工作。

2. 课程评价信息收集现场化

为了保证课程评价相关信息的真实性,不打扰教师和幼儿的正常活动,评价信息收集力求现场化,尽量在日常课程实施常态下,以自然的方式收集评价信息。

3. 课程评价信息反馈来源多样化

课程评价主体多元,评价方式包含教师自我评价、其他教师评价、园长评价,同时适当辅以家长评价。

4. 课程评价反馈诊断与促进相结合

获取的课程评价信息,及时向教师直接口头与书面反馈,达成认识一致,作为教师课程设计与实施改进的基础。

---

① 案例18由闸北区安庆幼儿园贺蓉执笔。

（二）评价内容

本园的课程评价范围主要分幼儿发展评价、教师课程执行评价、幼儿园课程方案评价三部分，具体内容如下。

1. 幼儿发展评价

● 本园根据《纲要》、《课程指南》、《上海市幼儿园保教质量评价指南》中有关幼儿培养目标、幼儿发展评价等方面内容，编制出"安庆幼儿园幼儿发展评价指标体系"，作为对全园每一个幼儿进行发展评价的依据。

● 本园幼儿发展评价主要由班级教师进行，教师要结合日常开展的各类型活动，有针对性地不断积累幼儿个体各方面发展信息，进行记录与评价，信息梳理，形成幼儿个体成长记录。并且，根据个体幼儿发展评价，抽取典型情况，对全班幼儿整体发展的特点定期总结，以便作为学期工作和日常教育的调整基础。

● 教师在每学年初期（9月、10月）和学年后期（4月、5月）分两次，在两个月内对每位幼儿进行评价，并提供发展的典型表现记录。教师还要不定期地、有针对性地从家长处获得幼儿发展的相关信息。本园各项评价标准设不同层次，自然连续但不设年龄界定，只客观呈现和描述幼儿的发展水平。

● 依据"安庆幼儿园幼儿发展评价指标体系"设计我园幼儿的成长档案，由班级教师负责为每位幼儿制作成长档案。成长档案的制作，要求对照各评价板块中的指标与层次，由教师在评价时间内记录幼儿的典型表现，说明幼儿的发展阶段和水平。

● 本园幼儿发展评价信息每学期（每年12月、6月）各反馈给家长一次，以家长和教师个别约谈的方式进行。教师要根据评价信息，向家长具体描述幼儿的发展状况，尤其是优势与弱势，同时了解家长对幼儿的评价，并可以与家长制订有针对性的幼儿培养措施。

2. 教师执行课程情况的评价

● 本园教师参与并建立了"安庆幼儿园保教人员工作规范与提示"，以此作为保教人员基本工作标准，对教师课程设计与实施（执行）情况进行评价。

● 每月一次，由教研组长有侧重地选择课程执行评价标准中的部分内容，进行针对性的观察评价，并在听取教师自评信息的基础上，及时反馈，给出评价意见与建议。

● 每学期一次，每位教师必须选择并确定1—2个自己在课程执行中需要提高的方面，结合自评，请园长进行现场观察下的有针对性评价，以帮助教师提高课程执行能力。园长在评价的同时，听取个人的自评，并给予指导建议。评价意见书面记录，由教师签字认可，园长室、教师各留一份。

3. 对本园课程实施方案的评价

● 幼儿园建立课程管理小组，并形成工作制度。建立不同年级组"教师、教研组长、园长、家委会代表的课程实施方案执行情况汇报点"，在每月一次的的课程管理小组会议上，汇总来自各方面的反馈信息,在及时化解紧急矛盾的基础上,研讨课程实施改进措施与方法。

● 幼儿园课程管理小组,每学年末(5—6月),根据幼儿发展评价、教师课程执行评价、以及家长对相关方面的信息反馈等,对本园幼儿园课程实施方案进行全面回顾与梳理,发现矛盾并积极协调,整体调整课程实施方案。并在次年开学前确保全体教师明确课程实施方案的修改与更新。

(三)课程评价方法

本园采取多样化方法开展课程评价。

1. 幼儿发展评价以教师在幼儿园日常课程实施真实情况下的观察记录与信息汇总为主,整合来自幼儿家庭的评价信息。班级教师为主要信息提供者,辅以来自幼儿家长的信息。

2. 对教师的课程执行评价主要采用"看教师相关课程文本、查看课程实施现场"的方式进行。教师、教研组长、园长为主要信息提供者,辅以来自幼儿家庭的评价信息。

3. 对本园课程实施方案的评价主要采用"看文本资料,对教师、家长进行问卷调查和座谈"等方式进行。教师、家长代表、专家为主要信息提供者。

**案例 19　　家园合作开展小班幼儿生活课程实施评价的实践研究**[①]

**一、研究背景**

我园是上海市一期、二期课改基地幼儿园,是松江区家园社区整合教育特色示范园,十年来在家园社区教育资源的开发和利用等方面进行了积极探索,丰富了课程资源,促进了课程建设,提升了保教质量,推进了家园社区共育办园特色的形成。

但是如何开展家园合作课程评价是我们的瓶颈问题,表现为:一评价主体单一,以幼儿园管理者与教师评价为主,家长只是被动参与者,无法有效发挥家长在课程评价中的作用;二评价方式简单,以在园教师自评互评、情景测评等方式为主,无法了解幼儿在家的发展表现,评价缺少家园互动性;三评价内容片面,缺乏较具体明确的评价内容;四评价结果处理缺乏科学性,教师和家长间缺少互相反馈评价结果等。

基于幼儿园实际情况,我们选取了小班幼儿生活课程作为家园合作评价的切入点,探索家园合作开展课程实施评价的内容与方式,验证与完善《幼儿园课程实施方案》,提高幼儿园课程评价的质量。

**二、研究目标**

本研究旨在根据家园合作开展小班生活课程实施评价的现状调查,探索家园合作开展小班幼儿生活课程实施评价的内容与方式,构建科学的、具有操作性的小班幼儿一日生活活动各环节的评价指标,逐步建立评价操作体系,以点带面不断完善《幼儿园课程实施

---

① 案例 19 由松江区人乐幼儿园张勤、俞纪勤执笔。

方案》中的课程评价,改变教师与家长生活课程的评价意识,提高生活课程的评价能力。

三、研究内容

本课题研究内容主要包括了解开展家园合作课程实施评价的意义,现状调查家园合作进行生活课程实施评价的情况;梳理小班生活课程评价的内容,形成小班生活课程教师与家长的操作提示;探索家园合作开展小班生活课程实施评价的新方式;构建幼儿一日生活活动的评价体系,初步形成一套适合本园家园合作的生活课程评价标准和方式。

四、研究结果

（一）树立正确的评价观念与评价目的

一方面我们通过自学、小组学习、网络交流、集中指导等形式,对教师进行生活课程实施评价的培训;另一方面通过家园之窗、家园小报、家长会、家长学校、班级主页、飞信、QQ群沟通等途径对家长进行生活课程实施评价的指导。通过培训与指导使教师和家长树立科学的评价观,明确评价的目的是为了全面了解幼儿,更好地促进每个幼儿的全面发展,是为了更好地改善幼儿园生活活动课程的设计与实施。

（二）以生活课程实施评价内容引领教师与家长的正确生活教育操作行为

我们以新教材《生活活动》教参为参照,梳理小班生活课程中“自我保护”与“爱清洁”中的洗手、如厕、擦脸、洗脸、饮水、漱口、餐点、穿脱衣、睡眠、整理等内容,并细化每一生活内容的培养目标(即评价内容)。由于评价具有导向作用,评价内容明确的同时,提供了教师幼儿园生活活动实施的操作规范,提供了家长家庭中幼儿生活卫生习惯和自理能力培养的教育指导。我们在细化幼儿生活课程评价内容的基础上,形成与评价内容相匹配的教师操作提示和家长操作提示,见表3-4-1,初步做到评价标准与实施要求相一致。

表3-4-1 小班幼儿生活课程实施评价的内容与操作提示(洗手)

| 项目 | 幼儿生活培养要求（评价内容） | 教师操作提示 | 家长操作提示 |
|---|---|---|---|
| 洗手 | 1. 学会正确的洗手方法,会有顺序地擦抹肥皂,搓洗小手,洗干净,并用毛巾擦干。<br>2. 不玩水,不打闹,人多时学会等待,互相谦让。<br>3. 节约用水,随手关好水龙头。<br>4. 逐步养成饭前、便后和手脏时洗手的卫生习惯。 | 1. 在照顾幼儿如厕后、准备食物与吃饭之前及时洗手,自己作出好榜样。<br>2. 站位应保证每个孩子都在视线范围内。<br>3. 为幼儿创设一个干净、通风、整洁、温馨的环境,墙面上用图片呈现洗手过程,提供不同的季节用品,让幼儿自由选用,提高洗手的积极性。冬天还可以提供一些护肤品,使幼儿感受清洁后的舒适。<br>4. 教师可以通过集体教学示范讲解、个别指导、儿歌提示等形式,在一日活动中随机渗透,帮助幼儿学会正确洗手,养成洗手习惯。<br>5. 观察要点:<br>● 食前、便后、手脏时主动洗手。<br>● 排队洗手不拥挤。<br>● 自己卷衣袖。<br>● 自己擦抹肥皂、搓洗、冲洗干净,关水龙头。<br>● 将水甩在水池中。<br>● 用毛巾擦干手。<br>● 节约用水。 | 1. 为幼儿创设一个干净、整洁、温馨的生活环境,提供适宜的清洁用品,便于幼儿取放。<br>2. 引导幼儿饭前便后、手脏以后、外出回家要洗手。<br>3. 引导幼儿运用正确方法洗手、擦手。<br>4. 提醒幼儿节约用水,随手关好水龙头。<br>5. 家长做好孩子的示范与榜样,养成清洁习惯。 |

197

明确的评价内容和细化的操作提示,体现了家园评价内容上的一致和课程实施操作上的同步,使小班教师与家长明确了生活活动评价的内容,同时,更发挥了评价的导向作用,为小班教师与家长有目的地开展生活课程实施评价提供文本指导,保障了家园合作培养幼儿生活自理能力的有效开展。

(三)创新了家园合作,开展小班生活课程实施评价的方式

我们通过三位一体"成长档案袋"、"生活任务书"、"现场互动式"等评价方式逐渐形成了适合我园特点的多元评价体系。

**方式一:三位一体"成长档案袋"评价**

我园三位一体"成长档案袋"评价是指教师、家长和幼儿运用照片、录像、文字等形式,共同描述幼儿发展的历程,并对幼儿发展水平、过程及趋势进行评估。它充分体现了发展性幼儿评价的理念、过程呈现的特点。

●家园合作共同制作个性培养目标、阶段发展目标并实施评价。依据小班幼儿生活的共性目标,教师和家长通过约谈(面谈、电话、网络)等方式,共同商讨制定该幼儿"个性发展目标",并分解制定"阶段发展目标",每一阶段落实2—3条目标,确定相匹配的指导策略,形成幼儿"阶段发展计划",并分别在幼儿园和家庭中实施适宜性教育,一个阶段后对实施情况作评价。

●家园合作共同调整阶段目标并实施。根据教师、家长、孩子的评价,分析阶段发展目标的达成情况,教师与家长不定期地沟通、评价、调整,制定下一阶段的发展目标与措施。这一过程不断循序反复直至学期"个性发展目标"的达成。

**方式二:"生活任务书"评价**

"生活任务书"评价是指在一个阶段里围绕一个生活培养内容,通过"给爸爸妈妈的话"、"和爸爸妈妈一起学"、"和爸爸妈妈一起评"等内容,运用小图书形式,每月为家长提供生活操作提示、培养策略与评价内容,开展小班幼儿自我服务与爱清洁的指导和评价,运用符号与文字描述的方式记录与评价孩子在家生活行为与表现的一种过程性评价方式。它是我园在探索家园合作开展生活课程实施评价上的一次创新,凸显让家长了解孩子生活课程实施要点与指导内容,体现幼儿园教师和家庭成员的共同评价;注重家园合作对课程实施评价形式方法上的创新,发挥桥梁和纽带、双向沟通、一致教育的作用。

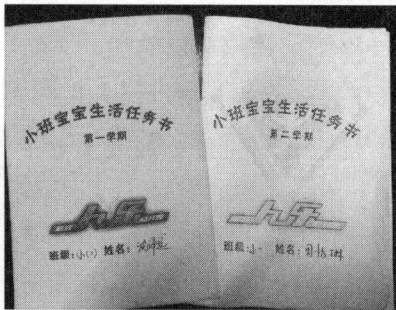

在《生活任务书》实施中,应注意以下几点:

1. 教师应根据生活培养目标与幼儿生活实际发展情况,与家长共同设计任务书中的每月评价内容,体现针对性与个性化。

2. 家长应在真实自然的情境中开展观察评价,

并客观真实评价幼儿的生活行为表现。

3. 评价标准是什么应让幼儿心中有数,评价后可以与幼儿交流评价情况。

4. 以家长在家每天记录评价为主,每周一请家长将任务书上交老师,以便老师进行情况汇总、分析与反馈。

5. 记录评价采用让家长感觉方便又让孩子便于理解的图示评价法,同时可引导幼儿参与评价,如:做得很棒打★,基本做到打√,仍需加油打▲。简单直观的图示能让孩子了解自己已经做到了多少,还应该怎样努力。

**方式三:"现场互动式"评价**

"现场互动式评价"是指邀请家长进入校园,在现场观摩与互动中对生活课程实施进行评价的一种方法。主要形式有:家长客座、家长参教、家长督查等。

(1)家长客座

家长客座是指在幼儿园生活课程实施与评价中,教师根据班级活动开展的需要、社会热点教育及孩子生成的内容,邀请幼儿家长或社区人员根据自己的学识、特长进园,为孩子组织生活集体教学活动并开展活动后评价的一种形式。家长客座活动不但为家长提供参与幼儿园生活教育教学活动的机会,还使家长的教育资源得到实质性的利用和发挥,了解家长对评价的真实想法。

(2)家长参教

家长参教是指在幼儿园生活课程实施与评价中,教师根据活动计划与幼儿活动需要,每月有计划地邀请家长参与生活课程,活动后开展反思交流和书面反馈的一种互动评价方式。

(3)家长督查

家长督查是指在幼儿园生活课程实施与评价中,由园家委会骨干家长代表组织,各班家长代表参与,对幼儿园生活课程环境与教师课程实施进行督查与评价的一种互动评价方式。

**五、研究成效**

我们扎实推行《家园合作开展小班生活课程实施评价的实践研究》,家园紧密合作,开展幼儿园生活课程的评价。家园合作评价的效益也是显而易见的,具体体现在:

1. 促进了幼儿的后继发展,激励了幼儿学习自我服务的兴趣,增强了幼儿生活自我服务的意识和能力,促使幼儿养成了在家在园"一个宝宝一个样"的好习惯。

2. 提高了家长的生活教育理念和能力。家长参与评价指标的制定,参与评价和反思,参与研讨和策划中,逐渐理解什么是生活课程,幼儿生活习惯培养的价值取向,获得了正确的生活课程实施与评价的方法与能力。

3. 提升了幼儿园教师的专业素质。教师在不断与家长沟通、协调与指导中,在不断地课程反思、评价与调整中,其课程评价能力、交往能力、反思能力、协调能力等专业素养得到了锻炼与提高。

4. 增强了幼儿园课程方案实施的有效性。家园合作对幼儿园生活课程实施的评价,实现了幼儿园课程评价主体的多元性,增强了幼儿园课程评价方案实施的有效性。

# 第四章

## 幼儿园课程实施方案：
## 更新与完善

二期课改开展至今，幼儿园课程意识广泛增强，幼儿园课程实施方案也成为课程管理、设计与课程实施的重要依据，也成为幼儿园课程评价的重要内容，目前，几乎每一所幼儿园都形成了自己的课程实施方案文本。然而，面对众多的课程实施方案，其格式和内容千差万别，该如何对其作出价值判断，判定其是一份相对制定得较为完善的、较规范的、逻辑性较强的方案，这就需要明确方案的评价标准，借助方案的评价工作才能得出相应的结论。

幼儿园课程实施方案是为幼儿园真实的课程实施过程服务的，它要帮助化解课程实施过程中的矛盾与问题，不断改善自身对幼儿园课程实施过程的指导性。它需要根据课程实施过程的反馈不断得到更新与完善，这样才能保证本园的课程实施方案始终与课程实施"相随相伴"，具有对课程实践的规范和指导意义。因此，如何才能收集到具有一定信度和效度的本园课程实施过程信息，如何从课程管理的角度，制订出相关制度，并逐渐形成一些运行保障机制，以更系统地促进本园的课程实施方案保持"动态"，不断走向完善，成为了确保课程实施方案进行有效更新和完善的基础。

本章节，主要围绕三个问题，阐述了幼儿园课程实施方案的更新与完善。包括一份好的幼儿园课程实施方案的判断标准是什么？如何在课程实施的过程中收集分析用于方案修改与完善的信息？如何通过一定的机制保障课程实施方案不断更新？

# 第一节

## 一份好的幼儿园课程实施方案的判断标准是什么

### 一、幼儿园课程实施方案评价的意义

二期课改开展至今，幼儿园课程意识广泛增强，幼儿园课程实施方案成为课程管理、设计与课程实施的重要依据，也成为幼儿园课程评价的重要内容，目前，几乎每一所幼儿园都形成了自己的课程实施方案文本。然而，面对众多的课程实施方案，其格式和内容千差万别，该如何对其作出价值判断，判定其是一份相对制定得较为完善的、较规范的、逻辑性较强的方案，这就需要明确方案的评价标准，借助方案的评价工作才能得出相应的结论。我们认为，对幼儿园课程实施方案的评价工作具有以下的一些意义。

**1. 幼儿园课程实施方案的评价具有一定的现实意义**

幼儿园课程管理的自主性、多元化是近年来新课程改革的一个总体方向。上海市学前教育"二期课改"也充分体现了课程民主管理的指导思想，赋予了幼儿园较大的课程决策权和课程发展权，鼓励幼儿园在遵循课程改革基本精神和《课程指南》基本要求的前提下，从本园实际出发，综合考虑幼儿园的办园理念、师资情况和资源条件等因素，在此基础上制定切实可行的课程实施方案，以创造性地、园本化地实施课程，体现出本幼儿园课程发展的实际需要。可见，当前的课程改革倡导实施以幼儿园为基点的管理模式，鼓励课程实施方案由幼儿园自主规划和设计。在这种课程管理模式下，幼儿园规划、制定的课程实施方案质量到底如何，是否具有科学性、逻辑性、可行性和清晰性；幼儿园课程实施方案还有些什么问题和不足之处，需要怎样的更新与完善；幼儿园课程实施方案文本的实际效果如何，是否发挥出了课程实施方案应有的对幼儿园课程管理和对教师课程实施的规范和指导的作用；其实践规范和指导作用发挥的程度如何？对以上问题的答案寻求，自然形成了幼儿园课程管理的上级行政部门和幼儿园层面的课程管理机构对课程实施方案评价的需要。由此，幼儿园课程实施方案的评价就具有了幼儿园课程建设和发展中的现实意义和动机。

**2. 幼儿园课程实施方案的评价有利于对方案的管理与完善**

对幼儿园课程实施方案的评价，其主要目的在于通过评价，强化幼儿园课程管理，促

进课程实施方案的规范化、科学化,使幼儿园制定的课程实施方案通过评价手段予以检验;同时,对课程实施方案的评价工作还有助于幼儿园更好地通过收集和分析课程实施中的各种信息,发现诊断方案文本中的各种问题和矛盾,并通过问题的解决和改进,使方案文本及时得到调整、修订,促进方案具有更好的实践指导性,也促进幼儿园主动适应社会和幼儿对课程的新需要。因此,对幼儿园课程实施方案的评价,具有诊断方案问题、调控方案设计、监督方案落实、推进方案建设的重要作用。

**3. 幼儿园课程实施方案的评价可反馈和保证幼儿园的课程质量和教育质量**

评价最重要的意图和目的是为了改进。课程实施方案的评价通过"反馈调节"来实现"未来导向",促进幼儿园课程愿景的实现和课程目标的达成。课程实施方案的评价工作是幼儿园课程质量的重要保证,通过评价,可发现幼儿园在课程设计和安排上暴露出的一些问题,提高和改进幼儿园课程的品质。如幼儿的自主游戏、体育运动时间等得不到相应的保证;又如,某些领域的课程内容过多过强,而另一些领域的课程内容过少过弱,课程平衡性不够等。同时,对诊断问题的调整意味着可修正和改进课程,进而促进幼儿园课程质量、教育质量的规范、提高和幼儿园的可持续发展。因此,为了保证幼儿园的基本课程质量和教育质量,就必须加强对制定的课程实施方案进行行之有效的评价工作。

**4. 幼儿园课程实施方案的评价是幼儿园课程编制中一个不可或缺的环节**

课程评价是课程编制的有机组成成分。美国学者奥利瓦在深入考察了课程评价等与课程编制的内在关系之后,指出,"课程编制是一个更具综合性的术语,它包含规划、实施以及评价","课程评价是课程编制的终了环节"。可见,幼儿园课程评价是幼儿园课程编制中一个不可缺少的环节,而课程评价的重要内容之一就是对幼儿园课程实施方案的评价,课程实施方案的评价成为幼儿园课程评价的对象之一。

综上所述,开展对幼儿园课程实施方案的评价,探讨一份质量较好的幼儿园课程实施方案的判断标准,具有重要的意义;同时,也是当前幼儿园教育机构和学前教育行政部门需要关注和解决的课程管理问题。

## 二、课程实施方案评价的框架

评价是进行价值判断的过程。对幼儿园课程实施方案的评价,就是对方案进行价值判断的过程。对幼儿园课程实施方案的评价,主要是对文本本身进行的评价,也可以称为原型评价,即对幼儿园编制后形成的方案文本进行静态评价,以了解和探明方案的价值。

伴随上海近年来提出的提升学校课程领导力的工作要求,越来越多的幼儿园把幼儿园课程实施方案的编制作为提升幼儿园课程领导力的切入口,通过对幼儿园课程的整体盘整、架构与创生，不断提高课程对幼儿的适应性，以满足幼儿园、教师和幼儿自身发展的需求。

但是，我们知道，任何评价都建立在评价标准基础上，评价结论离不开评价标准，判断一份编制的课程实施方案质量如何，也离不开相应的判断标准。那么，到底根据什么来判断幼儿园课程实施方案的价值呢？这就需要尝试建构课程实施方案的判断标准。

**1. 幼儿园课程实施方案的评价框架**

幼儿园课程实施方案的评价内容涉及课程实施方案编制中的一些关键项目要素或主要成分，指出了主要从哪些方面观测幼儿园课程实施方案的价值，主要从哪些项目或者哪些维度来判断幼儿园课程实施方案的质量，从而综合以上项目的质量等级，得出该方案是否是编制较好的文本。幼儿园课程实施方案的评价框架的建立是基于幼儿园历时三年的课程领导力必选项目——《幼儿园课程实施方案编制行动指南》这项研究的成果，通过对大量案例样本的分析与梳理，建立 4 个方面、10 个要点的幼儿园课程实施方案评价框架，筛选出核心的评价维度和观测点，并赋予权重，详见表 4-1-1。

表 4-1-1　幼儿园课程实施方案的评价框架

| 评价项目<br>与权重 | 评　价　观　测　点 |
|---|---|
| Ⅰ　总体结构<br>20％ | 1. 是否包含了一份完整的课程实施方案的基本要素？<br>2. 各要素之间的关系是否具有内在的逻辑一致性？ |
| Ⅱ　基础性要素<br>30％ | 3. 是否基于对幼儿园的课程基础、现阶段教师的课程实施水平与幼儿的课程需求的思考与分析？<br>4. 是否根据国家(上海)的课程目标和幼儿园的实际制定合理的课程理念与课程目标？<br>5. 是否合理规划了与课程目标一致的课程结构、课程内容与活动？ |
| Ⅲ　实践性要素<br>30％ | 6. 是否体现和落实国家(上海)课程园本化实施的思想和实践？<br>7. 是否利用幼儿园、家长、社区等课程资源服务于幼儿园课程方案？<br>8. 是否通过评价、管理与制度保进和保障幼儿园课程的有效实施及改善？ |
| Ⅳ　编制过程及<br>文本特点<br>20％ | 9. 管理者是否吸纳教师、家长等参与课程方案编制的过程，形成了课程实施方案更新与完善的保障机制？<br>10. 编制好的文本是否具有园本特点，并能为全体教师所理解，对实践具有指导作用？ |
| 总体观测点：课程实施方案是否清晰、科学、适切和可行 | |

**2. "好"的课程实施方案评定标准**

从以上评价与判断内容出发，如何判断一所幼儿园制定的课程实施方案文本是有价值的，这就需要结合以上的观测点，规定和描述评价的具体指标，提供一些具体的、可测量的、行为化的观测评估准则,即评定标准,来判断课程实施方案文本内容达到何种相应的程度才是"好"的。

"好"一词具有相对性,需要参照标准来确定。我们认为,一份"好"的幼儿园课程实施方案在评定标准上至少应达到合格等级的水平,优秀等级更是属于"好"的范畴,只是程度不同而已。下面我们尝试编制了一份"好"的幼儿园课程实施方案的判断标准,具体罗列出合格、优秀两个等级的方案评定标准,见表4-1-2。

表4-1-2 "好"的幼儿园课程实施方案的评定标准

| 评价项目与权重 | 观测点 | 评定标准 | |
|---|---|---|---|
| | | 优 秀 | 合 格 |
| Ⅰ<br>总体结构<br>20% | 1. 是否包含了一份完整的课程实施方案的基本要素? | 课程实施方案的要素齐全,结构合理、层次清晰。 | 课程实施方案结构所包含的要素基本齐全、不繁琐。 |
| | 2. 各要素之间的关系是否具有内在的逻辑一致性? | 课程实施方案结构中的各要素之间具有内在的逻辑一致性。 | 课程实施方案结构中的各基础性要素之间有一定的内在联系。 |
| Ⅱ<br>基础性要素<br>30% | 3. 是否基于对幼儿园的课程基础、现阶段教师的课程实施水平与幼儿的课程需求的思考与分析? | 背景与条件分析的内容全面合理,并以课程实施为核心;<br>背景与条件分析突出本园的课程基础和个性特点;<br>背景与条件分析的方法具体、客观。 | 背景与条件分析注重幼儿园特点及课程基础;<br>背景与条件分析具体、清晰。 |
| | 4. 是否根据国家(上海)的课程目标和幼儿园的实际制定合理的课程理念与课程目标? | 课程目标能充分体现国家与地方相应法规文件的精神;<br>课程目标与幼儿园的办园目标和课程理念相一致;<br>课程目标清晰适切,能满足本园幼儿学习或发展需求;<br>课程目标的分解科学,各类课程目标之间具有内在逻辑性。 | 课程目标能体现国家与地方相应法规文件的精神;<br>课程目标表述清晰;<br>课程目标能考虑幼儿园的个性化课程理念。 |
| | 5. 是否合理规划了与课程目标一致的课程结构、课程内容与活动? | 课程结构与内容设置对实现课程理念与目标有一定的支持性;<br>综合设计课程结构与设置课程内容,关注幼儿各领域经验的平衡性与各阶段经验的连续性;<br>能根据课程整体结构统筹安排各类活动,处理好共同性课程与选择性课程之间的关系,做到两者的互补协调;<br>一日活动作息安排科学合理,能充分满足幼儿游戏和运动的需要,保证幼儿有自由活动和自主选择活动的机会。 | 课程结构清晰,配有图解、文字来加以说明;<br>课程内容设置合理,能基本保证四类活动的平衡;<br>课程内容设置能符合幼儿的年龄特点,能呼应幼儿园的课程特色、目标和结构;<br>一日活动安排合理,能基本保证幼儿运动和游戏的需要。 |

| 评价项目与权重 | 观测点 | 评定标准 | |
|---|---|---|---|
| | | 优　秀 | 合　格 |
| Ⅲ<br>实践性要素<br>30% | 6. 是否体现和落实国家（上海）课程园本化实施的思想和实践？ | 课程实施措施与形式能紧密结合本园的实际，具有操作性和指导性；<br>　　课程实施关注幼儿的个别差异，以游戏为基本手段，突出幼儿的主体地位；<br>　　课程实施既有总体的规范原则，同时又具有一定的灵活性，留有班本化实施的余地。 | 课程实施要求能依据《课程指南》的精神，细化操作要求；<br>　　课程实施措施清晰到位，能确保课程目标的达成；<br>　　课程实施具有一定的灵活性。 |
| | 7. 是否利用幼儿园、家长、社区等课程资源服务于幼儿园课程方案？ | 教师和家长在幼儿园课程资源开发与共建中的主体作用显著；<br>　　在社会、家庭教育资源开发与利用中优化幼儿园的课程结构与课程实施。 | 课程实施策略能考虑对幼儿园、社区、家长课程资源的利用。 |
| | 8. 是否通过评价、管理与制度保进和保障幼儿园课程的有效实施及改善？ | 课程评价能够为进一步完善课程、提升课程质量和促进幼儿、教师与幼儿园的发展提供有效的信息和机制；<br>　　幼儿园有清晰、健全、通畅的课程管理组织，并发挥有效的作用和职能；<br>　　幼儿园为课程的设计、实施、评价与完善提供全面的支持，以及管理与制度的保障。 | 课程评价内容全面，课程评价收集信息的渠道畅通，能为进一步完善课程提供信息与反馈；<br>　　幼儿园建立课程管理组织监督与保障方案的设计、实施和评价；<br>　　幼儿园为课程的设计和实施提供相应的保障。 |
| Ⅳ<br>编制过程及文本特点<br>20% | 9. 管理者是否吸纳教师、家长等参与课程方案编制的过程，形成了课程实施方案更新与完善的保障机制？ | 方案编制依据国家及地方法规的要求，并充分考虑幼儿园的现实条件和发展需要，形成园本特色；<br>　　课程实施方案由管理层和教师、家长代表等共同研究制定。 | 课程实施方案的编制理念能依据国家及地方法规的要求；<br>　　教师了解本园课程实施方案，并依此制定班级课程计划。 |
| | 10. 编制好的文本是否具有园本特点，并能为全体教师所理解，对实践具有指导作用？ | 教师以及相关人员能理解并认同课程实施方案的内容与价值，操作性强；<br>　　课程方案对引领幼儿园课程实施、落实幼儿园课程理念和实现课程目标有显著的指导作用；<br>　　注重收集与分析课程实施信息，形成了课程实施方案更新与完善的保障机制。 | 编制的课程实施方案具有可行性，能在课程实践中加以落实；<br>　　有信息收集的意识，对课程实施方案进行定期或不定期的修改。 |

评价结果说明：＞90％ 为"好"；89％—80％为"较好"；79％—60％为"合格"；＜60％为"不合格"。

## 三、对幼儿园课程实施方案评价标准研究的反思

在幼儿园课程实施方案成为幼儿园必备的文本资料，得到幼儿园日益重视的背景下，我们对一份"好"的幼儿园课程实施方案文本的判断标准进行了初步的探讨，即对方案文本进行了原型评价研究，提供了能与"好"相对应的合格与优秀等级的方案评定标准。在

构建方案"好"的判断标准中,我们进行了以下的反思。

首先,一份"好"的幼儿园课程实施方案的判断标准,包括合格及优秀两个等级的标准,因为"好"本身具有相对性、"好"本身有个程度的问题,故提高两个等级标准,可以给幼儿园在比较中有更好的参照标准,这样,提供相关行政部门及幼儿园评价、判断课程实施方案在清晰、科学、适切和可行性方面所达到的程度,为开展幼儿园课程实施方案的评价工作提供便利,同时,注重了评价标准的多元化。因为目前示范幼儿园毕竟所占比例不多,大多数幼儿园是一级、二级水平,多元的判断标准更符合目前幼儿园的实际发展需要。

其次,"好"的幼儿园课程实施方案判断标准的架构与探讨,也是为了指导幼儿园在了解相关评价项目和评定标准的基础上,即在了解评价指标的基础上,进一步明确方案制定的规范要求,并以此为参照来不断完善本园的课程实施方案。我们知道,评价标准在某种程度上更具有导向作用,通过评价内容和评定标准的描述,能够引领幼儿园课程实施方案制定工作的合格及优秀等级的水平,使幼儿园明确方案"好"的方向,帮助幼儿园不断努力达到"好"的方案的制定要求,从而充分发挥方案评价应有的发展性功能。

此外,一份"好"的幼儿园课程实施方案评价与判断标准的探讨,也是为了促进幼儿园形成课程实施方案自我评价机制及课程实施方案自我完善机制的形成和运行。通过评价标准的全面建构,帮助幼儿园做好方案文本的评价与判断工作,了解方案制定的质量水平是否合格,离优秀标准有多远,是否可以冠之以"好"的方案,幼儿园可以根据评价结果来进行判断,对照标准来进行方案的调整与完善工作。由此,方案评价标准的构建有助于幼儿园形成方案评价及自我完善的机制。

一份"好"的幼儿园课程实施方案的判断标准的建构研究还需要深入,评价指标和评定标准还需要在实践中结合行政机构和幼儿园自身的方案评价工作不断进行验证和修改,特别是需要借助幼儿园课程实施方案的自评,以建构起真正完善的、并得到实践认可与可推广的"好"的课程实施方案的判断标准。同时,今后还可以提供幼儿园评价方案的丰富实践经验案例来帮助幼儿园理解指标、做好判断。

(高 敬)

# 第二节

## 如何在课程实施的过程中收集分析用于方案修改与完善的信息

幼儿园课程实施方案是为幼儿园真实的课程实施过程服务的，它帮助化解课程实施过程中的矛盾与问题，不断改善自身，对幼儿园课程实施过程进行支持。它是一份幼儿园自己制订、并能不断努力去寻求"文本与行动"之间高品质互动与相互支撑的"活动着"的方案，它需要更新与完善。这样才能保证本园的课程实施方案伴随课程实施，具有实践规范和指导意义。幼儿园课程实施方案的完善，需要有途径和方法来呈现或表明，哪些方面需要更新，哪些现象需要改善。因此，我们需要相应的信息，并且，保证这些信息是充足、完整、客观的。

幼儿园整体与各部门、各班级人员，在课程实施过程中，都需要保持对课程实施实际状态的关注、敏感，注意收集来自真实的课程实施过程中的现象与特点，并思考其存在的合理性、有效性。只有持续地关注本园课程实施的客观过程，并主动反思，反馈，调整，才能避免被课程实施方案"管死"的问题。在幼儿园的课程管理中，我们不仅需要规定"如何去做"，同时还需要确定"我们怎样才知道自己做得如何"。

因此，如何才能收集到具有信度和效度的本园课程实施过程的信息，成为了我们确保课程实施方案进行有效更新和完善的基础。其中，有关于信息收集目标和信息来源角度的设计问题，这首先需要我们明确我们为什么要收集信息，需要哪些信息；也有信息收集方法的科学性问题，这需要我们知晓简便、合理、有效的方法；还可能牵涉到信息类型与内容按照一定的需求来对信息进行组合、筛选的问题，等等。

## 一、现有的问题

目前，经过多年的学习与研究实践，幼儿园已经明确，课程实施方案作为指导和规范本园的课程实施的文本，需要根据具体情况，进行更新与完善。幼儿园在课程实施方案文本当中，体现出幼儿园能定期或不定期地针对课程实施过程收集信息，并对课程实施方案进行调整、完善。这表明幼儿园园长、教师等在一定程度上认为"应该"这样做，并且也尝试了一些收集课程实施情况信息的作法。还有部分幼儿园建立了本园的课程管理机构，有的甚至建立的专门的评价与监控机构与部门，尝试着伴随本园课程的实际实施情况，收集有针对性的信息，作为对课程实施方案补充与完善的基础。这说明幼儿园在课程管理实践中已经感受到这项工作的价值。

根据我们的研究与对大量幼儿园课程实施方案的分析，我们发现，目前，在为了更新课程实施方案而开展的课程实施过程中的信息收集方面，仍然存在以下几个方面的问题。

### 问题 1
**对于更新和完善课程实施方案的信息收集缺乏认识和行动。**

目前，大多数幼儿园都知道幼儿园需要一份完善的、具有指导意义的课程实施方案，但是，为了完善和更新课程实施方案而去收集相关信息的意识和行为还比较粗浅。满足于拥有一份课程实施方案的幼儿园的数量，远远大于主动去完善方案的幼儿园。这主要是因为，幼儿园还没有完全从被动实施课程的习惯中走出来，幼儿园课程设计与实施的主体意识还没有真正建立，因此，相应的改善方案，主动收集相关课程实施状况还没有成为这些幼儿园的主动需要，造成了幼儿园在该方面的思考和行动相对落后。即使部分幼儿园形成了初步的课程实施品质的监控意识，他们的思考和行动也相对零散、局部。

有的幼儿园虽然在课程方案中提及了收集和反馈课程实施的信息，但是非常表面和形式化，例如"安排人员定期收集各类信息"之类的语言，不能将工作落到实处。

### 问题 2
**信息收集的偶然性大，针对性不强，没有建立"信息收集"与"方案更新"之间的关系。**

幼儿园课程实施过程会产生大量生动、丰富的信息。幼儿园更多出于课程过程管理、成效监控的角度主动收集信息。虽然这些信息与本园的课程实施方案有着直接或者间接的关系，但更多的是为了满足化解课程实施矛盾的需要，例如呈现出的矛盾、困难等。幼儿园为了更新和完善本园的课程实施方案，对主动规划收集课程实施过程中的信息思考有限，与之相应，为改善课程实施方案文本而进行的信息收集行为也相对有限。伴随着幼儿园课程实施方案的编制、运行，幼儿园需要建立与更新和完善方案相匹配的信息收集与反馈系统。

### 问题 3
**信息收集的方法和途径比较粗糙，信息收集的完整性、有效性比较低。**

幼儿园存在大量信息，根据信息来进行判断或调整课程行为的现象也经常产生。但是，有价值信息的出现、来源有时非常偶然。它们存在于大量无关信息当中，只有有特殊需要和关注的人在特定的时机才能偶然发现。

而且，部分信息呈现出来，往往集中于矛盾易于凸显的资源配置等情况中，例如时间和场地冲突。此类信息易于发现，但是幼儿园课程实施的本质信息，倒不是那么容易发现，往往隐藏于一些相关的事件或现象背后。例如，教师对课程的弹性处理权限与能力的矛盾等等。

有的幼儿园，在进行课程评价的过程中，从不同角度收集了大量的信息，但是这些信息，有时候往往是同一层面和水平的，在大量重复的、同种指向的信息的另一面，往往是更多没有被考虑到的情况与有价值的信息的遗漏。并且，部分幼儿园在处理这些信息的时候，常常纠结于细枝末节，并未发现信息背后真正的状况，做了很多无用功。例如，园长查验教师的活动反思，只关心数量够不够，是不是写了改进办法，而不关心教师反思的总体特点、品质等。没有结构和框架的盲目收集或罗列信息，容易分析缺位或不到位。

### 问题 4
**没有建立激发教师主动进行课程实施信息收集规范与机制。**

幼儿园出于课程管理的需要，在需要收集某种信息时，往往通过进行自上而下的任务分配，让教师在幼儿园的统一要求下，集中地收集、上交一些与课程实施过程相关的资料、数据等。教师们往往知道自己在做什么事，但是可能不清楚、也不关心这件事情有什么价值，更没有机会主动参与幼儿园的课程改进，对自己的课程实施有什么关系。教师是被动的信息提供者，收集信息的目的不明确，也没有自由度，没有产生主动的收集课程实施信息的愿望，主体性没有发挥。而这些教师提供的信息被幼儿园采集并作出判断后，产生的结论与改进却与教师的课程实践有直接的关系。但是，教师被排除在主动的课程监控过程之外。这与课改提出尊重教师的课程权，提升教师的课程意识的精神相背离。失去了教师的主体性，课程就缺乏活力。

当然，部分幼儿园注重教师的课程参与权，引导教师主动进行与课程实施相关的信息收集与状态监控，但是，在这方面还没有形成系统的思考与实践，教师的相关能力得到一定的锻炼，主体意识得到一定程度的发挥，但是，幼儿园给予教师的相关能力和工具、资源的支撑是不足的。例如，教师们都希望能够对自己的师幼互动状况进行评价和相应的信息收集，但是，她们发现幼儿园没有相应的制度和要求规定她们可以如何去做，也没有相应内容的参考指标和方法推荐。但是，教师个人的热情和探究，得不到幼儿园制度与机制的支持和帮助，她对专业的追求就会逐渐退让给按部就班的工作。

## 二、改进策略

根据我们的专题研究与材料分析，针对以上问题，我们可以采用以下一些改进策略。

策略 1:在幼儿园课程实施方案中,专列更新与完善板块,并坚持信息收集的重要作用。

建立幼儿园课程实施方案的完善与更新系统机制,可以建立专门的部门或机构,负责人,在幼儿园课程实施方案中课程管理与保障部分中,规定详细的完善与更新制度,界定好信息收集的流程、负责部门和主体,各自责任等。例如,规定好信息收集的步骤与流程:明确信息收集目的——组织相关课程实践调研活动——收集相关主体的意见、观点和建议——对收集的信息进行分析或反馈——产生措施,改进课程与实施。

策略 2:努力建立覆盖幼儿园课程实施方案编制和运行全过程的信息收集系统。一般来说,可以分为课程实施方案实施前、实施中和实施后的信息收集系统。或者在建立信息收集系统的时候,适当划分出那些要素是在方案实施前、中、后阶段进行信息采集,各有什么侧重。

一般来说,可以思考以下问题。在方案实施前,幼儿园的课程实施方案是否对幼儿园的课程背景进行了全面、正确的分析;在实施中课程方案出现了哪些什么性质的问题? 课程方案在实施后的成效与不足有什么体现? 并且,这些信息所指向的主体也根据需要会有所不同,也要给予确定。以实施中课程方案运作出现了什么问题为例,信息收集的主体可能有教师、同伴教师、家长、课程专家、幼儿等。例如,有幼儿园在本园课程实施方案修订并实施一段时间以后,对全体教师进行了"课程实施方案阅读与实施主体感受问卷调查"和对工作三年内新教师"问题"专题访谈。这个过程不仅是针对方案文本本身,还是针对方案与实施两者关系的一致性、相互支撑性等的信息收集。幼儿园发现,经过参与设计、阅读与实施,教师对本园的课程实施方案积极认可,认为其对幼儿园、教研组、班级教师的课程管理与实施具有指导和实际帮助,但同时也呈现了一些问题。例如幼儿作息、活动的弹性空间不够,教师和幼儿忙于活动切换的现象比较明显;对共同性课程内容的整体规划与分配等安排比较忽视,教师普遍希望有更确定的规范与参考体系;对教师课程实施的评价、幼儿发展评价的操作不够明确等。

换一个角度,也可以从课程实施的各类型活动中,寻找关键的信息收集点,并建立相互关联而有意义的信息收集系统。例如教师对课程实施方案的认可度、教师课程实施能力与状况、幼儿园课程资源对课程的承载度、课程不同主体对课程的参与度等角度来建立详细的信息收集系统。

策略 3:建立指向多元主体的信息收集的内容和方式,强化不同主体在课程实施过程中的参与意识与行为价值。

建立指向多元主体的信息收集的内容和方式。比如,有的幼儿园认为,幼儿园课程实施最重要的主体是教师。但是,由于多种原因,教师在一定程度上被视为"被评价、被管理"者,她们进行的信息收集活动,也多是在幼儿园的要求下,协助完成某项任务,为更高层面的信息收集服务，工具性特点明显。但是，课程实施过程的关键是教师，信息收集的主体是教师，信息收集对于教师的本体性意义，应该放大，而非仅仅从属于幼儿园课程管理的需要。这就将信息收集的意义从"教师可以提供信息"，或者"从教师处获得信息"，引导成为"教师必须学习并根据课程实施要求主动进行信息收集"。

同样，对于幼儿，可以通过与孩子谈话和观察，了解孩子对课程的需求和愿望，参与活动的比例，幼儿的作品等；对于教师，可以通过专题座谈、听课评课等，了解其对课程的理解和规划、反思、对课程的意见或建议；对教育部门，可以通过其给予的调研等文件资料，了解其对本幼儿园课程的督导意见与建议。

建立这样的信息收集内容和方式，不仅是满足教育主体参与的需要，更有利于信息来源的客观性、全面性。

## 三、观点与提示

幼儿园课程实施信息收集是幼儿园课程实施方案各调整与更新的基础性工作，完整、有效的信息，才能使幼儿园"对症下药"，针对性地调整与更新本园的课程实施方案，使之在动态中更好地指导本园的课程实施。为此，幼儿园在课程实施信息收集与分析中，要考虑以下的问题。

**1. 明确信息收集的目的，激发教师为主体的信息收集与分析的积极性。**

在信息收集前，幼儿园首先要明确课程实施信息收集的目的，认识信息收集的价值和作用，并且通过有效的制度和机制建设，激发各课程管理层面的相关信息收集与分析工作，特别是注意发挥课程实施主体——教师的信息收集与分析中的自主性，从而使信息聚焦课程实施最实质性的层面，为课程实施方案的修改与完善提供最有说服力的证据。

**2. 找准幼儿园课程实施最关键的内容，有针对性地收集信息。**

幼儿园在明确信息收集与分析目的的基础上，可尝试构建课程实施信息收集与分析的框架，明确可用于课程实施方案更新完善的各类信息的类别，并有效地找到那些最能直接达成目标的、准确的信息观察点。在罗列关键信息观察点时，幼儿园既要注意信息的代表性和针对性，避免同种类型、相同指向的重复信息，也要考虑信息的全面性和有效性。

**3. 梳理信息之间的关系，增强信息的可靠性。**

幼儿园在收集和分析信息时要关注信息之间的联系，找寻信息之间的一致性与矛盾。为此，幼儿园要学习和采用一些基本的信息收集、呈现和分析的方法，运用一些数据分析、图表、图示来呈现、对比信息，让信息的表达方式更直观和易于理解，也更易发现信息直接的关联。

幼儿园也要关注信息来源的多元，对来自不同主体的信息进行分析比较，适当从不同人员、层次、角度寻找到直接与间接的有关课程实施的印证，增强信息的可靠性，准确性。

## 4. 开放灵活收集信息，提高信息收集的效能。

信息只是帮助作出结论和判断的手段。我们在让信息收集与分析的目的、流程、要点、人员确定，有章可循的同时，要保持信息来源和方式的开放性、灵活性和可变性。我们可以根据目的确定信息类型与来源角度，但也要允许同样目的下信息收集方法与途径的灵活性。幼儿园的课程实施信息是鲜活的、丰富的，从不同途径、运用不同方法获得的信息可能是重复的、同质的。我们在基本思路和角度不变的基础上，要经常变换相同本质信息的来源、抽样时间等，这样更有利于完整地呈现幼儿园真实课程实施状态的信息，也给信息收集一定的空间和灵活性。

同时，幼儿园要根据信息收集的需要，选择和确定信息来源和类型，注意书面材料、现场观察、访问与谈话等方法的灵活运用，有选择性地收集，提高信息收集的效能。

## 5. 形成信息收集与分析机制，加强信息收集与分析和幼儿园课程实施方案修改与完善的对应性。

幼儿园可通过有效的课程管理与保障手段，形成课程实施信息收集与分析的机制，使本园的信息收集与分析工作自主运行，如建立信息分析的指标内容，帮助各层面人员定期或根据需要分析所收集的信息，用于课程实施行为的问题诊断与改进。

就课程实施信息收集与分析的目的而言，除了进行幼儿园课程实施的监控，了解幼儿园课程实施的有效性，分析与诊断课程实施中的问题与矛盾外，幼儿园信息收集与分析的最终目的在于修改和调整幼儿园课程实施的指导性文本——课程实施方案，使之与幼儿园实际更吻合，提高课程实施方案的适应性。因此，幼儿园要对信息进行分析、反馈，然后通过确定新的措施或策略，回归到更新和完善幼儿园的课程实施方案上来。也就是将信息的收集分析用于反思和调整幼儿园课程实施方案，做到信息的收集与分析点从幼儿园课程实施方案内容中来，又最终回到幼儿园课程方案内容的修改与完善中去，在信息收集分析与幼儿园课程实施方案之间形成一个通畅的、不断循环的回路。

（贺　蓉）

---

## 四、实践案例

案例20　　**幼儿园课程实施中的信息收集与分析机制的研究**[①]

课程实施的有效性，说到底就是要回答"教得怎么样"的问题，就是要评定是否"教得对"、"教得实"、"教得有效"的问题。多途径、多渠道、多层面地进行课程实施中信息收集

---

① 案例20由闵行区莘庄幼儿园撰写。

与分析,能帮助我们更加客观地判断、评价课程实施的有效性。然而,从课程管理的角度来看,我们日常的课程实施信息收集与分析仍存在不少问题。比如: 课程实施信息收集的目的性不强,课程实施的信息收集和分析缺乏有效机制,信息收集与分析多采用"从上至下"的模式等等。

要解决这些问题,围绕"幼儿园课程实施有效性的信息收集与分析机制"进行探索与研究就显得尤为重要。研究过程中,我们始终关注并致力于解答: 在课程实施过程中,需要收集什么信息? 为什么收集? 收集后怎样分析它们? 如何在分析中评判课程实施的有效性? 随着研究的不断推进,我们形成了一些经验与做法。

### 一、初建: 构建课程实施的信息收集框架,明确信息收集的内容

课程实施是个纷繁复杂的过程,其中涌现的信息众多。因此,梳理课程实施过程中的必要元素,并以此构建信息收集的框架,才能有计划、有目的、最大效用地进行信息收集。

幼儿园课程是关于课程目标、内容、组织实施和评价的一个系统,涉及的课程管理可分为园级决策层,保教处、年级组或学科组执行层,班级操作层等。

我们以"课程要素"中的目标、内容、组织实施、评价作为信息收集的内容,以"课程管理"的决策层(园级)、执行层(年级层)、操作层(班级层)为信息收集的人员,纵横交错,形成了幼儿园课程实施有效性的信息收集框架的基本结构,明确了不同主体在课程实施的各环节中分别应关注的信息内容。例如,作为操作层的班级教师,在课程方法中需要关注教具/玩具设计、活动时间安排、活动形式与策略、师幼互动情况等,见表4-2-1。

表4-2-1 幼儿园课程实施有效性的信息收集框架(部分呈现)

| 课程管理层 | 课 程 要 素 | | | |
| --- | --- | --- | --- | --- |
| | 目 标 | 内 容 | 组织实施 | 评 价 |
| 操作层(班级层) | 具体教育活动的活动目标<br>● 教学活动目标<br>● 日常活动目标 | 活动组织形式<br>● 活动环节设计<br>● 即时生成的内容<br>● 活动的延伸和扩展 | 活动实施与反思<br>● 环境创设、教玩具设计<br>● 时间安排<br>● 活动形式、方法<br>● 教育与保育的结合情况<br>● 师幼互动、生生互动 | 幼儿评价与自评<br>● 班级幼儿发展评价<br>● 教育活动效果自评 |

### 二、深入: 细化收集方案,打造"上""下"联动分析格局

在实践中,我们仍发现不少教师的理解与认同度不够,不知该如何着手去收集。我们认为一方面是教师对课程实施信息收集的重要性认识不够,另一方面是由于收集框架过于粗放所造成的。于是我们着手进行了信息收集的深度调研与方案细化。

#### 1. 深度调研

我们采用自编问卷进行深度调研,旨在了解全园教师对信息收集与分析的态度、观点,以及教师目前收集的信息类型、内容指向、频次数量等现状。问卷内容分为信息形式、

收集目的、采集方式和后续处理，共 4 个维度，发放并回收有效问卷 55 份。通过分析调研数据，我们发现：

教师信息收集内容局限造成其分析利用价值不高。教师在信息收集过程中偏好收集主题资料、课件、活动设计方案等课程资源类信息，而对活动过程中的反思、幼儿发展评价等内容关注不够。这说明教师仍然关注于各类教学活动的设计，但是对活动过程质量和课程实施的整体效果仍关注不够。这也是由于教师对课程实施信息收集的整体框架了解不够造成的。

教师收集、分析信息的习惯导致大量有用信息的流失。我们发现，教师对某些信息收集内容并不擅长，尤其是很多涉及到量表类型的信息，如幼儿发展评价等。由于教师对于量表类信息不熟悉，同时对这样的数据信息分析能力较弱，造成很多信息收集与分析领域的缺失。

教师将信息收集视作"任务"，造成收集与分析工作质效不高。教师大多以幼儿园日常工作中具体要完成的、上交的资料作为信息收集的内容，而对材料收集的目的很少谈及。她们不知道这些信息为何收集，自然也就不知该如何分析利用。

2. 细化操作

在调研基础上，我们以"课程实施有效性"为核心，从课程管理和课程要素的角度明确了原有信息收集框架中每一层面信息收集的关键点、收集的操作方法并细化了执行分工，形成了"幼儿园课程实施有效性的信息收集操作方法"。以决策层为例，操作办法见下表4-2-2。

表 4-2-2　幼儿园课程实施有效性的信息收集操作方法(部分呈现)

| 课程管理层 | 课程要素及信息点 | | 操作方法 |
|---|---|---|---|
| 决策层(园级) | 课程目标 | 幼儿园课程理念 | 课程方案实施及落实中进行收集 |
| | | 幼儿园课程目标 | |
| | 课程内容 | 课程结构制定 | 与执行层共同探讨 |
| | | 课程资源配置 | |
| | | 教材和教学参考资料 | |
| | 课程组织实施要求 | 教师配备、作息安排 | 审议学期课程计划、教师安排表 |
| | | 教育工作常规质量 | 审议教师常规工作检查表 |
| | | 园内外大型活动组织 | 进行专项检查，保教质量评价综合分析 |
| | 幼儿园课程评价方法 | 课程管理制度 | 与执行层共同探讨，教代会上公示制度，了解其执行、反馈情况 |
| | | 园本课程和教材开发审议 | |
| | | 全园幼儿发展评价 | 以随机抽样的方法，对全园幼儿的各方面能力组织评价，必要时可邀请第三方共同参与 |

3. 联动分析

以上信息收集的三个层面并非是"不相往来"，为了加快信息的流转，需要不同层面的人员对信息协同分析，形成从收集、分析到应对、调整的完整信息链。由此我们制定了《幼儿园课程实施信息收集与分析执行方案》，以期明确各层面主体在信息分析中的不同职责和信息的流转、利用方向。

总之，以上这些文本的形成，有力解决了实践中教师信息收集和分析中的目的性不强、内容不明确、主动性不够等问题，有效推动了教师信息收集和分析中的参与性，也为"上""下"联动、多层面收集和分析课程实施信息打开了局面。

### 三、突破：形成"特色教研"，点燃主动参与信息分析利用的热情

通过"特色教研"，我们从不同的信息利用视角，带领教师共同参与信息分析，激发教师的思维碰撞与参与热情，开展信息的归整、分析与利用。本研究成立三个"信息分析"特色教研小组，分别关注三方面的信息分析途径：

● 不同信息类型的分析使用对比：主要结合四种幼儿园课程实施中最为常见的信息类型（图片类信息、文字类信息、视频类信息、量表类信息），分别进行分析研讨。

● 一日课程实施中的信息分析：我园改变以往由教研组长或业务主管收集信息做出质量判断的思路，将教师群体纳入到"观察者"、"分析员"的群体中。通过让更多的教师参与一日课程实施的监控，让她们更真切地体会信息收集与分析的价值，从而能更好地反思自身教育行为。

● DV 视频类信息分析使用：DV 较之其他信息最大的不同就在于能够场景再现。这就使得不同场景得以回放、对比，也使得细节分析、微格分析法等得到充分运用。

在多轮研讨与磨练中，我们的教师不但能主动参与信息分析，而且能看到她们不断提升的思辨过程，具体来说，表现为"两个关注"，即：

1. 关注信息收集的目的与信息流转的方向

教师的收集、分析、解读更具有重点，并能前后贯穿统一。教师是心中带着框架去收集指向具体问题的信息，并进行针对性地反思。这使得信息利用更具有深度，对教师专业能力的提升也具有更好的效果。

2. 关注课程实施情境与信息分析的交互作用

将课程实施的情境纳入到信息分析的过程中，扩展了信息本身所包含的内容，从而能帮助教师从更客观、更全面的角度看待课程实施的有效性问题。

历时一年多时间，"特色教研小组"初具规模，并形成了《同一"风景"的不同"感受"——对不同信息类型的利用》、《"老"信息的"新"价值——一日活动中的信息分析》、《尝"鲜"品"新"——DV 的记录与分析》三份行动研究报告。

#### 四、完备：制定园本指标，形成信息收集与分析机制的有效保障

建立完备的信息收集与分析机制，还需制定分析指向，对所收集的信息提供可能的、需要的分析与思考方向，以帮助教师有针对性地、系统性地看待所收集的信息，有条理地总结课程实施情况。

在《幼儿园课程信息收集与分析执行方案》的基础上，我们对课程目标、内容、组织实施和评价四大要素与所对应的信息收集物化成果进行设定，然后依据决策层、执行层与操作层的职责，梳理课程实施各环节信息分析的实践经验，制定出园本化的课程实施有效性的信息分析指标，见表4-2-3，从而明确信息分析内容的指向是什么，标准在哪里，应该怎么做。

表4-2-3 课程实施有效性的信息分析指标（部分呈现）

| 课 程 要 素 | | | 分 析 指 标 |
| --- | --- | --- | --- |
| 课<br>程<br>内<br>容 | 课程<br>结构 | 课程<br>比例 | 活动类别、活动数量、活动时长体现共同性课程与特色课程的比例 |
| | | | 课程结构图清晰且与课程设置吻合 |
| | | | 作息时间的合理 |
| | | 共同性<br>课程 | 在总体课程比例基础上，体现不同年龄段幼儿发展的特点 |
| | | | 生活、运动、游戏、学习四大板块的设置与比例符合每个年级的特点 |
| | 课程<br>计划 | 特色<br>课程 | 符合课程实施的阶段现状和师资安排 |
| | | | 特色课程对幼儿有可持续发展的影响与促进 |
| | | 课程内<br>容安排 | 与学期园务计划和课程设置相匹配 |
| | | | 各年龄段班级计划与培养目标、课程目标匹配 |
| | | | 具体课程实施中能把控课程整体的平衡性 |
| | | 教案<br>计划 | 周日计划安排合理且能够达成 |
| | | | 符合各年龄段课程安排、时间分配、共同性课程与特色课程在本年级的设置要求 |
| | | | 包括每日教学活动的目标、设计活动环节、预设即时生成的内容 |
| | 活动<br>组织<br>形式 | 活动环节 | 交替反映出变化和新的趣味、技巧难度 |
| | | 即时生<br>成内容 | 适应于幼儿的个别化需要 |
| | | 活动的延<br>伸和扩展 | 鼓励幼儿探索、实践和发现 |
| | | | 帮助幼儿提升行动与合作的能力与技巧 |

#### 五、研究成效

本研究的开展，使教师在课程实施过程信息收集与分析行为目的性、主动性、系统性加强，幼儿园的课程实施方案也得以不断调整和完善。

## 案例 21　　设置典型观察点，开展课程实施信息收集与分析①

幼儿园课程实施是一个复杂而具体的过程。如何采用有效的手段，帮助幼儿园管理者、教师有效地收集与课程实施相关的信息并进行合理分析，进而形成不断优化课程实践的策略，是保证幼儿园课程实施品质的重要环节，更是提高幼儿园保教质量必须思考和开展的工作内容。

### 一、问题与困惑

在幼儿园课程方案的实施过程中，如何收集课程目标、内容、方法、成效等方面的运行特点与影响因素的信息？可以通过何种途径，运用什么方法，获取、整理、分析、反馈信息？如何根据信息获得课程设计、管理、实施过程中的反映运行特点和成效的评价？这是幼儿园在课程实施中经常会遭遇的具体问题。

课改的每一个步骤，每一项活动，都会产生丰富的实践活动信息，这些信息内容丰富而繁杂，表面、同质、重复的信息很多，而有些深层次信息是隐含的，需要我们去挖掘。我们该如何从中去选取最能反映本园课程实施特点的、反映普遍矛盾与集中问题的、反映经验与成效的关键信息呢？在选取的过程中，采用什么样的对象与适合的方法，才能事半功倍？面对整理出来的信息，我们可以从那些角度去看待分析，并获取结论，对以后的课程文本和课程实践进行优化呢？我们开展了以下的尝试。

### 二、构建信息收集框架，确定课程实施信息典型观察点。

我们把幼儿园课程方案实施中的信息的收集与分析，分解为以下四个主要块面，它们分别从教师能力、幼儿发展、课程资源、家长参与等角度，提供了幼儿园有目的、有计划地收集课程实施相关信息的主要角度，他们是：

1. 幼儿园教师对课程理念与实施的把控度；

2. 幼儿园课程实施对幼儿发展需求的满足度；

3. 幼儿家庭对于课程实施的参与度；

4. 幼儿园课程资源对课程实施的承载度。

但是，采用什么样的方法，才能有效进行该方面信息的收集与判别呢？我们力求在每个块面中，进一步筛选出典型的考察点，让关键信息以"真实、客观"的方式，在适合的方法的运用下，得以呈现并获得分析，体现以上方面各自最关键的特点。

为此，我们为每个信息收集角度，建立了结构性的、更为具体的和有代表性"典型观察点"，并且为其确定了收集信息的方式与途径，它们分别是：

1. 幼儿园教师对课程理念与实施的把控度。

---

① 案例 21 由闸北区安庆幼儿园贺蓉执笔。

a. 教师对课程实施意图的接受和理解程度——课程方案阅读与使用主体感受问卷

b. 幼儿园教师的课程设计与执行能力——备课、反思文本查阅、现场观课

c. 教师课程实施中问题揭示与修正能力——反思文本、教研组研讨问题类型

d. 教师之间有效协作的能力——教师访谈

2. 幼儿园课程实施对幼儿发展需求的满足度。

a. 幼儿在园情绪愉快指数——幼儿活动观察、访谈、家长问卷

b. 幼儿在园自主活动时空——幼儿活动作息、活动选择度、对活动的预知调查

c. 儿童成长档案——幼儿的成长观察记录与发展评价查阅

d. 低结构活动中师幼互动——教师主动互动对象及范围、互动内容及类别分析

3. 幼儿家庭对于课程实施的参与度。

a. 家园联系对课程的指导、宣传内容——备课,真实与虚拟宣传渠道及频率

b. 班级中来自幼儿家庭的物品与材料类别与数量——材料分类数据统计

c. 家长参与班级课程活动的类型与频率——活动分类数据统计

d. 家长对课程实施满意度——不同类型家长对课程知晓、参与、成效问卷调查

4. 幼儿园课程资源对课程实施的承载度。

a. 幼儿园课程实施规范文本与资料——指南、纲要、方案、计划系列等匹配度

b. 课程基本资源配置——班均、人均教具、图书、音像及播放设备,操作包等

c. 课程园本化实施流程概括与制度建设——活动安排、人员、流程的结构、内容。

d. 特色课程(活动)资源——个别化学习、环境设计、数学游戏、乐高积木搭建等

我们根据具体需求,有针对性地从以上角度,在不同的时间,选择或组合不同的典型观察点,获得信息与数据,为诊断和评价幼儿园课程实践服务。

**三、探索信息收集的方法,提高效能。**

如何才能让信息"活起来"? 如何才能找寻到准确的、关键的、主要的那些部分? 如何让信息的呈现为课程实施评价、课程方案更新等课程管理思考与行为管理提供动态信息? 我们对信息有以下几个方面的处理。

1. 寻找关键信息,有效呈现主要矛盾。

在课程实施信息中,根据不同的需求,确定所需信息类型、收集时间、对象,才能有针对性地发现主要矛盾,或者准确呈现特点与问题。根据希望发现和解决的问题,决定采用什么方式采集何种类型的信息——是客观数据还是主观性描述? 是选取全体教师还是部分代表教师? 是针对教师个体工作还是针对教师之间的协作? 所有这些都会决定我们的途径与方式。

我园在课程实施方案信息收集中的最主要的经验,就是抓"框架"与"典型观察点",尽量明确信息收集角度与观察点之间直接的对应关系,避免过多收集、模糊收集。只有明确

关键、突出重点，才能准确收集到针对性的信息。

2. 力求保证信息客观真实，在收集过程中减少主观判断。

最有说服力的信息，是发生和存在于幼儿园环境、教师工作行为、儿童的活动状态中的。我园在寻找信息收集中的典型观察点时，尽量"用事实说话"。比如，除了在班级课程材料配置上进行数据调查以外，我们对课程辅助成套课件的使用进行调查，发现几乎没有教师在数学活动时采用，而80%的教师在组织谈话、科学类活动中会采用。这不仅体现了课件对教师实施课程的支持度，也反映了课件的特点与缺陷。

3. 信息需要梳理与归并等处理，不能满足于单纯信息的堆积与表面描述。

使得信息有意义的过程，就是对信息有目的地梳理、归并或者建立关系的过程。只有经过这些过程，信息才具有说明性、针对性。例如，我们常常会因为不同的原因、目的调用全体或者部分教师的备课资料，比如了解不同年龄班教师在设计生活活动时的特点与区别，了解新教师在集体教学活动安排中的平衡，了解一个月内幼儿可以亲自动手参与的活动的数量，了解教师在反思中的倾向与特点等。

又例如，同样对于教师的备课与反思资料，我们给教师一些角度和框架，请教师进行自我提炼，总结出自己在备课或反思上的特点与倾向。这迫使教师对"过于熟悉"的资料进行全新角度的分析，促进她们主动地思考与比较，又有利于增进教师的课程意识与行为改进。

4. 信息来源于各种人群，在不同人群的针对性信息中寻找一致性和矛盾点。

我园在课程实施过程中，在不同主体的同样信息中寻找一致性或者区别。比如，我们根据本园的"保教质量自我监控"提示表，同时请教师自评、园长他评，对比两者，发现一致性与矛盾，引导园长与教师进行基于评价结果的对话。又例如，我园幼儿的成长档案，主要由教师对每一位幼儿进行表现性评价。我们在发放并请家长阅读后，让其写出与教师的观察记录一致和有差异的方面，不仅在教师与家长之间形成了信息的互通、补充，还引发教师针对性的分析。

5. 信息收集要注意效能，尽量采用具有多向检测性的信息。

为了有效提高信息收集过程的效率，我们可以采用具有"集约"特点的信息来源，这些信息在幼儿园的课程实施中，非常具有代表性，在不同的时间段，对于不同的主体，具有不同的意义。比如，教师的周日计划。我们不仅利用它来了解不同阶段教师的课程设计能力，把握全园幼儿集体教学活动的倾向，还用它来了解一个班级两位教师的课程协作关系。对于教师，我们要求她们根据备课资料反思一个月来活动安排的类别与数量，发现与搭班教师的协作效果。

我们也经常将一些有关联的信息，按照需要组合在一起，获得更深入的结论。比如，我们看园务计划、教研计划、班级学期计划，能看到园长、教研组长、教师在幼儿园课程实施的一致性程度和相互关联的程度。

221

# 第三节

## 如何通过一定的机制保障课程实施方案不断更新

随着课程改革的深入,幼儿园逐渐认识到,本园的课程实施方案不是一份固定不变的文本,它是与本园的课程实施不断互动的、动态发展的操作性文本。为了增强课程实施方案的适应性,使之更好地服务于本园的实际特点和课程实施需要,幼儿园的课程实施方案需要进行不断更新和完善。

一般来说,幼儿园的课程实施方案的更新与完善主要出于三大方面的原因。第一个方面,是幼儿园的课程实施方案本身的科学性、逻辑性、条理性、规范性的内在要求逐步提升;第二方面是幼儿园课程实施的条件或影响因素(例如教师结构、活动内容、幼儿人数等)等发生了变化,需要通过课程实施方案的更新来对所涉及的部分内容进行重新的规划;第三方面是,幼儿园从课程管理与评价的角度,在通过收集课程实施全过程的特点和成效分析后,对一些矛盾、问题等制定出了针对性的改进、补充策略,从而主动地从实际问题角度调整幼儿园的课程实施方案文本。这三方面的工作和获取的对应信息,都体现了幼儿园自身的课程实施方案不断自我完善的现实需要。否则,课程实施方案就会脱离幼儿园课程实践,失去对课程实践的规范、指导和支持的意义。

幼儿园应该从课程管理的角度,制订出相关制度,并逐渐形成一些运行保障机制,以更系统地促进本园的课程实施方案保持"动态",不断走向完善。在开展了系统的课程实施方案文本的静态评价工作后,在对幼儿园的课程实施方案本身在课程实施中的动态品质进行多方面评价后,我们需要对课程实施方案进行一定程度的更新。

从上面提到的幼儿园课程实施方案更新和完善的三方面现实需要出发,我们可以建立针对性的保障机制,常态化地对本园课程实施方案进行更新,使之本身更趋完善,凸显其对课程实施的指导性价值。

## 一、现有的问题

根据我们对部分幼儿园课程实施方案文本的阅读分析,以及相关单位开展的课程实践研究和提出的问题等，我们发现，目前，幼儿园具有了对课程实施方案进行完善的初步意识，也逐渐开始进行了一些简单的调整行为，比如部分幼儿园的课程实施方案中，出现了与之相关的简单描述，例如幼儿园建立了课程领导小组，定期开展信息收集与调研，修订课程实施方案等。但是，总体上来说，在保障幼儿园课程实施方案更新方面的意识和行动是相当肤浅的。主要表现出以下的问题。

**问题1**
**幼儿园对课程实施方案更新和完善缺乏足够的重视和具体规定。**

翻看百余个幼儿园的课程实施方案，我们大多能从课程管理与保障部分中，仅仅找到些许文字表达出本园的课程实施方案会"在实施的过程中不断地研究修改和完善"的意思。但是，这种说明非常简单，体现在意识层面上，幼儿园对这项工作的价值认可度不高，对其更新的实质内容和流程比较忽视，缺乏完整思考，还停留在"应该要做"的认识层面。有的幼儿园明显更关心课程实施的实务，因而在方案文本中，甚至尚未直接提及"更新和完善课程实施方案"的相关工作。

**问题2**
**重视开展幼儿园课程管理与评价实务，缺乏调整课程实施方案的机制。**

在幼儿园的课程管理部分中，幼儿园普遍从组织机构、人员、职责、展开相关工作的内涵，以及制度规定上进行了总结性的呈现，但是，这些内容的规定与工作的内容和方式，主要指向本园的课程实施和评价工作实务，并未从完善、调整课程方案本身的角度进行思考和规定。例如：

> 制度保障：我园不断完善课程管理制度，并定期检查制度的执行情况。主要的课程管理制度包括：《幼儿园主题参考指导手册》、《幼儿园保教合作方案实施细则》、《幼儿园主题活动实施细则》、《幼儿园领导听课制度》、《幼儿园教师教学反思制度》、《幼儿园园本教研制度》、《幼儿园教育科研管理制度》、《教师电子档案管理制度》、《教师专业发展小组章程》、《教师工作考核和评价制度》、《课程资源管理制度和使用办法》等。

从以上案例中，我们可以看出，该幼儿园具有较好的课程管理思考和实践，也形成了一些课程管理与实施的相关制度，但是，这些制度的存在、执行和成效检查，并不等同于幼儿园对课程实施方案的更新与完善。虽然制度的运行过程中会产生许多与更新本园课程方案相关的信息、结论和措施，但是，这两者之间并未建立直接的联系。

出现此种现象的原因,主要是由于幼儿园没有完全理解课程实施方案更新的保障机制的含义和主要内容,如组织机构、人员、各项措施、制度等的保障。

**问题3**

**幼儿园课程管理机构和组织结构的运行方式,尚未真正承担起更新和完善本园课程实施方案的工作职责。**

部分幼儿园已建立了幼儿园的相关课程管理机构与组织,例如课程领导小组,课程执行监督小组等,并且也定期开展活动,但是,它们的职责界定是相对模糊的、交叉的,也是原则性的,工作任务的内涵、制度和方式也缺乏具体的规定。例如:

> 2. 课程开发先导组
>
> 成员:园长(组长),业务、后勤园长(副组长),教研组长骨干教师(6人),家委会成员(6人),课程实施(教师),专家顾问等。
>
> 职责:
>
> (1) 园长:对课程总体规划、构思和调控。
>
> (2) 课程开发先导组:对课程的编写、实验、修订、完善。
>
> (3) 家委会成员:参与课程实施,对课程实施、成效提出整改建议或意见。
>
> (4) 专家顾问:定期指导,整体把握课程的规划和实施,保持课程理念的先进性、科学性。

从以上内容我们可以看出,幼儿园的园长"对课程总体规划、构思和调控",其中隐约有进行课程实施方案调整的含义和可能性。"课程开发先导组"负责"课程的编写、实验、修订、完善",此处的"修订"、"完善"也似乎有调整课程方案之意。但我们并没有找到幼儿园如何从组织机构与人员职责上、从时间和方式上,对幼儿园的课程实施方案进行更新与完善作出明确的界定。这就容易让幼儿园设立的组织和领导课程的相关机构或部门的职责混同于一般的执行部门,同时工作方式也与课程实施混为一谈。以上案例中组织保障的不明确,不利于幼儿园从总体上呈现本园课程实施方案的全局特点,不利于对课程实施方案进行整体设计、规划与调整。

## 二、改进策略

根据前面陈述的现象和问题,我们提出以下策略与建议。

**1. 成立幼儿园课程领导和发展小组等机构,确定其工作目标与职责内涵,确保幼儿园课程实施方案的有效制定和评价。**

在幼儿园课程管理与组织中,我们不仅要重视本园课程实施的过程和结果等实践性要素,还要站在一定的高度,对幼儿园课程实施方案进行反思和调整,不断提升本园课程实施方案的品质。幼儿园拥有专门的机构、部门、人员,具体负责更新和完善幼儿园课程方案,是最基础的组织保障。同时,在建立相应的机构或部门时,要根据其"更新与完善方案"的具体任务,明确其工作目标和工作内容。例如,在新一稿的方案发布并组织教师学习后,通过典型抽样的方式,对幼儿园各类型教师开展半结构化访谈和调研,了解教师对课程实施方案文本的疑问和困惑等。这就是一项更新和完善本园课程实施方案的基础性工作。这类工作内容的设计与规定要单独列出,不要让其被其他方面的相关工作所替代或淹没。

幼儿园内人手不多,通常不同的部门和角色需要同时担任多项工作,各项工作有其自身的工作目标与要求。幼儿园的课程领导和发展小组可以同时承担多项与课程实施方案编制、执行、检测与完善等工作。然而,一定要注意保持各项工作有相对独立的目标和侧重点,多项工作可以同时开展,甚至有时可以融为一体,但注意千万不能混为一谈,或者相互替代,要保证课程领导和发展机构开展工作的针对性、有效性。

**2. 制定课程实施方案的评价制度,形成和完善本园课程实施方案更新的程序与策略。**

开展与课程相关的各类评价工作,是幼儿园课程管理的重要的内容。各类评价工作根据其评价目标和主要内容,又各自有其适合的运行程序与具体途径。对于幼儿园课程实施方案来说,我们需要建立针对概述中所列三个方面的方案完善需求,来建立相对应的方案评价工作程序与方法。比如,针对本园的课程实施方案是否为教师理解,是否符合课程实施实际情况,可以确定相关的调研工作制度;针对幼儿园课程实施过程中的矛盾、难点问题的处理和协调,我们可以建立自下而上、上下结合的"问题汇报与协调"的相关制度。

从幼儿园课程实施方案的更新程序上来说,一般可以进行以下的逻辑性思考和设计:分析与评估本园原有方案的状况,了解基础,发现需要改进和完善的问题(例如"方案文本和教师实践脱节问题")→从挖掘课程实施方案价值的角度出发,明确改进和更新方案的目标是什么(例如,有效增强方案文本对课程实践的联系与支持)→确定本园课程实施方案更新的主要方面和着力点,搞清楚需要或者可以做什么(例如,对部分已经在实践中顺利运行但方案中毫无体现的课程实施过程进行梳理、提炼并文本化)→明确实施的策略和程序,讨论并确定怎样去做(例如,采用对教研组长的调研访谈、资料梳理等方式,了解哪些已有的课程实施的做法没有被纳入方案文本中,请能够完成相应梳理总结任务的骨干教师进行针对性地总结)→评估我们的方案更新工作是否达成了预期目标,并且是否持续性地评价我们的改进行为(例如,判定我们是否通过前述的工作过程,在一定程度上解决了发现的"方案文本和教师实践脱节的问题")。

**3. 牢固树立"用事实和证据说话"的意识和行为方式,运用多样的评价结果对原有的课程实施方案进行调整与优化。**

幼儿园的各种课程相关评价工作随时都在开展,如幼儿的发展情况究竟如何,他们是否接受了快乐的、启蒙的、平衡的保育和教育,教师的课程实施需求是否得到充分合理满足,家长对幼儿在园接受教育成果认可与否等。伴随评价工作会不断产生大量信息,这些信息有客观的,也有主观的;有长期的,也有暂时的;有表面的,也有根本性的,但从最终结果上还是一定程度上能够反映出幼儿园课程实施方案的科学性、合理性。因此,我们要养成"用事实和证据说话"的意识和行为方式,根据客观结果、结论来反观幼儿园课程实施方案的改进方向和主要内容,使我们反思和调整更新课程实施方案行为的说服力更强,科学性更高。

例如,我们可以采用不同人群满意度调查的方式,从最终的客观评价结果信息汇总来判断并确定幼儿园课程实施方案哪些方面需要改进与完善。满意度调查的方面可能包括:幼儿是否喜欢幼儿园的各类活动? 教师是否满意幼儿园提供的课程与教学环境、资源的支持方式? 幼儿家长是否对幼儿的发展状况满意? 等等。

又例如,我们不能因为幼儿园师资较少流动,年龄适中,都接受过课改培训,就得出"教师课程实施把握度较高"的结论。适宜的方法是根据对教师的随机或典型抽样、现场观课与评课能力、周日计划制定文本等真实信息来得出结论。

## 三、观点与提示

结合和补充以上的内容,幼儿园在建立课程实施方案更新与完善机制上,要注意以下几点:

**1. 幼儿园要注重针对方案本身的基础调研工作,确保课程实施方案更新与完善的准确和有效。**

幼儿园要注重各种层面的基础调研工作,特别是来自方案主要读者——教师的调查信息,以此找准实施方案的问题,明确完善重点,化解关键难题。不能让幼儿园课程方案的更新成为一项老生常谈、流于形式的任务。基于本园真实问题的更新与完善,才能真正促进本园课程实施方案的整体完善和提升。

**2. 一定要立足本园的自身需求和园本特点,开展课程实施方案的更新与完善。**

每所幼儿园由于所处地域及原有基础水平的不同,都有自己相对应的课程理念与课程特色,在具体开展课程实施方案的更新与完善过程中,要立足于改进本园的课程实施,不宜就事论事,要将这一工作置于幼儿园课程发展的需要及课程理念的背景之下,处理好整体课程结构与实施的问题、性质与方向。如南西幼儿园的游戏课程中音乐活动方案的编制与完善,绝不仅仅是音乐操节等简单的歌曲舞蹈的选择与教授,而是在活动实施方案的更新与完善中充分体现游戏课程的核心理念,并与其他板块活动内容有机统整,与其他板块活动实施有机联系,既做到课程结构的平衡,又体现课程实施的园本化特色。

**3. 以园长为核心,建立持续保障幼儿园课程实施方案"常新常换"的机制。**

幼儿园课程实施方案的更新与完善是一挑战性的工作,需要园长的先知先觉、先思先行,以引领教师发现、思考并解决问题。因此,园长在这一过程中,要发挥课程领导力,起核心引领作用。同时,在具体实践中,通过机构建立、制度建设、运作流程规定等形式,形成本园课程实施方案调整与完善的机制,持续保障课程实施方案的动态发展。

**4. 幼儿园课程实施方案的更新与完善,要伴随本园课程实施的实践过程。**

幼儿园课程实施方案的更新与完善,既要紧密结合本园课程实施的过程着手进行,收集、分析过程信息并作出再决策与再调整。同时,每次对课程实施方案进行了调整与更新后,并非调整与更新的终点,幼儿园要通过多种方式,组织相关人员开展相应培训与学习,保证知晓率和理解度,让方案的更新落实到真实的课程实践之中。

（贺　蓉）

## 四、实践案例

### 案例 22　幼儿园课程实施方案自我完善的研究[①]

幼儿园课程实施方案的落实过程是一个不断自我完善、循环往复、螺旋上升的过程。我园在对幼儿园课程实施方案的研究中提出"教师要参与课程实施方案自我完善的过程"。我们首先进行现状调查,了解原有课程实施方案在现阶段实施中存在的主要问题。

**一、问题现状**

（一）方案文本不够完善

现状调查是研究的基础,是改善的前提。为了切实完善我园课程实施方案,我们首先从了解文本现状入手。通过资料查阅、中层访谈、教师问卷等多种方式,我们对课程实施方案的文本情况进了全面的调查和分析,发现了如下问题：原课程实施方案内容简单,指导性欠缺;我园新生成的一些优质课程内容没有及时纳入课程实施方案;《长宁实验幼儿园课程方案(2007 年)》和《长宁实验幼儿园课程管理方案》两文本内容交叉,检索不便。

（二）方案推广存在落差

通过中层访谈、教师问卷等多种方式,我们对课程实施方案的推广情况进了全面的调查,发现了如下几点问题：

1. 管理层制定和完善方案,而教师对方案并不熟知

我们对使用课程实施方案的现状进行了全体教师的问卷调查,调查包括使用频率、参考用途,以及对课程实施方案的需求等多方面内容。我园通常每三年由管理层根据课程现状对原有方案文本进行修改,再发给全园教师广泛征求意见,适当修改后就定稿了。这

---

① 案例 22 由长宁区长宁实验幼儿园周剑执笔。

种做法造成教师对方案并不熟知,而且很难了解教师对课程实施方案的需求。

2. 教师不知如何操作

通过对教师调查问卷的分析发现,一线教师在实际教育实践中,对课程实施方案的使用度不高,课程实施方案对于一线教师仍被界定为"政策型文本",而非"应用型指南"。

在教师对原有课程实施方案的评价调查中显示,高达 44％的教师认为原有课程方案(特别是课程构成框架中的课程内容)较笼统、不具体,缺乏可操作性的策略和方法。

究其原因主要有如下两点:1. 方案本身的操作性不强,不利于指导教师的日常教育教学;2. 没有系列跟进的方案培训,致使教师只知有方案,不知如何用方案。

(三)自我完善缺乏持续保障

随着长宁实验幼儿园的发展,2011 年,周剑园长兼任长宁新实验幼儿园园长,两个幼儿园的愿景、目标、业务能力、特色、资源、体制、结构、流程等方面的工作都需要兼顾。发展环境的变化迫切需要园所内部的组织变革,从而协同园长室分担管理负荷,解决管理精力的分配问题。

除了组织管理上的保障机制缺乏,课程实施方案的自我完善也缺乏流程的梳理,致使课程实施方案的完善比较随意,变动性较大。

**二、基于问题的实践与成效**

针对以上三方面问题,我们在研究中有的放矢地开展实践工作,相应地形成以下三方面的实践。

(一)方案完善:课程实施方案的调整、完善与推广

以本研究为契机,我园首先将原有的 2007 版课程方案与《长宁实验幼儿园课程管理方案》有机融合,以兼具规范性及发展性为教师操作的远景,更具科学性及系统性为课程内涵的要求,调整与完善《长宁实验幼儿园课程实施方案》。

1. 细致考虑教师读者的需求

我们认为,每位教师都是幼儿园的主人,主人的角色要求她们自由地进行自我管理,也要为整个"家庭"负责。当课程实施方案真正成为教师可以参阅、必须参考的工作蓝本时,才能体现它的价值。

因此,本方案在第一部分撰写了园长寄语,可参见图 4 - 3 - 1,让教师们在打开方案的第一时间感受到"这一切都与我息息相关",并且简述了方案历史与课程实施组织支持,使得长宁实验幼儿园的每一位教师读者"知其然,知其所以然"。

2. 严谨安排方案结构和内容

从课程管理的角度来说,教师不仅是课程实施方案的读者,也应当是编写者——读者需要时时阅读方案,温故而知新;编写者需要常常为方案的更新完善提供素材与建议,使之更加完善。

*如果你是我们的保教主任，请你：*

保持对保教质量的思考与关注，在主题进行一周前，和各教研组长沟通主题中的关键经验，主题目标等内容。

*如果你是我们的教研组长，请你：*

在每周备课时除了介绍主题计划中的内容，还要注意倾听组员对主题中原有活动设计的想法及新的观点，判断其合理性，并向课程研发中心申请并进一步讨论。

要是教研组想以新主题替换原主题，请你把新设计的主题计划递交课程研发中心，课程研发小组讨论通过后，便可使用。

*如果你是我们的一线教师：*

●当你尚未评职称，或已被评为幼儿园一级教师：目前正是你全面了解我园课程的好时机，请你按照主题计划中的内容实施活动，不断思考，假如你遇到了活动设计和实施过程中的困惑，别担心，你的教研组将敞开怀抱，倾听你的疑问、分析你的见解！

●当你已被评为幼儿园高级教师职称教师：你已经在课程设计和实施方面很有经验，恭喜你，你可以对主题计划中的某些必上的内容可以进行替换了！不过要注意哦，替换的步骤是 1) 设计替换好的主题计划；2) 提交教研组；3) 教研组审核；4) 通过后就可以投入实践。另外要提醒你的是，请记得替换的内容是围绕主题目标的，并且替换的是相同领域的内容，因为我们需要保持每周课程的平衡。

●当你已被评为中学高级教师职称：你无疑是我们"百合花园"中专业发展的标杆，目前正是你形成教学风格的重要阶段！我们希望你可以尽情地围绕主题目标，按照自己的想法设计实施主题内容，请记得在主题结束后进行相关评价，不断验证你的创新成效。

*此外，还有需要提醒你的是，*在主题资源库中，有些集体活动虽然活动名称、活动目标相同，但呈现了不同的教学方法，这样能够适合不同喜好、不同班级孩子的学习水平让老师选择进行。如：小班的数活动"小兔家的新门帘"，就呈现了两个活动教案。

图 4 - 3 - 1 《长宁实验幼儿园主题课程实施方案》编者按

我们参考市教委的课程实施方案框架，制定了课程实施方案正文。教研组长领衔负责各年龄段完善课程内容的过程与思考，总结各年龄段完善课程内容的经验原则。

主要调整内容如下：

（1）课程实施情况分析

园级管理层面整合第三方专业机构提供的深度调研报告，对我园课程实施的优势、不足、机遇、挑战进行了 SWOT 分析。

（2）课程理念与目标

课程理念上承办园理念，下接课程目标（幼儿培养目标），促进层层活动目标的切实达成，保持课程执行中的目标一致性。

（3）课程内容与结构

课程内容上，追求创造性地使用新教材，在实施中实现课程的园本化；课程中如学习活动，以"主题"串联，包括园本化的二期课改主题以及我园原创主题共两类。

（4）课程安排

课程设置表和作息表采用了图表结合的方式呈现各年龄段活动时间比例和一日活动安排；同时，提供我园经典周计划，作为样例供教师们参考。

（5）课程实施

全园课程实施流程是本方案中的一大亮点。通过梳理课程实施的步骤，帮助不同教师统一按照流程实施本方案，切实保证各班级课程实施的质量。

（6）课程评价

根据《上海市幼儿园保教质量评价指南》的要求，结合我园自身的特点，建立多层面相结合的课程监控与评价机制。

（7）实用附录

根据调整完善后的课程实施方案主体结构，我们进一步考量方案的实用性，对应教师日常课程实施需要参考的资料，精简各类表格，匹配课程评价的设置，制定了具体方案附录。

3. 提高课程实施方案的操作性

我们编制了《长宁实验幼儿园各年龄段课程实施操作手册》，来增强方案对不同发展阶段教师的针对性，提升课程实施方案的操作性与参考性。

4. 对方案的使用与实践操作进行教师培训

此次对课程实施方案的完善，是全体教师参与其中的过程。从研究初期对各层面群体的现状调研、到之后《长宁实验幼儿园各年龄段课程实施操作手册》的编制、课程实施步骤的梳理，都是由分管幼儿园保教工作的副园长领衔，专业第三方机构支持，教研组长全程参与完成的。主要形成了四个流程：课程实施方案现状调研——中层参与文本完善——新版课程实施方案（讨论稿）征询意见——方案解读与使用的全园培训。

（二）机制建立：建立四中心组织格局

长宁实验幼儿园围绕着课程的建设进行探索和思考，并结合幼儿园自身的资源、问题以及技术的发展，梳理出了以课程研发、评价、保障、信息化为主的几个方面来建立"四中心"这一组织格局，纳入了幼儿园课程全方面的管理工作。

1. 课程"四中心"的组织架构与职责

四中心的运行由行政办进行统筹，分别是课程研发中心、课程监控中心、信息管理中心、后勤保障中心。各中心对本方案的执行都各司其职，在教师使用课程实施方案的过程中，还会与四中心产生新的沟通、协作。

● 四中心行政办——统一管理

四中心行政办主要负责"四中心"的协调工作。通过每月一次召开"四中心"工作例会，每年一次考察"四中心"的工作计划、工作总结，以及每学期一次向园长室汇报"四中心"的工作情况，实现对四个中心的统一而有效的管理。

● 课程研发中心——制定实施

课程研发中心全面负责幼儿园课程实施方案的研发制定和实施。通过将科研成果有效纳入幼儿园课程实施方案，编制《长宁实验幼儿园主题操作手册》，并通过与信息中心的协调合作,建立完善"长宁实验幼儿园课程资源库",从而指导教师有效实施课程方案,有效提高课程执行力。

● 课程监控中心——监测评价

课程监控中心主要致力于建立完善的教育质量监控与评价体系(幼儿评价、教师评价)。该中心的工作贯穿课程建设的始终,主要包括：制定每年的幼儿园听课计划、考评计划,并主持协调工作;定期对教师课程实施情况进行监测,并及时向执教者、行政办反馈;每学期完成相关的教育质量分析报告;组织幼儿的测评工作,为课程研发中心提供课程调整的建议。

● 信息管理中心——平台支持

信息管理中心主要负责幼儿园网站管理,不断完善网络平台的建设。该中心不仅负责撰写幼儿园新闻快讯、网站及时发布,汇总归档各类上传资料,而且还会积极与其他几个中心进行合作,从而有效推进信息化手段在课程中的应用。

● 后勤保障中心——服务配合后勤保障中心主要负责完善后勤部门的各项规章制度,形成各项后勤的工作流程,并做好后勤与幼儿园其他职能部门、其他几个中心的配合工作,特别是课程研发中心,为课程实施做好基础服务工作。

2. 课程实施方案完善机制的基本构想

"四中心"组织格局怎样实现课程实施方案的自我完善机制?为此,我们搭建了长宁实验幼儿园课程实施方案自我完善假设模型,可参见图4-3-2。

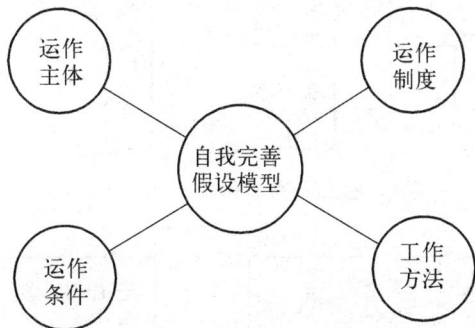

图4-3-2 长宁实验幼儿园课程实施方案自我完善假设模型

运作主体：即长宁实验幼儿园"四中心"。课程研发中心负责编制课程实施方案;课程监控中心负责监控教师的课程实施情况;信息中心负责完善更新课程资源库;保障中心提供课程所需的物质保障。

运作制度：形成《长宁实验幼儿园课程实施方案自我完善相关制度》。

工作流程：即我园课程实施方案自我完善的操作流程。以"全园参与,中心问责,专业机构评价"为工作理念,责任到中心,责任到人,每学期初制定本轮方案完善任务的计划,学期末中心负责人向园长办公室汇报。

运作条件：与自我完善所关联到的园内动力、保障等,与四中心工作的开展紧密结合,在不同组织架构的幼儿园当中也可以有各自的特色安排。

（三）流程梳理：课程实施方案自我完善流程

1. 对应幼儿园园自主发展规划，每三年课程实施方案自我完善流程

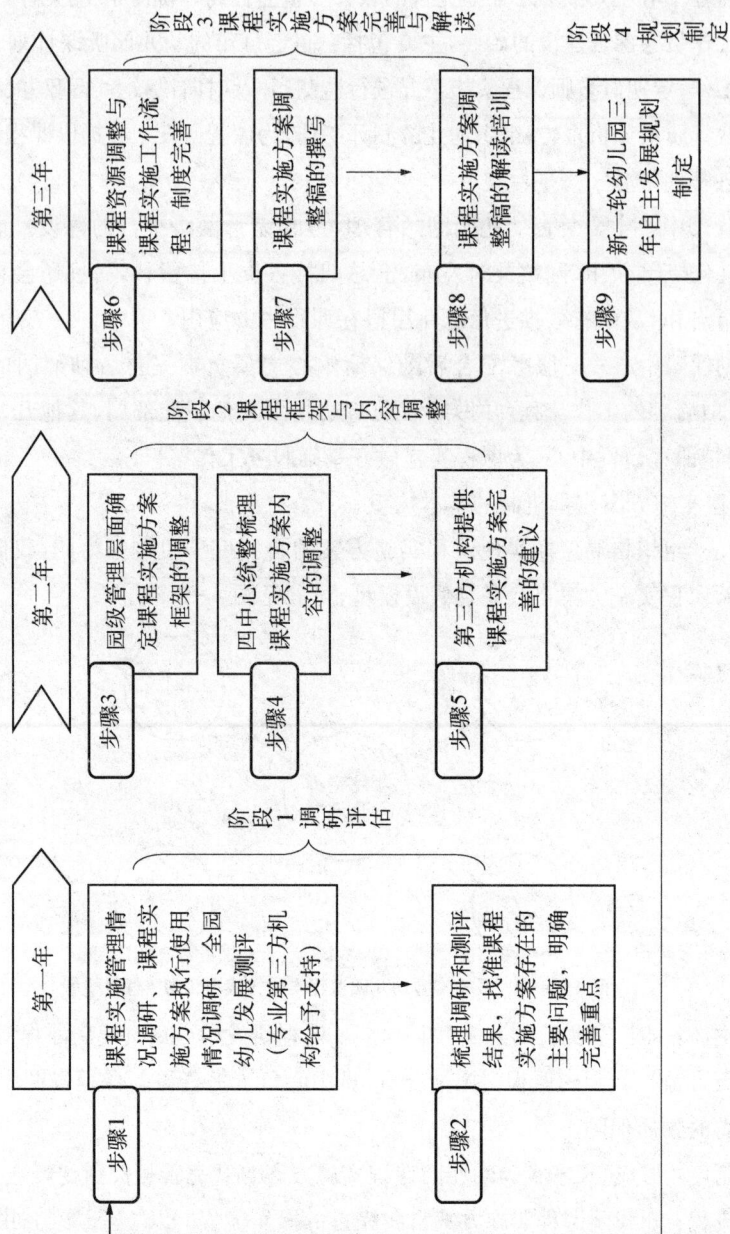

图 4－3－3

## 2. 匹配幼儿园学年园务计划，日常课程实施方案自我完善工作流程

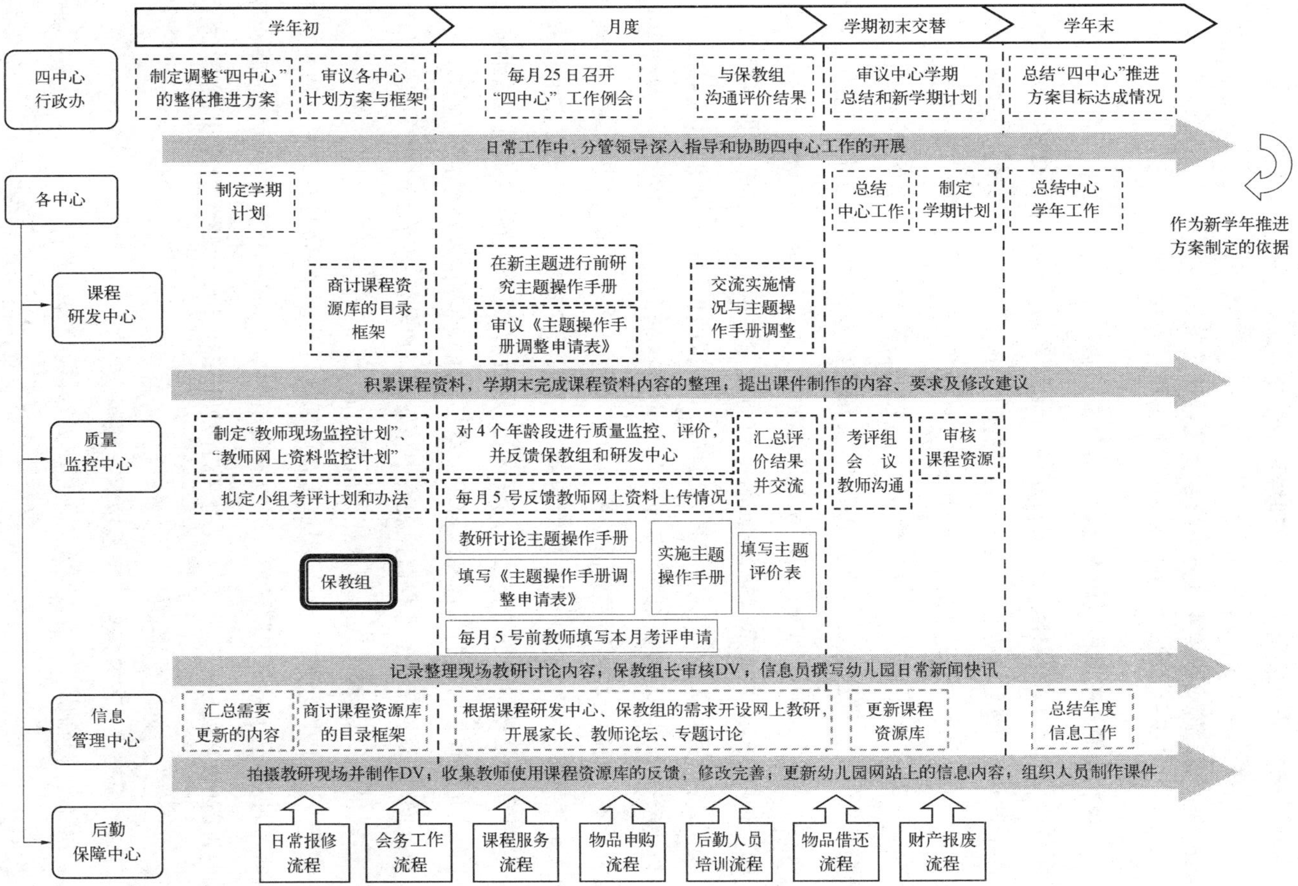

**时间轴：** 学年初 ｜ 月度 ｜ 学期初末交替 ｜ 学年末

**四中心行政办**
- 制定调整"四中心"的整体推进方案
- 审议各中心计划方案与框架
- 每月25日召开"四中心"工作例会
- 与保教组沟通评价结果
- 审议中心学期计划，总结和新学期计划
- 总结"四中心"推进方案目标达成情况
- 总结中心学年工作
- 作为新学年推进方案制定的依据

*日常工作中，分管领导录入指导和协助四中心工作的开展*

**各中心**
- 制定学期计划

**课程研发中心**
- 商讨课程资源库目录的框架
- 在新主题进行前研究主题操作手册，审议《主题操作申请表》
- 交流实施情况与主题操作手册调整
- 总结中心工作，制定学期计划
- 总结中心学年工作

*积累课程资料，学期末完成课程资料的整理，评价，提出课件制作内容，要求及修改建议*

**质量监控中心**
- 拟定课程资源库目录框架
- 对4个年龄段进行质量监控，并反馈保教组和研发中心
- 每月5号反馈教师网上资料上传情况
- 汇总评价结果并交流
- 考评组会议 教师沟通
- 审核课程资源库

*记录整理现场教研讨论内容，保教组长审核DV，信息员填写课程填写幼儿园日常更新快讯*

〔保教组〕
- 制定"教师现场监测计划"，"教师网上资料监控计划"，拟定小组考评计划和办法
- 教研讨论主题操作手册调整，填写《主题操作手册调整申请表》
- 实施主题操作手册
- 填写主题评价表

每月5号前教师填写本月考评申请

**信息管理中心**
- 汇总需求更新的内容
- 商讨课程资源库的目录框架
- 根据课程研发中心，保教组的需求开设网上教研，开展家长，教师论坛，专题讨论
- 更新课程资源库
- 总结年度信息工作

*拍摄教研现场并制作DV，收集教师使用课程资源库的信息反馈，修改完善，更新幼儿园网站上的信息内容，组长人员制作课件*

**后勤保障中心**
- 日常报修流程
- 会务工作流程
- 课程服务流程
- 物品申购流程
- 后勤人员培训流程
- 物品借还流程
- 财产报废流程

图 4-3-4

233

经过不断的完善和改进,目前长宁实验幼儿园已经完成《幼儿园课程实施方案的自我完善研究》课题的主要工作。我们经历了从发现问题到解决问题再到发现问题、从文本调整到实践落实再到文本修改的过程;经历了课程实施方案从抽象到具体、从"政策性文件"到"应用型指南"、从单次的课题研究到持续的制度保障的过程。

**案例 23　游戏课程实施方案的自我完善研究①**
——以"快乐十五分"活动行动研究为例

**一、现状诊断：在课程实施中分析结构缺失成因**

课程是幼儿发展的载体,在幼儿园课程实施方案中,课程目标的科学与统整,课程结构的平衡与优化,决定着幼儿学习经历与发展的成效。经过二十多年的实践与研究,我园构建了"以游戏为基本活动"的游戏课程框架,明确了"快乐玩、有效学"课程理念。

然而伴随着游戏为特色的课程体系的形成和深化,作为课程监控第一责任人的园长在每周两天的全日课程监控值班的过程中,发现了游戏课程现有方案实施的问题——课程结构存在缺失,主要表现为:幼儿音乐集体活动很少,一日活动中幼儿的歌声少。

园长抽取了一个学年的游戏课程园本教研记录,发现公开教研的集体活动共计 35 个,其中艺术领域的仅有 3 个,仅占所有活动的 8%。园长带领教研组长,选取小、中、大班各年龄段游戏课程方案进行分析,发现教师日常音乐活动的缺失和课程安排随意性的现象较为严重。大部分教师将音乐活动视为可有可无的教学内容,以某中班为例,围绕一个学期 4 个主题下教师预设的 29 个教学活动中,音乐活动只有 1 个! 当真实的数据摆在眼前,我们看到的是教师课程统整意识的薄弱,音乐活动的缺失最终导致游戏课程实施中的不平衡,幼儿园音乐活动的目标和内容难以落实,幼儿的和谐发展受到影响。

与此同时,园长在下午课程监控观察中还发现:户外活动所设置的"午操"和"散步"等内容,形式单调,难以满足幼儿的兴趣和活动的需要。

基于上述问题,为弥补游戏课程集体音乐活动量的不足,同时又为丰富幼儿下午的户外活动,园长提出了一个大胆设想——以教研组为单位,利用每天下午幼儿午睡起床后的十五分钟时间,开展户外音乐集体活动,弥补幼儿园音乐活动缺失的现状,完善游戏课程的实施方案。

**二、过程推进：在方案自我完善中深化课程**

1. 平衡课程结构——在课程实施中"融入"有效的音乐教育

我们从游戏课程的理念出发,将下午户外开展音乐活动命名为"音乐十五分",以期幼儿在"十五分钟"活动中,能充分享受阳光、音乐和操舞活动,在日积月累的过程中得到应

_____
① 案例 23 由静安区南西幼儿园撰写。

有的发展。为此,我们首先对"快乐十五分"开展的时间和场地进行了规划,以教研组为单位开发音乐活动内容,确保活动正常进行。

活动的初次尝试,让校园增添了音乐气息和活动氛围。音乐律动、户外活动空间充分顺应了幼儿好动的自然天性。"十五分"活动既能弥补游戏课程集体音乐活动量的不足,幼儿园里的音乐声和歌声此起彼伏,同时,又能保证幼儿的户外活动。

然而在活动的持续推进中,新的问题也凸显出来:教师们为了确保每日音乐活动目标的达成,不辞辛劳地在"十五分"里逐个进行动作纠正,单调地喊着口令训练幼儿的手势、节奏、表情和站位,"快乐十五分"活动变成了音乐舞蹈动作训练课,幼儿兴趣逐渐低落。这又引发了我们的思考:每日"十五分"里音乐活动该如何推进? 与此同时,教师又该怎样教呢?

围绕以上困惑,我园启动了园本研训,帮助教师梳理了游戏课程幼儿艺术教育"感知→体验→创造"活动规律,针对"十五分"时空有限的特点,项目研究小组带领教师聚焦问题,主动探究,以点带面,最终形成了"三大步骤+滚动推进"的"十五分"教育方法。具体操作如下:

第一步骤为"感知欣赏"。把"十五分"音乐内容与游戏课程中的辅助活动"山羊剧团"的大舞台表演结合起来。在每月一次举行的"山羊剧团"中,老师集体上台表演"快乐十五分"开展的最新的音乐舞蹈内容,通过完整的观摩欣赏,让幼儿初步感知、了解音乐内容和表现形式。"快乐十五分"活动既丰富了山羊剧团的内容,也改变了教师机械训练的做法,由此,激发了幼儿自主参与活动的兴趣。

第二步骤为"模仿体验"。在每日的"十五分"活动的户外场地上,幼儿跟着老师,进行模仿学习,从教师领舞、幼儿跟舞,到幼儿领舞、师生共舞。注重体验,遵循循序渐进、日积月累的活动原则,让幼儿边感受边模仿、以滚雪球和小步递进的方法,鼓励和帮助幼儿在不断积累中,体验音乐节奏和动作表演,理解规则。

第三步骤为"想象创造"。创设游戏环境,提供各种道具和装饰物,引导幼儿将"十五分"活动中学得的音乐活动内容运用到"游戏中"。鼓励幼儿在自主游戏中开设表演角、小舞台等音乐游戏活动,进行充分地表现表达,促进幼儿音乐自主活动的想象与创造。

从音乐内容的选择、活动的操作到"山羊剧团感知欣赏—现场模仿体验—角色游戏想象创造"的三阶段实施,我们的行动研究有了一个质的飞跃。研究提高了教师对"十五分"活动的指导能力,同时也促进了游戏课程"快乐十五分"活动方案编制的日臻完善。

2. 促进内涵发展——推"音乐十五分"向"快乐十五分"迈进

"十五分"活动有效地填补了游戏课程结构中音乐活动的缺失。然而,当幼儿歌声与音乐成为幼儿园每日生活中不可或缺的一部分,园长带领教师又对"快乐十五分"活动作了进一步反思:此时的"十五分"活动内容以操舞、律动居多,凸显了幼儿活动的音乐性和表演性,但形式的热闹并不等于幼儿真正的快乐! 如何让幼儿在"十五分"活动中真正玩起来、乐起来？园长的一席话题,让园本教研沸腾起来,引领着教师对"快乐十五分"的深入研究。要让"快乐十五分"活动在游戏课程方案体系中"形""神"兼备,使其进一步融汇和契合游戏课程"快乐玩、有效学"的理念,彰显游戏课程的特色,成为了南西教师继续探究和课程实施自我完善的行动目标。

教研组加强了对音乐操舞内容的游戏性研究,教师们从原先只注重动作的表演、律动的合拍,逐渐转为关注幼儿的互动、愉悦与自主性的体现,打破了"在固定位置活动"这一范式,在音乐律动和集体舞的活动中增添入了"找新朋友"、"钻山洞"、"猜拳"、轮番"当主角"等音乐游戏规则,让幼儿能够跟随音乐自由舞动、自由选择合作伙伴,给予了幼儿自主表达的空间和余地,让幼儿在音乐活动中真正玩起来、乐起来。

### 三、我们的实践反思

在游戏课程实施方案自我完善过程中,我们认识到：弥补课程结构的缺失,不是简单地做加法,而是要将调整的、新增的课程内容有机地统整、有效地"融入"原有课程实施方案的课程结构之中,避免造成课程的超载。融入要力求自然的效应,要找准位置并与课程结构中的其他板块有机联系产生合力,发挥课程结构的整体功能。"快乐十五分"在游戏课程的基本活动和辅助活动中都找到了合适的落脚点,如幼儿每日的角色游戏和每月的"山羊剧团",三者互为支撑、相互丰富,实现了从最初的"加入"音乐到后来的"融入"音乐。

我们的实践也证明,课程实施方案的完善,园长对于课程及实施中关键问题的把握和引领至关重要。作为课程领导力提升的核心人物,园长既要承担课程整体规划决策者的角色责任,又要在课程实施方案完善的过程中发挥引领者的作用。观念引领、过程引领、研究引领、发展引领——园长要"先教师之思而思,先教师之行而行",对重难点问题先行探索研究和实践反思,把握课程实施方案自我完善研究的本质,不断提升教师的班级课程领导力和课程执行力。在"快乐十五分"活动行动研究的过程中,园长对于音乐活动游戏性问题的思考和关键引领,促进了"快乐十五分"在实施中真正以"快乐玩、有效学"的游戏课程理念为核心。

如今我们看到,通过课程结构的优化调整以及户外"快乐十五分"活动与"山羊剧团"辅助活动的统整、与每日角色游戏的链接等一系列创造性课程的实践,促使了游戏课程实施方案的自我完善,进一步凸显了寓教于乐,关注了幼儿情感、认知、经验、能力获得过程中的愉悦性和自主性等多元体验,促进幼儿"在游戏中学习,在游戏中发展"。

游戏课程"快乐十五分"活动方案,从无到有、从模糊到清晰、从清晰到优化,让我们认识到这样一个事实：课程实施方案的自我完善从来就不是一步到位、一蹴而就的事情,它不是园长自行设计方案、教师简单执行方案的过程,而是以园长为核心的研究团队和教师统一理念、理解纲要、互动调适、主动创新的过程。

| 案例 24 | 发挥课程领导力，动态完善课程实施方案① |
| --- | --- |

——以早期阅读特色课程为例

经历三十年的探索和发展，我园的早期阅读逐步成为本园的特色课程。随着时代变迁和研究的发展，我园迫切需要总结和梳理特色课程规划和发展中的有效经验，并且在提升课程领导力的背景下，加大对特色课程完善的实践和探索。

方案调整的整个过程需要园长积极发挥课程领导力，从文化领导、人际领导、教育领导等多方面整合管理，建立相应的调整机制，促进特色课程内涵的提升、特色课程内容的丰富、特色课程实施的创新，从而动态完善特色课程实施方案。

**一、渗透文化领导，营造创新氛围，激发教师主体动态完善特色课程实施方案**

教师是课程建设的第一资源，也是课程实施方案中课程实施创新和课程实施方案调整的主力军。因此，园长要从文化抓起，创设全员积极研讨、努力创新的特色课程实施方案完善的氛围。

（一）方案实施前：积极研讨，广泛征集，首次修改方案内容

教师是特色课程实施方案付诸实施的主体，课程实施方案应该首先服务于教师，方案的文本呈现应能够让教师看懂理解，并指导教师的操作。同样，特色课程实施方案的修改完善工作也必以教师为主体来进行。为此，我们运用多种方式调动教师参与方案完善的积极性。

首先，集体教研讨论方案。

在教研组活动中，将特色课程实施方案分发给全体教师，由教研组组长主持研讨，分别从方案的可理解程度、效度、信度等多方面进行评价，集中收集全体教师对早期阅读特色课程实施方案的总体意见。

其次，广泛征集个别建议。

幼儿园利用园务公开栏、网络平台、园长信箱等途径，集思广益，给予每位教师提出疑问和建议的机会。教师将个人反思与特色课程实施方案有机结合，不断有新的发现、新的感悟、新的启示。

最后，汇总意见，完成首次完善。

由园长、部主任和教研组长组成的特色课程实施方案完善小组，整理集体教研讨论及个别途径征集到的教师意见，结合辩证客观分析，完成表述检测之后的首次完善。

（二）方案实施中：以问题的发现和解决为导向，再次充实方案内容

在课程实施方案中，对于二期课改的基础性课程和我园早期阅读特色课程的架构问

---

① 案例 24 由浦东新区浦南幼儿园冀彩虹执笔。

题,我们规定了要在保证基础性课程实施的前提下开展早期阅读活动,即在方案中明确指出"集体阅读活动一周一次,选择与主题相关的阅读活动进行教学;每日生活中开展一次多样化的阅读活动,如新闻播报、故事表演等"的实施方法。然而,当方案进入实施阶段后,问题便出现了:由于幼儿到园的时间比较晚导致一日活动作息开始的时间推后,但同时,运动、游戏、生活和学习活动的时间又必须保证,这就使得幼儿一日活动作息的保障和特色课程实施的要求之间出现了矛盾。于是,园长领导教师共同解决。

第一,聚焦突破口。

我们及时创设教师间对话交流的情境,让教师在教研活动中提出困惑和尝试解决的意见,利用团队的智慧寻找解决问题的方法。教研组对这一矛盾进行了理性分析,明确了在基础课程和特色课程之间,首当其冲是保证基础课程的有序实施,那么,如何对特色课程的实施进行完善便成为解决的重点。

第二,巧用校园网。

聚焦问题后,我们利用校园网尝试解决问题,因为网络是教师们对话交流最便捷的途径,各种信息与见解在交流中激活、增长,使每位教师获得了单独学习、研究得不到的信息。通过"网上头脑风暴",教师们提出了将特色课程进行"共同性课程"和"选择性课程"的区分,从而明确哪些特色课程内容是必须完成的,哪些内容是可以进行机动调整的。

第三,拓展共同体。

为提高解决问题的技能,我们发挥同伴互助的方式,运用递进式实践反思的策略来合作解决问题。教师在网络交流形成初步的共识后分别实践,实践后又共同研讨,最后群策群力达成一致,即"阅读室可作为游戏环节,阅读教学活动可作为学习环节,属于共同性课程必须达成。多样化阅读活动则属于选择性课程,教师有自我调整的自主权"。由此,通过团队的力量最终解决了问题,补充和完善了课程实施方案。

共同商讨可以建立一种合作伙伴关系,使解决问题的对策与想法更加丰富。在友好合作的关系中,教师主动探索、发现、解决课程实施中的问题和困难,逐渐形成文化,持续不竭地引领课程实施方案的动态完善。

**二、拓展人际领导,搭建开放平台,吸纳家长资源动态完善特色课程实施方案**

园长不仅要促进教师的有效合作,鼓励建立积极的人际关系,更要拓展人际领导,拓宽课程实施方案修改完善的参与人员。人际领导需要我们丰富课程实施方案完善的途径,把家长视为幼儿教育的合作者,争取家长的理解和支持,优化家长参与课程实施的形式与方法,并成为方案完善的重要补充资源。

(一)强化家长指导,搭建课程实施和方案的桥梁

家长是幼儿的启蒙教师,具有构建课程和实施课程的优势资源,但是家长没有幼儿发展与教育的专业知识,缺乏对幼儿园课程和课程实施方案的理解和认识。因此,在特色课

程实施方案的完善中,我们需要简单、系统地把特色课程与总课程、课程目标与课程内容、课程目标与课程实施等相互关系加以明确,并对家长进行系统的指导,让家长具备平等对话完善课程方案的基础认识。家长指导主要有三个层次:

第一层次——通过讲座观摩,如家长会课程介绍、家长半日活动观摩等,让家长深入幼儿园,从课程建设角度理解早期阅读的各类活动。

第二层次——通过投入展示,如每年的阅读节,每周的好妈妈故事团等,邀请家长参与课程实践,在课程实施中体验方案的可行程度和效果。

第三层次——通过参与检测,如家委会参与特色课程实施的检测,每月不定时抽检校园阅读环境和选择性阅读活动,对特色课程实施进行评价。

(二)深化积极互动,反思课程实施方案的执行

不同职业、不同阅历的家长,既可成为幼儿园丰富的课程资源,从内容上丰富特色课程实施方案,又能参与特色课程的评价,审视特色课程实施方案的科学性。为此,我园加强与家长的积极互动,主要方式有:

1. 组织家庭课程活动

园级层面上鼓励家长从自己发现的问题入手,正确评价特色课程,并提出合理化建议,成为完善特色课程的得力伙伴。"我爱我家"主题的课程小组活动后,一位家长的"比童年"建议,帮助教师及时获得了新的课程信息,拓展了特色课程的内容。

2. 班级多元收集家长意见

我们在网络上设立分层分类版块与家长线上交流,如在"专题论坛"中,我们将家长关心的特色课程话题进行有序列的交流、研讨,形成了"特色课程概要"、"经典阅读案例"、"你问我答"、"网友园地"等专题论坛区,在宽松的形式中获得家长的评价和需求。

我园积极挖掘和吸纳家长资源,不仅拓展了"生活体验阅读"内容,而且丰富了家长参与阅读课程的方式。同时,理性分析和采纳家长对于特色课程的意见,使我园特色课程实施方案得到更广阔视野的完善。

**三、深化教育领导,开拓现代眼界,把握价值取向动态完善特色课程实施方案**

一份特色课程实施方案是对特色课程设计和规划的文本,要想规划的课程实施方案充分发挥指引教师课程实施的作用和价值,就必须发挥园长的教育领导力,不仅鼓励教师的专业发展及教学的持续改进,而且园长自身要具有专业敏感性,广泛吸取先进理念,对课程规划和发展给出专业意见及指引方向。

(一)汲取先进理念,丰富特色课程体系

特色课程实施方案的调整完善离不开先进理念的借鉴和指导。我园特色课程的完善中,园领导紧密跟随和学习全语言教育理念。全语言教育指出,教师不宜将语言分成不同的技能分别教授,而应将语言视为是一个整体的沟通系统。而且如果儿童的学习内容与

其生活经验相关,儿童能自己选择使用语言的时机,拥有使用语言的自主权,儿童的个别差异受到尊重等,会加速儿童语言学习的进程。根据该理念,我们重视通过日常生活和游戏发展幼儿语言能力,寓语言教育于生活、游戏中,创设自由宽松的全语言交往环境,让幼儿通过亲身的经验来学习,获得听、说、读、写的整体发展,丰富原有的特色课程体系,拓展方案中与幼儿生活经验相关的课程内容,建构生活化、游戏化及全语言交往环境的课程实施方法。

(二)依托科学研究,思考特色课程的动态发展

儿童有他们自己的哲学、思维方式、精神家园、表达方式和存在方式,儿童有自己的文化,这种文化是和儿童的本质特点联系在一起的。在我园早期阅读课程基本稳定的基础上,我们不断思考早期阅读教育如何回归儿童文化,激发儿童发展中最原始的动力和源泉,寻找植根于儿童文化品质的教育途径和方式。因此,2011年我园申请了"关注儿童文化,开展多元阅读教育的行动研究"课题,创设多样情境、采用多种形式、运用多种途径、利用多种资源、选择多种阅读载体等多元系统,引导幼儿主动阅读、理解和体会阅读材料,满足幼儿发展的多元需求,从而培养幼儿的阅读兴趣和提高幼儿阅读能力。

开展多元阅读研究,一方面将多元化理念转化为实践,提高教师理论指导实践的能力,同时更新教师的早期阅读理念,形成多元早期阅读的课程实施有效策略;另一方面使多元阅读成为幼儿走向丰富多彩世界的途径,不仅培养幼儿成为好的读者,而且成为好的创作者。我们将在课题研究的基础上,开展新一轮课程实施方案的完善,将多元阅读课程内容、课程实施途径和方法等整合到方案中。

# 第五章

# 幼儿园课程实施方案：
# 案例选析

本章节是幼儿园课程实施方案案例选析。

在上海市提升中小学课程领导力行动研究项目中,幼儿园园长与一群有想法的教师,又从完整的课程体系着眼,对幼儿园实施方案进行了持续的补充、修改、完善。本书所提供的两所幼儿园完整的课程实施方案,尽管不能说是最好的,但它确实"上通国脉","下接地气",有很多方面值得我们学习与借鉴。当然,提供这两所幼儿园完整的课程实施方案,不仅是提供大家学习的范本,让大家学习,更是为了抛砖引玉,能引发各幼儿园根据实际进行更切实有效的实在的研究与探索。因此,方案后还对两所幼儿园课程实施方案的特点与优势做了恰当的点评。

# 基于"思优"价值观的课程实施方案
## ——黄浦区思南路幼儿园

思南路幼儿园创办于 1956 年,2002 年被首批命名为上海市示范性幼儿园。幼儿园共有北部、南部、实验部三部,园舍环境幽雅,儿童生活与活动设施丰富、适宜。

幼儿园以"关注和引导儿童需要,开发潜能,注重和谐,为儿童的后继学习与终身发展奠定早期的素质基础"为办园宗旨。在长期的办园实践中,幼儿园形成了一支"高学历、高素质、高质量"的师资队伍,全体教工在"不断思考优质,不断追求优质"为办园精神引领下,以热情和智慧不断进行教育理论与实践的研究,在学前教育发展的各个阶段率先进行改革与实验,发挥了示范和辐射作用,并向社会、家长承诺"优质教育每一天"。

## 总　　则

以《课程指南》为指导,以满足并引导幼儿发展需要为课程的理论基础,围绕"为幼儿健康幸福实施快乐启蒙教育"的上海学前教育任务,全面提高幼儿园保教质量,制定《"思优"教育实施方案》。

本方案体现尊重儿童的发展需要,突出课程整合、师生共建与教育个别化的要求,形成具有"启蒙、整合、开放"为特点的,符合本园实际的课程体系。方案适用于 3－6 岁幼儿(小、中、大班)。"思优"课程实施方案是全体教师实施保教工作的行动指南。

## 一、课程理念

"为每个幼儿健康幸福实施快乐启蒙教育"是上海市学前教育课程的基本指导思想。"思优"课程立足于"关注和引导幼儿需要,开发潜能,注重和谐,为幼儿的后继学习与终身

发展奠定早期素质基础"的办园宗旨,在持续推进学前教育改革和"思优"教育实验过程中,确立本园的课程理念:

"思优"教育观:教育,从辨别孩子的需要开始。

"思优"儿童观:儿童的需要是合理的,儿童的需要是要发展的。

"思优"课程观:满足儿童发展需要,科学、有序实施教育。

### (一) 确立以"关注幼儿发展需要,培育幼儿幸福生活根基"为取向的课程目标

"思优"课程将促进每一位幼儿健康水平及情感、态度、认知能力等各方面的发展,为幼儿的未来生活和后继学习奠定最初的基础作为学前教育的目标和方向。"思优"课程目标在课程中处于核心位置,课程目标的实施要把握好"满足并引导幼儿需要,科学、有序地实施保育与教育",它直接为课程内容的选择和组织提供依据,并为课程实施和课程评价提供基本准则。

### (二) 建立"启蒙、整合"为特点的课程内容

根据《课程指南》规定的幼儿园课程目标所指向的"共同生活、探索世界、表现表达"的经验领域,以"生活、运动、游戏、学习"活动的基本经验为基础,从幼儿的生活世界出发选择、设计、组织课程的内容。建立课程内容与幼儿生活的联系,课程内容与活动的整合,充分注意不同活动功能在幼儿一日活动中的相互作用与渗透。同时也注意活动(环境)对幼儿发展的价值,使课程内容能通过幼儿与环境之间有意义的交互作用而被幼儿理解和内化。要发挥课程整体效益,关注课程(活动)内容动态生成,满足幼儿多方面发展的需要。

### (三) 凸现"细化操作、序化过程、优化环境"为特征的课程实施

课程实施以"儿童需要,教育的契入口"为指导,由此,幼儿一日活动组织实施的环节细化是为了察觉每一位幼儿的需要,并为满足其需要提供充分选择的机会和条件。在各类活动实施过程中,把握幼儿现有水平和经验的发展序列,即儿童成长中的天性与教育之间的平衡点,以游戏的方式使外在的教育要求和条件循序递进地在活动过程中转化为儿童的活动需要。同时,将幼儿参与活动的要求尽可能地物化为幼儿活动的环境资源,让环境成为引发幼儿需要、持续开展活动的最佳教育契机。

### (四) 以"儿童需要高满足"为基准的课程评价与保教质量监测

"儿童需要高满足"是"思优"保教质量价值判断的核心内涵,明确"思优"课程评价的目的是了解幼儿的发展需要,合理地辨析幼儿行为,研究幼儿发展变化,既要了解其现有水平、更要关注其发展的速率、特点和倾向。观察与评价自然地伴随活动过程,以儿童需

要满足程度越高,则保教质量更好的"思优"质量观,提升保育和教育的适宜性和有效性,并调整和改进工作,以此不断地实现保教过程的优化。

### (五) 落实以"共育、共商"为原则的课程管理

在强调课程实施"科学、适切、有效"的规范基础上,赋予教师合理的课程实施与班级管理的自主权,建立班级、幼儿园两个层面的"思优"课程实施管理组织,建立体现"民主、开放"的家园共育、共商的课程管理制度。通过教师与幼儿、家长,幼儿园与家长、社区的互动,开展对幼儿园保教质量观测和评议,形成科学合理的课程实施与评价工作流程,以及协同运作的保教质量管理机制,促进课程的生成与优化。幼儿园课程管理还要关注时间、场所、设备、经费等课程资源运作的效益,确保每一名幼儿在一日活动中公平享受到需要满足的选择性以及充分的保教活动条件,促进其身心和谐发展。

## 二、课程目标

### (一) 课程的分领域目标

**1. 共同生活**

● 养成良好的睡眠、排泄、盥洗、饮食等生活卫生习惯,具有基本的生活自理能力。

● 能觉察并尊重他人的情绪和需要,亲近对自己生活密切相关的人,并对他们表现出认同。

● 喜欢集体生活,能与老师和同伴快乐共处。

● 在各类游戏活动中情绪愉快、有充实感,并能主动参与活动。

● 爱护玩具和用具,能共同使用和参与整理。

● 形成初步规则意识、合作意识和责任意识,能与同伴共同生活、学习和游戏。

● 愿意与人交流,待人文明大方,有礼貌。

● 有同情心,乐于关心和帮助老人、残疾人和有困难的人,能提供一些简单的(力所能及的)服务。

● 尊重不同的职业和劳动,了解他们与自己生活的关系,能与不同职业的人沟通、交流。

● 尊重不同地域、不同种族的人及他们的风俗和文化,能通过各种图片、影像、沟通等形式对他们进行了解。

### 2. 探索世界

● 关心自己的身体,了解身体器官,能用一些简单的方法保护自己的身体。

● 乐意在自然环境中进行锻炼,在身体基本活动技能、身体素质、基本体操等活动中,提高动作的协调性、灵敏性与耐力。

● 具有热爱自然、珍惜自然资源、关心和保护环境的意识,乐意亲近动植物,并能观察、了解、照顾它们。

● 对自然物和自然现象感兴趣,接触自然物质(水、土、沙、石、木等),观察感受自然现象(风、雨、雷、雪、电等),了解它们的显著特征及与人们生活的关系。

● 逐步形成数、形、时空等概念,会进行简单的分类、排序、测量、比较、推理等活动。

● 懂得珍惜生活中的基本物品,在摆弄中学会合理利用。

● 萌发爱家乡、爱祖国的情感,在经验活动中,多途径、多方法了解周围的自然、文化景观和设施。

● 喜欢动手操作与实验,尝试用简单的科学方法探究问题,初步了解人类取得的科学成果。

● 对周围环境产生兴趣,通过关注、收集、交流周围环境中的信息,逐步扩大探索的视野。

### 3. 表达与表现

● 注意倾听他人的讲话,理解别人说话的意思,能清楚地用语言表达自己的想法。

● 喜欢听故事,看图书,尝试说明、描述故事内容,能大胆、清楚地表达自己的想法和感受。

● 接触常见的符号、标志、文字等,初步理解它们所表达的意思,并在生活中尝试运用。

● 留意和感受生活中的声、形、色及音乐、舞蹈、美术作品中的美,并乐意用自己的方式进行表现。

● 喜欢参与唱歌、舞蹈、演奏、绘画、制作、构造、戏剧表演、角色活动,能自然地表达自己的情感。

● 自主地选择各种材料、器具,用多种形式进行表达和创造。

● 愿意接触和运用多种媒体,使用他们扩展认知和表现能力。

# 三、课程结构

## （一）课程设置

| 课程类型 ＼ 活动形态 | | 个 别 | 小 组 | 集 体 |
|---|---|---|---|---|
| 生活 | 小班 | 按需要选择进餐（筷子桌和调羹桌、大口宝宝）<br>生活体验区<br>点心屋 | | 盥洗课堂 |
| | 中班 | 结伴进餐<br>我的小床我来选<br>生活体验区<br>开心料理屋 | 小当家服务 | 盥洗课堂 |
| | 大班 | 自助午餐<br>生活体验区<br>料理吧 | 值日生工作台<br>轮值服务活动 | 盥洗课堂<br>小能人俱乐部 |
| 运动 | 小班 | 健身自助区 | | 主题运动（运动游戏、逃生演练）<br>操节律动 |
| | 中班 | 健身自助区 | | 主题运动（运动游戏、逃生演练）<br>操节律动 |
| | 大班 | 健身自助区 | 运动大本营 | 主题运动（运动游戏、逃生演练）<br>操节律动 |
| 游戏 | 小班 | 嬉戏玩耍<br>玩具屋 | 结伴游戏<br>（好朋友一起玩） | |
| | 中班 | 嬉戏玩耍<br>游戏超市 | 主题游戏<br>表演游戏 | |
| | 大班 | 嬉戏玩耍 | 主题游戏<br>表演游戏 | |
| 学习 | 小班 | 宝宝活动屋<br>每日一学 | 趣味探索 | 教学游戏<br>分享谈话 |
| | 中班 | 个别化学习区<br>每日一学 | 经验探索<br>好朋友计划书 | 教学游戏<br>分享谈话 |
| | 大班 | 个别化学习区<br>每日一学<br>儿童工作室<br>美术创意室 | 主题探索<br>小组计划书 | 教学游戏<br>分享谈话 |

## （二）课程与活动的时间比例和安排(中班示例)

| 活动类型 | 一日活动中所占时间分配 | | 占一天活动时间的比例 |
|---|---|---|---|
| 生活 | 自助性活动 | 30 分钟 | 46% |
| | 互助性活动 | 15 分钟 | |
| | 盥洗课堂 | 10 分钟 | |
| | 日常生活 | 170 分钟 | |
| 运动 | 健身自助 | 25 分钟 | 12.5% |
| | 运动游戏 | 20 分钟 | |
| | 体操律动 | 15 分钟 | |
| 游戏 | 主题游戏 | 35—40 分钟 | 25.5% |
| | 非主题游戏 | 20—25 分钟 | |
| | 嬉戏玩耍 | 30 分钟 | |
| 学习 | 谈话活动 | 10 分钟 | 16% |
| | 共同学习 | 20 分钟 | |
| | 个别化学习(活动屋) | 25 分钟 | |
| | 探索型主题活动(经验探索) | 25 分钟 | |

## （三）幼儿一日活动流程安排(大班示例)

| 活动时间 | 活动内容 | 人员流程及分工 | | 空间安排 |
|---|---|---|---|---|
| 8:15 - 9:00 | 室外体锻活动生活整理 | 早班老师 | 带领 8:30 之前来园的幼儿去户外 | 草地户外操场 |
| | | 晚班老师 | 接待家长、带领部分幼儿去户外 | |
| | | 保育员 | 8:30 之前完成幼儿室外锻炼材料的准备并负责物品归放 | |
| 9:00 - 9:20 | 早操(升旗) | 早班老师 | 组织幼儿列队 | 草地户外操场 |
| | | 晚班老师 | 帮助升旗手做好升旗的准备 | |
| | | 保育员 | 收拾室外锻炼器材、准备幼儿学习材料 | |

| 活动时间 | 活动内容 | 人员流程及分工 | | 空间安排 |
|---|---|---|---|---|
| 9:20－9:30 | 生活整理<br>（料理） | 早班老师 | 带领部分幼儿进入教室并负责幼儿洗手、如厕 | 活动室<br>盥洗室 |
| | | 晚班老师 | 带领部分幼儿进入教室、帮助幼儿整理、折叠衣服 | |
| | | 保育员 | 提供湿毛巾供幼儿擦汗和负责料理 | |
| 9:30－9:55 | 集体教学<br>（分组） | 早班老师 | 带领部分幼儿参与学习 | 活动室1<br>活动室2 |
| | | 晚班老师 | 带领部分幼儿参与学习 | |
| | | 保育员 | 消毒毛巾、清洗杯子 | |
| 9:55－10:10 | 户外<br>游戏 | 早班老师 | 负责先带领部分幼儿游戏 | 草地<br>户外操场 |
| | | 晚班老师 | 负责先带领部分幼儿游戏 | |
| | | 保育员 | 收拾幼儿学习材料、做游戏活动的准备 | |
| 10:10－10:40 | 游戏活动 | 早班老师 | 指导幼儿游戏活动 | 草地<br>游戏室 |
| | | 晚班老师 | 指导幼儿游戏活动 | |
| | | 保育员 | 负责幼儿盥洗、如厕 | |
| 10:40－11:10 | 区域学习<br>（探索型<br>主题活动） | 早班老师 | 带领部分幼儿开展主题活动 | 活动室1<br>活动室2 |
| | | 晚班老师 | 指导部分幼儿区域活动 | |
| | | 保育员 | 铺幼儿被褥 | |
| 11:10－11:30 | 教师整理<br>（餐前谈话） | 早班老师 | 带领部分幼儿参与谈话 | 活动室<br>游戏室 |
| | | 晚班老师 | 带领部分幼儿参与谈话 | |
| | | 保育员 | 准备午餐 | |
| 11:30－12:00 | 盥洗和<br>午餐 | 早班老师 | 在餐厅指导幼儿用餐 | 活动室<br>游戏室 |
| | | 晚班老师 | 在分餐区指导班级小当家及幼儿取餐 | |
| | | 保育员 | 为幼儿分餐 | |

## (四)各年龄班分学期课程内容及各类活动安排(小班第一学期示例)

| 生 活 | 运 动 | 数 | 学 习 | | | 科 学 | 游 戏 |
|---|---|---|---|---|---|---|---|
| | | | 语 言 | 音 乐 | 美 术 | | |
| 生活适应： 1. 能独立尝试使用小勺进餐。 2. 每天在成人提示下主动喝水，会用小水杯倒水。 3. 熟悉幼儿园的盥洗环境，学会自己大小便，需要时会请成人帮忙。 4. 模仿正确的洗手方法。 5. 知道自己的穿脱、折叠裤子的顺序。 6. 能将玩具玩好的玩具送回家。 行为养成： 1. 主动和熟悉的人亲近，会向同伴、老师问好、道别。 2. 能用语言表达自己的需要，表示感谢、表示歉意。 | 平衡： 1. 在平行线（窄道）中间走。 2. 能在宽25厘米的平衡木上双脚交替行走，身体不摇晃。 3. 能够尝试登高站直身体。 协调： 1. 幼儿会上身直立、双脚交替自然地走和跑。 2. 能手膝着地自然地爬。 速度： 1. 能在指定范围内四散跑，追逐跑。 2. 能够自然地走跑交替，持物跑。 灵敏： 1. 能够绕过障碍走，向指定方向走。 2. 能保持沿着圆形走。 柔韧： 1. 完成各类基本动作。 力量： 1. 能轻松自然地双脚同时向前跳，向上跳。 2. 能单手自然地将物体向上抛出。 | 集合概念： 1. 在一个纬度上进行分类匹配。（大小、颜色） 2. 根据各组物品所包含的数量区分两组数量的相等与不相等。 3. 理解并运用以下词汇：这么多—那么多；一样多；多些—少些；比较两组物体间明显的数量的多少。 4. 对应的方法来比较4以内物体的集合。 数概念： 1. 能够熟练地进行5以内的唱数。 2. 手口一致地数5以内的实际数量，能够按物说数。 几何形体： 1. 识别并命名三种常见的图形。（圆形、三角形、正方形）形成视觉和触觉—运动知觉辨识几何图形的方法。 空间方位： 1. 运用不同方法（重叠法、并置法）比较两个物体的大小、长短、高矮。 空间方位： 1. 能够区分以自身为中心的向上、向下方位。 | 倾听： 1. 喜欢听故事，能理解故事的主要内容。 2. 喜欢与老师同伴交谈，能安静地听老师或同伴讲话。 讲述： 1. 愿意参与故事中重复的句子或简短的对话。 2. 会讲述简短的故事片断或故事主要情节。 阅读： 1. 喜欢学习按顺序一页一页地看书。 2. 愿意一边看书、一边讲出图书中的一些内容。 3. 能认出熟悉的物体、人和事物。 | 节奏： 1. 摆弄认识简单乐器，喜欢运用乐器为音乐简单件奏。（如敲、有把手的碰铃、木鱼） 2. 跟着老师用不同的节奏念儿歌。 3. 能听懂音乐信号。（起立、坐下、走出来、休息） 韵律： 1. 模仿简单动作（小动物的动作）。 2. 学习用简单的动作表示歌词的意思。 3. 模仿简单的声响。（如生活中小动物叫等） 歌唱： 1. 看看、听听、说说、唱唱、跳跳有学唱的愿望。 2. 幼儿在角色扮演和游戏情境中熟悉歌曲内容，初步学唱歌曲。 | 线条构图： 1. 能有控制地表现各种线条。能运用封闭圆形添加线条创造简单符号。 2. 能变化圆形和线条的位置，创造更多的符号。 色彩表达： 3. 能感知常见的颜色，说出它们的名称。 4. 在许多颜色中，会有意识地选择自己喜爱的颜色。 5. 会较主动地调换颜色作画进行涂药，喜爱创造五颜六色的画面。 6. 能初步分辨画面上下方位。 做做玩玩： 1. 初步熟悉使用简单的工具，逐步会控制手的动作，使手眼一致。 ● 印章：粘贴、泥工。用浆糊团、大块面的粘贴和学习用团、搓、压等技能，使手腕与手指动作逐步灵活。 ● 棉签作画：学习点小点（同印章），画线条（借助手臂协同动作）、涂抹（以手腕移动为主）。 | 1. 喜欢参加探索活动。 2. 对自然现象、自然物有好奇心。 3. 能关心和爱护常见的动物、植物及周围的自然环境。 4. 了解各种感知觉的运用，会用各种感官感知物体的方法。 | 要点提示： 1. 通过形象的玩具诱导孩子出现一系列连贯而有序的装扮行为，逐渐开展与生活经验相关的主题。 2. 创设平行、相同的活动环境，在同一活动中提供大量相同的玩具，以满足孩子们同伴间相互模仿的需要。 3. 提供丰富的操作材料，鼓励孩子开展连续、延长、堆积活动。 4. 鼓励孩子在游戏中一边玩一边自言自语的过程性思维与想象的外化行为。 5. 适宜引发的游戏主题：娃娃家、医院、动物园（构建围墙、摆放动物）、理发店等。 |

| | 生活 | 运动 | 数 | 学 语言 | 音乐 | 美术 |
|---|---|---|---|---|---|---|
| 小班第一学期 | **生活乐园**<br>教师可根据幼儿身心发展特点和具体情况前后调整1周左右时间<br>1. 认识盥洗室<br>建议：可在新学期开学进行，预计3~4周完成，可通过集体教学活动和谈话活动，结合每日的常规，让幼儿了解洗手处在哪里、洗手池的标记是什么意思、了解使用盥洗室进行的顺序。<br>2. 我会洗小手<br>建议：预计需要3~4周时间完成，盥洗室内需有鲜明的标识，提示幼儿关注洗手过程的动作的主动模仿，配合自编洗手的儿歌，逐步做到衣袖不湿漏。<br>3. 小手擦干净<br>建议：预计2~3周时间完成，可结合生活体验区的创设，支持幼儿交替双手协调动作的体验。解决幼儿双手交替互玩的难点问题。<br>4. 我的小床<br>建议：预计开学第2周开始，3~4周时间完成，可在卧室内进行幼儿的午睡环境，安抚情绪。<br>**安全乐园**<br>1. 楼道里的秘密<br>建议：预计在开学初的2~3周间完成，通过上下楼梯，参观楼层的方式，使幼儿感性认识楼道上下楼梯的脚印和扶手上的标记、电梯口的指示牌分别是什么意思。知道本班级所在电梯楼每层楼的分布情况<br>2. 安全全玩花园<br>建议，建议以情景表演的形式，带助幼儿体验可能遇见的问题<br>3. 告诉老师<br>建议：建立幼儿正确的求助意识，知道遇向成人寻求帮助的方法。 | 建议：在身体活动中，走和跑是基本技能的练习内容重点，尤其是关注幼儿走和跑的方向、步幅、节奏。上下肢在走和跑的过程中的协调性尤为重要。<br>• 走和跑的游戏：预计在学期初进行，预计完成时间3~4周<br>找找小动物<br>大风和树叶<br>小风车<br>好朋友<br>我和球儿来赛跑<br>拉气球走<br>可围一个圆圈走<br>建议：平衡、跳跃、投掷幼儿基本动作发展的难点。<br>2. 平衡的游戏：<br>迷迷转<br>不倒娃娃<br>小空车<br>• 跳跃的游戏：<br>小鸟找食<br>小兔跳<br>跳房子<br>3. 投掷的游戏：<br>主要活动与"球""滚"抛"有关<br>动作："滚""抛"<br>4. 基本体操练习：<br>律动：我真的很不错<br>动物模仿操 | 建议以个别化学习方式进行，开设聪明屋：数经验 | **共同学习：**<br>• 九月：<br>儿歌：<br>《高高兴兴上幼儿园》<br>《老师，我爱你》<br>经验谈话：<br>《我帮宝贝上幼儿园》<br>《会说话的标记》<br>• 十月：<br>儿歌：《会响的小路》<br>故事：《小兔乖乖》<br>故事：《超级糖果屋》<br>经验谈话：《给妈妈的标记》<br>妈妈送甜蜜<br>• 十一月：<br>故事：《树叶桃子》<br>经验谈话：《娃娃学擦干》<br>故事：《小猫钓鱼》<br>儿歌：《瓜娃娃》<br>• 十二月：<br>故事：《小熊分气球》<br>情景表演：《奇怪的汽车》<br>经验谈话：《橡皮膏朋朋》<br>儿歌：《香香的杯子》<br>• 一月：<br>儿歌：《雪花》<br>故事：《冬天来了》 | **共同学习：**<br>• 九月：<br>歌表演：《好孩子不要妈妈抱》<br>歌曲：《老师像妈妈》<br>音乐游戏：《找朋友》<br>• 十月：<br>音乐游戏：你接哪个小娃娃（听信号行动）<br>歌表演：《办家家》<br>歌曲：《我的身体》<br>律动：《小动物叫》<br>• 十一月：<br>律动：《小鸟飞》<br>歌表演：《小树叶》<br>音乐游戏：《自己爬起来》<br>舞蹈：《动物园》<br>• 十二月：<br>音乐游戏：《小汽车》<br>节奏游戏：新年好<br>舞蹈：走路<br>歌曲：小麻雀<br>• 一月：<br>打击乐：《恭喜恭喜》<br>歌曲：《小花狗》<br>欣赏歌曲：《袋鼠妈妈》 | **共同学习：**<br>• 九月：<br>绘画：《小牙刷》<br>《和奶奶一起散步》<br>玩色：《给老师的花》（教师节前）<br>• 十月：<br>拓印：《好吃的月饼》（中秋前）<br>画画玩玩、小兔修栏杆<br>石头滚画：秋天的蔬菜<br>绘画：苹果宝宝穿新衣<br>做做玩玩：拉拉彩灯<br>• 十一月：<br>帘印贴画《小兔家的新门帘》<br>棉签画《小兔家的糖果画》<br>玩色：好吃的香香的包菜<br>• 十二月：<br>涂鸦画：香香的面包<br>绘画：开汽车<br>添画：小火车<br>模印画：冰房子<br>做做玩玩：娃娃的毛衣<br>• 一月：<br>水粉画：下雪了<br>做做玩玩：雪娃娃 |

### （五）教师参考用书（教材）的选择

教师参考用书为教师提供课程内容转化为活动内容的参照指引。教师应从幼儿学习经验、活动开展有序性与连续性的实际出发选择参考用书，从而做到有针对性地、创造性地选择，改编及生成活动。

#### 1. 生活活动

| 教参名称 | 使用比例 | 小 班 | 中 班 | 大 班 |
|---|---|---|---|---|
| 上海市学前教育教师参考用书 | 80％ | 《生活活动》（3—6岁） | 《生活活动》（3—6岁） | 《生活活动》（3—6岁） |
| "思优"活动设计精选（生活） | 12％ | ●《幼儿良好行为养成的实施方案》（小班部分）<br>●《自助型生活活动设计选编》（小班部分）<br>●《情景性生活活动设计方案》（小班部分） | ●《幼儿良好行为养成的实施方案》（中班部分）<br>●《自助型生活活动设计选编》（中班班部分）<br>●《互助服务型活动设计选编》（中班部分）<br>●《情景性生活活动设计方案》（小班部分） | ●《幼儿良好行为养成的实施方案》（大班部分）<br>●《自助型生活活动设计选编》（大班部分）<br>●《互助服务型活动设计选编》（大班部分）<br>●《情景性生活活动设计方案》（小班部分） |
| 班级开发的活动 | 8％ | 根据班级幼儿在一日生活中出现的行为，教师自主设计的生活活动。 | | |

#### 2. 学习活动

| 教参名称 | 使用比例 | 小 班 | 中 班 | 大 班 |
|---|---|---|---|---|
| 上海市学前教育教师参考用书 | 80％ | 《学习活动》（3—4岁） | 《学习活动》（4—5岁） | 《学习活动》（5—6岁） |
| "思优"活动设计精选（学习） | 15％ | ●《幼儿前阅读操作活动设计选编》（小班部分）<br>●《探索型主题活动设计方案》（趣味探索部分）<br>●《幼儿共同学习活动设计选编》（小班） | ●《幼儿前阅读操作活动设计选编》（中班部分）<br>●《儿童计划书实施指导方案》（"我的计划书"、"好朋友计划书"部分）<br>●《探索型主题活动设计方案》（情景探索部分）<br>●《幼儿园小组活动设计方案》<br>●《幼儿共同学习活动设计选编》（中班） | ●《幼儿前阅读操作活动设计选编》（大班部分）<br>●《儿童计划书实施指导方案》<br>●《探索型主题活动设计方案》（主题探索部分）<br>●《幼儿园小组活动设计方案》<br>●《幼儿共同学习活动设计选编》（大班）<br>●《幼小衔接操作手册》 |
| 班级开发的活动 | 5％ | 各班根据幼儿生成的内容、班级事件（事情）而展开的活动。 | | |

### 3. 游戏

| 教　参　名　称 | 选　用　说　明 |
| --- | --- |
| 上海市学前教育教师参考用书——游戏 | 作为实践过程中的参照依据；<br>作为教研活动的参考资料。 |
| 我的游戏权利——多种需要的儿童 | 作为游戏理论系统学习材料；<br>为实践中的问题解惑释疑。 |

### 4. 运动

| 教　参　名　称 | 选　用　说　明 |
| --- | --- |
| 上海市学前教育教师参考用书——运动 | 选用第二部分基本动作活动部分作为教材性参考用书。 |
| "思优"运动设计与实施指引 | 小、中、大班幼儿基本动作、器械运动、各类体操：内容与进度、运动指导、安全保护 |
| "思优"活动设计精选（运动） | 小、中、大班运动游戏；<br>小、中、大班户外自然因素锻炼。 |


## 四、组织实施


### （一）一日生活合理安排与实施的操作要求

优化一日生活应将各个活动环节，各种内容、手段和方法，以及人与人、人与事、人与环境诸因素作为一个整体，把握以下关键点：

**1. 科学合理的作息生活制度**

确保每天两小时户外活动，根据幼儿的活动与休息的节律，活动环节的安排要动静交替、富于节奏，动静交替是为了保持幼儿生理机能的平衡，这样有利于不同年龄幼儿生、心理特点及活动需要的满足。

**2. 突出游戏在一日生活中的地位**

以游戏作为幼儿的基本活动，一日生活中开展游戏充分考虑并提供充足的游戏时间；尽可能大的游戏空间；丰富的游戏材料；尊重幼儿选择游戏的意愿。

**3. 把握活动的多样性与适宜性**

活动内容和环节设计具有层次性，活动形式和展开方式体现弹性，活动环境具有选择性。多种手段交互作用，使幼儿多方面获得满足，保证每位幼儿在一日生活各个环节都能主动参与活动，即一日生活至少有五个环节让幼儿有充分表现自己的机会。

**4. 一日生活必须自然有序**

一日活动结构紧凑、衔接自然，体现宽松、和谐、井然有序的教室气氛和良好的人际关系，尽量避免拖沓、幼儿等待，确保有限的时间成为幼儿积极有效的活动过程。一日活动要形成"活"的结构，为每位幼儿提供表现自己的机会与条件。

一日活动的结构，可以从四个维度设计安排：

(1) 时间结构：时间结构的分配包括有利于幼儿身心发展的全部活动，不同年龄段幼儿一日活动的流程中的活动形式及持续长短也具有不同特点。

(2) 空间结构：创设便于幼儿活动、交往、表现的环境。主要的室内空间的安排与划分：独自活动空间、平行活动空间、群体活动空间。

(3) 内容结构：一日生活提供了不同类型的活动，每一项活动作用和价值都不能相互取代，同时各类活动又共同影响幼儿的整体发展。

(4) 人际互动结构：其表现为师生、生生在不同活动空间和活动内容中的互动方式。

## (二) 保教活动设计要求

活动设计要从幼儿活动需要、幼儿参与活动的行为两个维度来设计活动的展开方式，活动设计要把握以下关键点：

1. 活动方式要考虑幼儿活动需要满足的多样性，分析并设计不同活动环节中幼儿不同的活动参与方式和活动表现方式，实现幼儿需要的融合性满足，为每一个孩子活动的连续性变化提供具体的支持。

2. 活动的展开过程要尊重幼儿的思维逻辑，指导幼儿持续开展活动要通过物化的方式，即每一次活动为幼儿设计直观形象的玩(教、学)具及材料，使幼儿思维在具体的操作活动中不断激活。

3. 环境的设计先于活动实施的设计，使环境自然地"呈现"在幼儿的面前，使活动信息与孩子已有的内部经验联系，增进愉悦感和参与活动的专注度。

4. 开展符合幼儿行为要求的图示化呈现的创意设计，逐步将幼儿适应性行为培养内化为活动需要，增进幼儿有序活动的主动性。

5. 活动设计对时空资源的配置调整要作整体性和全程性考虑，根据幼儿活动的实际需要，灵活控制时间，合理分割空间，及时提供材料、工具，充分展示的活动成果。

6. 友爱的师生关系，是幼儿天赋才能充分展露的基础保障。活动实施环节设计要考虑不同阶段师生的呼应特点，尽可能以幼儿发起的互动为教育契机，满足他们参与活动的需要。

个别化学习区域的操作性指引(示例)

| 类别 | 操作性标准 | 价 值 导 向 |
|---|---|---|
| 区域设置与分隔 | 区域分隔呈半封闭状,区域之间要有贯连的通道,便于幼儿进出。 | 教室里到处都有孩子想玩的操作材料。 |
| | 每个学习区域在同一时段进入幼儿不得超过3名。 | 减少幼儿学习时的相互干扰。 |
| | …… | …… |
| 材料设计 | 每项学习材料至少要有两个维度以上的操作特征,让幼儿选择学习方式或学习程序。 | 要充分考虑幼儿与材料的互动方式,让幼儿按照自己的方式作出选择。 |
| | 同一学习内容要设计不同层次的序列材料。 | 尊重幼儿的差异,使每个幼儿获得满足和成功。 |
| | …… | …… |
| 材料投放 | 学习区域材料投放总量保证每名幼儿有3种以上的选择。 | 在幼儿在学习时能根据自己的实际经验和需求充分选择。 |
| | 每个区域安排同一领域的学习内容,按幼儿的实际经验,分层递进地投放学习材料。 | 满足幼儿在发展过程中随时表现出的新的需要。 |
| | …… | …… |

### (三) 活动组织实施要求

各类活动的组织实施要把握好个别活动、小组活动形式和集体活动形式的功能与价值。

1. 个别活动有利于教师照顾幼儿的个体差异,针对不同幼儿的兴趣、需要和特点,及时调整和提供活动环境与材料,及时给予提示、建议等,进行个别指导,以更好地促进每个幼儿在原有基础上的发展。

2. 小组活动的学习内容既可以是同样的,也可以是不同的。就分组形式而言,有幼儿自由分组及教师指定分组两种情况。幼儿的经验水平不同,活动兴趣、需要各不相同,幼儿自发采取各种分组形式。教师分组则是根据教育需要,有目的地按能力、兴趣、性别等分组,以更好地进行观察指导,促进幼儿与幼儿之间、教师与幼儿之间的互动。

3. 集体活动即全班性活动。其实施形式是全班幼儿在同一时间内参与教师安排的活动,教师从中进行组织和指导,进行集体教学。集体活动有利于培养幼儿的集体感,但在幼儿园课程实施中不能多用。

## 五、课程评价

### (一) 观察幼儿行为的实践提示

教师观察儿童,对儿童行为进行解读和评价,是了解教育的适宜性、有效性,调整和改

进工作。为此,教师要把握好以下几个方面:

1. 关注幼儿行为变化与成长历程。教师对幼儿长期定时和固定的观察,记录幼儿的行为,收集他们的作品,这样才能反映幼儿的一贯性行为;这有利于教师判断幼儿的需要;有利于教师对幼儿学习和发展的支持;有利于教师对个别幼儿制定计划和进行指导。

2. 观察儿童真实情境中的活动行为。"基于对儿童真实表现的解释"而不是"对设计活动的解释",是指教师在儿童真实的生活、学习情境中观察儿童的活动行为,并分析其行为背后的需要。

3. 收集能真实反映幼儿表现的资料。教师有计划、有目的、有系统地去收集各类能真实反映幼儿在一定时段内活动状况、学习特点、发展变化的原始资料、具有典型意义的幼儿行为表现和各种幼儿作品。

## (二) 观察与评价的任务

| 类 型 | 观 察 内 容 | 观 察 方 法 |
|---|---|---|
| 对单个活动中的幼儿群体的观测 | ● 幼儿参与活动的方式与选择性行为<br>● 幼儿在活动中专注力维持的时间<br>● 活动中的幼儿与环境互动、师生互动、同伴互动的频率与效果 | ■ 教学活动观察评价微格记录<br>■ 行为检核法<br>■ 与幼儿交流 |
| 对特定活动中幼儿个体行为的观测 | ● 观察某幼儿在特定活动中所表现的理解力和需求<br>● 幼儿的最佳活动状态出现的环节<br>● 在活动中,幼儿是否有伴随动作的自言自语或与他人交往的语言 | ■ 对幼儿活动行为的描述性记录<br>■ 幼儿活动照片<br>■ 幼儿作品分析<br>■ 与幼儿谈话 |
| 对幼儿个体行为倾向的跟踪观测 | ● 在某一周、某一天持续跟踪幼儿<br>● 幼儿在不同活动中获得的经验<br>● 幼儿在活动中参与的频率、完成活动的专注程度<br>● 在活动中与成人、同伴发生互动的频率<br>● 在活动中完成的任务 | ■ 对幼儿活动行为的描述性记录<br>■ 幼儿活动照片<br>■ 幼儿作品分析<br>■ 与幼儿谈话<br>■ 行为检核法 |
| 对特别幼儿的行为观测 | ● 不同于其他幼儿的活动参与方式与表达方式<br>● 在活动中展现的特有经验<br>● 在活动中表现的特殊能力 | ■ 描述性记录<br>■ 作品分析 |

## (三) 幼儿成长档案

成长档案里的大部分内容都是幼儿活动的实际成品,是每个幼儿满足需要的行为方式和活动倾向以及获得的经验,它呈现出一段幼儿学习与发展的经历。幼儿成长档案是对幼儿活动行为的即时观察记录和解释,为儿童需要发展的辨别和评价提供事实证据。

**小班生活活动观察内容(示例)**

| 活动类型 | 观 察 内 容 |
|---|---|
| 生活自助类 | 寻找盥洗室行为标识,表现出行为对应。 |
| | 向老师(保育员)诉求自己的如厕需要。 |
| | 模仿老师学着洗手。 |
| | 跟着同伴一起进餐。 |
| | 自己找进餐的座位。 |
| | 目光关注食物,双手协同使用餐具。 |
| | 餐后会在定地点放餐具,找到毛巾擦脸,找到水桶漱口。 |
| | 向教师(保育员)表达自己的饥饱情况。 |
| | 盖好被子后,在15—30分钟间入睡。 |
| | 入睡1个小时后,自然醒来。 |

# 六、课程管理

## (一) 计划制定与检查

各年龄班要以"思优"教育方案为依据,结合教师保教实践的专业优势,以及所带班幼儿身心发展的特点和需要,创造性地落实课程目标,制定班级开展保教活动计划,计划应向幼儿家长公开。

**班级学期保教计划制定的提示与要求**

| 项 目 | 内 容 提 示 | 预计完成时间 |
|---|---|---|
| 班级情况分析 | 幼儿发展水平——有重点地对本班幼儿前期的身心发展水平,在班级总体发展的"优势"和"弱项"上作详细的剖析。切合实际的梳理与剖析,将有利于本学期更有目的、有重点地开展保教工作,有针对性地促进幼儿发展。<br>家庭教育背景的分析——包括幼儿家庭的成长环境,家长的受教育的经历及主要教养方式,为进一步开展家园共育工作,提供教育服务,寻找切入点。 | 在开学后1—2周时间完成,接新班的教师需详细阅读前期的幼儿个人档案,与上任教师仔细了解,结合家访资料,共同完成。 |
| 学期保教工作目标 | 体现生活、运动、游戏、学习共同性课程所必须达成的目标。结合《课程指南》与园本课程实施方案,制定适合本班幼儿发展的具体目标。<br>体现本班幼儿的个性特点。目标应与与本班前期分析中发展"弱项"形成呼应与联结,更凸显目标对保教行为的指引作用。<br>目标应包括:幼儿行为(德育)的培养、幼儿健康与保育。 | 此项需经由园课程领导小组共同审核,方予以实施。(开学后第3周确定) |

| 项 目 | 内 容 提 示 | 预计完成时间 |
|---|---|---|
| 班级保教工作重点 | ● 班级教师的本学期的研究方向<br>● 保教活动实施的有效途径与策略<br>● 班级重点开展的保教活动(结合前期班级情况分析) | |
| 班级课程实施要点 | ● 围绕班级保教工作目标,设置班级保教工作实施要点,确保在生活、运动、游戏、学习四类活动的平衡,与幼儿行为相关的内容。(具体落实到每个月)<br>● 保育工作在班级各类保教活动实施中的要点(一日生活措施)<br>● 班级环境创设与管理<br>● 个别儿童管理 | 此类项目需班级三位保教人员共同确认,主要由班主任教师执笔,确保制定过程共同讨论、修正、完善。<br>在开学后第4周完成全部的班级学期计划,报备园课程领导小组审核。 |
| 家长工作 | ● 根据班级前期的家长见面会、在充分了解班级家长群体特点的基础上开展适宜的家园共育主题活动设计。<br>● 体现对于家长所能够提供的教育服务,以及学期的教师对于家长实施教育影响的途径、方式。<br>● 对于需要特殊关爱的"个性"儿童,需建立个别化的家园共育方案。 | |
| 班级资源管理 | ● 确定班级保教工作的班务管理内容、方式。<br>● 班级物品收纳、整理规范。 | |

## 班级周日保教计划制定的提示与要求

| 本周保教工作要点 | | 与学期班级保教工作计划中的课程实施要点与安排相匹配。<br>依据上一周"周周研"对班级一周保教工作分析后制定。<br>反映班级现状与幼儿发展实际的重要内容。 |
|---|---|---|
| 家长工作要点 | | 对幼儿身心健康发展的新的关注,对家园共育的沟通与指导,以及对个别孩子的关照。 |
| 生活 | 内容与要求 | 幼儿午睡、进餐、盥洗、如厕等日常生活活动中幼儿行为养成新的内容或要求,与前期经验有递进。<br>确定生活中保教结合的主题与活动要求。 |
| | 保育措施 | 针对具体活动所提供的保育服务(包括环境、资源、人际互动方式)。 |
| 运动 | 内容与要求 | 操节、体育游戏和器械活动的主要项目及指导。<br>运动中幼儿安全、保护等活动行为的要求。<br>一小时户外活动的量与幼儿的年龄特点相符。 |
| | 保育措施 | 可以从运动安全保护、生活照料等方面提出措施。 |
| 游戏 | 内 容 | 计划一周内安排包括主题、非主题游戏,一天中要给幼儿充分的时间玩耍嬉戏。<br>主题游戏要写明主题的名称,非主题游戏要写明是哪一类。 |
| | 观察重点 | 一周观察的内容不超过三项。 |
| 学习 | 个别化学习 | 新增材料的名称及学习价值。<br>一周重点观察的学习领域。 |
| | 共同学习 | 活动名称及相关的经验领域。<br>共同学习的组织方式。 |
| | 主题活动 | 根据主题活动开展的进程,制定本周(阶段)幼儿主题活动内容及活动开展要点。 |

| 本周一日活动流程 | 一周每日活动流程基本稳定。<br>遇气候、事件等因素可注明需要调整的环节。<br>要根据儿童的活动需要进行不同的设计与变化。 |
|---|---|

### 班级各类计划(记录)管理

| 计划记录类 | 完成周期 | 检 查 方 式 | 检查部门 |
|---|---|---|---|
| 班级学期保教工作计划 | 每学期期初 | ● 幼儿园网络共享平台公示<br>● 利用学期家长会向家长公布 | 园长室 |
| 周日计划 | 每周 | ● 幼儿园网络共享平台公示<br>● "家长工作台"中公示 | 教研组<br>保教活动质量观测中心 |
| 学习活动计划 | 每日 | ● 幼儿园网络共享平台公示<br>● "家长工作台"中公示 | 园长室<br>保教活动质量观测中心 |
| 主题活动计划 | 每周 | ● "家长工作台"中公示<br>● 班级主题活动幼儿公告栏 | 园长室<br>保教活动质量观测中心 |
| 幼儿日常观察记录 | 每日 | ● "幼儿档案资料袋"中呈现<br>● 班级"观察记录"公告栏呈现 | 保教活动质量观测中心 |
| 班级一日活动观察记录(今日关注) | 每日 | ● 幼儿园网络共享平台公示<br>● "家长工作台"中公示 | 保教活动质量观测中心 |
| "周周测"活动记录 | 每周 | ● "家长工作台"公示 | 教研组<br>保教活动质量观测中心 |
| 班级期中工作小结 | 期中 | ● 在教研活动中交流<br>● 幼儿园网络共享平台公示 | 教研组<br>保教活动质量观测中心 |
| 班级期末工作总结 | 学期 | ● 幼儿园网络共享平台公示 | 保教活动质量观测中心 |
| 班级质量档案 | 学期 | ● 以文本方式在全园范围内互相阅读 | 园长室 |
| 幼儿成长档案 | 学期 | ● 在"家长档案阅读日"时向家长公开 | 园长室 |
| 教师专业研究档案 | 学期 | ● 以文本方式在全园范围内互相阅读 | 园长室 |

## （二）课程实施的监测

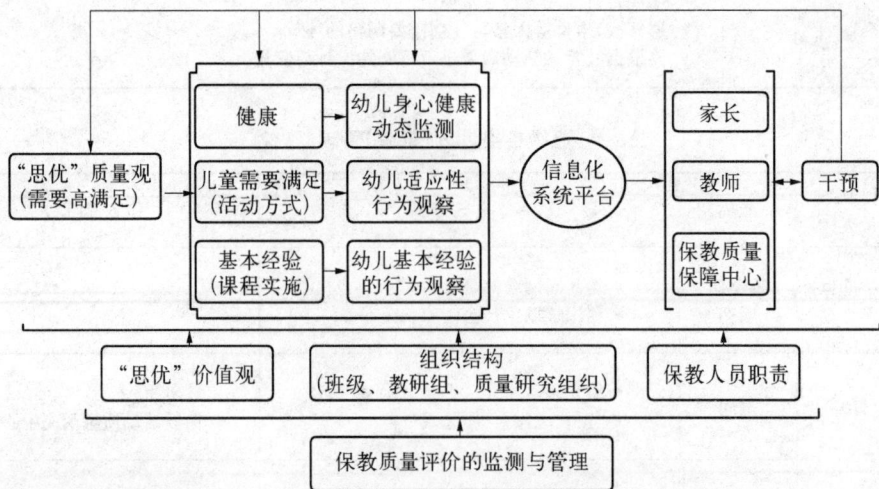

保教质量保障中心通过信息化平台建立起基于问题的分析、改进、调适的常态化运作：

### 1. 每日保教质量诊断性评估

保证幼儿园保教活动在班级和每日中课程实施内容和活动安排的执行到位，按一日活动指引实现执行课程及活动有序开展的基本要求。在一日活动各个活动环节中对幼儿多种观测，每天的数据资料收集与积累是日后开展评价的基础。每天下班前班级三位保教人员开展"每日预研"活动以及每日保教工作的"三公开"（班级保教活动计划公开、一日活动环节（流程）公开、保教过程数据公开）。

### 2. 每周活动质量改进性评估

重在分析与把握一周幼儿园生活、学习、运动、游戏四类活动实施的有效性，通过教研组开展的针对四类活动平衡和实施效果的共同分析与交流，避免同年龄组各班幼儿活动水平在课程目标达成度上出现的落差。

班级层面，教师依照《儿童需要行为表现及活动倾向观察指引》来汇总一周资料，对一类活动实施效果进行测评，相关资料归入"幼儿成长档案"和"教师研究档案"。

教研组层面召集本教研组教师就本周指定的活动进行领域交流研讨，对各班提交的资料进行比较，分析本年龄组此类活动的实施情况及效果，找出共性问题，共同商讨或帮助相关班级寻找改进的对策，同时对各班执行周计划情况进行分析，确保一周班级保教活动的平衡与有效。

### 3. 每月保教质量比较性评估

从满足并引导儿童需要发展的角度每月评估儿童基本经验的形成及其发展的质量。教师根据《幼儿身心发展与经验示例》对每位幼儿在本月内活动经验的形成作出分析与判断,对每位幼儿进行发展性评估,汇总、归纳全班幼儿的各项指标数据,并将相关资料归入"班级质量档案"。

中心层面每月开展一次班级保教活动的调研,每月召开一次分年龄组的班级活动质量分析例会,中心主持人召集核心成员共同研究调研数据和各班提交的本月幼儿活动经验评估的统计资料,进行纵向和横向的比照,对出现的偏差进行研究,并深入相关班级与保教人员共同分析原因,制定改进措施,并调整园本研修内容。

**4. 每学期保教质量总结性评估**

"学期评"是对全学期所有班级的课程执行情况进行总体性分析、评估,重在对幼儿园课程方案进行优化调整以及进一步改进幼儿园的课程管理。

班级层面的总结性评估包括学期中、学期末的"幼儿成长档案"家园分析,依据《幼儿身心发展的评价操作指引》对幼儿进行全面评估,撰写"幼儿身心发展学期评估表",并以档案袋相互印证的形式完成本学期班级课程实施及保教工作的质量分析,并提交园长办公室进行考评。

中心层面通过对一学期数据的积累分析,评估本学期幼儿发展及课程实施质量,完成保教活动质量分析的学期报告并提交园长室。同时,幼儿园课程实施评议委员会参与"学期评",对幼儿园课程方案及配套活动的内容、时间安排、活动实施等提出指导性建议,为进一步提高幼儿园保教质量提供咨询保障。

**(三) 课程管理组织与教师研修制度(略)**

# 让"思优"理念落地生根

## ——黄浦区思南路幼儿园课程实施方案点评

思南路幼儿园创办于 1956 年,2002 年被首批命名为上海市示范性幼儿园。呈现在我们面前的这一份"思优"课程实施方案,是历时 15 年,经过四个阶段的实验研究,从框架建构、研发、到分步细化,才逐步发展起来的。在上海市提升中小学课程领导力行动研究项目中,幼儿园园长与一群有想法的教师,又从完整的课程体系着眼,对幼儿园实施方案进行了持续的补充、修改、完善。现在,这份方案,尽管不能说是最好的,但它确实"上通国脉","下接地气",有很多方面值得我们学习与借鉴。

首先,它向我们提供了一幅彰显"以人为本"的课程图景。仔细研读思幼课程方案,通篇洋溢着浓浓的"人味"。"教育要从辨别孩子的需要开始;儿童的需要是合理的,儿童的需要是要发展的;满足儿童需要,科学有序实施教育",这就是"思优"基于幼儿发展为本的理念所凝练的核心价值观。更难能可贵的是,这种教育价值观念已经通过一定的形式转化成课程理念,融入到幼儿园的课程目标、课程结构、课程内容、组织实施及评价之中,成为指导幼儿园课程实施的一个实实在在观念与行动。

我们以为,好的课程不是简单地提炼出一个理念或者具体的做法,而是形成一个包含理念、方法论乃至具体操作方法的"系统"、"框架"或"体系"。换句话说,思幼关乎幼儿需要,促进其健康幸福成长的课程理念,已成为系统思考与架构幼儿园课程的"魂",充分体现在课程的各要素之中。而幼儿园课程目标与课程结构、课程实施与评价之间保持逻辑一致性,又能很好地促进起幼儿园课程理念与课程目标的达成。因此,思幼这一价值取向与课程定位以及相互照应、融通的课程架构是很值得我们欣赏与学习的。

其次,它不仅仅提供了一种在理念层面上被认为是很好的课程,同时,还向我们展示了一条有效的实施路径与操作指南。

我们认为,好的课程方案不能仅仅是理论上的阐述,而应是实实在在的"物化"形态;好的课程实方案不是做给别人看,而是为了给自己看,更为了方便自己有条理地做、有追求地做;好的课程方案不应该是行政性的,而是指导性的。因此,是否具有实实在在的、具体化和可操作性的要求，以确保教师驾驭课程的可行性以及课程实施的常态性，是衡量课程方案质量优劣的又一个重要指标。理想而合理的实施方案，就是要从教师的角度解决"怎么做"。

思幼课程方案，不仅仅是理论上的阐述，而是实实在在的"物化"形态，拉近了教师与实施的距离，以"看得见"的方式为每位教师提供了理解与追求质量的行动指引。

比如，思幼创建了以生活、运动、游戏、学习为主轴，以幼儿个别活动、小组活动、集体活动为载体的课程结构，既凸显了幼儿园课程理念下的园本特色，又便于教师理解和把握课程整体性以及各类活动的定位与功能。

又如，将课程实施操作的相关内容，包括内容与活动的编排、活动开展的时间配比、各年龄班一日活动流程，参考用书的选择、课程资源的配置与运作等均作了细化研究，并且制定了相应的《幼儿个别化学习区操作指引》《幼儿小组合作活动组织与实施指引》《班级一日活动组织与管理指引》。尤其是幼儿一日活动流程安排，以"日"环节为序，将班级教师和保育员的分工与合作清晰地呈现出来了，很好地体现了"三位一体"实施要求。

再如，课程管理部分，将学期班级保教计划制定的提示与要求、班级周日保教计划制定的提示与要求、班级各类计划（记录）管理，很清晰地概括、描述出来，既便于教师的操作实施，也有利于教师从单一活动扩展为对课程系统的关注。

最后，形成了促进"改进"与"完善"的机制。

课程方案从初步编制到改进完善，要经历一个不断累积和更新的过程。这种过程，不是文本材料的静态堆砌，而是一个动态的加工、完善过程。也就是说，幼儿园课程方案要真正发挥对幼儿园课程与保教质量的促进作用，需要幼儿园对课程实施的成效进行评价与总结，在此基础上，每年定期更新幼儿园课程方案。

可喜的是，思幼已经形成了每日活动质量诊断性评估、每周活动质量改进性评估、每月保教质量比较性评估、每学期保教质量总结性评估的四项制度，并借助信息技术，将评价的实证数据化处理，教师不仅能了解全园的情况，也能细化到各年龄组、班级和个人，能够及时地发现问题，反映班级、年级乃至全园的保教质量；而且不仅能看到当前的状态，也能分析发展的趋势。依据信息平台的评价数据和证据，形成每年更新课程方案的机制和评价完善的机制，并以数据与证据为依据，改进与调整教师行为，促进教师专业自觉。

同时，思幼又更大程度地引入了家长、社区等幼儿园保教质量的密切相关者参与幼儿园的保教质量评价。邀请了部分家长和社区人士参与幼儿园保教质量相关的监督和评议，不断地拓展参与内容的广度和深度，并从不同的视角来对保教质量作出判断并提供建议。积极地运用社会力量的外部推动，形成了多方合作的社区保教质量评价组织与运作机制。

一个命名往往意味着一种态度，演绎着人们的梦想和追求，也表达着对课程实践的一种判断。如果说《课程指南》提供了一种理想的课程，教师实施的是一种现实课程，那么基于"思优"价值观的课程实施方案就是实现从"理想课程"向"现实课程"转化的一架桥梁。因此，思幼课程方案研制其过程意义已经大于方案本身！

（周洪飞）

# "游戏课程"实施方案
## ——静安区南西幼儿园

## 一、课程产生背景及发展阶段

### （一）第一阶段：形成、奠基阶段（1989—1995）

1989—1995年，南西幼儿园承担了市级课题"幼儿园游戏课程探索"的研究工作，取得了以下成果：

1. 以幼儿游戏为主线，确立幼儿园培养目标、教育形式、内容方法及管理评价，建构"以游戏为幼儿基本活动"的幼儿园课程框架。

2. 明确"健康、文明、会玩、有爱心"作为幼儿培养目标，旨在对幼儿进行基本素质启蒙，促进幼儿身心全面、和谐地发展。

3. 在实施中通过对五大类游戏（角色游戏、体育游戏、智力游戏、结构造型游戏和音乐表演游戏）的研究，逐步形成课程特色。

4. 在研究游戏、创编游戏中完成书籍《幼儿游戏集锦》的撰写。

到1995年，"游戏课程"方案从实验阶段走向推广与普及，却出现了"穿新鞋走老路"的现象。主要表现在：众多教师在教学中无法丢弃传统教育中的"传授"以及"统一评价"的习惯做法；在游戏中，她们又牢牢控制一切——游戏，成为教师引导幼儿完成教育目标的另一种课堂……分析这一现象，我们意识到教师学到的只是课程方案的形式，新观念的树立也仅仅是概念层次上的，教师对新观念转化为教育行动未能准确把握。

为了转变教师的教育观和儿童观，提升教师"从游戏本质出发，放松对幼儿的控制，促进幼儿自主发展"的专业能力，我园于1996年开始"游戏课程"新的探索征程。

### （二）第二阶段：发展、内化阶段（1996—1999）

我们以市级课题"游戏课程中师生行为的互动策略及其过程评价研究"为抓手，开展对"游戏中师生互动有效性"调查，并在实践中积累游戏观察的指导案例。

1. 我们拟定观察量表与游戏指导结构程序。

2. 通过大量案例研究,总结提炼出游戏活动中师生互动的"五大策略"。

3. 围绕幼儿行为与教师行为两个角度提出了"过程评价指标",并大力倡导课程评价以过程评价为主,目标评价为辅。

4. 完成《游戏观察指导》一书撰写。大量案例揭示出师生关系的本质、师生行为的互动性质决定了教育过程的有效性。

1999 年,幼儿园拆并,引入大量师资。我们结合《课程指南》的学习,深刻感受到"游戏课程"仍有发展的需要。我们审视课程后发现,教师逐渐放手游戏,且能顺应幼儿在游戏中的情绪,但对幼儿在游戏中诸多的需要缺乏自觉关注、对幼儿的诸多的"生成活动"缺少应有的价值判断;对幼儿"生成活动"过程中的意义与"生成活动"对个体的发展价值缺乏足够的认识与进一步的研究,让许多教育契机流失。同时,课程中教师为了完成教学目标,站在教育者的角度研究、预设了大量的教学游戏,却很少从幼儿角度去观察幼儿真正关注的热点及游戏需要。为此,我们踏上新的研究之路。

### (三) 第三阶段:深化、探索阶段(2000—2009)

幼儿园于 2003 年申报新一轮市级课题,以"游戏课程中对幼儿生成活动响应策略的实践研究"为切入口开展研究。该课题于 2008 年荣获"上海市第九届科研成果一等奖"。

在该课题研究中,我们充分认识幼儿生成活动过程的意义,认识生成活动对幼儿个体发展的价值,关心不同幼儿的需要,关注幼儿的发展进程,并运用恰当的响应策略给予积极响应,使教师在游戏中随机观察和指导更具有自觉意识。

从 2009 年起,我们审视课程,发现教师在游戏与学习融合的实践存在着难点,流失了游戏中大量的关键经验学习的契机,致使课程内容有缺失;而且个别化学习材料提供以操作练习为主,很大程度上忽略了材料的可玩性;再有,集体教学活动"游戏化"特色不明显。

## 二、现状分析

### (一) 课程优势

多年积累下来的游戏课程实施方案在二期课改的实践研究中日趋成熟。

课程发展的优势主要体现在:一、游戏课程立足"以幼儿发展为本",形成了"快乐玩、有效学"的课程实践理念。这一理念已成为当前南西教师践行幼儿园教育的信仰和行动依据。二、课程目标定位清晰。目标是课程实施与推进的灵魂,游戏课程的培养目标与《纲要》《课程指南》的基本精神相吻合。三、在游戏课程实施过程中,形成了课程框架体系,并将幼儿园所要进行的各类活动巧妙地融入在"基本活动"和"辅助活动"之中,凸显了"幼儿园以游戏为基本活动"的地位和作用。四、多年的实施研究,积累了诸多师幼互动的指导策略,这些都为课程方案的自我完善、深化研究提供了切实可行的宝贵财富。五、幼儿园建立、完善了"三部一体"的管理模式,确保幼儿园"三位一体、保教结合"开展各类活动,促进幼儿与教师的共同发展。

### (二) 问题分析

在经历"幼儿园游戏课程探索"、"游戏课程中师生行为的互动策略及其过程评价研究"、"游戏课程中对幼儿生成活动响应策略的实践研究"三轮市级课题的研究与实践后,课程发展遭遇新的瓶颈——如何推进幼儿园"游戏与学习"的有效整合、确保课程平衡,如何真正落实教学"有效性"和学习"趣味性"将成为我们完善课程、提升课程质量的重中之重。

## 三、课程核心理念

"快乐玩,有效学"是游戏课程实施的核心理念。

"快乐玩"是指:幼儿园课程以游戏和生活为基本活动,努力将游戏贯穿于学习、运动、生活等幼儿园各类保教活动中,让幼儿在园的一日活动中享有充足的游戏时间和游戏空间,确保幼儿在游戏中快乐学习,在游戏中健康成长。

"有效学"是指:幼儿园积极创设安全、温馨、开放的游戏课程环境,教师关注幼儿的生活经验,解读幼儿的兴趣与需求,睿智响应幼儿的生成活动,加强预设活动的有效性与趣味性,并在过程中大力开展家园共育、小区共建,让幼儿在自主、快乐的环境中获得主动发展。

## 四、课程发展目标

### (一) 幼儿发展目标

对幼儿进行基本素质启蒙,促进幼儿身心全面、和谐地发展,培育一代"健康、会玩、文明、有爱心"的新人。

"健康"指身心两方面的和谐发展:包括生长发育正常,能积极参加身体的锻炼,对环境变化具有初步的适应性;具有良好的生活、卫生习惯;有初步的自我服务能力和初步的自我保护意识;有积极愉快的情绪等。

"会玩"指玩中学的能力：包括能愉悦地、自主地参与活动；喜欢与同伴一起游戏，遵守活动规则，善于合作；能手脑并用，创造性地游戏；养成良好的学习习惯和初步的表现能力；积累关于社会生活、自然环境、科学现象等经验，形成关于数、量、形、时、空间等概念。

"文明、有爱心"指初步的文明礼貌行为：包括乐意帮助别人，能控制自己的行为不影响别人；能爱父母、爱老师、爱幼儿园、初步的爱家乡、爱祖国……

### （二）教师发展目标

树立游戏课程的自主意识，践行游戏课程的实践理念，提升游戏课程的实施能力，做一名阳光、专业、上进、善合作的新时期教师。

课程的自主意识包括自学、自理、自律与创新能力。

课程的实践理念包括：关注天性，追求回归自然的教育；追随兴趣，支持孩子的探究表达；开展游戏，创设快乐的学习环境；尊重特点，让课程适应发展需要。

课程的实施能力包括：环境创设能力、观察指导能力、活动设计能力、评价分析能力、家园共育能力等。

## 五、课程内容形式

立足于幼儿身心发展特点与生活经验，以《指导纲要》、《课程指南》和《3—6岁儿童学习与发展指南》为指导，参照上海市学前教育新教材教《游戏活动》《学习活动》《生活活动》、《运动》以及游戏课程实践研究开发、积累的"各类游戏"活动的自编教材，作为园本化实施游戏课程的教育内容。

游戏课程按其内容来源与教育目标性质，可分为教师预设的游戏活动和幼儿生成的游戏活动。

### （一）教师预设的游戏活动

教师根据教育目标设计安排的一些活动。在这类活动中，倡导教师以幼儿的已有经验为基础，将幼儿的兴趣和教学目标有机结合起来，以游戏的形式组织教学，用游戏规则来决定、调节、制约活动的进展，通过活动过程中教师与幼儿的有效互动及动态性调整，实现教学目标与幼儿经验之间的平衡与联系。

### （二）幼儿生成的游戏活动

幼儿依据自己的经验和需要，在与环境交互作用中自主产生的活动。在这类活动中，教师主要为幼儿创设良好的心理和物质环境，重视每一个孩子自发内在的兴趣,关注、支持个体幼儿的主动探索和交往,以充分满足不同儿童自主活动、自发学习的需要。

## 六、课程设置

　　游戏课程主张幼儿的"学习"是一个广义的概念,课程设置包括两大板块——基本活动和辅助活动,涵盖了"在生活中学习"、"在游戏中学习"、"在各类活动中学习"的实质(如图)。

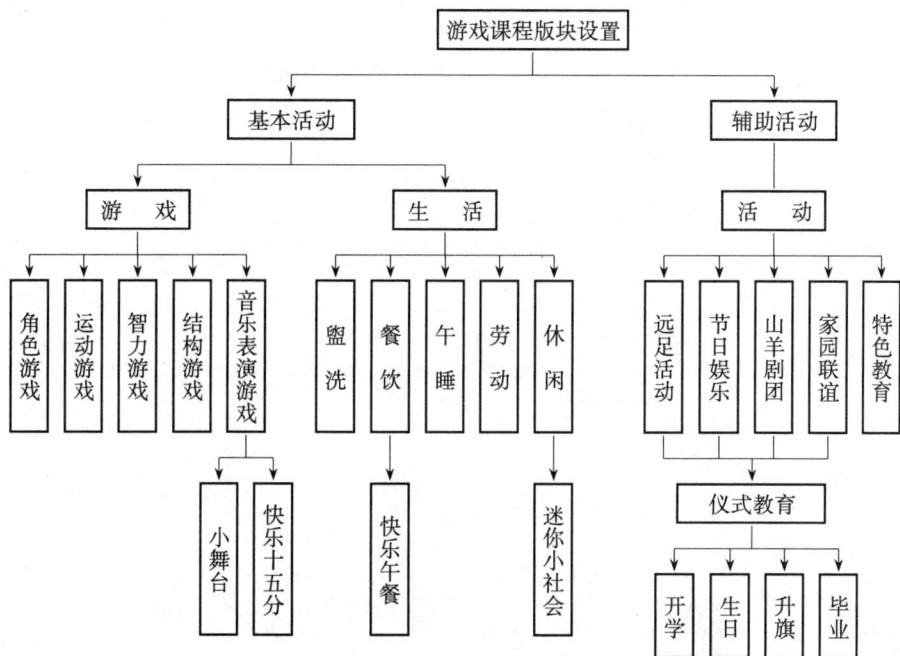

　　课程的"基本活动",以贯彻"游戏作为幼儿园基本活动"的理念为主线,创设不同的游戏情境与内容,旨在让幼儿能拥有充足的空间,享受"快乐玩"的过程。

　　课程的"基本活动"包括五大类游戏(角色游戏、运动游戏、智力游戏、结构游戏、音乐表演游戏),旨在通过各类游戏促进幼儿全面、和谐地发展。课程的"基本活动"还包括"生活活动",旨在帮助幼儿形成最初步的自理能力和良好的生活习惯,使幼儿在共同的生活中能够积累经验,获得愉快、安全、健康的成长。

　　课程的"辅助活动"是课程特设的多元活动,也是课程的拓展性活动。旨在丰富幼儿的生活经验、激发幼儿积极的情绪情感、充分体验周围生活的真善美、培养作为现代人必备的行为习惯与良好素质有着重要的作用。

269

在课程实施中,"基本活动"(包含游戏活动、生活活动)指向幼儿园一日活动,而"辅助活动"的实施则落实在各周、月活动或学期活动中。具体活动的"内涵与功能"见表。

| 板块 | 活动形式 | 内涵与功能 | 活动安排 |
|---|---|---|---|
| 基本活动 | 角色游戏 | 是幼儿自发、自主地与空间、材料、玩伴相互作用的象征性、创造性、社会性的活动,旨在引发多种经验,培养社会交往能力,提升社会认知水平,激发积极的情绪情感及良好的个性。 | 每周3—5次<br>小5次、中4次、大3次<br>每次1小时 |
| | 运动游戏 | 是户外的大肌肉运动,目的是鼓励幼儿在快乐自主地运动中发展体质,获得各种运动经验,培养对运动的兴趣,提升综合运动能力、环境适应能力及良好的意志质量,为幼儿终身具有健康的身体奠基。 | 每天1小时<br>中、大混班运动 |
| | 智力游戏 | 是手脑并用的益智活动,包括小组和集体的规则性游戏,旨在发展幼儿的思维质量,培养幼儿感知觉、思维、记忆、听说及认知能力。 | 每周3—4次<br>廊室活动45分钟 |
| | 结构游戏 | 是幼儿通过操作各种结构或非结构材料,进行平面或立体构造的活动,旨在促进空间方位知觉的发展,培养幼儿构造能力、创造能力、动手能力、想象力、表现表达及大胆自信的品质。 | 每周1—2次<br>每次1小时<br>小1次、中1次、大2次 |
| | 音乐表演游戏("快乐十五分") | 是幼儿自发的故事表演和歌舞活动,旨在培养幼儿对音乐、文学作品的兴趣,激发情趣、体验审美感、体现成就感,发展表现表达能力,理解力、创造力、欣赏评价能力等。 | 每天15分钟<br>每月2次 |
| | 盥洗 | 指个人清洁行为,旨在帮助幼儿掌握正确盥洗的方法,保持个人卫生,形成良好的清洁习惯。 | 每日生活活动 |
| | 餐饮(快乐午餐) | 指幼儿园的午餐、两次点心、饮水等生活活动,旨在鼓励幼儿独立进餐(饮水),学习使用不同的餐具,知道不挑食,形成文明用餐(饮水)的习惯,培养幼儿健康饮食的意识与自理能力。 | 每日餐点活动 |
| | 睡眠 | 指幼儿午睡,旨在培养幼儿自我服务能力,学习整理自己的衣裤和鞋子,养成安静入睡的习惯。 | 每天2小时半<br>大班下2小时 |
| | 劳动 | 指日常生活自理行为和简单的服务他人的活动,旨在激发孩子乐意参加力所能及的劳动及有完成值日生任务的信心,形成良好的文明卫生及保护环境的习惯。 | 每日生活中 |
| | 休闲(迷你小社会) | 指每日餐后幼儿在模拟的社会情景中进行的自由活动(卡拉OK、棋牌室、网吧、健身房等),旨在鼓励幼儿学习安排自己的休息时间,有与环境相适应的行为,养成物归原处、爱护公物的习惯,能愉快友好地和同伴(或成人)相处。 | 每天半小时 |

| 板块 | 活动形式 | 内涵与功能 | 活动安排 |
|---|---|---|---|
| 辅助活动 | 远足活动 | 是指每学期一次幼儿走出幼儿园，亲近自然、走向社会的活动，旨在使幼儿了解自然界的万物变化，体验主要社会角色的职责与人们的关系，激发幼儿积极的情绪情感。 | 每学期1次 |
| | 节日娱乐 | 是指各类专门的节日庆祝活动，旨在丰富传统节日的相关生活经验，了解民族民风，激发幼儿热爱生活、尊敬长辈等积极情感。 | 每学期1—2次 |
| | 山羊剧团 | 指由本园教师组成的表演团体，每月一次为幼儿演出，旨在培养幼儿对文艺作品的欣赏力和感受力，激发幼儿喜欢看戏、乐于模仿、积极参与的兴趣，知道一些文明观戏的秩序与规则。 | 每月1—2次 |
| | 家园联谊 | 幼儿园发起的、家长参与的各种活动，旨在为家长提供走进幼儿园、走小区、了解学前教育及交流科学育儿方法，同时激发幼儿关爱家人，体验亲子互动的乐趣。 | 每学期 亲子活动1次 小区活动1次 |
| | 特色教育 | 伴随日常生活开展15分钟插入式幼儿英语唱游活动及中、大班儿童电脑特色教育活动。 | 大班外教英语 每周1次 电脑活动每月2次 |

# 七、课程实施

## （一）目标层层落实

本园课程目标需要层层落实，见图。

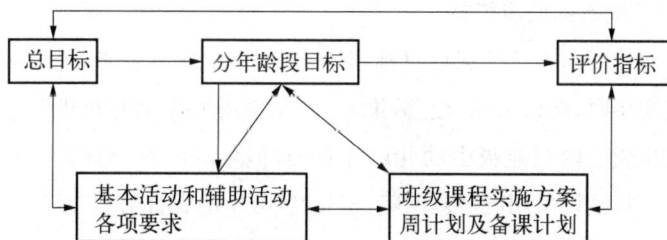

**图 课程目标分层**

## （二）课程组织形式

课程实施中除了最常见的"集体活动"、"分组活动"以外，游戏课程还安排了生活休闲

271

活动"迷你小社会"(以混龄活动为主)，以及以教研组为单位的运动游戏(以混班活动为主)。

课程实施中还特别倡导个别化活动。个别化活动，主要由幼儿个人依据自身的兴趣与能力，与适合个别学习的玩具材料发生互动，从中积累个体经验的过程。教师在此类活动中应尊重、适应个体不同的学习方式和认知风格；注重观察、了解个体经验水平；切实提供个性化的发展空间；鼓励、支持富有个性化的创造性学习、探索与表达。

在游戏课程实施中，教师不仅在教室里为幼儿提供个别化学习的玩具材料，还通过幼儿园创建的图书廊、科艺廊、苗苗室、贝贝屋等专用廊室来满足幼儿个别化学习的需求。

### (三) 师幼互动策略

游戏课程中，我们强调"幼儿在前，教师在后；追随幼儿，教师同行；引发幼儿，师幼相长"互动策略的实施。

1. 游戏中的师幼互动指导策略。

"潜行中的弹性目标"——建议并强调游戏目标是潜在的、弹性的。

"合作中的行为暗示"——建立并强调游戏中师生关系是合作的伙伴，注重行为暗示的指导。

"自由中的自我约束"——建议并强调游戏活动是自由的，通过规则的引领来促进内化自律。

"无意中的自我强化"——建议并强调游戏中幼儿已有经验的强化，而强化又是隐含在活动中。

"顺应中的情绪引导"——建议并强调游戏中教师要从情绪上顺应幼儿，从活动中因势引导。

2. 幼儿生成活动教师回应策略。

当幼儿自发生成的内容接近课程目标，且具有一定的年龄特点，能引发、挑战多数幼儿的兴趣与探究愿望时，建议采用"全选"策略，追求"共享中的目标推进"。

当幼儿自发生成的内容能吸引幼儿的注意力，但生成内容中只有一部分(或一些方面)接近课程目标时，建议采用"链接"策略，实施"挑战中的睿智引领"。

当幼儿自发生成的内容源于个别幼儿的兴趣与需要，对大多数幼儿的挑战过大或过小，不符合年龄特点，且远离课程目标时，建议采用"替换"策略，尝试"合作中的兴趣诱发"。

幼儿自发生成的内容源于个别幼儿的兴趣与需要，虽然内容接近课程发展目标，但对绝大多数幼儿的挑战过大或过小时，建议采用"保存"策略，落实"顺应中的个别施教"。

（四）一日活动作息安排（以中大班为例）：

| 组 | 时间 | 班级 | 星期一 | 星期二 | 星期三 | 星期四 | 星期五 |
|---|---|---|---|---|---|---|---|
| 大班 | 8:15—9:15 | 大班五班 | 分组集体活动 | 混班运动游戏与生活活动 | 混班运动游戏与生活活动 | 集体活动 | 运动游戏 |
| | 9:30—10:10 | 叮 | 科艺室/分组集体活动 | 科艺廊/图书廊 | 科艺室/分组集体活动 | 计算机室/分组集体活动 | 集体活动 |
| | | 花 | 计算机室/分组集体活动 | 计算机室/分组集体活动 | 分组集体活动 | 科艺室/图书廊 | 集体活动 |
| | | 乐 | 科艺室/图书廊 | 分组集体活动 | 科艺室/图书廊 | 科艺室/分组集体活动 | 集体活动 |
| | | 安 | 游戏 | 科艺室/分组集体活动 | 计算机室/分组集体活动 | 分组集体活动 | 集体活动 |
| | 10:15—11:10 | 达 | 科艺室/图书廊 | 科艺室/计算机室 | 分组集体活动 | 分组集体活动 | 集体活动 |
| | | 叮、花、乐、安 | 游戏及生活活动 | | | | 集体活动 |
| 中班 | 8:15—9:30 | 东、南 | 游戏与生活活动 | | | | 集体活动 |
| | | 西 | 科艺廊/分组集体活动 | 科艺室/计算机室 | 图书廊/分组集体活动 | 计算机室/分组集体活动 | 集体活动 |
| | | 北 | 科艺室/分组集体活动 | 科中学/分组集体活动 | 计算机室/分组集体活动 | 科艺室/分组集体活动 | 集体活动 |
| | | 甜 | 计算机室/分组集体活动 | 图书廊/分组集体活动 | 科艺室/分组集体活动 | 图书廊/分组集体活动 | 集体活动 |
| | | 爱 | 图书廊/分组集体活动 | 计算机室/分组集体活动 | 科艺室/分组集体活动 | 科艺室/分组集体活动 | 集体活动 |
| | 9:30—10:15 | 中班六班 | 混班运动游戏 | | | | 运动游戏 |
| | 10:15—11:15 | 西、北、甜、爱 | 分组集体活动 | 科艺廊/图书廊 | 分组集体活动 | 科艺室/计算机室 | 集体活动 |
| | | 东 | 分组集体活动 | 分组集体活动 | 分组集体活动 | 科艺室/计算机室 | 运动游戏 |
| | | 南 | 科艺室/计算机室 | 分组集体活动 | 分组集体活动 | 科艺室/图书廊 | 集体活动 |
| 全园 | 11:15—14:30 | 全园各班 | 生活活动（午餐、迷你小社会、午睡） | | | | |
| | 14:30—15:30 | | 生活活动（起床、午点）及户外"快乐十五分"活动 | | | | |
| | 15:30—17:00 | | 集体活动及离园 | | | | |

## 八、课程评价

### (一) 幼儿发展的评价

在完成《幼儿身体健康评价》、《各年龄段幼儿发展形成性评价》的基础上,教师在游戏课程实施中,围绕"自主乐学"、"自理有序"、"乐群爱心"等方面要求,对幼儿"游戏活动"开展过程性评价,强调游戏活动过程中的愉悦性、独立性、创造性、规则性、持久性、合作性(见表)。

| 愉悦性 | 指幼儿中的积极情感体验 | 积极主动 | 独立性 | 指幼儿的一种独立自主的个性倾向 | 独立选择能力 |
|---|---|---|---|---|---|
| | | 需要满足 | | | 独立操作能力 |
| | | 挫折承受 | | | 独立思考能力 |
| | | 快乐分享 | | | 独立完成任务的能力 |
| | | 心理调节 | | | 自我管理能力 |
| 创造性 | 指幼儿大胆想象、勇于表现、乐于探索发现的能力 | 想象替代能力 | 规则性 | 指幼儿规则意识和按规则行事的能力 | 理解规则能力 |
| | | 设计表现能力 | | | 遵守规则能力 |
| | | 解决问题能力 | | | 提出规则能力 |
| | | 装扮表演能力 | | | 规则评价能力 |
| 持久性 | 指幼儿保持一定注意力和稳定性的个性心理质量 | 专注力 | 合作性 | 指幼儿的一种交往协作能力 | 介入群体能力 |
| | | 自控力 | | | 交往表达能力 |
| | | 持久力 | | | 组织计划能力 |
| | | 克服困难的能力 | | | 协商合作能力 |
| | | | | | 利他行为 |

### (二) 教师发展的评价

开展对教师专业素养的评价,包括:衡量教师是否了解0—6岁幼儿如何发展和学习;衡量教师是否明确幼儿所需要获得的知识、技能、理解和学习态度;衡量教师是否能确定幼儿及所在群体的各种需要和学习风格;衡量教师是否了解哪些幼儿需要额外的帮助,哪些幼儿能力更强,以及知道如何提供支持;衡量教师是否能客观正确评估幼儿的活动,认识到满足幼儿需要的重要性。

开展对教师专业能力的评价。具体见下表:

| 创设环境能力 | 设计 | 适宜性、丰富性、选择性、教育性 |
|---|---|---|
| | 创造 | 新颖性、独特性、变化性 |
| 观察幼儿能力 | 观察态度 | 欣赏的态度、宽容的态度、耐心的态度 |
| | 观察眼光 | 反映敏捷、判断准确、全面细致 |

| 活动引导能力 | 诱导性 | 语言机智、行为暗示、目标潜行、以身示范 |
|---|---|---|
| | 合作性 | 平等融洽、参与游戏、善于沟通 |
| | 表现性 | 介入时机适宜、材料支持得当、语言富于感染、善于因材施教、随机应变 |
| 评价分析能力 | 思考力 | 善于发现问题、理解幼儿行为意义、自我行为反思 |
| | 研究性 | 汇总分析观察资料、了解个体与整体发展、建议和调整教育活动 |

### (三)对课程实施的评价

每学期通过《园长行政值班记录》、《幼儿体质健康评价》、《幼儿发展形成性评价》、《幼儿发展的成长档案》、《个别儿童的观察记录》、《教师一日活动观察记录》等了解课程实施、幼儿身心发展的水平。

每学期通过《班级课程实施方案及实施调整的回馈》、《教师游戏观察记录》、《教师备课》、《游戏活动及教学活动现场评价》等分析教师实施课程中的问题与难点。

每学期通过《幼儿园、班级家委会的信息回馈》、《家长问卷表》了解家长的需求与困惑。

每学期通过《幼儿保教工作成效或研究成果奖项申报表》了解教师对自身工作的评价。

## 九、课程管理

### (一)课程管理网络

游戏课程实施园长负责制下的"三部一体"园本课程管理；建立"开发部"、"基础部"、"保障部"管理网络,形成横向协作、上下联动的管理机制(见表)。

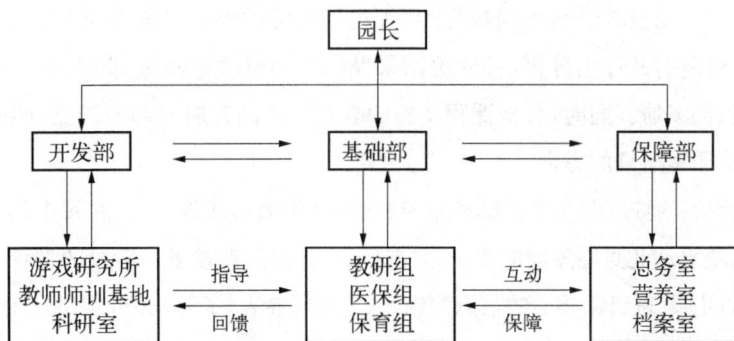

```
                        园长
                          |
        ┌─────────────────┼─────────────────┐
      开发部  ⇄  ⇄      基础部      ⇄  ⇄    保障部
        |                 |                   |
   游戏研究所   指导→   教研组    互动→     总务室
   教师师训基地 ←回馈   医保组    ←保障     营养室
   科研室              保育组               档案室
```

"开发部"——主要承担"游戏研究所"及"游戏课程研究与研训"工作。该部门主要功能是负责课程研究、项目开发、教科研工作、幼儿园形象展示活动的策划、师资自培工作及家园小区辐射活动等。

"基础部"——主要任务是教研组活动开展、班级保教工作的落实、家长工作指导,及对保教人员、医保人员的日常工作进行常规管理与考核。主要功能有:确保幼儿课程作息与日常教育秩序的运作;实施教师保教工作、保育员规范操作质量及岗位流程的监控;确保幼儿园及幼儿健康措施的落实、医保人员规范操作、岗位流程的监控及保教工作数据管理。

"保障部"——主要任务是负责总务室、营养室、门卫室的岗位工作流程管理与考核。具体功能是:根据幼儿园的发展规划,提供环境创设、设备物品添置与维护修理、伙管会工作、校园卫生与校园安全、人事管理、文档工作及节假日工作安排等服务保障性工作。

游戏课程"三部一体"管理中的三个职能部门,要加强沟通与紧密配合,以开发部研究为龙头,以基础部课程实施为中心、以保障部服务为基础,形成"相互依存"、"相互制约"、"相互促进"的关系,"开发部"工作,必须要以"科学、规范、稳定、有序"的保教常态为基础,以良好、充分的后勤供应为保障。而游戏课程的"基础部",因其涉及到每一位教师的课程执行和每一个幼儿的身心发展,为此,"开发部"和"保障部"的一切工作必须为"基础部"服务,引领"基础部"高质、实效地开展工作,最终落实课程,促进每一位幼儿的全面、和谐发展。

### (二)课程管理方法

日常巡视:落实"园长团队值班制"制度,巡视全园课程环境及各类活动,了解活动实施、教师指导、幼儿行为表现等方面的情况与问题,通过巡视记录、个别辅导等方式及时回馈给教师。

随机抽查:查看游戏课程环境的更新调整情况,查看教师的活动准备情况,查看《幼儿个人成长档案》、《个别儿童的观察记录》、《教师一日活动观察记录》,收集幼儿生活、游戏、学习、运动的第一手资料,分析、协商、形成具有针对性的家园共育的指导策略。

定期评价:通过《班级课程实施方案及实施调整的回馈》、《教师游戏观察记录》、《教师备课本》、《游戏活动及教学活动现场评价》等衡量教师的专业素养及实践能力,对教师的专业水平进行评估,并作出分析,将评价结果及时回馈给教师本人,归入教师业务档案和教师个人成长档案册。同时,分析课程实施中教师存在的普遍问题与难点,明确课程研究和进一步开展园本研修的方向。

汇总性评价:通过《幼儿体质健康评价》、《幼儿发展形成性评价》对每个幼儿作出描述性的评价,反映出幼儿身心发展的水平,并根据资料分析、调整下一阶段的教育环境和教育措施;通过《幼儿园、班级家委会的信息回馈》、《家长问卷表》了解家长的需求与困惑,有的放矢地开展家园共育;每学期通过《幼儿保教工作成效或研究成果奖项申报表》鼓励教师自我评价,提高教师课程实施的反思、自省能力,增强教师班级课程实施第一责任人的意识。

# 回归幼儿园本体的一种课程范式

## ——静安区南西幼儿园课程实施方案点评

如果要问,有别于中小学的幼儿园课程的特殊性究竟体现在哪里?回答只有一个,那就是"以游戏为基本活动"。这一学前教育改革的课程理念,在1989年《幼儿园工作规程》试行时提出,上海市南西幼儿园执著地追求了二十三年。该园从实践到理论,又从理论到实践,经历了反复多轮的课题研究和实践研磨,终于找到了游戏与幼儿学习之间融合的课程实施机制,"以游戏为基本活动"的课改理念,在实践层面达到了一种初步理想的境界。

南西幼儿园的课程是上海市二期课改背景下的一种园本化范式,形成了自己的课程特色,并卓有成效,基于两个根本的原因:一是办园思想明确,该园紧紧抓住幼儿园教育不同于其他学段的特殊性,即认识到只有"游戏"才是幼儿园课程的本体,抓住游戏,就抓住了幼儿园课程特色的实质;二是课程理念坚定,该园23年围绕"以游戏为基本活动"开展课程研究,历经四轮市级大课题研究,没有偏离过游戏课程的实践探索,每一个课题解决的都是课程建设过程中的真问题。第一轮的研究成果是确立了游戏课程的信念,并建立起以游戏命名的各类课程内容和形式,将游戏正式作为教育的主要途径,但出现教师主导游戏的问题,为解决这个问题开展了第二轮的研究。第二轮的研究成果保障了幼儿成为游戏的主体,确立了"幼儿在前,教师在后"的游戏中师幼互动策略,但存在的问题是课程中游戏与学习关系的脱节,为解决这个问题开展了第三轮的研究。第三轮的研究成果是从游戏中生成学习的课程构建,形成了"快乐玩,有效学"的教师回应策略,但存在的问题是对幼儿生成活动回应的时机把握还缺乏依据,有一定的随意性,为解决这个问题又开展了第四轮的研究。在这轮研究中,全面梳理了幼儿各年龄阶段的学习必须把握的核心经验,以幼儿的核心经验观参照课程中教师设计的游戏和幼儿生成的游戏,即一方面将学习目标隐含在教师设计的游戏中,另一方面用学习目标去分析幼儿游戏行为中的自发学习,从而增强了教师行为的目的性,实现了真正意义上的学习与游戏的融合。四轮课题研究呈现的是该园游戏课程不断深化的轨迹,体现了通过解决课程实施中真实问题的研究而不断调整和完善起来课程发展的过程。

可见,南西的游戏课程方案在体现"以游戏为基本活动"理念时,把握了三条原则,第一是"为幼儿学习而生成游戏",即教师从预设的学习目标出发来设计幼儿真正喜欢的游戏;第二,从幼儿自发的游戏中生成学习,即教师从幼儿的游戏中捕捉有学习价值的契机;第三,在整个课程中渗透游戏的精神,即以游戏的特点来检验各类预设活动的游戏性体验。以此保证幼儿学习与游戏的融合、保证幼儿在幼儿园一日生活中愉悦性和发展性的统一。具体表现为:

首先,保证幼儿自主游戏的时间(包括角色游戏、结构游戏、表演游戏、运动性游戏和各类探索性游戏)。在幼儿自主游戏的时间里,教师学习解读幼儿游戏中的自发学习,将幼儿游戏行为与学习经验进行联系,其观察和解读的抓手则是《上海市学前课程指南》目标中所列举的学习经验和教师用书中的幼儿学习目标,作为教师"即时支持性介入"或"延后预设性回应"的依据。这是从幼儿出发,来看学习经验,教师的指导顺应幼儿的需要,具有随机渗透的生成性。

其次,课程中必有预设的活动,对预设的学习活动,南西幼儿园的课程在集体教学和个别化学习上做了游戏的转化,在集体教学中逐步增设集体性的规则游戏,在个别化学习中将那些作业性操作材料转化为可玩性材料,即转化为个别或小组化的规则游戏材料,这两类活动与一般意义的教学和个别化操作学习的区别,就在于转化成游戏以后,活动便具有可重复性,而且成为幼儿真正喜欢的活动。这是从预设目标出发,将外在要求转化为幼儿的内在动机。

第三,除了幼儿自主游戏和为预设学习设计的规则游戏以外,课程中还有各类预设性活动,虽不是游戏本身但充分体现了游戏的精神,例如:每天"快乐15分钟"的身体律动,"山羊剧团"的欣赏体验等,这种过程体验大于结果追求的活动,如同游戏的累积效应那样,幼儿最终轻松地获得了艺术表现的能力。又如:"愉快进餐"、"自主点心"和"迷你小社会"等活动安排,给幼儿更多的自由自主,如同游戏的自由能将游戏规则逐步内化那样,在自主自理的生活活动中使幼儿在能力提高的同时增强自律。

南西幼儿园的游戏课程还体现了一个重要的价值,那就是构建起了中国文化背景下幼儿园游戏课程的实践模式,它既不同于我国传统的学科化、小学化的幼儿园课程,也不同于西方"全生成式"的"游戏即课程",在教师预设和幼儿生成之间找到了平衡点,为落实我国学前教育课程改革理念倡导的幼儿园教育要"以游戏为基本活动"的课程理念,树立了范本。

另外,从南西幼儿园这个课程方案文本来看,我认为还有三点可贵之处:第一,在课程发展背景介绍中,清楚地呈现了该课程发展的轨迹,以及通过研究逐步完善并形成自己特色的过程。因为任何一个课程要不断发展,就必须要从本园课程发展的经历中看未来的走向,这样才能从过往的问题和经验中设计现在,把握未来,不至于走老路,或有断层,保证一种课程文化的积淀。第二,其课程理念、课程目标、课程内容的组织实施直至课程评价之间,有着非常紧密的内在逻辑性,可以明显地看出其课程实施过程中始终渗透着游戏精神,比如课程的二大板块不仅保证了自发游戏的时间,同时各类其他活动也是以幼儿自主自理的活动为主,课程的三种组织形式(个别、小组、集体)的内涵定位也体现了与游戏课程理念的一致性,课程评价与课程目标能有机衔接。第三,课程方案中在提出幼儿发展目标的同时也提到了教师发展目标,并提供了教师行为策略,这些策略能有效帮助教师在落实这一课程理念和实现课程目标时不偏离该课程的价值取向。

当然,南西幼儿园的游戏课程还在进一步的完善过程中,她们正在为解决仍然存在的某些问题而确立新的研究方向。相信南西幼儿园的课程一定会朝着日益理想的境界迈进。

(华爱华)

# 附件

## 本书相关概念

为了便于大家理解,这里特将比较容易混淆的若干概念在这里再次提炼出来,供学习参考:

**1. 幼儿园课程实施方案、课程园本化(园本课程)、共同性课程(教材)园本化**

• 幼儿园课程实施方案

幼儿园课程实施方案是各幼儿园以统筹的思想为指导,按照国家和上海课程文件精神和方案,以幼儿园实际的课程基础与资源条件为基础,对幼儿园的课程目标、课程设置与内容、课程实施、课程管理与评价等进行整体、全面地规划和设计,逐步形成的平衡、和谐、适宜、可操作的课程实施方案。幼儿园课程实施方案是幼儿园自身课程实施、管理与评价的基本依据。

如果说国家和地方规定了基本的、概括的幼儿园课程方案,那么幼儿园课程实施方案就是将国家、地方的幼儿园课程方案园本化所形成的结果。

• 课程园本化与园本课程

课程园本化是指幼儿园组织及其成员,根据国家《纲要》、《课程指南》的精神与幼儿园自身发展的实际需要,充分利用园内外的各种教育资源所进行的课程选择、重组、补充与生成的相关研究、管理和实施的过程。这个过程实际上就是幼儿园课程规范化、个性化和系统化的运作过程。

幼儿园通过课程园本化的实践过程,形成相对科学、合理、优质、高效、适合本园情况的课程体系,这是幼儿园课程园本化的实质。课程园本化包括两种基本形式:一种是共同性课程的园本化实施;另一种是课程的园本化开发,也即幼儿园特色课程的开发。

关于园本课程的概念,目前存在的争议较多。为了方便研究和实践,在这里我们把园本课程广义地界定为相对于国家课程和地方课程而言的以幼儿园为本位的课程。即我们不把园本课程仅仅认定为是幼儿园完全自主开发的课程,而是界定为幼儿园实施的适合本园情况的课程,园本课程既可以是园本化实施的结果,也可以是园本化开发的结果,也可以是两者共同产生的结果。

- 共同性课程园本化

幼儿园以上海市学前教育参考用书（教材）为操作平台，根据幼儿园自身的资源、条件、幼儿特点等各方面情况，把现有的游戏、学习、运动和生活四类活动通过选择、调整、生成等方式使课程更适合幼儿园和幼儿的情况，这样园本化处理的过程即是共同性课程园本化。

**2. 共同性课程、选择性课程、特色课程（活动）**

- 共同性课程、选择性课程

课程既要确保为幼儿提供其终身发展所需的基本经验和机会，也要适应个体幼儿的特殊需要，从幼儿园课程功能维度分为共同性课程和选择性课程。

共同性课程是指面向各类幼儿园和全体幼儿，体现促进幼儿基本发展的课程。它着眼于最基本的经验积累，使每个幼儿积累相应的体验和感受，获得最基本的发展。与上海市学前教育二期课改的课程一致，共同性课程一般包括生活、运动、游戏、学习四种活动类型。

选择性课程是指因园而异、因人而异，体现尊重幼儿园和幼儿的个性化发展的课程。它着眼于幼儿经验的扩展、提升，满足幼儿的兴趣、特殊需要，尊重幼儿园的自主性以及幼儿的选择权，使之形成个性化的风格和特色。

共同性课程主要关注幼儿共同的、基本的发展需求或在该年龄段基本应达到的发展水平，着眼于实现课程促进幼儿基本发展的教育价值；选择性课程则在共同性课程的基础上，更加关注幼儿的不同兴趣和个性化需求。

选择性课程可以有以下几种类型：（1）幼儿园直接选用的、已经相对成熟的课程；（2）幼儿园选用的、但根据本园情况有所调整或逐步加以修改和完善的课程；（3）幼儿园自主开发的、经过长期实践积淀所形成的特色课程。

- 特色课程与特色活动、课程特色

特色课程：幼儿园在实践过程中自己发展出来的、经过长期积淀逐步形成的、具有一定体系的特有课程。

幼儿园课程由一个个具体的教育活动所组成，课程相对活动而言，往往在课程理念、目标、内容、形式、方法和评价上已经形成一定的系统，具有一定完整性，因此特色活动相对特色课程而言，可能还处于比较零散的状态。

课程特色：幼儿园在课程实施过程中逐步形成的能反映自身特点的一些做法。对应于自己的课程特色，幼儿园具有能够支撑特色的师资配备、课程资源和地域条件等相匹配的资源。

**3. 课程理念与办园理念**

课程理念主要是指幼儿园自己关于课程的价值取向，反映了课程所依据的教育思想以及教育目的。幼儿园的课程理念固然应与课程改革的精神与方向保持一致,但同时也应该具有幼儿园自己关于课程的个性化思考和理念。

办园理念涉及关于"办怎么样的幼儿园"和"怎样办好幼儿园"的深层次思考,它涉及关于整个幼儿园所有工作与发展的思考,相对课程理念而言,办园理念需要考虑的内容范围更为广泛,也更为上位。

**4. 课程目标与办园目标**

课程目标是指幼儿园力图通过课程促进幼儿的身心发展所要达到的预期结果。课程目标反映课程的价值取向,但并不仅仅从心理学上的幼儿发展水平及阶段的角度来考虑幼儿发展的目标,而是也会同时考虑幼儿作为学习者的需要、当代社会生活的需要以及各个学习领域的内容。

办园目标是幼儿园在教育方针的指导下,根据所处地区的经济文化发展需求,结合设备设施、师资力量、生源情况等自身实际情况制定的,关系到幼儿园生存和发展的、带有全局性、方向性的目的。办园目标对整个幼儿园的工作与发展都具有导向性,相对课程目标而言,办园目标会更为宏观、理想和上位。

**5. 课程结构与课程内容、时间配比、作息时间安排**

课程结构主要规定幼儿园选定的构成课程的各种活动类型以及这些活动的总体时间安排和时间配比。

一般可以从以下两个方面去考虑幼儿园的课程结构设置:(1)共同性课程、选择性课程各自的组成和彼此之间的关系;(2)生活活动、运动、学习活动、游戏活动的设置和四者之间的配比。

课程内容是根据特定的教育价值观及相应的幼儿园课程目标,所选择的幼儿学习的基本经验和具体内容。简单地说,课程内容主要解决的是幼儿学什么和教师教什么的问题。幼儿园可以参照上海市学前教育参考用书的内容来设定和组织课程内容,但应结合幼儿园自身的情况以及幼儿的兴趣、需求来加以合理的选择、调整、补充和创生。

时间配比是指生活、运动、游戏、学习等各类活动在幼儿园课程安排中各自所占时间的比重分配。时间配比是对各类活动时间进行总体计算和平衡的结果。时间配比可以以日、周、月甚至学期为单位来考虑,但一般可以以周为计算单位予以说明。时间配比应严格遵守国家和地方的有关规定,合理安排各项活动,并反映出幼儿园自身课程的总体安排。同时,应根据幼儿年龄段特点和发展需求,结合季节、地域、幼儿园自身特点等因素,遵循动静交替、多种活动形式结合等原则,对活动类型和时间做出适当的设计和安排。

作息时间安排是指标明幼儿在园一日生活中各项日常活动开展的具体时间安排,它能在一定程度上用以反映和说明幼儿园在时间配比上的考虑。例如,以游戏为基本活动,原则上一般应保证幼儿每天两小时的户外活动时间,其中一小时为运动时间(如遇特殊天气,要因地制宜开展室内运动),保证幼儿每天一小时的自主游戏和自由活动时间,同时保证各项活动时间安排的合理性和平衡性。

**6. 课程管理与园务管理**

课程管理是指对幼儿园课程编制、课程实施和课程评价等课程运行工作进行管理的过程,整个管理过程与幼儿园的课程直接相关。课程管理涉及的内容众多,例如,包括课程编排、开发及审议,保教日常管理与指导,教师课程实施评价与质量监控,课程评价及各类课程资源管理等诸多内容。

课程管理是落实保教质量的主要途径,是园长管理工作的核心。课程管理是整个园务管理工作中的一项核心内容,但不等同于园务管理。

园务管理是对幼儿园整个组织机构的架构、常规工作运行和组织发展进行管理的活动过程,它涉及的范围会更为广泛。

（张　婕）

# 后　记

当《幼儿园课程图景——课程实施方案编制指南》最终定稿时，我们就像乘坐远洋轮船历尽千辛万苦，到达目的地一般，长长地松了一口气。

三年前，上海正式启动了"上海市提升中小学（幼儿园）课程领导力行动研究项目"。在总项目组统一部署下，我们围绕"提升课程领导力"这个核心要求进行了反复认真的行动研究。就像在创造一个崭新的生命，一千多个昼夜，多少度花开花落，不知有多少教师、多少研究人员、多少领导付出了艰苦的劳动，才使这本书的宁馨儿顺利诞生。在此我们感谢整个研究团队几年来挥洒的汗水；感谢市教研室的各位领导，特别是徐淀芳主任、陆伯鸿、纪明泽、谭轶斌副主任对项目的规划、悉心指导和耐心的帮助；感谢市教研室综合教研员韩艳梅、金京泽、陈飚以及上海教育报刊总社教育新闻中心主任沈祖芸对项目推进与本书出版所贡献的智慧与热情；感谢幼儿园课程领导力项目专家指导团队何幼华、华爱华、郭宗莉、傅宝丽、王爱明、高敬、黄瑾、黄琼、黄娟娟、阎水金等给我们提供的有价值的学术思想和指导；我们还要特别感谢10所课程领导力项目立项幼儿园，以及28所市课改研究基地幼儿园的园长和老师们，是他们坚持不懈的努力与探索，才使得我们的研究有了丰厚的实践根基。当然我们还得向出版社刘佳编辑说一声谢谢，她在出版方面给了我们热情支持和帮助。

"上海市提升中小学（幼儿园）课程领导力行动研究项目"是上海市2009年度教育科学研究重点项目，本书是该项目的研究成果之一。本书第一章执笔为周洪飞、张婕；第二章执笔为高敬、王爱明、贺蓉；第三章执笔为王爱明、张婕、贺蓉；第四章执笔为贺蓉、高敬；第五章方案点评为华爱华、周洪飞，附件部分相关概念执笔为张婕。此书最后统稿由周洪飞、高敬负责。

鉴于诸类原因，本书若有不当之处，恳请行家指正。限于篇幅，部分幼儿园研究成果和案例未能收录，敬祈见谅。

周洪飞

2013 年 4 月 10 日